陳立夫著

人理學

中華書局印行

再序

人理學研究一課，開自師大博士班，政大及文大（文化大學）博士班生，隨而要求參加，因而人數擴展，八年以來，聽講者有百數十人，其中已考取博士學位者，亦不在少數，咸認爲有所得，並對於引言有所增益，使之更臻完善，爲使此著成爲大學用書，則講演集之方式必須改變，遂請第一班學弟左松超博士及老友吳寄萍兄合力爲之改編，分章分目，亦略有變更，研究階段，告一段落，遂改稱爲「人理學」而付梓焉，謹此申謝助成此事諸先生，中華民國七十年六月一日陳立夫於天母弘毅齋。

自序

民國五十九年春，孔孟學會召開年會于台北。余被推擔任專題講演，遂以「孔孟思想何以成爲人類之眞理」爲題。曾首先提出「人理學」之一名詞，以代表孔子之敎之全體大用，反應甚佳。數十年來以余研究之結果，認爲近世西方文化之最大成就，在於「盡物之性」；而中華文化以往之最大成就，在於「盡人之性」。雙方各趨一端，各有所偏，惟其分析、研究、實驗、求證、統計等工夫，均極盡科學方法之能事。惟吾國祖先確認人爲一切事物之重心，事是靠人來處理的，物是靠人來利用的，先人而後物，可免本末倒置。如人不像人，還有甚麽事物之可言，或有認爲中國無科學，殊屬誤解。自然科學以數、理、化爲基礎，以闡發物性之體與用爲最終目的。統稱之曰「物理學」可也。人文科學，以心、性、道，爲基礎，以闡發人性之體與用爲最終目的，統稱之曰「人理學」亦無不可。不久，國立臺灣師範大學孫校長亢曾，文學院沙院長學浚，國文研究所林主任景伊蒞舍，邀請余開講「人理學」課程，專敎博士班諸生，惟余倡此名詞，原爲說明中國文化對于盡人之性貢獻極大，並未預備自任講述，蓋自愧學力之不足也。考慮再三，始允一試。私立中國文化學院張曉峯先生聞悉後，亦請以其博士班學生併入聽講，故全班共有學員十二人，計有師大左松超、徐芹庭、賴明德、陳品卿、葉政欣、劉兆祐、李慧淳（女韓國籍）七人，文化學院邱棨鐊、莊嘉廷、吳永猛、徐清文、張秉鐸五人，另有旁聽生張文彬、謝忠正、王進祥三人。在授課之初，余即與諸生相約，以該課爲首創，無教本可用，講義均須自編，非余一人之力所能成其事，必有賴于全體學員之合作。於是每次授課，均由吳寄萍教授錄音，然後會同左松超、徐芹庭兩君爲之整理，所引材料，有時須待補充，則由諸學員爲之查書籍覓材料，以充實之，總計得卌二講，人理之學，規模粗具。張成秋、徐哲萍同學於再版補充部份資料，此稿之成，實集合師生之力以致之也。特敍述其經過，以告讀者。民國六十年秋陳立夫於天母。

嚴序

總統昭示吾人：「生活的目的，在增進人類全體之生活；生命的意義，在創造宇宙繼起之生命」，大哉明訓，與　國父「人生以服務爲目的」之教，及孔子「夫人者，己欲立而立人，己欲達而達人。」之言，若合符節。是知吾國歷史文明之精髓，以人爲本，其終極在於致中和以位育，自修齊而治平，成己成物之功，互爲表裡，此理愈久而愈明，先聖後聖，其揆如一，羽翼之者，代有傳人，求之於今，則陳立夫先生爲巨擘焉。

乃者先生以數十年覃思研精之創見，倡爲人理之學，以授生徒，且筆之於書，而謙沖自牧，名之曰研究。其陳義也，易知而簡能，蓋有得於倫常道德之眞諦，內聖外王之大道者也。其爲文也，深入而淺出，揭櫫「誠」、「仁」、「中」、「行」四端，以爲人生全體大用之經緯，探賾鉤玄，原其始而要其終，幽者闡之，微者顯之，極其所至，則天人合一之最高境界於是乎在，苟能服膺而力行之，使心物之辨，義利之分，不失其正，庶幾可補科學之不足，而人性本然之善，亦得此而益彰，其所裨者多矣！

是書既成，余讀而深懿之，且樂見其說之行也，爰抒己意而補爲之序。

民國六十一年四月

嚴家淦　謹識於台北

林序

周禮大司徒以鄉三物教萬民，孔孟揭櫫仁義爲道統，皆欲求爲人者合乎人格，而知爲人之道也。吳興陳立夫先生撰四書道貫，旣闡孔孟學說之眞諦，而詳述爲人之道。民國五十九年春，更進而論孔孟思想爲人類之眞理，提出「人理學」之名詞，當代學者，皆韙其說。尹適主持臺灣師範大學國文研究所及中國文化學院中文研究所，因商請師範大學孫校長亢曾、中國文化學院張董事長曉峯，敦聘立夫先生爲二校博士班教授，講授「人理學研究」。立夫先生亦以世變方亟，人性湮滅，道之所在，義不容辭，遂慨然應允，親自講述。時歷一載，風雨無阻，使堯舜禹湯文武周公孔子一脈相承之道，維繫而不墜；人類生存之眞理，昭明於今日；此立夫先生救世之苦心，亦二校博士班研究生之大幸也。

人理學研究，凡三十二講。論誠敬而辨幾微，明心性而究天人，擴前聖所未發，實同功於孟荀。講稿旣就，尹請其梓印以公諸世，立夫先生旣俯允所請，並囑爲序端，尹不敢辭，故爲之序云。

中華民國六十年、歲次辛亥、國曆十月三十日，瑞安林尹謹叙於國立臺灣師範大學國文研究所。

人理學目錄

第七章　人格……一四五

第十章　成物……三五八

人理學

第一章 導 論

一、自然科學極度發展對於人類產生之危機

二十世紀的下半期，是人類史上變化最大的時期。由於自然科學無論在理論上或應用上，均有突飛猛晉的成績，使人類對於大自然的認識益加清楚，控制益加確實，因之人類對於宇宙奧秘的探索，更增強自信。原子能之被控制，是證明人類已掌握着宇宙間最大的動能，可用以建設或破壞；合成化學之種種發明，是證明人類乃有取之不盡用之不竭的資源。人類既能創造或控制宇宙間之動能和物質，還有何事不可爲？唯一可慮者，爲人類壽命有限，難以長享此類成果，但是醫葯方面也借了各方面科學進步之光，加以本身也有不少驚人的發明，使人類死亡率逐漸下降，平均年齡有顯著的延長。將來即使地球上有人滿之患，也可用電腦計算方法，登陸月球技術，移民到其他星球。所以「科學萬能」的觀念，已經深深地印入人們的腦海中矣。

不幸地在這個科學時代中，人忙於硏究物質，自己反而在物質文明中被遺忘。科學在不斷底洩漏天機，侵犯了神的境界，在神之庇護下的道德信仰因而被動搖。人被物質所誘惑，所陶醉，所催眠，除了物質之外，不再對其他感到興趣，結果，人類心靈之產物，而爲普通動物所無者，例如理知性（或稱理解力）道德性形而上的神性等，非但沒有進步，反而較前矇昧起來，正如吾國祖先所警惕我們的話，所謂「良知爲物欲所蔽」「利令智昏」等。人，心目中時時念着物，追求物，縱欲以獲取物，就不知不覺地陷入物的陷阱，成了物質世界的奴役，把自己以往已經獲得的自由失去了，於是智慧不再向最高度之形而上領域發展，人生之理想境界不再存在了。於是精神生活從內部腐爛，人格隨之而瓦解。造成人類幸福的物質文明，竟成了人類精神文明的尅星，使人類生活走向枯燥、厭倦，甚至于恐怖，精神生活終至喪亡而後已。

不獨此也，人們竟認爲人文科學亦應和自然科學一樣地日新又新，因此對於以往數千年敎育家和宗敎家本於人類生存的經驗，苦口婆心以身作則所定下來的「人之所以爲人」的種種敎條，企圖一律予以推翻，美其名曰「回到自然」；其結果，宗敎更失去信仰，道德愈日趨墮落，人欲橫流無阻，青年意志頹喪，人類之前途，慘淡無光矣。誠如吾國祖先所稱：「愚而好自用，賤而好自專，生乎今之世，反古之道，如是者災及其身者也。」

二、中國在倫理道德方面之成就為救世之良藥

在世界另一方面有一個國家名叫中國，她的倫理道德到今天還沒有受到物質文明的壓迫，正在努力對物質科學迎頭趕上，她在二千多年以前，已經重視倫理，不依賴神來維持道德的信仰，她的一切研究，都以人為中心，她認識了宇宙是一個「生生不已」的大動體，共生共存共進化（道）乃是人類歷史進化的重心，天地間一切物質和法則都是為民生（多數人共生共存）而開始發生效用的，所以詩經裏有如下的說法：「天生蒸民，有物有則，民之秉彝，好是懿德」，她從動變不已的宇宙中發現了一個最大的真理，作為傳國之寶，這就是堯帝（ 2320 – 2220 B.C.）開始拿來傳給他所禪讓帝位的舜的四字訣「允執厥中」，這個「中」字，代代相傳，一直到孔子的孫子子思才筆之於書，稱為「中庸」，以授孟子，後儒譽「中」為「天下之正道」，並譽「庸」為「天下之定理」（見二程全書或朱子四書集注引程子語）。

何以「中」成為如此的重要？因為在動變的環境中，時時調整是最重要的，否則失去了平衡，就會影響生存，「中」是調整的動作，也是調整的目的，調整而恰到好

處謂之「和」。所以說：「致中和，天地位焉，萬物育焉。（中庸）」（其詳容後述之）

今天人類文明所遭遇之危機，顯然是精神與物質失却平衡，本末倒置，先後錯亂之結果，使人失去人之所以爲人的特點，而復回到禽獸之林，成爲物質之奴役而不自知，重返認識人的道理，實爲當務之急。

三、在生物進化中人之所以爲人之特徵

但是認識人，確是一件極難的事，我們若僅憑科學方法去研究，祇能在物質一方面去衡量他的某些幅度，而其他幅度，則僅能感受，而無法衡量。我們對于一個人的身高、體重、音響、視力、體溫、膚色等等，雖能衡量得之，但無法量出他道德的感召力、人品的高度、理想的深度、愛心的強度等，因爲這些都屬於性，而不屬於質，但是誰都會承認這些屬於精神方面的特點，對於人之所以爲人的重要性，乃遠勝於物質部份。我們所看見的一個人，在形體方面來說，一切似乎都是定型的，其實無論在生理上或心理上，無時無刻不在動不在變，一面在流逝，一面在化育，雖然他的生命是在有限時間中存在，但是他身上却遺傳下來人類整個的過去，也種因下去人類悠遠的未來。

科學研究至多能抓到他始終在蛻變的一剎那，而無法得到其全貌。他雖然佔領了形體所需要的空間，渡過了生命所需要的時間，但是在心理上或精神上，他有他自己的空間和時間，不受牽制於一般所了解的時空，而能超脫或趕上他，而且也不受任何自然力所支配，他在宇宙間是萬物之一，在動物中是動物之靈，自然他和物質世界的一切，息息相通，相依爲命，却又可以完全不受其支配。他的某一部份官能，可以遠不及某一動物之優越，但是他憑他最發達的腦，和最靈活的手，能創造物，能發掘能，來控制了大自然的偉大力量，繼續不斷地創化他自己的前程。

我們若憑動物學一般分類標準來處理人，是不妥當的。人的特徵若僅從外表來舉例，又屬不少。例如：人的直立姿態，能以手取物，能取火熟食，能手拿刀斧砍物，言語之外能用文字等等。但是這些還不足以作人獸差異的標準，其最足以顯示人爲萬物之靈處爲：㈠人能不憑本能（性）而生活，而能以意識或理智控制及導引其本能，以達致人類共生共存共進化（道）之目的，㈡人能發現比他個人生存更崇高更偉大的生命或世界，而能不顧一切向前去追求，甚至于犧牲一己之生命亦所不惜。前者是控制其本能，後者是超越其本能，這才是人之所以爲人的特徵，而具有宇宙之寵兒的資格。

四、國父對達爾文、馬克斯之進化學說之批判

從十九世紀末葉起，人類的進化，受了嚴重的打擊。達爾文（Darwin, Charles Robert 1809-1882）經過了二十多年用科學方法去研究和觀察，著作一書名曰「物種由來」（The origin of species）（嚴復譯爲天演論），發明了物競天擇之生物進化理論，這不能不算是科學家從物質的研究進一步作生物的研究，他的結論爲優勝劣敗，弱肉強食，因爲是創作，竟成了風靡一時的眞理。這時候正是帝國主義者逞強欺弱，處處發展他們的殖民地政策，達爾文的理論恰好成了他們的出師表，名正言順底以強凌弱，侈言強權就是公理，不啻體天行道。而不知這一說法，竟將人類進化的原理推翻了，因之使人類進化倒退了一世紀之久，使人類復歸於獸化。　國父有幾段話，最能表達達爾文的謬誤：

「循進化原理，由天演而至人爲，社會主義實爲之關鍵，動物之強弱，植物之榮衰，皆收之於物競天擇，優勝劣敗，進化論者遂舉此例，以例人類國家，凡國家強弱之戰爭，人民貧富之懸殊，皆視爲天演淘汰之公例，故達爾文之主張，謂世界僅有強權而無公理，後起學者，隨聲附和，絕對以強權爲世界唯一之

眞理。吾人訴諸良知，自覺未敢贊同，誠以強權雖合於天演之進化，而公理實難泯於天賦之良知。故天演淘汰，爲野蠻物種之進化。公理良知實道德文明之進化也。社會組織之不善，雖限於天演，而改良社會之組織或者人爲之力尚可及乎！」（社會主義之派別及批評）

國父以爲：

「進化之時期有三：其一爲物質進化之時期，其二爲物種進化之時期，其三則爲人類進化之時期。元始之時，太極（此用以譯西名以太也）動而生電子，電子凝而生元素，元素合而成物質，物質聚而成地球，此世界進化之第一時期也。今太空之天體尙在此期進化之中，而物質之進化，以成地球爲目的。吾人之地球，其進化幾何年代而始成，不可得而知之也。地球成後以至於今，按科學家據地層之變動而推算，已有二千萬年矣。（按最近國際各學會用種種科學方法測量計算地球之年齡爲四十五億年）由生元之始生以至於成人，則爲第二期之進化。物種由微而顯，由簡而繁，本物競天擇之原則，經幾許優勝劣敗，生存淘汰，新陳代謝，千百萬年，而人類乃成。人類初生之時，亦與禽獸無異，再經幾許萬年之進化，而始成長人性，而人類之進化，於是乎起源。此期之進化原則，則與物種之進化原則不同，物種以競爭爲原則，人類則以互助爲原則。社會國家者，互助之體也，道德仁義者，互助之用也。人類順此原則則昌，不順此原則則亡，此原則行之於人類當已數十萬年矣。然而人類今日猶未能盡守此原則者，則以人類本從物種而來，其入於第三期之進化，爲時尙淺，而一切物種遺傳之性，尙未能悉行化除也。然而人類自入文明之後，則天性所趨，已莫之爲而爲，莫之致而致，而向互助之原則，以求達人類進化之目的矣。」（孫文學說第四章）

國父將人類進化與物種進化兩大不同之原則闡揚出來，使人類別于禽獸，異于物種，而復歸於人，這是在二十世紀學術史上最大的發現，因此在民族主義光芒之下，帝國主義氣餒了，殖民地紛紛起而獨立了；人類之自由平等向前復邁進了一步；今後人類能不能向正當途徑進化，全在於人能否眞正自覺，具有人的自尊心，而於「反回到獸化」的戰鬥中，永遠不投降。確認一切對於物慾或肉慾無勇氣去制勝，都是摧殘人類精神文明的邪說，妨礙人類進化的罪惡；反之，其能勇敢的在時代之前大步向精神自由、理智復活方向邁進的，都是人類文明的救星，領導大家從肉體和物質的束縛中解放出來。

馬克斯（Marx, Karl 1818-1883）亦以科學方法作長時間的研究，其所得之結論，認定了人類文明史，祇可說是隨物質境遇的變遷史，所以物質是人類社會歷史進化的重心，而階級鬥爭是社會進化的原動力，這一理論，顯然是用以對付對外的帝國主義和對內的資本主義。於是又風靡一時，以後竟成了共產主義者美其名爲解放人民之世界革命，實則用以作奴役人類的理論基礎，將人類蘊藏而不敢發作的獸性復活起來，又將人置諸于物質桎梏之中而不能自拔。這顯然又將人的地位抹殺了，將人的創造能力遺忘了，所以　國父予以批判，其言如下：

「照歐美近幾十年來，社會進化的事實看，……社會之所以有進化，是由於社會上大多數的經濟利益相調和，不是由於社會上大多數的經濟利益相衝突。社會上大多數的經濟利益相調和，就是爲大多數謀利益，社會才有進步。社會上大多數的經濟利益之所以要調和的原因，就是因爲要解決人類的生存問題。古今一切人類之所以要努力，就是因爲要求生存；人類因爲要有不間斷的生存，所以社會才有不停止的進化，所以社會進化的定律，是人類求生存，人類求生存，才是社會進化的原因。階級戰爭，是社會當進化的時候，所發生的一種病症。這種病症的原因，是人類不能生存，因爲人類不能生存，所以這種病症的結果，便起戰爭，馬克斯研究社會問題所有的心得，祇見到社會進化的毛病，沒有見到社會進化的原理。所以馬克斯只可說是一個社會病理家，不能說是一個社會生理家。」（民生主義第一講）

「再照馬克斯階級戰爭的學說講，他說資本家的盈餘價值，都是從工人的勞動中剝奪來的，把一切生產的功勞，完全歸之於工人的勞動，而忽略了社會上其他各種有用分子的勞動……由此可見，所有工業生產的盈餘價值，不專是工廠內工人勞動的結果，凡是社會上各種有用有能力的份子，無論是直接或間接，在生產方面或是消費方面，都有多少貢獻，這種有用有能力的份子，在社會上要佔大多數。……就令在一個工業極發達的國家，全國的經濟利益不相調合，發生衝突，要起戰爭，也不是一個工人階級和一個資本階級的戰爭，是全體社會大多數有用有能力的分子和一個資本階級的戰爭，……所以馬克斯研究社會問題，只求得社會上一部分的毛病，沒有發明社會進化的定律。」（民生主義第一講）

國父發明了社會進化的定律，是人類求生存（民生），而不是物質，所以馬克斯以物質爲社會進化的重心，顯然是錯誤的，階級戰爭，更是進化過程中的病症，不能當作進化的動力，生存當然應該包括精神和物質，物質何能單獨成爲進化的重心？他將人類向上向善的人性脫去，而鼓勵向下爲私的獸性復活，無怪乎馬克斯主義的社會中，充滿了仇恨、殘暴、殺戮、鬥爭、恐怖，而無絲毫的生氣存在，因爲誤認重心不是生存，而是物質，爲物質而爭鬥而又忘了爲社會最大多數人的利益着想，徒知一己之私利是圖，上下交征利而社會危矣。

達爾文與馬克斯都是在十九世紀用科學方法，費了二十多年的功夫研究進化論者，前者是將人類和禽獸等量齊觀，鑄成大錯，使帝國主義者憑藉其學理，以奴役弱者，自命優者，使全世界弱小民族，受了一世紀多的痛苦；後者是將人類置之於物質桎梏之下，爲爭利而互相殘殺，再度鑄成大錯，使共產主義者憑藉其學理，以奴役人類，「以暴易暴兮，不知其非矣」。若非吾　國父以天縱之聖，指正其錯誤，則人類之浩刼，不知將伊于胡底？今日聯合國：所以有一百三十餘國家齊集一堂共議世事者，其主因爲　國父之思想，使中國從次殖民地解放出來，進而影響亞洲非洲諸殖民地之獨立解放。顯而易見，人類平等，世界大同得以邁進一步，至於　國父之所以能洞燭其謬誤，則由於其對中國文化之徹底瞭解，而又能集中西文化之大成，故欲挽救今日人類之厄運，必須從中國文化中求得人之所以爲人之至理。

五、國父之進化論對於世界之影響

當　中山先生發明此一原理時，中國正在受世界所有帝國主義者之聯合侵凌，而淪爲次殖民地。滿清政府，內則專制腐敗，外則喪權辱國。中山先生赤手空拳起而革命，以三民主義爲號召，深信正義必勝强權，眞理永植人心。凡能順乎天、應乎人，適乎世界之潮流、合乎人羣之需要，而爲先知先覺者所決志以行之者，未有不成者也。全國志士，咸起而受其領導，深信其思想與主義，不僅可以救國，且能救世界。遂奮不顧身，與阻礙人類生存進化之腐惡勢力，作殊死之爭鬥。於是滿清專制政權被摧毀矣；東亞第一個民主共和國被建立矣；　蔣總統繼承其遺志，繼續領導奮鬥，於是軍閥封建勢力被肅清矣；强鄰日本之侵略被擊敗矣；不平等條約幾全被廢除矣；五權政制確立矣；平均地權開始實施矣；所遺憾者，中共勾結蘇聯，使蘇聯以往對中國侵略所强佔之土地，尙未歸還。中共雖聲言必須收回，但迄無事實足徵，僅成爲欺騙人民之口號而已。綜上所述，固無一非此一思想變成國人普遍之信仰，進而成爲不可抵禦之力量有以致之也。世人昧於强權，忽視道德，而不知道德仁義爲人類生存之所繫，其力量之大且久，豈武力金錢之力所能敵哉？

試觀今日之聯合國，其組成之國家，已逾一百卅個單位，其中大多數曾爲帝國主義者之殖民地，今已享受到平等自由之幸福矣。考其原因，當開端於開羅會議，第二次世界大戰之結束，實爲一轉捩點。蓋若無中國之革命，中國決不敢對日抗戰，則中國之自由平等不可得；中國有獨立自由平等，乃有亞洲各殖民地國家之獨立自由平等；有亞洲國家之恢復獨立自由平等，乃有非洲各殖民地國家之獨立自由平等；程序昭然，無庸置辯。帝國主義者之失敗，實非「以暴易暴」之共產主義者宣傳滲透之功，而爲三民主義實現之示範有以致之也。今日之聯合國，苟不明其本身基礎何在，而唯力是視，唯利是尙；其會員亦不知其立場爲何，亦不爲生存原理（道德）作保障，則聯合國終必蹈國際聯盟之覆轍而解體，可以預卜也。

第二章　人與天及神之關係

一、人與天

㈠、吾國祖先重視宇宙間生存原理及其發展

人既爲天地間萬有生命之一，而復稱爲萬物之靈。其所秉受於天地之本能，用之以求生存者，亦無亞於其他一切生物，在萬物並育的宇宙間，自應有一般生存的原理之存在，而爲人類所應首先瞭解者，吾國祖先因之有如下之指示：

「思知人，（要想知道人，）不可以不知天。（就不能不知道天。）」——中庸第二十章

勉勵吾人研究天道，探索宇宙自然之理，而應用於人生。

易經一書卽爲研究宇宙人生之至理，而產生的一門學問，它是中國最古老的書，爲伏羲文王周公孔子四聖之集體創作，從自然法則之研究開始，進而到人事法則，幾乎無所不包。顯然是祖先們憑其高明之智慧，豐富之經驗，與其實驗觀察之所得，從象、理、數三者，以簡易的方法闡明宇宙之變易規律，易經繫辭傳所謂：「仰則觀象

於天，俯則觀法於地，觀鳥獸之文，與地之宜。」於是遂創造出悠久燦爛之文明，其對於宇宙生存之眞理，及人生存於宇宙間之法則，於今日言之，依然恒久不變，歷久彌新，如海岸之燈塔，能指引世界人類趨向光明，如巨海之舟航，能渡宇宙衆生出於迷津也。茲述易經及其他古書所論及之十三點創見如下：

(二)、宇宙爲一大生命，人爲此一大生命中之一小單位，其生存原理同

宇宙乃一生生不已，行健不息，時時在動在變之大生命，易經繫辭所謂：「在天成象，在地成形，變化見矣。」又「變動不居，周流六虛，上下无常，剛柔相易，不可爲典要，唯變所適。」莊子所謂：「方生方死，方死方生，方可方不可，方不可方可……其分也成也，其成也毀也。」列子所謂：「有生不生，有化不化。不生者能生生，不化者能化化。生者不能不生，化者不能不化；故常生常化。常生常化者，無時不生，無時不化，陰陽爾，四時爾。不生者疑獨，不化者往復，其際不可終，疑獨其道不可窮。」皆指宇宙人生之行健不息，時時在變化，從存在至不存在，稱之謂一生命而已。人不過是此一大生命中之一個小生命單位耳，其生存之原理，與此大宇宙之法則，乃相合者。

(三)、生命之原動力—誠

一切生命，其原動力是同一來源，稱之曰：「誠」，中庸所謂：「誠者，自成也。」又謂「誠則形，形則著，著則明，明則動，動則變，變則化，唯天下至誠爲能化。」即是指生命之始成與生命過程之七階段而言。「天人合一」之理，始于此，所以中庸又云：「誠者天之道也，誠之者人之道也。」(其詳容後述之)

(四)、生命之體用與時空

宇宙是指空間與時間，乾坤是指能力與物質。吾祖先稱「上下四方之謂宇，往古來今之謂宙。」上下四方即三進向之空間（亦稱三度空間），往古來今即四進向之時間（亦稱四度空間），所以宇宙即是時空之結合，此在墨子、淮南子書中皆曾提到，愛因斯坦（Albert Einstein,1879-1955）之相對論，即指出時空之相對，言及時間爲第四度空間。而吾國祖先，在數千年前，即有此正確觀念，吾國文明之高度進展，由此可見。

吾國祖先認爲，在此時空中之萬有，莫不有其長短久暫不同之生命，而生命之先決條件，是質與能，由乾元（陽）與坤元（陰）之配合，而形成其形體。易經繫辭所謂：「乾道成男，坤道成女，乾知大始，坤作成物。」又謂「天地（乾坤）絪縕，萬物化醇。男（陽）女（陰）構精，萬物化生。」由時間空間之適應，以完成其用（在易經中即是陰、陽、時、位）。前者以「致中和」爲歸，即中庸：「致中和，天地位焉，萬物育焉。」之至理也。後者以「致中正」爲尚，即易經之時位，以中而且正爲最佳者也。（見易經彖辭傳，對各卦九五、六二之說明）二者均須時時調整，以遂其生。「中」在名詞而言，爲四方八面力量平衡不偏之重心點，在動詞言，爲調整而中的；在形容詞言，爲恰到好處。在動變的情況中，以保持存在爲先，故「中」之用大矣。

(五)、天之高明而無不覆幬；地之博厚而無不持載，顯示大公

在天，其表現爲「高明」而無所不覆；在人，其象徵爲智；在地，其表現爲「博厚」而無所不載；在人，其象徵爲德。以時空言之，則爲「悠久」與「無疆」，是爲德智兼備，「公」而無私，既「大」且「久」，生生不已之象徵。即中庸所謂：「故至誠無息，不息則久，久則徵，徵則悠遠，悠遠則博厚，博厚則高明。博厚，所以載

物也；高明，所以覆物也；悠久，所以成物也；博厚配地，高明配天，悠久無疆。如此者，不見而章，不動而變，無爲而成。」是也。這是對時空現象與人之配合天地之進一步說明。

(六)、生生不已之與「仁」，時時調整之與「中」

無數生命，共同存在於宇宙之間，集體在動變，個體亦在動變，一經「行」動，難免有所衝突。如何才能各得其所「天地位焉」？各遂其生「萬物育焉」？必須各別自動調整，以達共生、共存、共進化之效，在人其互助之義曰「仁」，論語：「博施於民而能濟衆。」「修己以安人」，「夫仁者己欲立而立人，己欲達而達人，能近取譬，可謂爲仁之方也已。」，「己所不欲，勿施於人，在邦無怨，在家無怨。」皆是指人與人之間，互助之仁。其調整之功曰「中」。中庸：「致中和，天地位焉，萬物育焉。」程子曰：「中者天下之正道。」易經彖辭傳屢次言中，即爲以調整之功，達共生共存之效也。

伊川曰：「喜怒哀樂之未發謂之中。中也者，言寂然不動者也。故曰：天下之大本。發而皆中節謂之和，和也者，言感而遂通者也。故曰：天下之達道。」（近思錄卷一）

(七)、一陰一陽之謂道

凡一切可以命名之事物，皆是相對者，皆可以陰（- -），陽（—）二種符號，以代表之。如天地也，剛柔也，動靜也，男女也，老幼也，質能也，……皆是兩兩相對者也。二者雖有相互盈虛消長之變化，終屬相依而存在，所以老子說：「有無相生，難易相成，高下相傾……」。有其一乃有其二，如一方面完全失去存在，則相對一方面亦難單獨生存；所以說「孤陰不生，獨陽不長，」必一陰一陽，相生相長，斯能成化育萬物之功，而萬物才有生命可言，二者之間才有「道」，故易經繫辭傳云：「一陰一陽之謂道，繼之者善也，成之者性也。」此是宇宙間兩兩相對，相生相長，時時求得靜而時中，動而和諧，庶幾符合化成萬物之至理。

(八)、「五行」爲生命過程中之五種基本動態

此種不斷調整（時中）之「行」動，有時須向上，以「火」有炎上之性作代表，有時須向下，以「水」有潤下之性作代表，有特須伸展以「木」有向四方伸展之性作代表，有時須收斂以「金」有凝集結晶之性作代表，有時須中和以「土」有平而不傾

之性作代表，稱之曰「五行」，「五行」卽是宇宙間五種不同之「基本行動」，此五種動能「相生相長」，「相剋相消」，「相制約，相調和」，卽是宇宙萬物「變動不居」之法則。如圖所示：

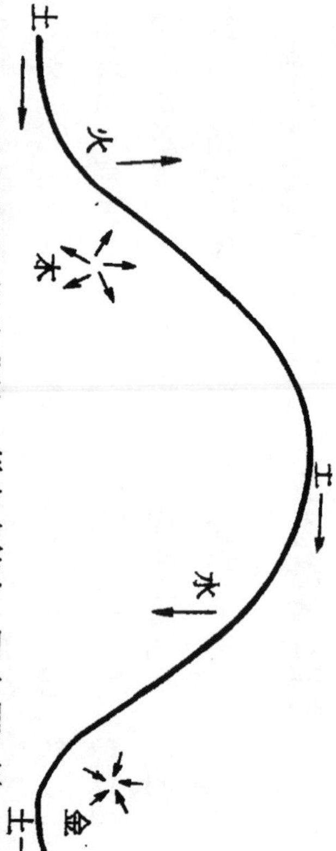

尙書洪範曰：「天乃錫禹洪範九疇，彝倫攸敍，初一曰五行。」又曰：「一曰水，二曰火，三曰木，四曰金，五曰土。水曰潤下，火曰炎上，木曰曲直，金曰從革，土爰稼穡。」其中水、木、金、火四性：水潤下，火炎上，木曲直，正是從「行」動方面解釋，惟金性書作「從革」，正義曰：「可改更者，可鑄以爲器也」。土則未言性，而以人事「稼穡」言之，不若余言「金土」二性爲「收斂」「中和」爲確也。

蓋宇宙乃無數動體所組成，各動其所動，各變其所變，爲了共生共存，非得各自時時調整不可，既需調整，則有時其動向須相生，有時須相尅，才能達到中和之目的。以往儒家認爲金木水火土代表五物，如孔疏引書傳曰：「水火者百姓之求飲食也，金木者百姓之所興作也，土者萬物之所資生也，是爲人用五行卽五材也。」其實如果代表物，何以稱爲五行？古人命名非常愼重，決不以「行」字代表「物」，數千年之錯誤，對于吾國文化之影響太大，使一個重視「行」之文化，變成了一個「靜」的文化，在他人向前突飛猛晉之時，焉能不落伍！

(九)、太極、兩儀、四象、八卦、六十四卦乃生命過程中之變化

易經繫辭傳曰：「是故易有太極，是生兩儀，兩儀生四象，四象生八卦，八卦見吉凶，吉凶生大業。」又曰：「因而重之，爻在其中矣。」所謂因而重之者，即八八相重，而爲六十四卦也。爻在其中者，六十四卦既成，一卦有六爻，六十四卦，遂有三百八十四爻也。由太極而兩儀，而四象，而八卦，而六十四卦。此乃說明一切事物，在生命過程中，由簡而繁，所經各種可能之變化情況，而示陰陽時位四大條件對於一切事物演進之關係，與吾人應變之方針與方法也。此僅略述其端倪耳，他日將再發揮其義蘊。

濂溪曰：濂溪先生說：「無極而太極。無極而爲太極。太極動而生陽，太極動而生陽，動極而靜，動到了極點又回復到靜，靜而生陰。靜就生陰。靜極復動。靜到了極點又動。一動一靜，互爲其根；動極而靜，靜極而動，一動一靜，交相爲根；分陰分陽，兩儀立焉。其中有陰有陽，於是陰陽二儀相對而立。陽變陰合，而生水火木金土。陰陽變化會合而產生水火木金土五行。五氣順布，五行之氣順布於天地間，四時行焉。四季配合而運行。五行一陰陽也，五行雖異而一本於陰陽，陰陽一太極也，陰陽雖殊而一本於太極，太極本無極也。太極本來也就是無極。五行之生也，各一其性。五行的產生，雖同出於太極，但是性質不同。無極之眞，無極的眞實之理，二五之精，陰陽五行的精粹之氣，妙合而凝。微妙會合而凝聚成形。乾道成男，陽性的成男，坤道成女，陰性的成女，二氣交感，陰陽二氣交感，化生萬物，於是變化以生萬物，萬物生生，萬物生生不已，而變化無窮焉。而變化沒有窮盡。惟人也，得其秀而最靈。祇有人，得天地之秀，而心獨靈於萬物。形既生矣，形體既生而有質，神發知矣，精神又發而有其知，五性感動而善惡分，於是仁義禮智信五性感物而動，分出了善惡，萬事出矣。萬事從此產生。聖人定之以中正仁義而主靜，聖人修道爲敎，定之以大中之禮、至正之智、不忍之仁、合宜之義，而一主乎靜，立人極焉。人極因而成立。故聖人與天地合其德，所以聖人的道德和天地一樣廣大，日月合其明，智慧和日月一樣光明，四時合其序，變化和四時一樣有序，鬼神合其吉凶。吉凶和鬼神一樣靈驗。君子修之吉，君子修道而吉，小人悖之凶。小人背道故凶。故曰：所以易經卦傳說：立天之道，曰陰與陽；以陰陽演天道的運行（陰陽屬於氣象，爲晝夜寒暑之類）；立地之道，曰柔與剛；以剛柔演地道的形勢（剛柔屬於實質，爲水陸山川之類），立人之道，曰仁與義。以仁義演人道的倫常（仁義屬於理性，爲孝悌忠信之類）。又曰：又易經繫辭說：原始反終，原於始而有終，終而復反於始，故知死生之說。所以知道死生的交替也是如此。大哉易也，偉大啊易經，斯其至矣！至精至微，高明到了極點了啊！」—太極通書

(十)、仁與中之可貴

此兩兩相對之任何一方面單獨極度發展，就可能走向相反之一方面，例如連續三次向左轉，即轉成右矣。繼續不斷向東飛，即飛往西方矣。故「物極必反」「否極泰來」。此乃中國先聖先賢之警語，係根據宇宙發展之原則而立說者，誠爲顛撲不破之眞理，吾等如欲求「廣生」與「長生」，須做到「無過無不及」，而以「中庸」爲貴。程子曰：「不偏之謂中，不易之謂庸，中者天下之正道，庸者天下之定理。」能做到中庸，就能處處合理，時時適用（庸者，用也，平凡也），斯能廣生和長生，參贊

天地之化育，與天地同功矣。

(十一)、「一」與「多」不容分立

組成集體「多」之單位，稱爲個體「一」，二者雖似相對，實爲具體而微，大小不同之並存體，不容分立，所以說「天下之本在國，國之本在家，家之本在身」，身既爲家之組成單位，故修身所以爲齊家，家爲國之組成單位，故齊家所以爲治國，國爲天下之組成單位，故治國所以爲平天下，換言之，小我與大我爲一體，必須同時兼顧，此乃一貫之大道，不易之至理，爲吾祖先所建立之至高眞理，而爲國人所篤信奉行者也。故吾國不似西方之有「一」與「多」之無謂爭論，自能造成五千年和諧而文明之泱泱大國。

(十二)、人定勝天

討論至此，吾人會有一疑問，人定勝天乎？天定勝人乎？以中國儒家學說論之，天人之際雖至爲微妙，天道雖高遠而不可測，然恃自強不息之精神，用專一精誠之毅力，則人定可以勝天。故書經太甲篇云：「天作孽，猶可違；自作孽，不可逭。」此言人爲之力量，可改變天也，故天與吾人不幸之事，吾人能改變爲幸福，如自己作孽、作禍殃則不能幸福矣。成敗福禍皆由己也，故人定可以勝天。孔子曰：「仁遠乎哉，我欲仁，斯仁至矣。」恃己之努力，則仁道可以立至，是故人定可以勝天。吾國典籍中言人定勝天者頗多，茲舉荀子爲證：荀子說：

「天行有常，天的運行是有常規的，不爲堯存，不爲桀亡。不爲堯而存，也不爲桀而亡。應之以治則吉，同它相應而安治就吉祥，應之以亂則凶。同它相應而昏亂就凶險。彊本而節用，加强農桑而節省用度，則天不能貧；則天不能使人貧窮；養備而動時，養生之道周備，行動適合時宜，則天不能病；則天不能使人疾病；脩道而不貳，修爲道德而不貳心，則天不能禍。則天不能加以禍害。故水旱不能使之飢渴，所以水旱不能使人飢饉，寒暑不能使之疾，寒暑不能使人疾病，祆怪不能使之凶。祆怪不能使人凶險。本荒而用侈，荒怠農桑而用度奢侈，則天不能使之富；則天不能使人富足；養略而動罕，養生之道簡略，行動稀少，則天不能使之全；則天不能使人健全；倍道而妄行，違背正道而荒妄行事，則天不能使之吉。則天不能使人吉祥。故水旱未至而飢，所以水旱沒來就已飢饉，寒暑未薄而疾，寒暑沒有迫近就已疾病，祆怪未至而凶。祆怪沒有來就已凶險。受時與治世同，（所受的天時和治世相同，）而殃禍與治世異，（但禍殃却和治世相異，）不可以怨天，（這不可以怨天，）其道然也。（所行的道使之如此呀！）故明於天人之分，（所以能夠明於天人之分，）則可謂至人矣。（可以說是至人了。）」－荀子天論篇

又說：

「大天而思之，（尊大天而思慕它，）孰與物畜而制之；（那裏如把天看待成物而畜養和制裁它；）從天而頌之，（順從天而歌頌它，）孰與制天命而用之；（那裏如制裁天命而利用它；）望時而待之，（望着四時而期待它，）孰與應時而使之；（那裏如適應四時而使用它；）因物而多之，（因物的自多而稱讚它多，）孰與騁能而化之；（那裏如騁人的智能而變化它；）思物而物之，（把物想做是物，）孰與理物而勿失之也；（那裏如理治物而不失去它；）願於物之所以生，（思慕物的所以生，）孰與有物之所以成。（那裏如致力於物的所以成。）故錯人而思天，（所以措置人事不做而去思天，）則失萬物之情。（就失掉了萬物的本情。）」－同前

(十三)、明本末，別先後

相對之事物，雖云同時存在，須有本末之分，先後之別，毋使本末倒置，先後錯

亂，否則將影響於生存，故大學云：「物有本末，事有終始，知所先後，則近道矣。」

以上十一點，爲吾先民對宇宙生存眞理之創見，亦卽吾民族精神，與文化傳統之基礎，明乎此，斯能明白中國人智慧之高超，文化之優越，以及能應用眞理以求生存，而絕不依賴迷信，具實事求是之精神，此所以中國自身，無具有組織及形式之宗教，有之，皆自外來，而人民道德之高尚，依然不遜於外人者也。且每逢環境惡劣，形勢危險之時，卽能本「人定勝天」「創造環境」之精神，改變現狀，扭轉局勢。使之否極泰來，永不作消極悲觀之想者以此，吾人平時所稱：「天」，原爲環繞地球之境界，亦卽地之環境，故於人而言，天卽「環境」之謂。「命」爲因果，卽指從現在所知者推測未來，故亦可稱之謂「趨勢」。「革」者革故鼎新之意，首先見諸易經之革卦，故所謂革命云者，卽以人力改革惡劣之環境，創造新之機運，使之復能各遂其生，能各得其所而已。易經一書，可以「知天命，盡人力。」六字，以說明其效用，而誠、仁、中、行四字爲天道人道之所共，亦卽吾國民族精神文化傳統，以及哲學至理之所本，而爲研究「人理學」者所宜首先討論者也。

(十四)、天人合一

人生觀之至高境界爲天人合一。如何達到天人合一?可分言之:

中庸云:「誠者,天之道也,誠之者,人之道也。」又云:「惟天下之至誠,爲能盡其性;能盡其性,則能盡人之性;能盡人之性,則能盡物之性;能盡物之性,則可以贊天地之化育,可以贊天地之化育,則可以與天地參矣。」如能以人道之誠合天道之誠,贊化育,參天地,即可達到天人合一的境界。

程明道云:「仁者以天地萬物爲一體者也。」王陽明釋大學明明德有云:「大人者,以天地萬物爲一體者也。」此所謂大人即仁人,故能修道以「仁」,即能與天合一。

中庸云:「致中和,天地位焉,萬物育焉。」能奉行中庸之道,亦可向天人合一之大道邁進。

總之,誠、仁、中三種修養(行),皆爲趨於天人合一之康莊大道。

二、人與神

(一)、敬神非迷信

上講人與天多是從易經之理象數立論，故莫不從仰觀俯察實際經驗而來，既不迷信，更合科學。惟當環境（天）與趨勢（命），其因素太過複雜而爲常人所難瞭解者，亦可稱之謂天與命。孟子說：「莫之爲而爲者，天也，莫之致而致者，命也。」即係指此，有時亦有以民意比諸天意者，例如「天視自我民視，天聽自我民聽。」（書泰誓篇）以說明堯舜禪讓並非以天下私相授受，而爲順從民意之結果也。

人在宇宙間之地位，既可參贊天地，其崇高可以想見，故人常以體天行道自命，更少以神視天。昔時帝王每於元旦拂曉祭天地者，以人之在世，無時無刻，不賴空氣陽光水與食物以生，蓋均得之於天地之供養，農業國家尤賴天時地利，風調雨順，必享豐收，爲了不忘本不忘恩起見，而有此祭祀，蓋帝王代表全體人民而作此報恩之示範耳。絕非求鬼神之呵護，而爲道德之所要求，蓋去私心存公道爲道德之基本條件，不忘本不忘恩爲道德之衡量標準，爲人君者且亦應爲道德之象徵故也。

余幼時受業私塾，除每晨須向孔聖神位行禮表示敬意外，在經書中亦未見有帶迷信之教材，於幼學瓊林對於宇宙之形成，僅謂：「混沌初開，乾坤始奠，氣之輕清而上浮者爲天，氣之重濁，而下凝者爲地。日月五星謂之七政，天地與人，謂之三才。……」所言並無違反自然科學原理，不似西方之以上帝創造宇宙，以信仰神道爲教也。人與天地並稱爲三才，更不若西方之以亞當與夏娃爲人類之始祖也。塾師稱孔子爲至聖先師，其敎可爲萬世師表，故應崇敬，崇敬之目的爲尊師重道，此乃人人之所應爲者也。

(二)、神之眞面目及其與智之關係

「子不語，怪力亂神」，此言孔子言力而不言怪力，例如禮記禮運篇有「力惡其不出于身也，不必爲己。」言神而不言亂神，例如論語有「敬鬼神而遠之可謂知(智)矣」。中庸有「至誠如神」，又有「鬼神之爲德也，其盛矣乎！視之而弗見，聽之而弗聞，體物而不可遺，使天下之人，齊明盛服，以承祭祀，洋洋乎如在其上，如在其左右。」此言神是不能見到，不能聽到，不能觸到的東西，可以敬而不必近，惟至誠之人，能達到近似神的程度，因至誠則能達至明之境界，能知常人所不知者也。

孔子「學不厭」，其本人亦不否認爲最好學，他認爲「知之爲知之，不知爲不知，是知也。」所以對於怪力與亂神自然不願和他人談，他自己且有這樣一段話：「素隱行怪，後世有述焉，吾弗爲之矣。君子遵道而行，半塗而廢，吾弗能已矣，君子依乎中庸，遯世不見，知而不悔，唯聖者能之。」(中庸)他對於隱怪的事物，既不清楚，自然不願去做，遵照大道理去行，終不會錯的，繼續不斷去學，終會達到智的，這種認識，自然使智的範圍擴展又擴展，將神的境界的邊緣推得愈遠去了，茲以圖說明之如下：

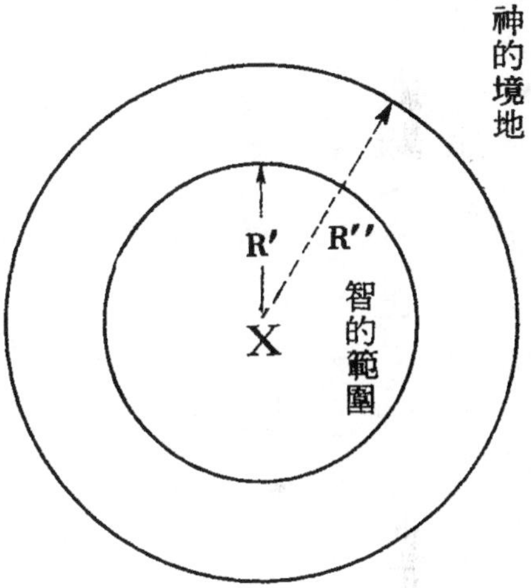

假設智的範圍爲X，以圓圈R′爲界，則圈外都是未知的事物，稱之謂神的境地。智的範圍由R′的圓圈擴展到R″的圓圈，則神的境地被侵佔了不少，儘管神的境地是無窮大∞，人的智識由於自然科學的突飛猛進，將宇宙間的秘密，一步一步的揭穿，使以往所謂神者，都納入了智的範圍，例如觸電，古人認爲係受雷神的處罰，今人則知係觸電而死，其原因爲古人之智的範圍爲R′圈，觸電之智識未備，猶在神的境地之範圍

內也。及R′擴展至R″，神的境地外移，觸電一事已入於R″圓圈知的範圍以內，已無神秘之可言矣。

智不斷在進展，神的境地愈多被侵佔，已無疑義，雖然無窮大減去X，仍爲無窮大（$\infty - X = \infty$），而人的心理中神秘部份，則隨之而減少。若道德信念依賴神的庇護，則神之受侵，勢必影響道德，乃爲必然的結果。今日西方各國所受之困擾，正是在此。

(三)、至誠之人可如神

吾祖先則有先見，對於神所下之定義，尤爲睿智，易經以「智以藏往，神以知來」爲教，孟子以「聖而不可知之之謂神」爲教，孔子更以人能至誠，則可以如神，（至誠如神(中庸)）爲訓，由於以智神對稱，更可知「神」爲未成熟之智識，雖以無所不知之聖人亦不知之也。對於不知之事物，人所應取之態度爲「敬」，敬則不怠慢，不怠慢則能進而致知，知至則意誠，至誠則更可近乎神矣，（至誠如神），敬鬼神則將使智識範圍益加擴展，而使神的境界離人益遠，所謂「敬鬼神而遠之」，意在斯乎！

㈣、敬神之眞義在崇德

孔子曾數次提及上帝，亦曾承認有時在祈禱，不過從未提及上帝爲無上權威者，惟一切旨在主敬與勸善而已。

人死俗稱之謂鬼，子路問事鬼神之道。孔子說：「未能事人，焉能事鬼。」子路又問死，孔子又說：「未知生，焉知死。」由此可見孔子之教以人爲中心，不似宗教家之以神爲中心而好談生死問題，人應重視人格之健全，盡其在我。「不怨天、不尤人，」不因爲要登天堂而行善，亦不因爲怕入地獄而不爲惡，認淸人之所以爲人，爲其所當爲，庶幾俯仰無愧而已。

不過孔子對于祭祀祖先是十分重視，而且必須親自主持的，所以他說：

「祭如在，（祭祖先時，就像祖先在面前，）祭神如神在。（祭外神時，就像外神在面前。）」——論語八佾篇

「吾不與（去聲）祭，（我如果因了有事，不得親祭，）如不祭。（雖有人代祭了，在我還像不曾祭。）」——論語八佾篇

其原因如下：㈠一切的德行，以仁爲本體，㈡仁以親親爲先，㈢孝心不以親死而

盡，㈣追念之懷惟有以祭祀方式表達之，（其詳容後述之）所以說：

「敬其所尊，（恭敬那祖宗所尊重的，）愛其所親，（親愛那祖宗所親近的，）事死如事生，（事奉死的如同事奉活的一樣，）事亡如事存，（事奉過去的如同事奉現在的一樣，）孝之至也。（這才是盡孝到了極點。）」（中庸）

國人所講之神，多是死的祖先，有名有姓的人，而非亂神，祭祀是屬於人與人的情愛，而非為本人求福，是以人為出發點，以不忘本不忘恩之德行表現為主體，無絲毫迷信，或神秘之因素存于其間也。

擴充此一敬愛之情意，吾國到處所建之廟宇，大都為紀念發明家或有大功勳於民族者。例如，藥王廟為紀念發明食糧種植及藥品之神農氏；禹王廟為紀念治洪水著有豐功偉績之水利工程師夏禹（凡有大小水利工程處，均有此廟）；魯班廟為紀念發明能飛翔之木鳶，為舉國土木匠人所普遍崇祀之公輸子；孔廟為全國所最普遍建立者以紀念大成至聖先師之孔子；其他以德行著稱建廟以崇祀者，例如岳王廟以崇祀精忠報國之岳飛，關帝廟以崇祀尚義之關羽；凡此皆以對人崇德示範為主，非為個人祈福也。

即以道教而言，其教義本乎老子道德經，以道為教，立有寺院。察其內容，亦無迷信，稍涉玄奧而已，實不能列於宗教之林，其與孔子之教相比，前者有似今之自然科學中之純理論部份，後者有似今之自然科學中之應用部份；二者均本於易理，為天人合一之教也。孔子之教，順人性而納之軌範，較近人情；老子之教，有時涵義過高，非一般人所能理解，所能做到。例如，凡人有所成就，無不好自稱其功，老子則謂「功成而不居，夫惟不居，是以不去。」事實上自己愈不居功，人愈尊敬之，尊敬之結果，功愈能保，惟究竟有幾人能夠做到這一地步？在孔子則以禮讓為教，居功而不太過，善與人同，其理平凡而為人人所能為者，故曰中庸。惟「修道之謂教」一點，則二者相同也。

及佛教傳入中國，宗教始啓其端，其大乘雖無異於儒道，而小乘則入於迷信。求神拜佛，其目的在求福求財求子等。對於教育程度淺薄之平民，正合其需要。其後其他宗教傳入吾國，有因反對祭祖而被拒，致延擱半世紀之久。在以儒教為中心之吾國，凡屬傳道，絕不被拒，蓋取「道並行而不相悖」之義也。

(五)、從中國文化來看神

總之，民生（人類共生共存）為人類社會進化之重心，道既為民生之原理，則無論以神道設教，或以眞理傳授等方式，宏揚此一原理而求其實現，莫不有益于人羣。神既爲未成熟之智識，理應敬之。吾人所知者極有限，未知者無窮，則代表未知數之神，亦將永遠存在。「敬」屬於道德範疇，是則道德在庇護神，而非神在庇護道德，中國人確認智之進展，應與德成正比，自然無損於神，此乃中國文化之特點也。

㈥、神人合一

所謂「神」，本可分爲功業之神、德業之神、學業之神（立功立德立言）及宗教之神多種。上文曾論及神農氏、夏禹、公輸子之被尊爲神，是屬於功業之神；孔子之被尊爲神，是屬於學業兼德業之神，岳飛、關羽之被尊爲神，是屬於功業兼德業之神；老子雖被尊爲宗教之神，亦可列於德業之神與學業之神之範圍。惟耶穌、釋迦牟尼、穆罕默德以及張道陵等，則屬於宗教之神。

中庸云：「至誠如神。」孟子云：「聖而不可知之之謂神。」莊子云：「至人無己，神人無功，聖人無名。」推孟、莊之意，神人高於聖人。吾人如能就立德立功立言三不朽用功夫，則可達到神人合一之境界。

第三章　人性

一、人性之長成

(一)、人性與獸性

在經書中對於人之定義，僅謂「仁者，人也。」（中庸）「仁也者，人也。」（孟子盡心篇）由於人爲動物之一，其所異於禽獸者雖不多，然其所以成爲萬物之靈者，亦僅在極少之差異處來作分別，故孟子謂：「人之所以異於禽獸者幾希」（孟子離婁篇），此幾希之所以別人異於禽獸者，爲知仁義也。仁與義既爲人之所以爲人，故易經稱：「立人之道，曰仁與義。」國父亦謂：「依余所見，古人固已有言：『人爲萬物之靈』，然則萬物之靈者，即爲人之定義」（軍人精神教育第一課）。

何以人與禽獸之差別不大？因爲人類經過一長時期的人與獸爭階段，在戰勝了毒蛇猛獸以後，人才成爲地球上的王，今日宮殿式大建築之大門前，甚或豪富之家之門前，所用以裝飾之一對石獅，顯然爲人類戰勝百獸之王——獅子，以其皮陳列於宅前，以示勝利之成績，而流傳下來代之以石彫以至於今日的習慣，惟經此長期苦戰之結果，其所學會之野蠻習性，迄未根除，人類文明之進展，因之遲慢， 國父有云：「君權之前，便是神權時代，而神權之前，便是洪荒時代，是人和獸相鬥的時代。在那個時代，人類要圖生存，獸類亦要圖生存。……人食獸，獸亦食人，彼此相競爭。……但是那時的奮鬥，總是人獸到處混雜的奮鬥，不能結合得大團體，所謂各自爲戰。……人和獸的競爭，至今還沒有完全消滅，如果現在走到南洋很荒野的地方，人和獸鬥的事實還可以看見。……世界進化，當第一個時期是人同獸爭，所用的是氣力，大家同心協力，去殺毒蛇猛獸。……在人同獸爭的時代，因爲不知道何時有毒蛇猛獸來犯，所以人類時時刻刻不知生死，所用的自衞力只有雙手雙足。不過在那個時候，人要比獸聰明些，所以同獸奮鬥，不是專用雙手雙足，還曉得用木棍和石頭；故最後的結果，人類戰勝，把獸類殺滅征服，人類的生命，才可以一天一天的計算。」（民權主義第一講） 國父又云：「由動物變到人類，至今還不甚久，所以人的本源便是動物，所賦的天性，便有多少動物性質。換句話說，就是人本來是獸，所以帶有多少獸性，人性很少。我們要人類進步，是在造就高尚人格。要人類有高尚人格，就在減少獸性，增多人性。沒有獸性，自然不至於作惡，完全是人性，自然道德高尚。」（國民要以人格救國）。所以人與禽獸之區別，乃在人有人性，禽獸僅有獸性，未具人所具有之人性也。

㈡、人性之成長

觀於人類進化的歷史，我們可以得到如下的幾點結論：

1. 人與禽獸都賦有生存的本能的天性，所以獸性與人性，初時相差的程度，原本不多。
2. 人之所以戰勝禽獸，不但知道用力，而且知道用工具，能合群與愛群，有理性，能創造。
3. 知道合群與愛群才有「仁」，仁是道德的本體，這就是人性的開始，加以有理性的智，人才能控制本能，不受本能所支配（率性）。
4. 人類的進化，就是減少獸性，增多人性，由憑力進而憑智，由愛小我的自私，進而為愛大我的為公；由享用及奪取已成之物，進而創造更多之物，供人享用，由現實的世界，進而至理想的世界。

(三)、人倫之重要

以上各點，可以說明人之所以爲人，而亦僅能從與禽獸比較中分別出來。假使人類不能從自身的努力，去發展人的特性，則人仍將退化，而歸回到禽獸之林。孟子有云：「人之有道也，飽食煖衣，逸居而無教，則近於禽獸。聖人有憂之，使契爲司徒，教以人倫……」（孟子滕文公篇）。蓋求生存原爲人類進化的原動力，一旦飽食煖衣生活毫無憂慮，自會由飽煖而思淫欲，將人與人間之正常關係搞亂，倫常乖謬，個人主義極度發展，爭奪殘殺之風復熾，人與禽獸相差，不復遠矣，在人倫之存廢觀點上，孟子又云：「無父無君，是禽獸也。」（同上）

今日之最佳例子，莫過於美國之「嬉皮」，嬉皮者，大半出諸富豪之家之遊蕩子弟，在物質條件而言，可謂應有盡有，正所謂「飽食煖衣，逸居而無教」，由於心靈上之空虛，彼等厭倦物質生活，心理上生了大反動，故拋棄一切物質慾望，所求者僅爲「白食白色」，即食與色之予取予求（free food and free sex）而自身一無事事，美其名曰「回返自然」，換言之，如禽獸之見食物則自由取之，見異性則自由交之，不得則以力爭奪之，爭奪不得則隨之以殘殺，除此以外，終日無所作爲。余嘗於過舊金山時，親訪嬉皮之大本營，見彼等披髮長鬚，衣服襤褸，男女十數人睡一小屋，汚穢不堪，考其如何能生存？始知彼等之百萬富翁之雙親，時時暗中予以接濟，有錢則大家分用而已。余試問其所崇信，則以我國之易經爲對，並有太極八卦圖之說明小册，作爲嬉皮之理論基礎，余詳察之，始知彼等誤解「無爲」之義，以爲無爲卽作游手好閒解，殊不知無爲而必須先之以無所不爲，蓋指政事管理技術之達於極致，必須賢者在位，能者在職，知人善任百事興舉，內外協和，國家閒暇，爲領袖者，無所事事矣，故曰無爲。嬉皮對之如此誤解，實出余意料之外。彼等之生活，一如禽獸，身染性病者，十之八九，可憐又復可笑。孟子稱謂「則近於禽獸」者，誠爲先見者矣。

由此可見，「人倫」實爲人類文明進步之成果，亦爲人獸分野之標準，不可忽也。

四、人類長成之三階段

西哲康德（Kant, Immanuel 1724-1804）對於人的研究，認爲其衍進可分爲三個階段：㈠動物性，以人爲一生命物（或稱生命實體），其行爲出於利己之機械本能，毋需理性指導，如求滿足自己之嗜欲，綿延種類生殖，喜群居結伴之類。其所生各種罪惡是獸性的、野蠻的，如饕餮、淫蕩，及其他損人利己之行爲；㈡人性，以人爲一生命物，同時亦爲一理性物，求生存自利，有理性以指導其行爲，其所生之罪惡與獸性所生者稍有不同，惟仍多出於衝動、出於自私、嫉妒、惡意、忘恩等等；㈢人格性，以人爲理性及負責之物，出於意志之主宰，尊重道德法則，自由選擇而向善，故能自主自治而免於作惡。

以上爲古今中外對於人的認識，幾乎完全一致，而其方法惟有從性的方面，以識別人獸之分，而以減少獸性，增多人性，爲人類文明進化之測度也。

二、人性之特徵

㈠、生物共具之本能

人類，一如其他動物，具有天賦的生存本能（性），以遂其生，中庸所謂「天命之謂性」，即是指此。性既是指先天的知能，當然是生而知之，不待學而能，不待教而知的。生命的維持，最首要的是求食；生命的延續，最重要的是求偶（色），所以說「食色性也」（孟子告子篇）。食與色，無論任何一種生物，大而如巨象猛獅，小而至於幾十萬倍顯微鏡下面的微生物，均能應用此兩種智能，以持續及蕃衍其生命。稱之爲天賦，乃無疑義。

㈡、人類獨具之特性

人既稟賦了生存本能，各自尋求生存之道，禽獸亦然。求食、求偶，各本其所需。苟食物之供應，與男女之數量，足夠所求，自能無所爭奪，並育而不相害。惟供求之相應，未必能恒久保持，而且強者之欲念發達，攫取弱者所應得，以爲己有，在所難免，於是有爭鬥。爭鬥之結果，必致殘殺。此爲達爾文進化論之根據也。在人獸混戰之階段中，人之體力遠不及獸，行走之速度，兩足遠不及四足之快，官能之感應，亦不及若干禽獸之靈敏，天生之武器—爪牙，亦不及獸類之銳利，然而人類終能戰勝四周一切之敵者，以其㈠能合群，㈡能兩手持武器以加強其攻擊力量，㈢能利用其智慧以築防禦之工事，㈣能創造物以供所需（畜牧及農業之興起）。及獸類戰敗馴服以後，人類乃日漸蕃殖，然其所經歷之時間，已不知多少萬年矣。由於合群而獲得勝利以及生存之保障，合群遂成人類天性之一部份，不可須臾或離。此即 國父所稱之人類進化時期，而其進化之原則，已從競爭進入互助。此一互助之原則，將永遠成爲人類所共信共守，憑理智而不憑衝動。人類順此則昌，不順此則亡。人類具此特性，其體稱之曰仁，其用稱之曰義。在食色兩種本能之外，獨樹光大生命之求仁一幟矣。

(三)、學問與道德之目的

仁字從二從人，顯然指出不再是爲一個人的私而進入兩個人的公，換言之，從小我的利益進入到大我的生存，是群性的具體化，亦就是道德的發軔，進而成了人與其他動物的分野。所以中庸書裏乾脆地說：「仁者，人也。」孟子說得更淸楚：「仁也者，人也，合而言之道也。」（孟子盡心篇）人與人之間有一條路，這就是道（人——道——人）如何行路？這就是德。「行道而得之於心謂之德」（朱子）。所以仁，就是道德的存之于人心，義是道德的見諸于行事。都是由合群而愛群的具體表現，若以公式以說明人性，當更易明白如下：

$$X=(A+B)+C$$

C　求仁（義）以光大生命

B　求偶（色）以延續生命

A　求食以維持生命

X　性

說明：

㈠上面公式中之生存本能X，為人類與其他生物所共有，不過其他生物幾乎將其全部用之于A及B，以持續其生命，間或有用之于C者，幾乎微不足道，螞蟻、蜜蜂雖為例外，然其用之于C之目的，仍為滿足A與B而已。

㈡其他生物，其生活僅能受本能X之支配，人類則有理性能支配X，稱之曰「率性」，能控制A與B使之減至最低限度，謂之克己，謂之「忍性」；能發展C使之昇至最高，謂之「盡性」。以求達到人類共生共存共進化之目的，謂之「修道」。

㈢人類不獨能支配X，而且能用後天之「教」以擴大X，所以說：「自誠明謂之性，自明誠謂之敎，誠則明矣，明則誠矣。」(中庸)在第二講中曾涉及「誠」為宇宙之原動力，性禀賦之而成者也。先天之性X，得後天之教，如滾雪球然，愈滾愈大。用之於使C比例底增大。

㈣世界上一切宗教，均重視人類心與性等問題。儒家主張正心率性，道家主張持心適性，釋家主張明心見性，無非欲將A與B減至最低程度，將C增至最高程度。為了以身作則起見，修女、神父、和尚等茹素不婚，而對於愛人助人之工作盡力以赴，都是最顯明的事實，蓋無論X之數值如何，A＋B小則C大，A＋B大則C小，二者固互為消長也。

(五)教育之目的與宗教相同，無非欲使人於己之享受儘量降低，謀他人之福利儘量增高，俾人之智能之高低與其服務之範圍成正比，孔子何以對於其弟子顏回最為稱讚，因為他一簞食一瓢飲居陋巷而不改其樂，而其公忠為國可比諸禹稷，所以顏回問仁，孔子以「克己復禮為仁」(論語顏淵篇)答之，克己復禮者，即將A＋B縮小，縮小A＋B即為增長C，所以為仁也。

(六)人與禽獸之分別，固以C之有無為準則，人與人之區別，亦可以C之大小為衡量，重利(A＋B)輕義(C)者為小人，反之則為君子。

(七)「安貧樂道」為士大夫之本色，安貧者，A＋B雖小亦無所謂，樂道者，使C之大認為一己之責任也。故曰：「士志於道，而恥惡衣惡食者，未足與議也」(論語里仁篇)又曰：「君子憂道不憂貧」(論語衛靈公篇)，其意亦同。

(八)「從其大體為大人，從其小體為小人。」(孟子告子篇)，此即指知有大我之C者為大人，祇知有小我之A＋B而不知有C者為小人。

(九)為了大我之生存，而犧牲小我以求之，是即將A＋B降至0％，而使C昇至

100%，此乃完成「求仁」的任務，故曰「成仁」，亦稱「取義」。

由於以上之簡單公式，可以瞭解經書中不少道理。知「仁性」即是「人性」，而人性之所以能形成者，乃由於人類不受本能所支配，而有理性以支配本能，謂之「率性」。率性之目的，為達致人類共生共存共進化，是謂之道，而修道與宏道之功，則有賴於教化。所以中庸一書開宗明義就是說：

「天命之謂性，（上天命令所給與人底氣稟，叫做本性，）率性之謂道，（人人依照本性做事，叫做正道，）修道之謂教。（要人人修治這正道叫做教化。）」──中庸第一章

吾人更進而知學問與道德是相因相成的，而其目的則如下列：

學問之第一目的在管制自己（率性）

道德之第一目的在顧及他人（修道）

管制自己，為的是「仁」，所以說「成己，仁也；」顧及他人，顯然更是為「仁」，二者均為光大人性與生命而已。

三、人性之善惡

中外古今所有以人爲研究或管教對象的人，如教育家、政治家、哲學家、宗教家、社會學家、心理學家等，無不對於人的心和性等問題發生興趣，因爲人是難懂得的，較之物不知要複雜多少倍。他是時時在動在變的，雖然每一個人有不同的個性，但是亦可以找出他們的共性來。他是善，還是惡？還是有善亦有惡？還是無善無惡？如果本性是善的，則應如何培養其善？如果是惡的，則應如何制止其惡？歷來中外有關人性之說，派別甚多，約而言之，在吾國可大別爲五：

(一)性善說。

(二)性惡說。

(三)性無善惡說。

(四)性善惡混說。

(五)性三品說。

西人人性學說，據康德「論人性之根本的惡」(On the Radical Evil in Human Nature)一文可分爲四派：

㈠人性善的觀點
㈡人性惡的觀點 嚴格主義派。
㈢人性亦善亦惡的觀點
㈣人性非善非惡的觀點 融通主義派。（康德本人屬於第四派）

右述中西人性學說之派別與觀點，試加以比較，可以發現西人四種人性觀點，恰與吾國人性說中之性善說、性惡說、性善惡混說及性無善惡說相當，惟缺少性三品說耳。

茲綜合中西各派學說內容簡述大要於下：

㈠、性善說

性善說倡於孟子，謂仁義禮智四端出乎天生，故根於人性，人與非人亦以此為別，其言如下：

「惻隱之心，朱注：惻，傷之切也。隱，痛之深也。憐憫傷痛的心；仁之端也。便是仁的發端。羞惡之心，羞恥厭惡的心，義之端也。便是義的發端。辭讓之心，辭謝退讓的心，禮之端也。便是禮的發端。是非之心，是非善惡的心，智之端也。便是智的發端。人之有是四端也，一個人有這四端，猶其有四體也；就同有四肢一樣。有是四端，而自謂不能者，有了這四端，自己卻說是不能，自賊者也。那便是甘心賊害自己啊。謂其君不能者，若是說他的國君沒有能力的，賊其君者也。那更是賊害他的國君了。凡有四端於我者，凡是具備着這四種情緒在我身上，知皆擴而充之矣。知道都盡力在外去推廣，在內去充益。若火之始然，好像火在開始燃燒，泉之始達，泉水在開始湧出，苟能充之，如有能擴充這四種情緒的，足以保四海；就足夠保有天下；苟不充之，如不能擴充，不足以事父母。便連父母也不能夠好好事奉了。」

——孟子公孫丑上

「人性之善也，人性底善，猶水之就下也。如同水性底本來向下。人無有不善，人性沒有不善，水無有不下。水沒有不向下流的。」

——孟子告子上

「惻隱之心，即如惻隱的心，人皆有之。是人人都有的。羞惡去聲之心，羞惡的心，人皆有之。是人人都有的。恭敬之心，恭敬的心，人皆有之。是人人都有的。是非之心，是非的心，人皆有之。也是人人都有的。惻隱之心，這惻隱的心，仁也。便是仁。羞惡之心，這羞惡的心，義也。便是義。恭敬之心，這恭敬的心，禮也。便是禮。

是非之心，這是非心。智也。便是智。仁義禮智，照這樣看來，仁、義、禮、智這四種心情，非由外鑠我也，並不是從外面向我銷鑠的。鑠，以火銷金也；有由外面熱進去底意思。我固有之也，我本來就有的啊，弗思耳矣。不過沒有想就是了。故曰：所以說：求則得之，求它便得，舍上聲則失之，不求便失去了，或相倍蓰音師而無算者，善惡底不同到後來竟有相隔差一倍到五倍甚至不能計算的，不能盡其才者也。這都是不能充分發揮他本來材質底緣故。詩云：詩經上說：『天生蒸民，天生下衆多人民，有物有則。既有事物的形體，就有事物的本則，就像有耳目就有聰明的功用，有父子就有慈孝心之類。民之秉夷，這原是人民秉執的常性，好去聲是懿德。喜歡美好的德性。』孔子曰：孔子說：『為此詩者，做這詩的人，其知道乎！』其，猶「殆」也。差不多是明白了「道」的啊！故有物必有則；所以，有一事物必有一事物的本則：民之秉夷也，凡人只要秉執這常性，故好是懿德。便自然有喜歡美好底德行。」〔註〕這章書是因人情的常理去試驗本性。以證明人性本善。

——孟子告子上

仁義禮智，皆是基本德目，生於人心，非由外鑠，故認定性是善，蓋基於是。孟子又謂聖人充滿理義，故性必善，聖人與我同類，根據同類相似之原理，則我亦必性善，證之以下之喻曰：

「故凡同類者，所以凡是同一類的東西，舉相似也。都差不多的。何獨至於人而疑之，為什麼獨獨講到人就要懷疑那末性是不一樣的呢！聖人與我同類者，聖人就是和我們一樣的。故龍子曰：所以龍子說：不知足而為屨，不知道腳的大小。就去做草鞋，我知其不為蕢音匱也。我就知道他不會做成一個盛土的畚箕。屨之相似，草鞋的式樣都差不多，天下之足同也。就因為天下人的腳，都是相同的呀。口之於味，任何人的口對於味，有同耆者也；與嗜同。有同樣的嗜好；易牙先得我口之所耆者也。易牙就是先得到我們所嗜好底口味。如使口之於味也，假如任何人的口，對于味，其性與人殊，生來的性能人人都不同，若犬馬之於我不同類也，好像犬馬和我們底不一樣，則天下何耆那末，為什麼天下人所嗜好的滋味，皆從易牙之於味也。都是依從易牙所謂的味呢！至於味，講到口味，天下期於易牙，天下人都期望能得到易牙所謂底味，是天下之口相似也。這便是天下人的口味，大家都是差不多的。惟耳亦然。就是耳朵也是一樣的。至於聲，講到聲音，天下期於師曠，天下人都期望能聽到師曠所作的音樂，是天下之耳相似也。這便是天下人的聽覺大家也是差不多的。惟目亦然。就是眼睛也是一樣的。至於子都，講到那鄭國的子都，天下莫不知其姣古卯反。也，天下人沒有一個不知道他的容貌是姣美，不知子都之姣者，假使有人不知道子都的容貌是姣美的，無目者也。

那簡直是沒有眼睛的人了。故曰：所以說：口之於味也，有同耆焉；口對于味有同樣的嗜好，耳之於聲也，有同聽焉；耳對於聲有同樣的聽覺，目之於色也，有同美焉；目對於色有同樣的美感。至於心，講到人的心，獨無所同然乎？難道單獨沒有同樣的麼。心之所同然者，人心所相同的地方，何也？是什麼呢？謂理也，就是所謂自然的天理，義也，和合宜的正義啊，聖人先得我心之所同然耳。不過聖人能夠先得到我們心裏所相同底理和義罷了。故理義之悅我心，所以理和義使我的心歡喜，猶芻豢之悅我口。猶如食草的牛羊，和人養底犬豕—它們的肉使人人的口都歡喜是一樣的啊！〔註〕這一章是孟子從人心相同上證明人性本善。—孟子告子上

此言心與口耳目均有同然之義，以證明人皆有理義，仁義禮智四端，爲其分目耳。人性之異於獸性者，雖僅「幾希」，亦賴有此四端，故知性是善也。性不可見，惟從其官能之所向，俱爲向上向善，則心之向上向善，亦爲必然之趨勢。

性善之說，雖倡言於孟子，然考其淵源，其來有自，孟子書中引尚書文凡三十五條，篇目十三，計堯典、臯陶謨、說命、胤征、湯誓、湯征、太甲、伊訓、太誓、武成、康誥、洛誥、太誓（今書百篇之外）。孟子又屢稱道堯舜之善，下迄禹湯文武之仁，

以迄孔子，則孟子性善說，蓋有師承，自孔子發之，而究其本源，則蓋本於尚書也。如：

「惟皇上帝，偉大的天，降衷于下民。降善道給下民。」——書經湯誥

孔氏正義曰：孔氏正義說：「天生蒸民，上天降生衆民，與之五常之性，給他們五種常性，使有仁義禮智信，使他們具有仁義禮智信，是天降善于下民也。這是上天降善道給人民呀。」

「若有恆性，順著人既有的常性，克綏厥猷。就能安立他的道敎。」——（同右）

傳曰：傳說：「順人有常之性，順著人既有的常性，能安立其道敎。就能安立他的道敎。」

王曰：王說：「封元惡大憝，封，大的罪惡，矧惟不孝不友，就是不孝順不友愛，子弗祗服厥父事，兒子不能恭敬地治理他父親的事，大傷厥考心。因而大大地使他父親傷心。父不能字厥子，作父親的不能愛護他的兒子，乃疾厥子，反而厭惡他的兒子，於弟弗念天顯，作弟弟的不顧天理，乃弗克恭厥兄，而不能尊敬他的哥哥，兄亦不念鞠子哀，作哥哥的也不顧小孩子

，可憐大不友於弟，而對弟弟極不友愛，惟弔茲不於我政人得罪，到了這地步，雖然他們對於我們官員們（謂官府）不會得罪，天惟與我民彝大泯亂。然而上天給予我們民衆的法則就大大地混亂了。」——書經康誥

傳曰：傳說：「天與我民五常，上天給予人民五種常性，使父嚴、母慈、兄友、弟恭、子孝。使父親嚴厲、母親慈愛、兄愛弟、弟敬兄、子女孝順。」

是性善之說，或可上溯於尚書也。而「惟皇上帝，降衷于下民」，猶西方「眞理、博愛原於上帝之心」之說也。

西方性善之觀念不甚普遍，僅流行於少數哲學家及教育家之間。此種學說可上溯至斯多噶派，斯多噶派根據人性物性之自然，以求共同理性法則，凡人祇須遵照自然理性法則而行，即有至善之行爲。此種觀點，由西塞祿（Cicero, 106-43 B.C）、辛尼迦（Seneca, 4 B.C.-65A.D.），而影響至盧騷（J.J. Rousseau 1712-1778）。盧騷爲西方性善學說之重鎮，著有「民約論」（Contract Social）與「愛彌兒」（Emile）二書；前者討論政治問題，後者發揚教育思想。盧騷在此二書中，均極強調自然狀態，稱道自然生活，以爲人類之自然本性本爲善，受歷史文明與社會制

度之影響而變惡。其言曰：「凡由自然而來者，必眞，不徒爲眞，而且爲善。」「天造之物，一切皆善，一經人爲，則變爲惡。」善屬天性，惡屬人爲，西方持性善觀點者，尚有斐希特（Fichte,1762-1814）與富祿貝爾（Froebel,1782-1852）等人。

㈡、性惡說

荀子倡性惡說，謂「人之性惡；其善者僞也。」（性惡篇）是指善不是先天的，而是後天的，換言之，善不與生俱來，而是人爲的結果，他說：

「今人之性，(如今人的本性，) 生而有好利焉，(生來就有好利之心，) 順是，(順著這個下去，) 故爭奪生而辭讓亡焉；(所以爭奪興起而辭讓就消失了；) 生而有疾惡焉，(生來就有嫉惡之心，) 順是，(順著這個下去，) 故殘賊生而忠信亡焉；(所以殘賊興起而忠信就消失了；) 生而有耳目之欲，(生來就有耳目的慾望，) 故好聲色焉，(所以喜歡好聽的聲音和美色，) 順是，(順著這個下去，) 故淫亂生而禮義文理亡焉。(所以淫亂興起而禮義文理就亡了。) 然則從人之性，(那麼順從人的本性，) 順人之情，(順從人的情欲，) 必出於爭奪，(一定會發生紛爭侵奪，) 合於犯分亂理而歸於暴。(合於犯分亂理而終歸於暴亂。) 故必將有師法之化，（所以一定要有師法的教化，）禮義之道，（禮義的誘導，）然後出於辭讓，（然後才會有辭讓之心，）合於文理而歸於治。（合乎文理而終歸於治道。）用此觀之，（由此看來，）然則人之性惡明矣，（那麼人之本性是惡的就很明顯了，）其善者，僞也。（其所以善的是由於後天的作爲。）」——荀子性惡篇

荀子對於性所下的定義，認爲性是不可學不可事的，他說：

「生之所以然者謂之性。（生下來就這樣的這叫做本性。）」——荀子正名篇

「不可學，（不能學習得到，）不可事，（不能努力得到，）而在人者，（而是本來就在人心中的，）謂之性；（這叫做性；）可學而能，（可以學習得到，）可事而成之在人者，（可以努力去做到的，成功與否在人爲的，）謂之僞。（這叫做僞。）」——荀子性惡篇

「性也者，（所謂性，）吾所不能爲也，（不是我自己可以造成的，）然而可化也。（然而可以用師法積習去變化。）積也者，（至於積習，）非吾所有也，（不是我本有的，）然而可爲也。（然而可以用師法造成。）」——荀子儒效篇

吾國性惡說之理論，建立於性善說之後，西方則先有性惡說，而後始有性善之觀

點。西人邪惡之人性觀，基於邪惡之世界觀，而邪惡之世界觀則受宗教觀之影響，基督教主張人類始祖亞當，因犯原罪，墜入惡道，嗣後人類身體上及道德上腐敗之天性卽與生俱來，故人性宿惡，早成信條，無容懷疑與置辯。中世紀經院派哲學家，自奧古斯丁（Augustine）以降，均持人性惡之觀點，其後意大利之馬基維里（N. Machiavelli,1469-1527），英國的霍布士（J. Hobbes,1588-1679）與日耳曼的叔本華（Schopenhauer,1788-1860）均主張人性本惡，馬基維里目睹當時羅馬教廷腐敗，因而斷定人性爲惡。霍布士乃假想原始社會初民混戰的自然狀態，進而推演人性爲惡之論據。叔本華則篤信天國謫降之形上眞理，以哲理附會教義，而形成其極端之人性惡觀點，以爲罪惡在人性中根深蒂固，無法可以拔除。

㈢、性無善惡說

告子以「生之謂性」作性之定義，謂性無善無不善，與孟、荀之主張不同，近乎中性主義。告子與孟子辯論人性，曾設喻曰：「人性之無分於善不善也，猶水之無分於東西也。」又曰：「性無善無不善也。」顯然主張人性非善非惡。而孟子弟子公都子引或曰：「性可以爲善，可以爲不善。」則爲善性無善無不善之轉語。宋蘇軾曰：「

無惡者，性之所能之，而非性所能有也。」亦認爲性無善惡，而有爲善爲惡之可能與適善適惡之傾向。其他主張此說者，尙有胡宏、王安石等。西人持人性非善非惡者甚多，伊拉斯莫士（D. Eramus, 1446-1536），認爲「人初生如未成定型之蠋」；而洛克（J. Locke, 1623-1704），則主張「人心原是一張白紙」。霍爾巴哈（Holbach, 1725-1789）在其「自然之體系」（Syteme de la Nature）一書中，綜合伊、洛二氏說法，認爲物理學家所謂物之引力與攝拒，與道德家所謂人之自愛與愛憎，均屬自然之運動法則，名異而實同。人性與物性並無根本不同，僅有程度之差別，例如愛憎只是高級攝拒方式，故無道德善惡可言，康德論引四種人性觀點（見前），而其自己之觀點則屬第四種。康德主張人之天性乃天生的，本來的，未有意志的，屬於自然律之範圍而爲非善非惡；行爲品格乃後天的，習得的，已有意志的，與道德律有關而或善或惡。總之，道德上之善惡歸於個人意志以外之任何事物，要爲康德所不承認。除此之外，康德又認爲人性中有對善之資能，有對惡之傾向。康德之後，黑格爾（Hegel, 1770-1831）亦持人性非善非惡之觀點。杜威（J. Dewey 1859-1952）則認爲人性本質無所謂善惡，及其與環境交互接觸，始有成爲善或惡之可能；而其表現方式之改變，正由環境影響所致。

(四)、性善惡混說

國人性善惡混說，卽西方人性亦善亦惡之觀點。由歷史發展觀之，可能此派之理論體系形成最早。吾國性善惡混說之最早主張者，據王充論衡本性篇曰：「周人世碩，以爲人性有善有惡，擧人之善性養而致之則善長，惡性養而致之則惡長。如此，則性各有陰陽，善惡在所養焉。」其後漢揚雄認爲「人之性也善惡混，修其善則爲善人，修其惡則爲惡人。」此僅就積極方面立言。宋蘇軾主張：「君子日修其善以消其不善，不善者日消，有不可得而消者焉；小人日修其不善以消其善，善者日消，有不可得而消者焉。夫不可得而消者，堯舜不能加焉，桀紂不能逃焉；是則性之所在也。」此謂人之善性惡性根本不能完全消滅，消極之困難尤甚於積極之困難。

西人最早持人性亦善亦惡者，當推柏拉圖（Plato, 429 or 430-347 or 348 B.C.）柏拉圖在其「共和國」一書中，析人之性靈（Soul）爲三種要素：(一)理性，亦名理智之靈，在頭部；(二)意性，亦名意志之靈，在胸部；(三)欲性，亦名嗜欲之靈，在腹部。理性是合理的，單一的；意性、欲性均爲衝動的，非理性的；但欲性是複雜的，而意性則是單一的。理性比如主人或御者，意性比如警犬或馴馬，欲性則比如叛徒或浮駕之馬。理性是善，欲性爲惡，意性似近於善而遠於惡；若理性駕御得宜，則意性、欲性均可爲用，而欲性似亦可變爲善。柏拉圖之後，亞里斯多德（Aristotle, 384-322B.C）分性靈爲理性與非理性兩大部分：理性又分爲純粹理性與非純粹理性，非理性又分爲植物性與動物性。植物性爲營養、生殖等，動物性於營養生殖而外，尙有感覺、嗜欲及行動能力等。純粹理性發展爲智德，植物性發展爲體德，動物性與非純粹理性相混合，形成合理之情欲而發展爲行德。三德調和乃爲圓滿之人性，幸福之人生，依亞氏見解，純粹理性乃絕對之善，只爲神所有，非純粹理性乃相對之善，爲人所有，動物性本是相對之惡，遵從理性則爲善，植物性本無關於善惡，形成體德則爲善。人介乎神與動物之間，兼具動物性植物性，其出類拔萃之哲人亦可近於純粹理性之境界，亞氏又認爲人有自然之潛能與道德之潛能；前者是必然的，一致的，如兒童必爲成人，後者是或然的，如人可善可惡。善惡均起於人生同一活動，而德與不德，則視其活動狀態如何而定。

(五)、性三品說

此說換言之，即主張人性有善有惡，西洋無有持此觀點者。國人屬於此派之理論，據王充論衡本性篇：「……宓子賤，漆雕開，公孫尼子之徒，亦論情性，與世子相出入，皆言性有善有惡。」其後公都子引或曰：「有性善，有性不善，是故以堯爲君而有象，以瞽瞍爲父而有舜，以紂爲兄之子且以爲君，而有微子啓、王子比干。」均主張人有性善有性惡。漢董仲舒春秋繁露曰：「聖人之性，不可以名性；斗筲之性，不可以名性，名性者，中民之性。」此「名性不以上，不以下，以其中名之」之主張，顯然將性分爲上中下三品，王充曰：「論人之性，實有善有惡。」又曰：「孟軻言人性善者，中人以上者也；揚雄言人性善惡混者，中人也。」其觀點與董仲舒相同。其後賈誼、荀悅亦主張三品說。唐以後僅韓愈有此見解，其原性篇曰：「性之品有上中下三：上焉者善而已矣；中焉者可導而上下也；下焉者惡而已矣。」其標明性有上中下三品，且認爲「中焉者可導而上下」，正有賴於敎化也。

㈥、人性善惡之解析

以上各家有關人性之解釋，衆說紛紜，似無定論，惟若以孔子之「性相近也，習相遠也。」（論語陽貨篇）「惟上智與下愚不移。」（論語陽貨篇）以及 國父宇宙進化之三大時期——物質之進化，物種之進化，及人類之進化，再加以上所講之公式：X＝（

A＋B）＋C作為解析性之善惡之基礎，似可得一較為合理之解答。

孔子之所指，人性與獸性原屬相近，其始也，X又均等於A＋B而乏C，及人類戰勝獸類，在長期間生存方法習練中，及以後的遺傳中，C漸漸產生了，因此人性與獸性距離漸遠，及至進入「人類進化」之時期中，人與人起初性亦相近，及文明日進，教化昌盛，人類之理智性與群性愈加發達了，除上智與下愚不移者外，其餘因稟賦不同環境不同，受教不同，習尚不同，所以可移的程度亦不同，因之距離日愈相遠了，如果不忘記「進化」二字，則孔子「性相近也，習相遠也」（論語陽貨篇）之說法，是永遠成立的。

孟子之性善論，是着眼於人類進化之時期，X已經是等於（A＋B）＋C了，雖然起初時C之數值極微，所以他說：「人之所以異於禽獸者幾希」（孟子離婁篇），但是他認清C是仁亦是義，所以人之所以異於禽獸者，為知義也。他着重在教，深知性與教之進展是互為因果的（自誠明謂之性，自明誠謂之教，誠則明矣，明則誠矣）（中庸）。所以他說「盡其心者，知其性也，知其性則知天矣。」（孟子盡心篇） 又說「仁義禮智，非由外鑠我也，我固有之也，弗思耳矣，故曰：求則得之，舍則失之，或相倍蓰而無算者，不能盡其才也。」（孟子告子篇） 這是說明A＋B和C之比例差別可能極大，而且當時，孟子受時代重利輕義好戰好殺之刺激，故對仁義禮智特加倡導，稱爲人性所固有者，故稱爲性善，以期挽救時弊耳。

荀子之性惡論，是着眼於物種進化之時期，人性與其他生物之本性，並無差別，出於本性之動作而受本能之支配者，其後漸漸進入理智性、群性，與道德性，C之數值之發展，均出諸人爲的進化，故原本是惡的，觀於荀子對性所下的嚴格定義，僅見X祇用之於A＋B可見之，而他又說「性也者吾所不能爲也，然而可以化也」(儒效篇)，顯然又承認後天教化之功，與孔子之「習相遠也」(論語陽貨篇)之說相近。

其他各說，在太極而兩儀而四象而八卦之分析進化原理之下，爲必然不可少的，蓋既有性(太極)，必有性善與性惡之兩面(兩儀)觀，自然進而有「有善無惡」、「無善有惡」、「有善有惡」與「無善無惡」的四種可能性的說法(四象)，或可更進而加以時間因素作八種可能性的不同說法(八卦)來分析性，所以不值得作更詳細討論了。

總之，孟、荀二人各見人性之一面，各着眼於不同之進化時期之表現，惟無論其來源是天生或人爲，人類在進化中終得使C擴展而將A＋B減縮，是無可非議的。其根本問題，是何謂善、何謂惡的問題。

善惡既爲相對的，勢必共同存在，在第二章中已言之矣，惟有理智，可使分別善惡，然後存善去惡克己利人，以達各遂其共生。孟子對「善」字，曾下一極高明之定義曰：「可欲之謂善」，換言之，適乎需要的才是善的，所以在共生共存共進化的互助原理（道）下，仁（惻隱）、義（羞惡）、禮（辭讓）、智（是非）四端，產生愛人敬人的互助結果，當然是善的，仁的反面是殘暴，義的反面是爭奪，禮的反面是淫亂犯分，智的反面是亂理，又都是荀子所認爲惡的，是一般生物的本能，用以爲私的，由此吾人可爲性善下一更確當之定義如下：

「凡人性適合於人類共生共存共進化之需要，而爲全人類永久適用者謂之善。」

人類如果不知自尊，走向殘暴、爭奪、淫亂、犯分，與亂理，而不自知其非是走向「獸化之途」，亦是人類走向毀滅之途。

第四章　人倫與道德

一、仁爲全德之名

人理之重心爲人倫，人倫之重心爲仁，仁之發皇旣爲人性獸性之分，仁，自可釋之謂愛人，釋之爲自覺至善之至德，爾我以人相待，平等相遇，互親互尊是謂之仁，若不待以人而物畜之，不遇以平等而奴役之，是謂不仁。故有二人相遇之仁，始見有道；行道而得之於心，乃謂有德，所以「仁」成爲三達德之重心。

「知（去聲）仁勇三者，（智仁勇這三種德行，）天下之達德也。（是天下共通的德行。）」——中庸第二十章

三者之中，智所以知仁，勇所以行仁，旣知且行，仁乃得具體實踐，不落空談。人旣不能離群而獨生，故人不能須臾離開道，故曰：

「道也者，不可須臾離也；（道是不能有一刻離開身心的。）可離，非道也。（如果可以離開，那就不是道了。）」——中庸第一章

「道不遠人，（道並不和人相遠離，）人之爲道而遠人，（有些人以爲道離開人是很遠的。）不可以爲道。（這樣是不可以爲道的。）」——中庸第十三章

德既爲行道而得之於心，亦決無孤立之可能，故曰：

「德不孤，（有德的人決不會孤立，）必有鄰。（必有同類信從，就和住處必有鄰居一樣。）」——論語里仁篇

仁既爲道之本體，德之重心，自亦不能離人，故曰：

「仁也者，（仁這德性，）人也。（是做人的原理。）合而言之，（合了仁理和人身講起來，）道也。（就是做人的道德。）」——孟子盡心下

「仁遠乎哉？（仁遠麼？）我欲仁，（我要仁，）斯仁至矣。（仁自然就到了。）」——論語述而篇

「君子無終食之間違仁，（君子是沒有一頓飯的時間會離開仁的，）造（七到反）次必於是，（在造次急遽的時候一定如此，）顛沛（音貝）必於是。（在顛沛流離的時候也一定如此。）」——論語里仁篇

孔子之教，重在人理，所以特別重視仁，論語一書可稱之曰仁學，言仁者凡八十五章，仁字凡百有五見，仁與聖對舉者二，仁與智對舉者七，仁與勇對舉者一，仁與智勇連文者二，仁與道德連文者一，仁與禮樂連文者一，其他諸德如忠、恕、孝、悌、信、義、恭、敬、儉、讓、廉、恥、剛、毅、木、訥、寬、厚等等，亦莫不統攝於仁

，禮記儒行篇且曾引孔子之言曰：「溫良者，仁之本也；敬愼者，仁之地也；寬裕者，仁之作也；遜讓者，仁之能也；禮節者，仁之貌也；言談者，仁之文也；歌樂者，仁之和也；分散者，仁之施也。」由此，可見人之一切正當的動作云爲，都是仁之表現於外，以達致人類共生共存共進化之目的者也。

二、五倫及其基本精神

人之四周所存在者，盡是人，其相互關係甚爲複雜，歸納之，可得五大類。其上下之關係，在內有父（母）子（女），在外有君（長官）臣（部屬），其前後之關係，在內有兄（姊）弟（妹），在外有朋友，其左右之關係，在內有夫婦，在外有朋友，其餘的可照輩份或地位之不同，比照歸納於此五類之中，例如伯父舅父歸入父類，表兄堂妹歸入兄弟類，故曰：

「君臣也，一是君臣，父子也，二是父子，夫婦也，三是夫婦，昆弟也，四是兄弟，朋友之交也，五是朋友之交情。五者天下之達道也。這五種就是天下所共通的道。」——中庸第二十章此五達道，代表三進向之人與人的關係，有屬於血統的，有屬於家庭的，有屬於社會的，有屬於政治的，均爲人生所不可缺的關係，故稱之曰五倫或人倫。所以人倫爲人與人相偶之義，及彼此應盡之道，其義均本乎仁，其道則各有稱謂，以其爲人倫之理，故曰倫理，禮運有云：

「父慈、(做父親的慈愛子女、)子孝、(做子女的孝順父母、)兄良、(做兄長的友愛弟妹、)弟悌、(爲人弟的敬事兄長、)夫義、(丈夫能重情義、)婦聽(妻子能夠順從、)、長惠、(爲長上的要體恤下情、)幼順、(年幼者要恭順長上、)君仁、(君主有仁德、)臣忠，(臣子能忠心，)十者謂之人義。(這十樣就叫做人義。)」——禮記禮運

如合二者而言，孟子則有如下之類別：

「父子有親，(叫他們曉得父子要有親愛的感情，)君臣有義，(君臣要有相敬的禮義，)夫婦有別，(夫婦要有內外的分別，)長(上聲)幼有序，(長幼要有大小的次序。)朋友有信。(朋友要有信實的交誼。)」——孟子滕文公上

在大學中申述止於至善時，有：「爲人君，止於仁；爲人臣，止於敬；爲人子，

止於孝，爲人父，止於慈，與國人交，止於信。」及其他用之於倫理之德目，大同小異，其最普通者爲：君仁，臣敬，父慈，子孝，兄友，弟恭，夫婦和順，朋友信義，此之謂倫理，其基本精神在於仁愛。

三、倫理爲人類文明之寶貴產物，不可輕棄

維持人類在社會國家中之地位與次序者，有三種不同之方式，一曰爵，即依官級之高低是也；二曰齒，即依年齡輩份之大小是也；三曰德，即依德望之高低是也。五倫者，三種方式俱備，社會國家之秩序，賴以維持者也。有其一而慢其二，是爲不可。孟子有言：

「天下有達尊三：（天下所普遍尊重的人有三種；）爵一，（一是爵位高的，）齒一，（一是年紀大的，）德一。（一是品德好的。）朝廷莫如爵，（在朝廷上講，最尊重的是爵位高，）鄉黨莫如齒，（在鄉里中講，最尊重的是年紀大，）輔世長民莫如德。（若講到輔助世道，增長民德，那就沒有比道德更可尊的了。）惡得有其一，（怎麼可以因爲有了爵位這一種，）以慢其二哉？（就拿來輕慢那年齡和道德兩種呢！）」—孟子公孫丑下

由上而知，人倫者，人類文明進步中最重要之產物，毀之者，徒使人類回返獸化

而已。

四、夫婦一倫之重要

至於人倫之所由來，則易序卦傳有云：

「有天地然後有萬物，有了天地，然後有萬物的產生，有萬物然後有男女，有了萬物，然後有雌雄男女的分別，有男女然後有夫婦，有了男女，然後有夫婦，有夫婦然後有父子，有了夫婦，然後有父子，有父子然後有君臣，有了父子，然後有君臣的名分，有君臣然後有上下，有了君臣，然後有上下尊卑的職分，有上下然後禮義有所錯。有了上下尊卑的職分，然後禮義才能措置實行於其間。」——易經序卦傳

小戴禮記亦有云：

「男女有別而後夫婦有義，男女有了分限然後夫妻才能重情義、夫婦有義而後父子有親，夫妻間有了情義而後父子間才能親愛、父子有親而後君臣有正。父子間有親情，然後君臣才能正名分、安其位。」——禮記昏義

「無別、無義，（如果男女間沒有分限、夫妻間毫無情義，）禽獸之道也。（那麼就有如禽獸的作為了。）」—禮記郊特牲

「離人倫，便是禽獸，」孟子亦有同樣之說明：

「飽食煖衣，（如果只知道吃得飽穿得煖，）逸居而無教，（安居沒有教訓去約束他，）則近於禽獸。（那就要和禽獸相近了。）聖人有憂之，（堯舜又非常憂愁，）使契（音薛）為司徒，（使契做司徒官，）教以人倫。（教導他們做人的大道。）」—孟子滕文公上

倫理之重要，以其能使人別於禽獸故也，而其起源何以自男女有別始，其原因如下：

在前述分析人性時，男女之異性相求，實無異於其他動物，出諸天性之自然，屬於求色（B），而不屬於求仁（C），不待教而後知者也。故原始時，男女全受性之支配，有欲則交，無欲則離，一如禽獸之無所擇執，及至有所擇執，則爭奪以起，爭奪起，則殘殺隨之。為延續生命而有求偶之衝動，反致成為互相殘殺之主因，眞所謂「既欲其生，又欲其死，是惑也。」（論語顏淵篇）

因此在生存競爭之物種進化時期中，人類由於痛苦經驗中所得之教訓，為「男女應有區別」，男子在外與獸類爭鬥，女子在內得以撫育子女，女子逐漸在專一男子保

護之下，以任延續生命之工作，故此一對男女與彼一對男女須有區別。及至人類進入「人類進化」之階段，由於男女有別進入夫婦有義，已不知經過若干萬年矣。故曰：

「君子之道，所以君子的中道，造端乎夫婦；是從夫婦間起頭和開端；及其至也，講到至極的時候，察乎天地。上至於天，下至於地。」——中庸第十二章

「一陰一陽之謂道。一陰一陽的變化無端，運轉不息，相反而相生，這就是道。繼之者善也，繼續道而產生萬物、化生宇宙的，就是宇宙間善的本能，成之者性也。循著自然的善以成萬物的，就是道的性能。仁者見之謂之仁，有仁德的人見之，認爲道就是仁，知者見之謂之知。聰明的人見道的一端，認爲道就是智，見仁見智，因人而異。」——易經繫辭上傳

上述雖爲人類進化歷史之過程，人倫之造端，始於夫婦，則無疑義。有夫婦之一倫，然後父子兄弟二倫以立，父子之一倫由家擴展至國，遂有君臣之一倫，兄弟之一倫由家擴展至社會，乃有朋友之一倫，此爲人倫進展之序也。

我國文化特點之一，爲重視本末之分，先後之別，毋使本末倒置，先後錯亂，故曰：

「物有本末，（凡物都有個根柢和末梢，）事有終始，（凡事都有個結局和發端。那明明德就是大學的根本。新民就是大學的末梢。知止就是開始。能得就是結局。）知所先後，（能夠明白這本末先後底次序，）則近道矣。（就能夠接近這大學的道理了。）」——大學經一章

夫婦一倫既爲人倫之始，亦爲人類生命之本，因此吾祖先對於男女有別及家庭組織，均十分重視，男女至相當年齡，應事婚嫁「男子三十而娶，女子二十而嫁」，爲普通一般標準，認定太王之政「內無怨女，外無曠夫。」（孟子梁惠王篇）爲模範之仁政。禮記禮運大同篇，亦以「男有分，女有歸。」爲大同之治條件之一，蓋男女問題不得妥善之解決，則家庭之基礎動搖，國之治不可得矣，故曰：「男女居室，（男女成室，）人之大倫也。（原是做人的大道。）」——孟子萬章上

是以政治的第一要務在「正人倫」，所以說「人倫明於上，（在上的人既能提倡申明做人的大道，）小民親於下，（在下的小民自然就能親親相愛了，）有王者起，（如有聖王出世，）必來取法，（也一定依照這方法去做的，）是爲王者師也。（這就可以做聖王的導師。）」（——孟子滕文公上）教育的第一要務在明人倫，過去吾國各地建有孔廟，以崇祀萬世師表，而孔廟內莫不有明倫堂之設置，其義在此。而「修道之謂教。（修整這正道推行的法則叫做教化。）」（中庸第一章）更明指教育第一目的之在此也。

先言夫婦之道，夫婦應互愛互敬。惟我國對於「仁」字之看法，不獨是互愛而且是互敬，愛與敬比例之大小，隨五倫而異。夫婦間若僅憑一愛字，如西方人之看法，則難以持久。蓋夫婦之愛難免含有佔有之慾，愛之甚則有似拔河（如圖），力如過大，繩可以斷，

若能益之以敬，則取與並存，易得調濟，有似機器皮帶之繞於兩輪軸，週轉無盡，其圖如下：

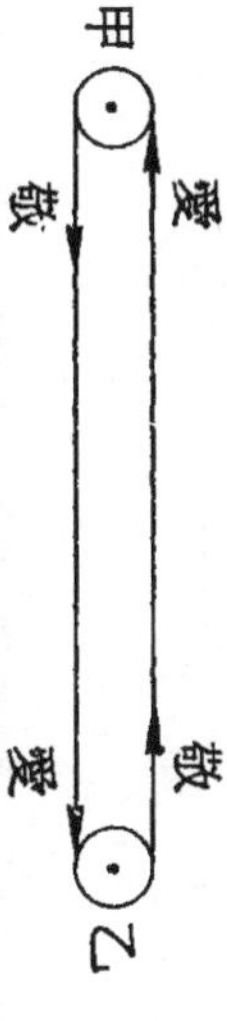

蓋夫婦為終身之結合，情愛必須保持永久，如火如荼之熱情，依物極必反之定律（見第二章），必將迅速下降，及到達危險之程度時，則離婚為不可避免矣，是以吾國以「相敬如賓」稱譽夫婦之好，以「琴瑟之和」喻稱夫婦之合者，意義深遠，一切一切均為「百年好合」之持久謀也。

愛其所同，敬其所異，容小異而持大同，既和諧而復相諒，是夫婦之大道也。以此

同一之道，推而及於國與國之相處，則世界大同之基礎立矣。

次言父（母）子（女）之倫，孝悌爲仁之本源，其道爲父慈子孝，父母之慈愛子女也，無微不至。惟子女生三年，然後免於父母之懷，在此期間，子女全賴父母之撫育，雙方親愛，爲必然之結果，惟年事稍長，其幼時所受之於父母者，難以記憶與領會，及其成人，則其情愛之動向又漸漸轉移，對於父母之孝心漸減，孟子於此有如下之分析：

「人少，（大凡一個人，在年紀小的時候，）則慕父母。（都思慕父母。）知好色，（到了知道喜好女色的時候，）則慕少艾。（就思慕年輕的女人。）有妻子，（有了妻子的時候，）則慕妻子。（就思慕妻子。）仕，（等到做了官，）則慕君。（就思慕君上。）不得於君，（假使在君上面前失意，）則熱中。（心裏就躁急得像火熱一般。）大孝終身慕父母，（只有大孝的人，纔終身思慕父母。）五十而慕者，（年紀到了五十歲，心裏還是思慕父母的，）予於大舜見之矣。（我在大舜身上見到了。）」　—孟子．萬章上

此言孝心之能永遠維持，殊屬可貴。慈固出之於天性，孝亦爲天性之自發，二者俱無爲權利而義務之觀念存在其間也。孝者，其愛也純，其情也眞，其敬也篤，其爲時也恒久，以其爲仁之實，居之無愧。

兄（姊）弟（妹）之倫，其道為兄友弟恭，簡稱之曰悌，以二者為同根生，同血統，同一處生長，相聚之時久，自屬特別親愛，長幼之分，相敬相愛之道，均從小在家庭中訓練成熟，合孝與悌共為仁之本源最屬切當，故曰：

「仁之實，（仁的實在，）事親是也。（便是事親。）義之實，（義理的實在，）從兄是也。（便是順從兄長。）」—孟子離婁上

「君子務本，（有學問有品德的君子，是專心從根本上去努力的。）本立而道生。（根本立了，而道即由此而生。）孝弟也者，其為仁之本與？（與，平聲。孝弟，就是仁的根本。）」—論語學而篇

仁之本，不源於夫婦之倫，而源於父子兄弟二倫之孝悌，其原因仍為本末之分，重在不忘本不忘恩之觀點上，以合乎道德之衡量標準而已。述之如下：

㈠父（母）子（女）之愛，始於子女之初生，以至於終身，兄弟年齡之差，可能僅為一歲，雙方相親相近，不亞於父子，而夫婦之愛，則始於二十歲左右。

㈡夫婦之關係，近似契約式之兩姓之好，愛中有欲，非為純愛，父子兄弟則不然，無絲毫權利義務之觀念存於其間。

㈢家庭一經婚變，情愛即可中斷，不若父子兄弟之情之永不間斷。

(四)凡人可以無兄弟姊妹，可能終身不婚嫁，但不能無父母，卽使父母雙亡於子女初生之時，亦必有人代爲撫育長成者，詎同父母，孝依然需要。

(五)孝悌雖同舉，「惟孝，友於兄弟。（惟有孝順父母，才能使兄弟間友愛和睦。）」（論語爲政篇）故孝亦可包括悌，最後以孝爲百善之先，故孝經一書，以孝統攝全德，其義在此。

男女居室，乃人之大倫，有夫婦然後有父子、兄弟、君臣、上下，故五倫之道，實肇始於夫婦，已如上述。若夫婦一倫不能協調妥當，則其他四倫皆無法得到正常之發展，其重要性實不容忽視。蓋倫常一亂，非但社會失去安定力量，政綱亦必隨之而失常矣。

齊宣王以其本人有好色之癖，是否有碍於王政之施行，問於孟子，孟子答以祇要使全國閨房裏沒有哀怨不得丈夫的女子，外面也沒有獨身不得妻子的男士，由上而下皆能享家室和美之樂，則無碍於王政之實施，其言如下：

「昔者大（音泰）王好色，（從前周太王也喜好女色，）愛厥妃。（愛他的妃子。）詩云：（詩大雅緜篇有說：）『古公亶父，（古公亶父逃避狄人的難）來朝走馬，（明天早晨就要騎馬動身，）率西水滸，（沿着西河水邊走，）至于岐下。（直到岐山腳下。）爰及姜女，（於是和他的妃子姜女，）聿來胥宇。（一同來看居住的屋宇。）』當是時也，（在這時候，）內無怨女，（閨房裏面沒有怨恨不得丈夫的女子，）外無曠夫。外面也沒有空身一人不得妻室的男子。王如好色，王如果喜好女色，與百姓同之，和百姓共同享有，於王何有？那對於實行王政，又有什麼困難呢？

」——孟子梁惠王下

孟子認為好色是人之天性，祇要治國者能為人民着想，使人人有其應得之一份，而無碍於他人之所應得，自屬合理。孔子亦曾嘅嘆底說道：「吾未見好德，如好色者也。」（論語子罕篇）俗謂「王道不外乎人情」，意卽同此。孔子在禮記禮運篇中所揭示之「大同之治」，未忘率性之重要；實足以顯現我國歷古以來政治哲學最偉大崇高之一面。總統　蔣公於民生主義育樂兩篇補述一書之末章中會有所闡述：

「不獨親其親，不獨子其子，使老有所終，壯有所用，幼有所長，矜、寡、孤、獨、廢疾者皆有所養，男有分，女有歸。——這就是說：在大同社會裏，兒童不會失去敎育，壯年都能得到職業，男女都有配偶，老年都有歸宿，家庭的生活安定，如有鰥寡孤獨，疾病殘廢，也都受到國家的保護和社會的扶助。民生主義育的問題是全部解決了。」

所謂「男有分」、「女有歸」、「幼有所長」，皆指健全的家庭而言，亦卽總統蔣公所說之「家庭生活安定」。家是國之本，家庭生活安定，亦卽國家安定之基礎。

故男女關係不正常，夫婦之間不健全，侈言其他，皆屬空談。

美國社會之繁榮，國力之強大，可謂人類歷史中前所未曾有者，然今日美國有超過百萬之及齡男女不事婚嫁者，此實屬病態，若不從倫理方面謀求根本解決，則其他之成就，皆爲無根之樹，無基之屋，豈能長久？

五、倫理爲維繫人類生存之要件

夫倫理存，則人人具備集體生活之條件，有團結互助之基礎，無個人主義產生之可能，因之，社會有秩序，家庭享和樂，國家致安寧，所稱德治或禮治者，意卽指倫理發生偉大作用，國中極大多數人民均知自愛，國家雖有刑法，而竟無所用之之謂，非指國家不必有法也。夫法原本乎禮，禮本乎德，德本乎道，若舍道德而言法，則又舍本而逐末矣。

今人以爲人民衣食足卽能知禮義，則美國人人豐衣足食，應最有禮義者矣，而事實則不然，蓋衣食足而無敎化，則有犯「飽暖思淫欲」之過，所以古人垂誡後人者如下：

「飽食煖衣，逸居而無教，則近於禽獸，聖人有憂之，使契爲司徒，敎以人倫。

——孟子滕文公上（註釋見前）

觀於今之富強國家，莫不盡情縱欲，一經縱欲，男女關係紛亂，家庭基礎動搖，夫婦之一倫，失其正常，其首先受害者爲子女，父母各爲個人之自由與享受，隨時可以離去，子女目睹並身受父母之殘忍與不慈行爲，父母子女之間，已無情愛之可言，則安有父子之一倫存在耶？孝道淪亡，誰之過歟？查少年犯罪者，大都爲失去家庭溫暖之人，事實俱在，無庸詭辯。及男女之貞一觀念一失，夫婦與朋友已不復可分爲兩倫，青年男女，既可縱慾，何必成家，於是未結婚者不思結婚，已結婚者，時思離異，爲民族延續生命之基本責任，亦竟放棄，家不成家，國不成國矣。此種情況，於女子爲最不利，因年齡爲重要之因素也，遊蕩生活，不可以久，曠夫怨女，均無益於社會，其隨聚隨分之家庭，更使兄弟之一倫爲之亂，若再惟金是拜，人與人間之感情，所存無幾，則朋友之一倫，僅存利害之關係，毫無道義之可言。君臣一倫，原屬於公的關係，僅賴法律與金錢爲之維繫，忠國愛民之信念，亦不復存在矣。五倫盡喪，人各爲私，於是父母不能管子女，長官不能管部屬，教師不能管學生，社會成爲一盤散沙，其所異於禽獸者幾希矣。

由此吾人應曉然於倫理之建設在德，而其破壞在淫，德之本在仁，仁之本在孝悌，吾祖先以「萬惡淫爲首，百善孝爲先」爲誡者，蓋欲維繫倫理於不亂，而使人別於禽獸耳。

六、德本財末

吾祖先眼光遠大，知「物有本末，事有終始」，其要在「知所先後，則近道矣」，所以說：「有德此有人，有人此有土，有土此有財，有財此有用。德者，本也。財者，末也。外本內末，爭民施奪。」（大學）。先正其德，後利其用。庶能人盡其才，地盡其利，財盡其用，以厚民生，此「正德、利用、厚生」（尚書大禹謨）之原意也，後世違此旨，故凡管人教人之「士」，有以身作則之責，莫不以「安貧樂道」爲信條，而以先天下之憂而憂，後天下之樂而樂爲自得，蓋人民盡富則己何以會例外耶？惟以商業爲重心之國家則反是，人人以發財爲目的，政府用人才，亦以有發財之能力者爲先選，久而久之，雖三尺之童，亦知如何發財矣，爲發展工商業起見，不得不藉消費以維持或擴展生產，於是鼓勵奢侈與浪費，助長淫靡之風氣，金錢之重要性，更爲顯著，教堂原爲講道之所，亦漸漸成爲聚賭（Bingo）之處而不以爲怪，一切以成本計算，及習慣成爲自然，雖父母、子女之間，亦無例外，財與德已倒置其本末矣。於是凡有利可圖者，雖毀道敗德之事，亦必爭先爲之。新聞事業之發展，輒與商業成正比，充滿黃色新聞與廣告，隱善揚惡，以吸引讀者而謀其利，電影廣播與電視，更有誨淫誨盜之專門節目或表演，而無所禁，青年日受其害，徒爲商人飽私囊而已。政治原爲管理衆人之事，余嘗鑒於彼邦，魚肉市場有不新鮮之貨物，政府隨時派員檢查，禁其銷售，以其物品之有毒耳。今於有毒於青年思想之書刊及大衆傳播之節目，獨任其自由映播，誠爲不可思議者，蓋其一向所注視者爲物質，而所遺忘者爲精神耳。今者中毒已深，挽救乏術，蓋拜金縱欲誨盜誨淫之結果，必致男盜女娼而後已。盜與娼者物質之奴隸，社會之賊蠹而已。本末倒置，其害如此。

七、少年犯罪之肇因

美國政府鑒於青少年犯罪事件層出不窮，詹森總統曾組織一特別委員會，聘請若干專門學者，知名人士，大學校長，研究少年犯罪問題，獲致兩項結論：

㈠給予就業機會，使青少年有工作可做，不致遊蕩。

㈡增加警察，加強取締青少年之犯罪行爲。

然此兩項辦法，絶非根本解決之道。蓋青少年之犯罪，就其根本原因而言，皆由於其父母之婚姻不諧，家庭破碎，子女無人照顧，缺乏家庭溫暖所致；就其犯罪之臨時動機而言，多由於性的解放而來，至於搶刼錢財，無非用以解決其男女之本能欲望。至於酗酒吸毒，更爲達到縱欲之必經階段，不得不飲鴆止渴以赴之。舍本逐末，結果毫無。總而言之，由於夫婦一倫之混亂以及拜金縱欲之所致耳。謀求解決之道，則非重視、研究吾國固有之倫理道德不可。

八、倫理之圖解說明

倫理者，俗稱謂做人之道理也。國人素極重視，歷代有關之著作書籍，可謂汗牛充棟，且德目又極繁多，欲提綱挈領，探驪得珠，殊非易事。故今日吾人所亟亟需要者，在使此等優良之傳統如何系統化、簡單化。今試以圖表示並說明之如次：

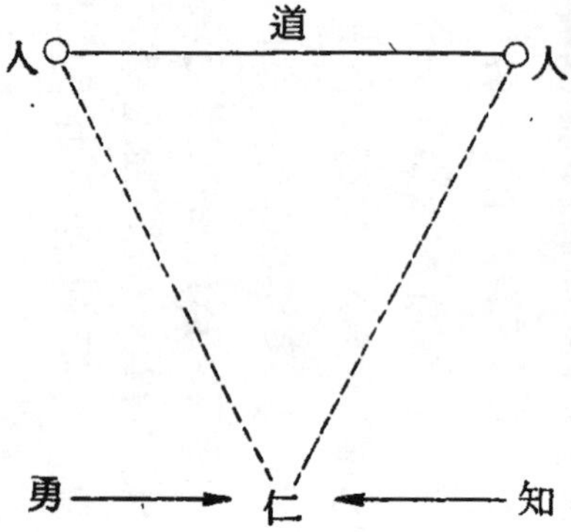

圖一

人與人相處，以達共生共存共進化，應該有一人人所當共守之道理與原則，這就是「道」。一個人欲與別人圓滿相處，必須先修好自身；要修好自身，必須遵循此一人人共守之「道」，故曰：「修身以道」（中庸）。「道」既爲人所共循之路，自爲人時時刻

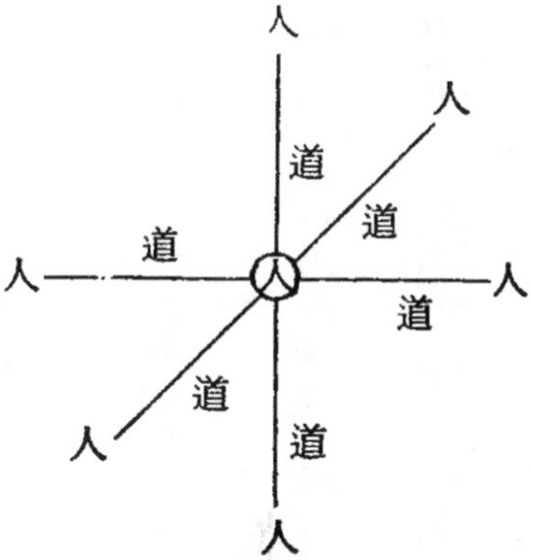

圖二

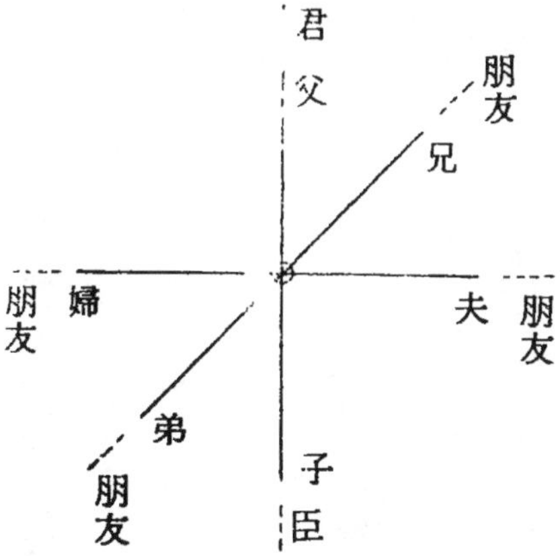

圖三

刻所必行者，故當修治之，不平使之平，不直使之直，而修治之材料及標準稱之爲「仁」，故曰：「修道以仁。仁者，人也」（中庸），孟子謂「仁也者，人也，合而言之道也」（孟子盡心篇），更能以第一圖表達此義。人之四方八面盡是人，均有道，如圖二。歸納之，可得達道五，謂之五倫，如圖三。所以說：「君臣也，父子也，夫婦也，昆（兄）弟也，朋友之交也，五者天下之達道也，知、仁、勇三者天下之達德也。」（中庸）　德爲道之行，而以仁爲重心，知所以知仁，勇所以行仁，故人之所以爲人者，其要惟一仁字而已矣。（見圖一）

人非可以離群獨處者，必須生活於人群社會之中，故其上下、左右、前後皆有人，自亦不能離開道。（見圖二）

父子、君臣爲上下關係，夫婦爲左右關係，兄弟爲前後關係，朋友則左右前後皆是。（見圖三）

九、忠恕之道與絜矩之道

人之上下左右前後既皆有人與人之關連，則亦有其所應行應守之道，而各有其稱謂，如君道曰仁，臣道曰敬，父（母）道曰慈，子（女）道曰孝，兄（姊）道曰友，弟（妹）道曰恭，夫婦之道曰和順，朋友之道曰信義，其要皆以雙方善於相處爲目的者也。

善於相處以達共生共存共進化之效，必須消極底不以己之所不欲者施於人，所以說：

「所惡去聲，下同。於上，凡是我對上面的人所厭惡的，毋以使下；我也不以那種態度差使在我下面的人；所惡於下，凡是我對我下面的人所厭惡的，毋以事上；我也不以那種態度事奉在我上面的人；所惡於前，凡是我對前面的人所厭惡的，毋以先去聲後；我也不以那種態度先之於我後面的人；所惡於後，毋以從前；我也不以那種態度跟着對付我前面的人；所惡於右，凡是我對我右邊的人所厭惡的，毋以交於左；我也不以那種態度加到我左邊的人；所惡於左，凡是我對我左邊的人所厭惡的，毋以交於右；我也不以那種態度加到我右邊的人；此之謂絜矩之道。

這就叫做絜矩之道。絜矩，鄭注『絜猶結也，挈也。矩，法也。君子有挈法之道，謂當執而行之，動作不失之。』此謂「絜」爲「挈」之借字，挈爲提攜之義，故訓「執」。矩所以爲方，絜矩即謂持矩。漢武梁祠石室有伏羲持矩底畫像。」

—大學傳十章

「所不安於上，則不以使下；自己的作爲不能使長上心安的，就不能叫後輩去做同樣的事；所惡於下，則不以事上；自己不喜歡後輩做的事，也就不要拿來事奉長上；非諸人行諸己，若只批評別人不好，自己卻還要去做，非教之道也。這不是教化的方法啊！」

—禮記祭統

絜矩之道，即論語中「己所不欲，勿施於人」之恕道：

子貢問曰：子貢問孔子說：「有一言而可以終身行之者乎？能有一個字可以終身奉行的麼？」子曰：孔子說：「其恕乎！怕也只有一個恕字罷！己所不欲，一切自己所不願的事，勿施於人。不要加到別人身上去。」

—論語衞靈公篇

子貢曰：子貢說：「我不欲人之加諸我也，我不要別人把我所不願的事加在我身上，吾亦欲無加諸人。我也不要把同樣的事加到別人身上。」子曰：孔子說：「賜也！賜啊！非爾所及也。這還不是你所能做得到的哩。」

—論語公冶長篇

以上所引孔子告子貢語，僅就人與人相處之道之消極一面而言，其積極之一面，則謂之忠道，合而言之，即是忠恕之道。

子曰：（孔子說：）「參（所金反）乎！（參啊）吾道一以貫之。（我的道理，是有一個基本的道理來貫串它的啊！）」曾子曰：（曾子答應說：）「唯。（是的。）」子出，（孔子出去後，）門人問曰：（別的弟子問曾子說：）「何謂也？（夫子方纔說的一個道理是什麼意思呢？）」曾子曰：（曾子說：）「夫子之道，（夫子所說的道理，）忠恕而已矣。（就是指的忠恕兩個字罷了。）」——論語里仁篇

「忠恕違道不遠，（忠心和寬恕，離開中道不遠，）施諸己而不願，（如果加在我身上的事是我所不願的，）亦勿施於人。（我也就不加到別人身上去。）」——中庸第十三章

「忠」之為義，論語中未有確切明文，朱熹以「盡己」之義訓解忠道，實未足以達夫子原義。今考論語下列各文：

「為（去聲）人謀而不忠乎？（代人家做事是不是忠實地盡了自己的能力呢？）」——論語學而篇

「與人忠。（和人相處要忠實。）」——論語子路篇

「臣事君以忠。 臣子事奉國君要盡忠。」——論語八佾篇

「孝慈則忠。 本身能孝順父母，慈愛民衆，人民就會盡忠。」——論語爲政篇

「忠焉能勿誨乎？ 這「焉」同「之」。忠於他，能不使他受到敎誨麼？」——論語憲問篇

忠皆有積極爲人之義，故實爲人與人相處之道之積極一面。

「夫仁者， 講到仁者， 己欲立而立人， 自己要立，也要使他人立。 己欲達而達人。 自己要達，也要使他人達。 能近取譬， 能夠就近取譬， 可謂仁之方也已。 便可以算得是求仁底好方法啊！」——論語雍也篇

劉氏論語正義曰：「己立，己達，忠也；立人，達人，恕也。」由己立、己達，思而及人，終於立人、達人，其意義自較己不欲而不施於人爲積極。西人曾有以孔子祇言「己所不欲，勿施於人。」不若耶穌之「己所欲而施於人」爲完善也，此實淺見。夫子不言「己所欲而施於人」，而言「己欲立而立人，己欲達而達人」，正爲卓見。蓋己立立人，己達達人，乃仁者之心胸，行之絕無弊端；而「己所欲」，有時未必能「施於人」，甚或施於人而人未必欲也。

十、孔、耶之成就及師道之重要

余曾由此思及孔、耶二人在教學方面之成就比較，耶穌最後被其門徒所賣，釘於十字架，爲人類而犧牲；而孔子困於陳蔡之間，師徒幾困不能起，而絃歌不輟。其實，非但聖賢如此，師道之崇高，向爲國人之優良傳統。觀於以下之史實，可知爲師者之所教者，應以何者爲重矣。

逄（薄江反）蒙學射於羿，（夏逄蒙，跟從有窮國君名羿的學習射術，）盡羿之道，（完全學得了羿的射術，）思天下惟羿爲愈己，（逄蒙想天下會射箭的人，只有羿的射術勝過自己，）於是殺羿。（於是就殺了羿。）孟子曰：（孟子說：）「是亦羿有罪。（這事羿也有錯處的。）」公明儀曰：（雖然公明儀曾說：按：公明儀見禮記檀弓及祭義，祭義注以爲曾子弟子。）「宜若無罪焉。（羿似乎沒有什麼錯處底樣子。焉，猶「然」。）」曰：（其實公明儀的意思是說：）「薄乎云爾，（羿的錯處不過輕微罷了，）惡（平聲）得無罪！（怎麼會沒有錯處呢！）」鄭人使子濯孺子侵衞，（從前鄭國派遣了子濯孺子帶兵攻打衞國，被衞國打敗了，）衞使庾公之斯追之。（衞國派庾公之斯追擊。）子濯孺子曰：（子濯孺子歎說：）「今日我疾作，（今日我的舊病復發，）不可以執弓，（不能夠拿弓，）吾死矣夫！（我恐怕不免一死咧！）」問其僕曰：（他問他的車夫說：「追我者誰也？」追我的人是誰？其僕曰：他的車夫說：「庾公之斯也。」是庾公之斯啊。曰：子濯孺子說：「吾生矣。那我可活命了。」其僕曰：他的車夫說：「庾公之斯衞之善射者也。庾公之斯是衞國最擅長射箭的人。夫子曰吾生，夫子卻說我能够活命，何謂也？是什麼意思呢？」曰：子濯孺子說：「庾公之斯學射於尹公之他，他徙河反，下同。當初庾公之斯是從尹公之他學習射箭的，尹公之他學射於我！那尹公之他，卻是從我學習射箭的！夫音扶尹公之他，端人也，尹公之他乃是個品行端正的人，其取友必端矣。他所擇取的朋友，一定也是品行端正的了。」庾公之斯至，一會兒庾公之斯追到了，曰：他說：「夫子何為不執弓？」夫子為什麼不拿弓？曰：子濯孺子說：「今日我疾作，今天我的舊病復發，不可以執弓。不能够拿弓。」曰：庾公之斯說：「小人學射於尹公之他，小子學射箭於尹公之他的門下，尹公之他學射於夫子，尹公之他，卻是學射術於夫子的門下，我不忍以夫子之道，我不忍心拿夫子所教的射術，反害夫子。反來傷害夫子。雖然，雖然如此，今日之事，今天的事，君事也，是國君的命令，我不敢廢。我不敢因私情廢了國家的公事。」抽矢扣輪，於是抽出箭來，在車輪上敲着，去上聲其金，金，鏃也。扣輪去鏃令不害人。折去矢鏃，發乘去聲矢而後反。望空射了四箭，然後回去。乘矢，四矢也。

——孟子離婁下

師弟之間，不但傳授以知識，更薰陶以人格，宜乎國人尊師若君若父也。

十一、重財輕德之惡果

西人不重孝道，國人則向極重視，蓋由於中國過去以農立國，農業社會，安土重遷，故普遍採大家庭制度，父子終身相處，家業世代相襲，父母子女之間，感情至為親密，故呼之曰「父親」，呼之曰「母親」，在如此淳厚的親情之中，自然產生了反哺報恩之孝道。西方近代成為工商業極發達社會，父親工作至為忙碌，母親亦須外出做工，子女則送托兒所、幼稚園，漸至小學、中學、大學，子女與父母接觸機會甚少，「親情」至為淡薄，及其長成，由於父子職業不同，嗜好不同，觀念不同，子女離家獨立，彼此關係益形疏遠，父母探望子女，尚須付食費宿費，吾人視之為怪，彼方則習以為常，蓋視錢財第一，親情在其次耳，與吾國所崇尚之「德本財末」之道，適成本末倒置。

父母子女之關係既如此淡薄，則兄弟更視若路人，夫婦之間藕斷絲連，長官與部屬無情感，憑法律，僅以利害為準，朋友之道則更無道義之可言矣！總之，人與人之相處之維繫力量，不在道德，而在錢財，二者之中無情感為之聯繫，關係似有若無，

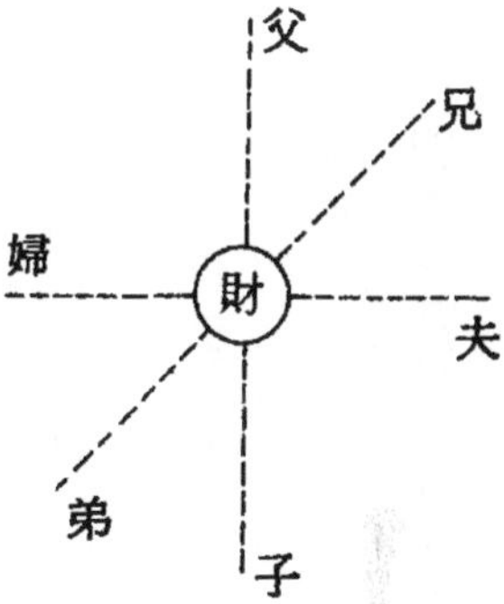

圖四

逐漸演變至極端底個人主義（見圖四）自爲必然之趨勢。此種輕德重財之思想，實爲本末倒置，人性戕喪矣。

「是故君子先愼乎德；所以，做國君的人，總要首先小心修德；有德此有人，有了德，纔有人民擁護，有人此有土，有了人民擁護，纔能保有土地。有土此有財，有了土地，纔有財貨，有財此有用。有了財貨，纔有用度。德者，本也。德是立國的根本，財者，末也。財只是枝末的事。外本內末，假使看輕了根本，以本爲外，卻把枝末看得要緊，以末爲內，爭民施奪。那就要和人民爭鬭，簡直是在施行刼奪的教化了。」——大學傳十章此種本末倒置之西洋文化，値得吾人學習乎？實足深思！

人倫與道德，乃人理學中極重要之部門，故吾人於此不憚其煩地再三致意，良以道德的實踐，在於人倫的端正，人倫既正，道德始立，道德既立，天下國家始有平治安寧之日。故

國父曰：「有道德始有國家，有道德始成世界。」（學生須以革命精神努力學問）

孟子亦曰：「人人親其親，只要人人能够親愛他的父母，長上聲其長，尊敬他的長輩，而天下平。天下就會太平了。」—孟子離婁上

大學云：「身修自己本身既能修好，而后家齊，然後自己的家就可以整齊了，家齊自己的家既能整齊，而后國治，治讀去聲然後自己的國就可以治好了，國治而後天下平。國既治好，然後天下就可以太平了。」—大學經一章

易經云：「男女正，天地之大義也。男女各守着正道，皆各得其正，這是天地間的大道理。……父父子子，兄兄弟弟，夫夫婦婦，而家道正。父母子女，兄弟夫婦，各盡其本分，各守着正道，則家道就正了。正家而天下定矣。所有的家都正，則天下也就安定了。」—易經家人

是故人倫者以道德爲基礎，乃天下國家所由平治者也。書經堯典稱頌堯帝曰：

「克明峻德，（能夠發揚偉大的美德，）以親九族；（使家族都親睦融洽；）九族既睦，（家族既已和睦，）平章百姓；（就來辨明各官員的職守；）百姓昭明，（全體官員的職守都已辨明，）協和萬邦。（天下各國（諸侯）就都調協和順。）黎民於變時雍。（民衆們啊也都變得和善了。）」——書經堯典

由是而知：聖人之平治天下，首在修身，故列修身爲平治天下之九經之首經（中庸），尤可見其重要。而修身之要，在人倫道德之建立，人倫道德之建立，治人者又必須由自身做起，然後推而至於百姓萬民，則天下平治矣。故吾中國的一切，皆以人爲本，認爲「天工人其代之。」以人爲之力，肇人倫之本，定道德之基，補救天地之缺憾，而措宇宙於太平之域，其所因者人也，其所本者人倫道德之理也。此皆人理學所宜探究者也。

至若「父子、君臣、兄弟、夫婦、長幼、朋友」之人倫關係毀滅斷絕，則道德泯滅，而人類危矣。此問題在工商業未發達時，若不預爲防範，勢必將產生嚴重之後果。因工業之發達，帶動商業之繁榮，而商人之推銷產品，買賤賣貴，虛僞詐騙，唯利是視，認爲當然，因之德與財漸成本末倒置，如復以不重視道德唯利是視之商人，操縱國政，則國家危矣。吾國習慣在商店中懸「眞不二價」「童叟無欺」等標牌，蓋隨時用以告訴人，彼雖商，然道德頗高也。吾國一向重視道德，故輕視商人，蓋凡商

業最繁盛之城市，即爲社會道德最低落之地區。美國祖先頗有遠見，不置省會於商業繁盛之都市（如紐約省會在Albany，而不在紐約市，加州省會在Sacramento而不在舊金山，其他各州莫不如此），而設置於最小之城市者，蓋不欲政治受商業之支配與影響耳。吾國則將商人列於四民——士、農、工、商之末。以爲職業之最低者，良以用道德衡量故也。

十二、士農工商與財德之關係

蓋士之工作對象爲人，乃所以教人、管人，而領導人者也。以人盡其才爲其目標，管教貴以身作則，故其道德須極高尚，乃居首位。農之工作對象爲地，以地盡其利爲目標，按自然之法則享自然之樂趣——「日出而作，日入而息，鑿井而飲，耕田而食。」很少與外人發生關係，安土重遷，家庭和樂，其道德極爲淳樸自然。故居第二。工之對象爲物，以物盡其用爲目標，其所重視者爲其所成之物，是否適用，能否賣錢？值多少錢？務使爲之者疾，用之者舒，重視效率與價值，遂流於功利主義，而忽視社會道德所受之影響，故又次之。商人之工作對象爲貨，以貨暢其流爲目標，整日在計算「錢」之利潤，迷於私利之追求與獲取，罕有道德觀念存於心中，甚或不恤用不道德之方法以達其目的，重財輕德，故列於四民之末也。四民對於德與財之多寡可以附圖表現之。治國者，務使四民各盡其本份，而歸於道德之域，則國治矣。故士若能盡其力，以使人盡其材；農能盡其力，以使地盡其利；工能盡其力，以使物盡其用；商能盡其力，以使貨暢其流。而壹是皆以「人倫道德」爲修身之本，此乃合乎　國父治國之理想，乃萬世不易之法則也（見　國父上李鴻章書）。　國父又謂：「士爲四民之首，可見學者底力量，在社會上是很大的。詳細底說，學者是先知先覺，一舉一動，都是能夠轉移社會上的風氣，社會對於學者也是極尊敬的，如果學者有了主張，社會都是要服從。所以學者對於社會，對於國家，負擔有一種責任，現在學者的責任，是在要中國進步。」（民國十年——一九二一在桂林學者歡迎會演講知難行易）。

反之，如必以金錢爲主，私利爲上，士之德不足樹立社會之風尚，而惟放縱商人之敗德與播惡，則國家必有擾亂毀滅之一日。故舉凡重工商之國，多忽於道義，吾人從英、法、德、加之承認共匪可以爲證，此皆過度言利之故也。

吾國素以道德爲重，故最重視「士」，而士之地位亦極崇高，士出而任公職，謂之仕，孟子生於戰國初年，君權極盛之時，以在野之身乃敢言「民爲貴，社稷次之，君爲輕」。（孟子盡心篇）又言：「天下有達尊三，爵一，齒一，德一。朝廷莫如爵，

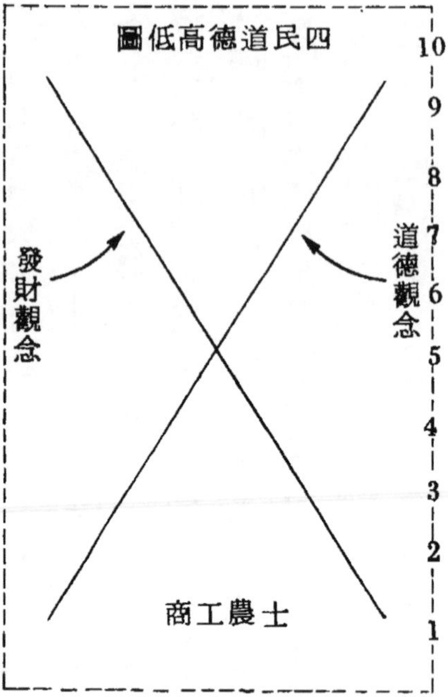

附註：

至於談利，則以商人爲第一。次工，再次農，而士居末焉，其圖從此類推。茲不具述。

鄉黨莫如齒，輔世長民莫如德，惡得有其一，以慢其二哉，故將大有爲之君，必有所不召之臣，欲有謀焉，則就之，其尊德樂道，不如是，不足與有爲也。」(孟子公孫丑篇)將道德與士之地位提高於君王之上。甚至敢責備君王而問曰：「四境之內不治，則如之何？」使王羞慚，不得不顧左右而言他。甚至到處教導當時之君主，重視人民之福利，與民同樂，是故爲當時國君所禮遇而不敢用之。尤有甚者，孟子更提及商朝之故事，謂伊尹見其君太甲之無道也，乃放之於桐，及其受訓三年改過遷善，乃復迎歸於毫而君之。讚伊尹一心爲國爲民，無絲毫私利存於其間，故稱之爲「聖之任者」。凡此，皆是士之地位極高之例證也。士之地位極高者，乃以道德極高故也。

> 曾子曰：（曾子說：）「士不可以不弘毅，（作爲一個士，不可以不寬宏而強毅，）任重而道遠。（因爲要擔起極重的擔子，並且可以致遠道。）仁以爲己任，（他把仁當做自己的責任，）不亦重乎？（不是很重麼？）死而後已，（一直到死纔放下，）不亦遠乎？（不是很遠麼？）」
>
> ——論語泰伯篇

故士之所以爲士者乃修德存仁，以仁民爲己任，其重可想，以鞠躬盡瘁，死而後已之精神以赴之，其遠可知，弘指空間之大，毅指時間之久，言其人格之偉大，與功業之垂久也。且士上則能「輔世長民」，中則能「修德存仁」，下則能「安貧樂道」，其尊德樂道，立己立人，故歷代重之，而能構成一道德淳厚之文明古國，非無故也。

至於商人，如可賺錢，則一切不計，如今某些重商之國家，女人成爲商業廣告之重要部份，被玩弄而不自知，使女人暴露其肉體之大部份，以吸引觀衆之注意，而收廣告之功效，因之「迷你裙」「熱褲」，甚至有「赤身裸體」之舞蹈，成爲時尚，並以爲美者，女子亦自以曲線美，三圍如何如何而自耀，並以做模特兒及明星爲榮，在男子則美其名曰審美……祇須有錢，女子之色相可以買賣，其目的無非爲賺錢而已。如此而以尊重女性爲言，誠非吾人所敢贊同也。西方女人表面被尊，實際被辱，此爲吾人之看法，蓋凡可以錢買到者，均非無價之寶也，商業國家，道德之沉淪，如是之極，皆重商而輕德之故也。其能不戕賊人性，降低人格者鮮矣。惟我中國，由於數千年道德之薰陶，雖受歐風美雨之感染，然女人仍爲世界上最受尊貴者，無他，道德之遺澤也。

某次電影界會議於陽明山請余演講，余曰：「爾等演誨淫誨盜之電影，以爲可賺錢，實則在作孽耳。余年七十矣，視之決不動邪念，須知青年學子將受其害於無窮，而首先受害者，亦可能爲爾等自己之子女也，青年犯罪之日見增多，爾等實有責任，『天作孽，猶可違，自作孽，不可逭』，此言豈迷信乎，乃因果也。如之何可作此淫盜之電影耶？」彼等皆感愧焉。是故道德不可須臾忽也，一放鬆道德，則其匡復至難，必至於「萬刼不復」矣，可不深思邪？可不深思邪？外人有以人類文明之演進，在受食與色之衝激而來者，實爲本末倒置之看法。人類之文明，全決定於是否能「率性與修道」耳。吾國自然科學，固落人後，然於人文科學實遠勝於人，蓋吾民族之聰明睿知，且高於所有人群之上也。他人無光榮之歷史，自無法以歷史爲可貴，而吾人幸生於中國，如不寶愛自己的歷史文明，眞是「愚而好自用，賤而好自專，生乎今之

世，反古之道，如此者災及其身者也。」（中庸）

夫天下之事，有可變者，有不可變者，其可變者乃物質之文明，及由道德所生出之禮儀制度，與由禮儀制度所演進生出之法律是也。至於道德者亙天地、貫古今，乃萬古不變者也。若不變者而強之使變，則乃至危險者也。吾人祖先，極有遠見，完成此道德之懿則，具備此人倫之美行，創造此高度之文明，而確認教育之首要在修道。吾人從自身之命名，卽可見吾祖先之睿智矣。吾人個人之名號皆用意義美好之字，皆採德目中最重要者以命名，甚至商店本爲求利之所，亦以道德字目命名。如「德成」「慶餘」「義興」……等等，期其名實之相符合於德耳。外人則不然，其命名則以其本人無意義之姓氏名之。台灣受日本影響，故有「王內科」「李小兒科」……之稱。不獨此也，以德目命名者，如橋則命名爲「中興」「中和」「百齡」等……。路則呼之爲「忠孝」「仁愛」「信義」「和平」等……。甚至人死後，他人所撰之輓聯祭文，均以宏揚死者生前之美德爲主，其目的在造成道德之環境，使國人於耳濡目染中，潛移默化，而盡成爲善人君子，而爲富有道德之人也。此亦於無形之中，實施社會教育，使人人以「德潤身」爲當然之事也。嘗聞有一兒童幾次隨其父進入靈堂弔唁親友，見輓聯文字，盡爲歌頌之辭，問其父曰：「何以好人都會早死？」其父以其年齡太小，無法以隱惡揚善之道以答之，祇能以「若死者爲惡人，自然無人稱頌之矣」，以告，蓋其用意之深遠，非淺薄之人所能領悟也。

十三、科學、藝術與道德

復次，吾人宜特別注意者，科學與道德問題是也。科學之精神，在求實求證，故注重事實之眞相，善亦講，惡亦講，如報載某家被搶，將盜之一切動作，如何破窗？如何入門？如何偷盜？如何掠奪？如何傷害人？……將盜之一切動作皆描畫淸楚，盜被捕捉後，則又令其至現場重演一道，任人圍觀，甚而攝影登載於報章之上，供人閱讀，不以爲奇，殊不知爲善如登，爲惡如崩，此種方法，實屬教人爲盜，故盜案愈來愈多，不易遏止矣。及至盜案被破，則又將捕盜破案之詳情細節，一一在報上說明，此不啻教盜賊以後如何防止被捉，是又進一步誨盜之道也。此類極愚蠢之方法，美其名曰科學，此眞不得其解矣，故科學亦可助長敗德之風者。某日余到一女校，見壁上懸有一印象派之繪畫，乃問一生曰：此繪畫中之物爲何？曰：「不知也。」吾省視之，亦不知其似牛邪？亦呼之爲貓邪？將呼之爲狗邪？乃無題可認者矣，此謂之現代流行之畫。余又到美國，友人請我喝茶，見其客廳有一張畫像似夜叉，似鬼，不像人也，遂問之，彼曰：「此乃某畫家所畫余之像也。」吾又問之：「此畫果眞像汝乎？」彼曰：「非也，我不如此之醜厲也。」我曰：「既非像汝而又似鬼物者，何掛爲？不如取下。」彼遂取下。蓋以往西人之繪畫，重在惟妙惟肖，雖一眉髮皆須了了分明，而今科學進步五彩照像發明，較手畫者尤爲明確肖似，於是「物極必反」，畫家遂不畫原形，而爲印象派之三不像矣。紐約市中之畫廊甚多，均懸有不少「三分像人，七分像鬼」之畫，且定價甚貴，恒有售至十數萬元以上者，此乃商人之利用富者之心理──「衆人所無而我獨有，乃是最足以之炫人者」，故不恤以重金得之，畫之好壞，人云亦云而已。此種「五色令人目眩」之道理，吾祖先已早垂誡於後人矣，由目眩而腦昏，將使人心理失其常態，而於社會道德與秩序必無益處，可斷言也，此爲科學工業之影響藝術，進而破壞道德之又一例證也。而吾人以文明故，深得美之眞義，爲恰到好處，無過無不及，藝術屬於德育之教，絕不可以毀德敗俗，而自成一格，可謂幸矣。我們民族，道德既高，科學與藝術亦不落後，科學之落後，僅在過去二百年一段時期，此從英人李約瑟氏（Jaseph Needham）所著之中國科學與文明一書可證也，此書有八百五十萬字，余正在主持譯印之中。

吾人不要認爲中國科學既落後了二百年，此殆趕不上歐美矣。余認爲只要吾人打回大陸去，二三十年之內，科學即可趕上歐美矣。吾人觀台北在數年內即建設起來，漸趨世界大都市水準，趕上他國數百年之建設，此足可證明也。未學過自然科學者往往爲自然科學家所矇蔽，以爲自然科學怎樣了不起，余是學自然科學者，深知凡是可以用公式寫出者，可以用儀器分析其成分者，可以用圖表畫出者，有規格可尋者，尤其用錢可以買得之物，皆非了不起者，皆可學得會做得到，世上最値錢而又非錢可以買到者，道德是也。世上最危險之事，乃在道德之墮落耳。道德既墮落，則雖以數百年之努力，亦不能挽回，故道德較科學尤爲重要。道德之樹立，在歷祖歷宗經千萬年之努力而成者，其建設甚難，毀滅則甚易，故吾人所引爲深憂者不在科學之不如人，而在道德之落後。吾祖先深知此理，故昭示後人曰：「德者，本也。」又曰：「自天子以至於庶人，壹是皆以修身爲本」，而以發展人倫道德爲先務。國父　孫中山先生嘗云，中國之所以不亡於異族者，乃在道德比人家高耳。吾人試觀元朝之歷史，其武功之烈，世無與倫比，惟其倫常混亂，父子相殘，兄弟相殺，故不及百年，旋踵而亡矣。故人倫道德乃世上最寶貴、最重要者也，　國父謂吾人如欲恢復吾國之國際地位，須先恢復吾國之固有道德，蓋有至理存焉。至於科學之不如人，祇須急起直追，必能迎頭趕上，不足憂也。余在美國十數年，每見我同輩之子女，在美國讀書，最初則以英文不如人，故較爲艱難，及一年後，英文程度補上，則皆名列前茅，尤以數理化爲最，蓋吾民族智慧乃極高超者也。有人言：「欲看民族之優秀程度如何，祇須觀其數學之造詣如何。」吾中國人平均智慧高超，數學腦筋多半靈敏，在美國各大工業或公司任事者，均有卓越之成就，甘乃迪總統曾有電致總統　蔣公盛讚之，其他較難之科學工業，亦往往有中國人參加工作，極有貢獻，現在美國大學任教之中國籍教授，則已逾千數百人之多，正教授，亦有數百名，蓋吾國人之可取，不但在學識方面，而尤其在道德方面，受人尊敬，此何故歟？文化乃千萬年智慧累積之結晶，不可以倖致也。

中國工程師學會曾請我演講，我曰：「吾不欲多言，只需講一點，卽知中國文明極了不得。」中庸云：「凡爲天下國家有九經。」謂治理天下國家，有九個必須遵守之法則也。此九經爲何？第一經爲「修身也」，第七經卽「來百工也。」來者獎勵之意，謂獎勵百工（在今日卽工業人才），又云：「來百工則財用足」，謂獎勵百工則國家可富也。又云：「日省月試，旣稟稱事，所以勸百工也。」謂要每日省察，每月試驗，待遇與工作配合，斯能鼓勵百工也。此種原則性之指示眞是了不得，蓋在今日科學極度發展之時，尙不能違背此原則，而吾先民在二千五百餘年前之農業時代，卽能講出此理，是眞偉大之極者也。故吾民族智慧之高，乃極不可想像者，吾人非無科學頭腦，徒以後世儒者，未明此義，乃至太重視精神而忽略物質，致有此失耳。

十四、國家之富強首在重視人倫與道德

或曰：「今日科學已進步至極，有一日千里之勢，國家之富強，端賴於此，而先生乃言道德，無乃不合時宜乎？」我對曰：「否！否！不然！一般人皆以為美國之富強，在於科學工業之發展，實則非也，美國之富強首在重視道德，美國一向自命為基督國家，大自總統之就職，小至平民之生活，皆重宗教儀式，彬彬有禮，崇尚道德。精神物質，兩得其平，故能肇富強之基礎，惟於既富之後，宗教被科學侵凌，道德因之墮落，加以『飽暖思淫欲』而『誨淫誨盜』興矣，故今日之美國，社會道德每下愈況者，因物質與精神失去平衡故也，今後其能否常保富強，當視其道德之能否不再下降為斷耳。」大學有云：「君子先愼乎德，有德此有人，有人此有土，有土此有財，有財此有用。德者，本也。財者，末也。」旨哉！斯言也。蓋人倫道德者個人修身之初基，而為國家富強之本原也。昔孔子成春秋，而亂臣賊子懼，蓋春秋卽為人倫道德而舉出歷史之正反實例之書也。有此一書，亂臣賊子之罪惡無所逃於天地之間，故懼耳。褒貶之標準一定，人倫道德之基礎以立，治國安邦乃有所本，經世濟民乃有所成。孔子

曰：「德之流行，速於置郵而傳命。」（孟子公孫丑篇）又曰：「未有好義，其事不終者也。」（大學）又曰：「爲政以德，譬如北辰，居其所，而衆星拱之。」（論語爲政篇）又曰：「道之以德，齊之以禮，有恥且格。」（同上）是道德乃人之成敗；家之興衰，國之存亡所繫焉，可不愼哉？

最後，余以四點作道德之結論如下：

「去私心，存仁性，爲道德之基本精神。
孝父母，敬長上，爲道德之實踐始基。
不忘本，不忘恩，爲道德之衡量標準。
言忠信，行篤敬，爲道德之事實表徵。」

第五章　人欲與人情

一、欲望乃人生存所必需之條件

人爲維持其生命於現在，故有求食之本能；爲延續其生命於將來，故有求偶之本能。相伴此兩種生存本能，則有種種欲望生焉。空氣、陽光、食、衣、住、行等物質之需求，藉以維持其生理之發展；除此，尚有種種精神方面之需求，藉以滿足其育與樂之情感生活。

「口之於味也，目之於色也，耳之於聲也，鼻之於臭也，（臭香氣，）四肢之於安佚也，（兩手兩足要安逸而不勞動的意思，）性也，（都是人人心裏所喜歡底本性，）有命焉；（但是能不能依照自己所喜歡的快活享受，那是有命運安排而不能自主的；）君子不謂性也。（所以君子只安於自己的命運，不說這是本性所能底話。）」——孟子盡心下

「凡人有所一同，（只要是人都有一相同之處，）飢而欲食，（飢餓時就想要吃，）寒而欲煖，（寒冷時就希望溫暖，）勞而欲息，（勞累了就希望休息，）好利而惡害，（喜歡利益而厭惡災害，）是人之所生而有也，（這是人生下來就具備的，）是無待而然者也。

是不待學習就自然會如此的。）」─荀子榮辱篇

「夫人之情，（人的性情，）目欲綦色，（眼睛希望看見美色，）耳欲綦聲，（耳朵希望聽到好聽的聲音，）口欲綦味，（嘴巴希望嚐到美味，）鼻欲綦臭，（鼻子希望聞到香味，）心欲綦佚，（心中希望享受安樂，）此五綦者，（這五種欲望，）人情之所必不免也。（這是人情所必不能免的。）」─荀子王霸篇

「天生人而使有貪有欲。（上天隨人之生而賦予了貪得之心、情欲之性。）」─呂氏春秋情欲篇

禁欲者主張摒棄一切欲望者，實爲矯情與違反人性之說。人要生存，則有食、衣、住、行、育、樂種種需求，此即欲望。故欲望實爲人之生存所必需之條件，人若無欲，則不必生存矣。

二、六欲與七情

(一)、何謂六欲

六欲之名，首見呂氏春秋：

「所謂全生者，（所謂能保全生機免受斲傷的，）六欲皆得其宜也。（這是由於喜、怒、哀、樂、愛、惡六種情性都能適當調養的緣故。）」

然六欲之內容，所指究何？則未有進一步之說明。孟子謂口、目、耳、鼻、四肢與心，分別需求味、色、聲、臭、安佚與禮義，而未稱之謂欲。後世所言六欲，常指釋家之六根：

「六根者，謂眼耳鼻舌身意根。六塵者，謂色聲香味觸法也。眼見爲色塵，耳聞爲聲塵，鼻齅爲香塵，舌嚐爲味塵，身染爲觸塵，意着爲法塵，合爲十二處也。」（般若經）

此眼、耳、鼻、舌、身、意六欲，即吾人自身所具有之六種官能，向外吸收、追求，以營養、刺激本身，而求其生存發展者也。美術、音樂、舞蹈、烹調、文學、戲劇等藝術，工藝、技術等科學，皆由此爲求生存的動力而產生，且人於其所求，初則求其有，次則求其好，再次則求其美，即求眞，求善，求美，此爲一切事物進化之三大階段。

六欲分類言之，可分爲兩部分：

生理的					心理的
眼	耳	鼻	舌	身	意
一	一	一	一	一	一
色	聲	香	味	觸	法

眼、耳、鼻、舌、身，屬於生理之欲望，意屬於心理之欲望。吾人於欲望之追求，生理滿足尚不夠，且進一步要求心理滿足、情感滿足、思想滿足。物所給予人之吸引與滿足，僅能爲六欲之一部分，或爲色，或爲聲，或爲香，或爲味，或爲觸，或爲法。於人之影響，有一定之限度。若男女之相吸引、異性之相滿足，斷非他物所可比擬。目視美色，耳聆妙音，鼻嗅異香，舌嚐佳味，進而肉身接觸、心靈相合，生理、心理皆得到極大之滿足。其影響於人者，亘矣大矣。昔人稱之爲大欲，其義在此，故男女問題不能妥善協調，則社會弊端叢生，可斷言也。

(二)、何謂七情

七情之說，儒家釋家有同樣之說法：

禮記中有云：

「何謂人情？（什麼叫做人情呢？）喜怒哀懼愛惡欲。（高興、憤怒、哀傷、懼怕、喜愛、厭惡、欲望，）七者弗學而能。（這七種心理動態，是人不學而能的本性。）」——禮記禮運篇

「七情者，喜怒憂懼愛惡欲者也。」（淨住子，淨行法門，滌除三業門）

推二家於七情之次第順序，皆未思及其因果本末，蓋籠統言之而已。吾國於多項事物之排列　常依易理之太極生兩儀，兩儀生四象，四象生八卦之順序。如三者並列，其中之一爲太極，其餘二者則爲兩儀。（如智仁勇三者，仁爲太極）四者並列，其關係當爲兩儀（例如禮義廉恥，禮義屬積極的德行，廉恥屬消極的德行）。進而分爲四象。五者並列其一爲太極，其餘四者爲四象（例如五倫以夫婦爲太極，其餘四倫二內二外）。九事並列，則其中一事爲太極，餘爲八卦（例如九經則以修身爲太極）。七情之關係則爲：

太極——兩儀——四象

故其次序當調整如下：

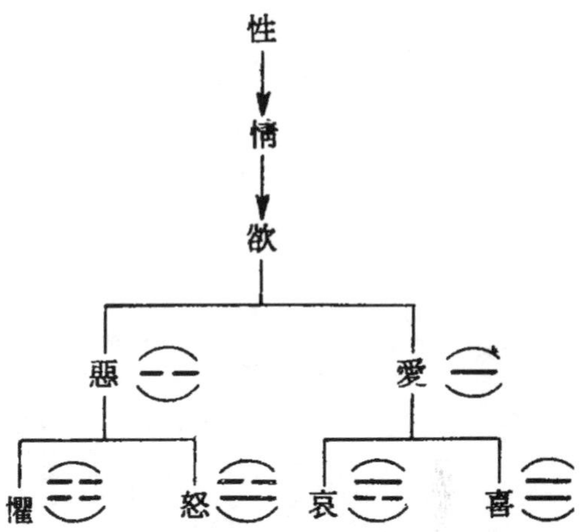

(⚊)表示肯定，欲求者或達到目的者，(⚋)表示否定，不要者或未達目的者。人有求生存之本性，不能無欲，故欲由性經情而生。因情而欲有別，則有愛者(⚊)，有不愛者(⚋)。所愛而得之，則喜(⚌)，所愛而失之，則哀(⚍)。所惡不欲其來而其竟來，則怒(⚎)；所惡尚未來，而恐其來，則懼(⚏)，此之謂七情。

西洋人亦以為人有種種情緒，其中親愛、喜樂、懼怕、憤怒、悲哀，與吾國固有之愛、喜、哀、怒、懼相同，其他好奇、嫉妬、焦慮三項，則為吾國所未列。好奇應屬於求智欲（其詳見後），嫉妬在他人得而己未得時之心理狀態有近於惡，焦慮則在欲得未得或欲失未失之間之心理狀態。稱為情緒，亦無不可。

三、私欲當節制

一己之私欲既伴隨本能而生，爲凡人所不免，然個人之欲望無窮，永無滿足之時，所謂「欲壑難塡」是也。若任其放縱恣肆，則資所以養生者，實足以害生。

「訓有之： 古訓有說： 內作色荒， 內心被女色迷亂， 外作禽荒， 外面被鳥獸迷亂， 甘酒嗜音， 喜愛喝酒，貪愛淫聲， 峻宇彫牆， 室宇高大，裝飾奢麗， 有一於此， 要是沾染上述中的一項， 未或不亡。 國家沒有不亡的。」——尚書五子之歌

「玩人喪德， 玩弄人就會敗壞道德， 玩物喪志。 玩弄物就會喪失志氣。」——尚書旅獒

「嗜欲連綿於外， 外則嗜欲連綿不斷， 心腑壅塞於內， 內則欲念充塞難消， 蔓衍於荒淫之波， 沈溺在荒唐淫亂的波流中不能自拔 留連於是非之境， 徘徊在是非不明的境地中無以自處， 而不敗德傷生者， 像這樣而能夠不敗壞德行傷害生命的， 蓋亦寡矣。 大概是很少有的吧。」——劉子清神篇

「故蝎盛則木折， 所以蛀蟲多了，就會使木頭折斷， 慾熾則身亡。 慾念熾旺就會使身體滅亡。」——劉子防慾篇

害一己之生，尚其小者。蓋一人之欲望無窮，不加節制，勢必影響他人之利益，勢必發生爭執、爭鬥。社會之動亂敗壞實萌因於此。

「人生而有欲： 人生下來就有欲望： 欲而不得則不能無求， 希望的卻得不到，那麼不能不有所希求， 求而無度量分界， 希求如果沒有度量界限， 則不能不爭。 那麼就不能不有所爭奪。 爭則亂， 爭奪就會混亂， 亂則窮。 混亂就會困窮。」

——荀子禮論篇

故欲之放縱，小則害一己之生，大則影響人群、社會、國家，是以正本清源，首當節欲。

「凡生之長也， 凡生機之所以能發榮生長， 順之也。 在於順著它的天性。 使生不順者，欲也。 而使生機違拗不順的，乃是由於情欲之故， 故聖人必先適欲。 所以聖人必先調理自己的情欲。」

——呂氏春秋重己篇

「聖人深慮天下，莫貴於生。 聖人深思天下沒有比生存更可貴的事了。 夫耳目鼻口，生之役也。 耳目鼻口本是人類賴以生存的工具。 耳雖欲聲， 耳雖然愛聽好聽的聲音， 目雖欲色， 眼睛雖愛看美色， 鼻雖欲芬香， 鼻雖然愛嗅芳香之氣， 口雖欲滋味， 口雖然愛品嚐美味， 害於生則止。 但若是危害生存就會禁止不想。 在四官者不欲， 某些事物本來是耳目鼻口不樂意接受的， 利於生焉則為。但是只要有利於生存，它們也得勉強去接受。由此觀之，從這裏可以看出，耳目鼻口不得擅行，耳目鼻口不能隨意行動，必有所制。必定有個管制它們的主宰。譬之若官職，就好像政府官吏們，不得擅為，必有所制。不能隨意亂做，必定要有君主長官來統領節制一樣。此貴生之術也。這就是善養生機的方法。」—呂氏春秋貴生篇

「適耳目，順養耳目視聽的本性，節嗜欲。也要節制嗜好和情欲。」—呂氏春秋論人篇

節欲之初，先當寡欲。寡欲所以增強內力之克制。

孟子曰：孟子說：「養心莫善於寡欲。養心沒有比減少私欲再好的了。其為人也寡欲，他的做人如果能減少私欲，雖有不存焉者寡矣。雖然也有心不存在底時候，但總是很少的了。其為人也多欲，他的做人如果私欲多，雖有存焉者寡矣。雖然也有心存在底時候，但也總是很少的了。」—孟子盡心下

「昔先聖王之為苑囿園池也，從前的賢明君王築造園林池塘，足以觀望勞形而已矣。只要足夠觀賞遊玩、舒散筋骨也就好了。其為宮室臺榭也，他建造宮殿亭臺，足以辟燥備溼而已矣。只要能遮蔽燥熱、防備陰溼就夠了。其為輿馬衣裘也，

他的車馬衣裳，足以逸身煖骸而已矣。只要能減輕勞頓、保暖禦寒就夠了。其爲飲食酏醴也，他的飲食酒漿，足以適味充虛而已矣。只要能適合口味、充饑飽肚就好了。其爲聲色音樂也，他準備的歌舞音樂，足以安性自娛而已矣。只要能安舒性情，得到快樂就好了。此五者，聖王之所以養性也，這五件事是聖王用來怡養性情的，非好儉而惡費也，並非喜好節儉而厭惡浪費，節乎性也。乃是因他懂得節制情欲啊！」

——呂氏春秋重己篇

黃帝言曰：黃帝曾說：「聲禁重，好音樂但不可太過度，色禁重，好美色不可過度，衣禁重，好服飾也不可過度，香禁重，好芳香但不可太過度，味禁重，好美味不可太過度，室禁重。居宮室也不可過度。」

——呂氏春秋去私篇

次當遠欲。遠欲所以減少外感人之引誘。

「姦聲亂色，姦邪之聲和淫亂之色，不留聰明。不可使它們留在耳目之間。淫樂慝禮，淫亂的音樂和不正當的禮節，不接心術。不可使它們接觸心靈。惰慢邪辟之氣，怠慢乖僻的習氣，不設於身體。不使它們施於己身，使耳目鼻口心知百體皆由順正，而使自己的耳目鼻口心智百體都能行和順而合正道，以行其義。而使所作所爲都合乎義理。」

——禮記樂記篇

「不見可欲，（不顯現名利的可貪，）使民心不亂。（可以使人民的心志不惑亂。）」——老子第三章

然寡欲，遠欲，自非易事。尤其身居今日繁華之工商社會，五光十色，日見可欲，豈能無動於衷？故平時修養功夫最爲重要。而修養之內容，即爲禮義。義者，內心之正確判斷於心者；禮者，行爲之恰當表現於外者。吾人若能見可欲，先衡量之以義，再範圍之以禮，自不至於放縱無節。

「人生而有欲：（人生下來就有欲望：）欲而不得，（希望的卻得不到，）則不能無求；（那就不能不有所希求；）求而無度量分界，（求取如果沒有度量界限，）則不能不爭。（那麼就不能不有所爭奪。）爭則亂，（爭奪則會混亂，）亂則窮。（混亂就會困窮。）先王惡其亂也，（先王厭惡混亂，）故制禮義以分之，（所以制訂禮義來分別，）以養人之欲，（來和養人的欲望，）給人之求。（供給人的所求。）」——荀子禮論篇

「故聖王脩義之柄，（所以聖王修明義理的根本，）禮之序，（禮儀的程序，）以治人情。（以調理人的性情。）」——禮記禮運篇

一人之生存能力愈強，則愈要居義由禮，一人追求欲望之能力愈強，其控制欲望

之能力，亦須相對加強。此與汽車火車之馬力大，衝力強者，其煞車亦需隨比例而加強，始能隨時予以控制，理正相同。一人之能否成爲高尚人物，端視其自我控制之能力如何。故前講會云：「學問之第一目的爲管制自己」，即是此意。

四、飲食男女之欲非推動世界文明之原動力

西人恒言：世上所有發明，所有成就，皆因飲食男女之欲望所激發者，此種以「唯性史觀」爲歷史文明原動力之說，今日觀之，固有一部份理由，然依吾人之觀點，此理由並不充分。蓋若人類文明的演進，全爲滿足食色欲望之需要，則與禽獸無異矣！禽獸之生存及繁殖皆由食色而來，何以其不能創造文明？故知推動文明之力量多源於求仁之天性，食色僅其小部份耳。蓋人類歷史文明之所以演進，多半由於先知先覺的聖賢才智之士，憂人類之沉淪，促人類之進化，乃起悲天憫人之懷，遂有精神方面與物質方面之種種創造發明，以解斯民之苦難，而使文明進步也。此種悲天憫人之懷，乃同情心也，亦即仁道也。茲如在物質方面舉例以證明，昔西屋公司（Westing House）主人，見火車因速度增高而煞車之功能不夠強，常造成車禍，死亡者無算，乃惻然悲憫，而思有以救之，一日因見有人用氣筒打氣入車胎，偶而不愼，氣筒柄受

氣壓而打擊其下顎，乃發明利用壓緊空氣之力以造成火車煞車，一遇緊急情況，一列車所有輪子，同時煞住，因之速度可以控制，而車禍爲之大大減少，人們蒙其福利，此種發明顯然非爲色欲食欲所激發而來，乃爲減少人類之傷亡痛苦，增進人類之旅行幸福也。故知以不忍人之心，行不忍人之事，乃爲求仁而得仁，亦即爲人類謀幸福，助人類求廣生與長生。文明演進之重要因素顯然在此。

再舉一例：吾昔學礦冶之學於美國，畢業後，曾在礦場實習，有一次利用休假至底特律（Detroit）參觀福特公司（Ford Company）得悉亨利福特（Henry Ford）之所以成功，因彼少時貧窮受人奚落，曾立一大志爲窮人造福，希望平民都有汽車坐，因此製造出最廉價之福特汽車，對於汽車廠之工人，特別注重其福利。彼時福特爲工人建房子，並增高其工資，辦消費合作社，辦勞工保險等等，使之仰足以事父母，俯足以畜妻子，故在罷工浪潮席捲世界之時，福特公司工人絕不罷工。其所以致此者，仁道所致也。福特能用其智慧，使其製造方法，時時改進，因此一輛汽車之製成，時間大爲縮短，遂影響成本之減輕，更使人人有購買汽車之能力，享受行的幸福。這顯然是仁性之發皇，非食色之衝動有以致之也。福特自奉儉約，爲衆所知，惟彼能以所獲之利潤，捐助于公益事業，至爲慷慨，亦爲衆所周知者。此種創造與服務人群之大欲，乃人與禽獸之大分別處，應予鼓勵，不必加以節制也。

五、發揚創造欲與求知欲

在第三章時，曾寫出公式如上，並謂A與B應設法使之儘量縮小，X與C須使之儘量擴大，上節所言，卽使C儘量擴大之例證也。C之擴大卽爲宏揚仁性中之泛愛大衆之情，乃能創造發明萬物，服務人群，實則此亦是一種更大的欲望，唯此中含有七情中泛愛大衆之情耳。世上之理論中亦相反相成者，爲己者少，則爲人者多，亦卽AB小，則C大，俗謂「知足常樂」是對AB——食色之知足而言，至於宏揚愛人之道之C，則不須知足，尤其愈大愈好，吾人深知「助人爲快樂之

$$X = (A + B) + C$$

性　食　色　仁

本」，「爲善最樂」，此種助人及爲善之樂，皆是求仁之情，亦卽「欲、愛、喜」三情的宏揚。當然爲求C之擴大，而不使A＋B太過縮小，則此生存本能——性（X）非增大不可。此一增大之方法，需以教育之力爲之，亦卽須擴張自己之學問道德，俾利于爲人羣服務與造福也。　國父曾昭示吾人：「人人當以服務爲目的，而不以奪取爲目的，聰明才力愈大者，當盡其能力以服千萬人之務，造千萬人之福，聰明才

力略小者，當盡其能力，以服百十人之務，造百十人之福。所謂巧者拙之奴，就是這個道理，至于全無聰明才力者，亦當盡一己之能力，以服一人之務，造一人之福。」（民權主義第三講）古人談論天下之事理，最後皆歸於本身學問道德，孔子非常謙虛，獨對于學問之研求則不然，曾言：「十室之邑，必有忠信，如丘者焉，不如丘之好學也。」（論語公冶長篇）又自稱自己爲了求學「發憤忘食，樂以忘憂，不知老之將至。」（論語雍也篇）孔子要求自己做到「毋意、毋必、毋固、毋我」（論語子罕篇），前者在勉人自幼至老都要求學問，以獲得充分的智識；後者在絕去自己的私心，以達天理之至公，因爲食色等六欲的節制，須靠學問智慧來領導，所謂「率性」之率，卽此是也！而助人之同情，泛愛大衆之存心，乃德行中之最重要者，須做到無我之境地，庶幾天理之至公，始能達致。而此兩者皆待學習與教育而來。子貢問於孔子曰：「夫子聖矣乎？」孔子則謙虛的說：「聖則吾不能，吾學不厭而教不倦也。」子貢聽了以後就說：「學不厭，智也；教不倦，仁也；仁且智，夫子旣聖矣。」（孟子公孫丑篇）由此可知，聖人的條件，亦在學問道德超越凡人而已。吾人旣明此理，則宜擴充智慧，增進德行。是故吾人求知之欲，助人愛人之情，創造發明之欲，造福人羣之情，是不宜節制或滿足的。

六、情欲之淨化

凡人皆需要他人之同情，己樂亦望人隨我而樂，己悲亦望人隨我而悲，此種心靈之感應，是凡人皆有的，稱之謂同情心，此即孟子所謂「不忍人之心」（孟子公孫丑篇）是故沒有同情心之人，是冷酷的，無熱情的，不能成大事，唯有同情心，能由小我而變大我，同時能取諸人以爲善，而且又能與人爲善。昔者，禹好善言，因之「禹聞善言則拜」，嚴格說來，聞善言而拜，亦是一種愛善求知之欲。其出發點爲人民謀幸福，故其欲發自愛民之情而來，而成其偉大。孟子又云：「大舜有大焉，善與人同，舍己從人，樂取於人以爲善。自耕稼陶漁，以至爲帝，無非取於人者，取諸人以爲善，是與人爲善者也，故君子莫大乎與人爲善。」（孟子公孫丑篇）此種「善與人同，樂取於人以爲善」的同情心，及「與人爲善」「推己及人」的忠恕精神，則已由「七情」淨化到仁道的最高境界，而泯除了六欲爲私的困擾了。道家中亦同，老子的清靜寡欲，俗傳呂洞賓集了十萬善行，乃成仙。皆是淨化情欲擴大同情心，以從事於善行，而造福人類的。佛教也是一樣，要我們去除六欲——色聲香味觸法，而推廣慈悲救人的六度——布施、持戒、忍辱、精進、禪定、般若（智慧）。淨化爲情欲所困的十二因緣—

——無明、行、識、名色、六入、觸、受、愛、取、有、生、老死。去除三毒——貪、瞋、痴的苦欲，而達到「衆生平等」「慈悲救世」的仁道觀念和佛道精神，這是淨化了七情六欲，達到天理的至公，由同情心而進入聖賢仙佛境界的，由此我們深知同情心是人類最基本的德性。

人沒有同情心，則不能成大事，更不能成君子賢人，因爲同情心是人與人之間，相與感應的力量，沒有這些，就構不成爲人的條件了，從前孔子「子食於有喪者之側，未嘗飽也。子於是日哭，則不歌。」（論語述而篇）因爲喪，是人間最大的悲痛，哭是由哀痛而產生的，這是人情中最不幸的，所以孔子食於其側，因悲痛而不能飽食，因同情而爲之哀痛，而哀痛就不能產生快樂了，所以「不歌」，如果一個人沒有同情心，就不成其爲人了。孔子曾說：「居上不寬，爲禮不敬，臨喪不哀，吾何以觀之哉？」（論語八佾篇）正是因爲沒有同情心，就不能成爲人，故不足觀也！視如禽獸可也。曾憶在我們退出大陸之前，李宗仁做代總統時，見匪勢猖獗，重慶危險之際，乃從重慶飛到昆明，從昆明飛經香港到美國去了。一個全國最高統帥，置全體政府人員及軍民于不顧，自然他就失去了全國人民的信仰，一蹶不能再振起了，數年後，余於美國在一友人之女出嫁婚禮中遇之，余問之曰：「李先生，做領袖者無責任心無同情心，可乎？」彼支吾以答，余責之曰：「汝在重慶軍情危急之時，即不顧部下之死活，而一走了之，對國家之存亡，大衆之生死，毫不動容，毫不同情，如之何其可也，汝自毀汝之歷史矣，此後將不能有爲矣。」李無言以對。以言乎欲，人在生死關頭，所應抉擇者厥爲道義之欲，孟子有此一段極精彩之言：「生，亦我所欲也。義，亦我所欲也。二者不可得兼，舍生而取義者也。生亦我所欲，所欲有甚於生者，故不爲苟得也。死亦我所惡，所惡有甚於死者，故患有所不辟也。如使人之所欲，莫甚於生，則凡可以得生者，何不用也？使人之所惡，莫甚於死者，則凡可以辟患者，何不爲也？由是則生而有不用也，由是則可以辟患而有不爲也。是故所欲有甚於生者，所惡有甚於死者，非獨賢者有是心也，人皆有之，賢者能勿喪耳。」（孟子告子篇）此種舍生取義之精神，是放棄小我生存之大欲，以爭取大我生存之隆情，此文天祥之所以問「讀聖賢書，所學何事？」而能自身做到成仁取義之示範也。

七、一個由同情心而做到不惑不憂不懼之實例

總統蔣公的愛國愛民之偉大心情，固爲人人所共見，惟其對友情之重，則知之不多，他常爲老友之死而痛哭，他以極大之同情待人，故亦能得到國人的愛護與擁戴，而

完成北伐抗日的壯擧，諸位讀現代史或能記憶　國父蒙難於中山艦時，蔣公由滬至粵赴難以助　國父，此種奮不顧身之成仁精神，實爲其大勇所自出。蔣公不但對上如此，對其部下亦復如此，北伐時我爲總司令部機要科長，常侍　蔣總司令左右，一日攻打武昌未下，總司令親自前往最前線視察陣地，並指揮作戰，砲彈擊于其側者轟轟不絕，而總司令視若無睹，毫不動容，指揮若定，我非軍人，初次上前線，不免稍存畏懼之心，惟受其感染，亦勇氣百倍，恐懼之情完全消失。其後又有一次在泰安車站，張宗昌用白俄駕駛之飛機投下炸彈，距總司令之座車僅廿餘尺，幸而落入泥土之中，未曾爆炸，副官來報告云：「炸彈落于火車之近側矣」，而總司令毫不動容，繼續批閱公文，僅點頭表示已知此事而已。此種大無畏之精神，宜乎將士用命，於短期內，消滅軍閥，完成統一，此乃「仁者必有勇」之最佳例證也。抗日時政府由南京撤退至漢口，再至重慶，　蔣公必先以電話通知其隨侍，待若干最後撤退之部屬，安全撤退後，其本人再上飛機，此種臨陣不亂，愛人如己，大智大仁大勇之精神，殊足爲吾人所效法。在重慶時，每當敵機轟炸時，他必先讓部下進入防空洞，待部下皆安全進洞後，他始從容不迫的進去，此種愛護部屬之仁心，更使人敬仰不已，其成功豈偶然哉？故爲人領袖者，不當專具領袖欲，而乏袍澤愛，蓋道德最具平等之精神，惟愛人者人恒愛之，敬人者人恒敬之也。無同情心安能成大事？自古迄今，未有例外者。蓋必須具有大智大仁大勇之精神，乃能做到不惑不憂不懼之地步。去私心，存公道，然後能「內省不疚，夫何憂何懼」（論語顏囘篇），古人不我欺也。

八、恐懼之情之消除與愛惡之情之辨別

喜怒哀懼愛惡欲七情中，懼可以由培養勇氣而去除，至於愛惡，則以仁義爲判斷標準，世上唯惡人可惡，餘皆吾人所宜愛者也。所以說：「唯仁者能愛人，能惡人。」（論語里仁篇）夫愛的範圍較廣，在泛愛衆的原則下，由「親親而仁民，仁民而愛物」（孟子盡心篇）似乎無所不愛，然則其所惡者爲何？孔子答子貢問君子之所惡者曰：「有惡，惡稱人之惡者，惡居下流而訕上者，惡勇而無禮者，惡果敢而窒者。」曰：「賜也亦有惡乎？」子貢曰：「惡徼以爲知者，惡不孫以爲勇者，惡訐以爲直者。」（論語陽貨篇）由此而知損人利己的行爲以及似是而非的言論，均在惡之範圍內，所以孔子最厭惡的，就是鄉愿，因爲他以僞亂眞，故稱之曰「德之賊」，善善惡惡，可稱爲仁者，故舜去四凶，愛衆人，與人爲善而天下平。

書曰：「舜流共工于幽州，（舜把共工流放到幽州，）放驩兜于崇山，（把驩兜流放到崇山，）竄三苗于三危，（壓迫三苗逃避

到三危山，殛鯀于羽山，把鯀流放到羽山，四罪而天下咸服。對於這四個罪犯的處理，天下的人都很佩服。」

九、忿怒之情之抑制

七情六欲，無人無之，唯欲其發而皆中節，以至於中和，亦必需要調節，使之達于至善之境，故中庸說「率性」，西哲言「控制自己」皆指節制七情六欲之發也。七情之中，「怒」有時極易害事，因怒時可以失去理智，亦易回復到獸性。所以孔子常以此戒其門弟子曰：「一朝之忿，忘其身以及其親，非惑與？」（論語顏淵篇）而佛學亦深戒「瞋怒」，且視之爲貪瞋痴三毒之一。古時成大事建大功者，無不以忿怒爲深戒。越王句踐敗於吳，忍氣吞聲，身爲賤役，不敢表現忿怒之情，卒能臥薪嘗膽，十年生聚，十年教訓，達到「沼吳」之目的。亦有因忿怒而亡身者，如曹無咎爲項羽守成皋，劉邦攻之，無咎堅守不出，劉邦使人侮之，乃怒而出戰，卒被劉邦擒殺。亦有因不發怒而成大功者，如德國第一次大戰之英雄—興登堡，終身不發怒，在威廉第一爲帝時，其太子爲威廉第二，秋操演習時，興登堡與太子兩人各佔一方，佈陣對戰，後經裁判評定，興登堡大獲全勝，而威廉第二則全軍覆沒，興氏知此結果消息一經外洩，太子威名受損，恐其禍及於己，乃辭職，威廉第一准之，且命彼前往德俄邊界勘察地形，蓋已預料德俄未來將有戰事也。及一次大戰起時，威廉第二在位，興氏被任命為東路軍統帥，由於熟識地形及軍事天才，竟將俄國入侵東普魯士之兩大軍團（約二十餘萬大軍之兵力）全部圍困而俘獲之，後調至西路指揮，其時由于美國參戰而敗，興氏撤退全部西線軍隊，秩然有序，紀律之佳，世所罕見，戰後德國政體改變，遂被選為總統，或問彼何以終身不發怒？興氏曰：「發怒者自己責罰自己，而怒及他人者也，一切如早有準備，則不需發怒矣。」此乃譬如下棋，對方未下子之前，己則早應料到對方種種可能下子，而思預為防守或進攻，乃能致勝，自亦不必發怒矣，怒氣之發，正是自己淺薄疏忽之表現也。興氏能控制自己之情欲，卒成偉人，名垂青史。

十、以學問道德調節七情六欲

情欲為人人所必有，其發制之道安在？曰，在發而皆中節。如能發而皆中節，則不獨可以養心，而且可以養生，吾祖先最早發明心理與生理之關係如下：在醫學上有云「息妄念以養心，絕躁怒以養肝，寡憂慮以養肺，節飲食以養胃，淡色慾以養腎。」，至若合於禮義，則有賴於學問德行之修養，始克臻此，一般小人，無學問德行之修養，以致或縱情於聲色，或飽食於口味，或肆志於玩物，或貪圖於冶遊，或困惑於哀懼，或放蕩於淫佚，以致喪志喪德，遂遺臭于千載，終獲小人之名，既不能立功成事，更不能立人達人，空負其所生，豈不哀哉！唯君子能進德修業，調節「色聲香味觸法」之欲，和諧「喜怒哀樂愛惡懼」之情，使之致於中和，夫然後能經綸天下之大經，立天下之大本，造萬民之福利，開萬世之太平，此調節情欲之功也。

夫物極必反者，天下之定理；事物之法則也。故樂不可極，樂極生悲，欲不可縱，欲縱喪命，而憂勞足以興國，哀兵可以致勝，戒懼可以成事，此皆亙古不滅，顛撲不破之眞理也。故吾人既知七情六欲之利害兩端，又知其對於人之成敗關鍵，則宜以「智慧」控制之，使冥合於大道。孔子曰：「富與貴，是人之所欲也；不以其道得之，不處也。貧與賤，是人之所惡也；不以其道得之，不去也。君子去仁，惡乎成名？君子無終食之間違仁，造次必於是，顚沛必於是。」（論語里仁篇）由是觀之：情欲之發，除須以智慧調整控制外，尤宜以倫理道德爲依歸，庶能日進于君子賢人之域，而造萬民之福矣！此乃吾人研究人理學所必需深切明曉者也。

第六章　人心

一、心為思想、行為之總樞紐

以人之生理言，心為傳導血液循環全身之器官，其動靜有關人之生死，若其機能發生故障，將產生各種非常難治甚或致人於死之疾病，若心臟停止跳動，則生命隨之死亡，其重要性可知。時至今日，醫藥科學至為發達，而以心臟病致死者，仍佔死亡率之高位，我國人向以「心腹之患」比喻極端厲害麻煩之事物，亦有鑒於心臟於人身之重要也。

以人之心理言，心為思想、行為之總樞紐，人之一切思、言、行動，皆經過心之思維而決定，故

孟子曰：孟子說：「心之官則思。心的職司是運用思想。」—孟子告子上

管子曰：管子說：「心也者，智之舍也。心是智慧的宮舍。」—管子心術上

朱子曰：朱子說：「心者，所謂心，人之神明所以具衆理而應萬事者也。是人精神智慧所在，具備了衆多的道理，而能應和萬事的東西。」——孟子盡心上注

心如過濾之機器，一切思維均由心加以過濾，汰沙留金，去蕪存菁，得其精要。

心又如天平，可以權衡事物之輕重，孟子答齊宣王之問曰：

「權，譬如一樣東西要用秤稱過，然後知輕重；然後纔知道輕重；度，用尺量過，然後知長短。然後纔知道長短。物皆然，一切東西都是這個樣子，心為甚。心尤其加甚。王請度待洛反。之。王要仔細地想啊。」——孟子梁惠王上

心又如明鏡、澄泉，可以映照萬物。

「故人心譬如槃水，所以人的心就像盤中的水，正錯而勿動，端正的放著不去擾動它，則湛濁在下而清明在上，那就泥滓在下面，清明在上面，則足以見鬚眉而察理矣。足以看清人的鬚眉和肌膚的文理。」——荀子解蔽篇

故自生理而言，人無心則不能活，自心理言，人無心則無以思維。

「心者，形之君而神明之主也。（心是形體的君主，是神明的主宰。）」——荀子解蔽篇

「心之在體，（心在身體當中，）君之位也。（就像國君坐在君位指揮羣臣一樣。）」——管子心術上

總之，心爲形體之主宰，爲個人思、言、行爲之最高領袖，最高統帥。人之所以爲人，人之所以能爲其崇高之理想，奮發有爲，堅定不惑，義無反顧，以及人之所以超凡入聖，莫不緣於其心之統御有方有以致之也。總統　蔣公對於心曾作如下之說明：

「無聲無臭，惟虛惟微，至善至中，寓理帥氣。」（中庸要旨及革命教育的基礎）

此十六字之解說，最爲精當。　蔣公釋爲：

「心是運用腦筋與指導五官，至高無上的靈覺，這靈覺就是良知，亦就是理。」

（革命教育的基礎）

此說與王陽明之「心卽理」、「心在物爲理」正相同，實爲對心之作用之最好說明。

二、心、性與天

心、性、天，異名而同理，孟子及程子言之最爲精闢，其言如下：

孟子曰：（孟子說：）「盡其心者，（能極盡自己靈明的本心的人，）知其性也。（就能知道自己的自然的本性了。）知其性，（能知道自己的自然的本性，）則知天矣。（那就能知道什麼是天了。）存其心，（存得這靈明的本心，）養其性，（養得這自然的本性，）所以事天也。（便是所以事天之道。）」

—孟子盡心上

程子曰：（程子說：）「心也、性也、天也，一理也。（人心、本性、天理，其實是同一件事。）自理而言，謂之天；（從道理方面說，叫它做天理；）自稟受而言，謂之性；（從人天生稟賦方面說，叫它做本性；）自存諸人而言，謂之心。（從存於人身方面來說，就叫它做人心。）」—孟子盡心朱注引

三、信心之重要

人之思、言、行動，既皆由心所決定發動，而其成敗，即繫於其信心是否堅定，

蓋由心之思維產生正確之思想，由正確之思想產生堅定之信仰，由堅定之信仰產生強大之力量，始能由知而行，由理論而付諸實踐。國父於心理建設一文中，以爲革命之挫敗，皆由於同志之信心不堅，若有堅定之信心，則無不可成之事，其言曰：

「夫國者，人之積也，人者，心之器也；而國事者，一人羣心理之現象也。是故政治之隆汚，繫於人心之振靡。吾心信其可行，則移山塡海之難，終有成功之日；吾心信其不可行，則反掌折技之易，亦無收效之期也。心之爲用大矣哉！夫心也者，萬事之本源也；滿清之顚覆者，此心成之也；民國之建設者，此心敗之也。」（孫文學說自序）國父認爲滿淸之所以能推翻者，心成之也；民國建設之所以乏績效者，心敗之也。

觀乎此，可知信心之重要矣。

四、心失正則偏

大學曰：「欲修其身者，先正其心。」又曰：「心正而后身修。」蓋人之有心，如船之有舵，馬之有銜。船有正確航向，始能直達彼岸，馬有銜控，始能縱橫險阻而不失馳；人有平正之心，始能通達內聖外王之道，收到修齊治平之效。若心爲外力所動、所移、所屈，則失其正而有所偏矣。大學曰：

「所謂修身在正其心者，經文上所說，修身在正其心底意思，身有所忿懥，敕值反。則不得其正。是說心有了忿怒，（程子以「身字當作「心」）心就不得端正。有所恐懼，則不得其正。心有了恐懼，心也不得端正。有所好樂，去聲則不得其正。心有了好樂，心也不得端正。有所憂患，則不得其正。心有了憂患，心也不得端正。心不在焉，心不端正，被忿怒、恐懼、好樂、憂患等影響着，就同不在自己身上一樣。視而不見，看也看不見，聽而不聞，聽也聽不到，食而不知其味；吃也不知道是什麼滋味。此謂修身在正其心。所以說修身在於端正自己的心。」——大學傳第七章

忿懥、恐懼、好樂、憂患，此等心理，大概人生尋常日用之間，不易避免，而所發生之影響亦甚大。忿懥使人心狂，恐懼使人心痺，好樂使人心迷，憂患使人心碎。狂與迷爲心理之極端膨脹作用，痺與碎爲心理之極端消縮作用：無論消縮或膨脹，皆屬心理變態，可使人失其自主之力量與中正之心境。

大學又曰：

「所謂齊其家在修其身者：經文上所說「齊其家在修其身」底意思：人之其所親愛而辟讀爲僻下同焉，之，同「於」。是

說人對於自己所親愛底人，就一味偏著心親愛他，之其所賤惡去聲而辟焉，對於自己所厭惡的人，就一味偏著心厭惡他，之其所畏敬而辟焉，對於自己所畏敬底人，就一味偏著心畏敬他，之其所哀矜而辟焉，對於自己所哀矜底人，就一味偏著心哀矜他，之其所敖去聲惰而辟焉。對於自己所傲惰底人，就一味偏著心傲視怠慢他。這「惰」，有怠慢的意思。故好去聲而知其惡，所以好人亦要知道他的壞處；惡去聲而知其美者，惡人亦要知道他的美處的，天下鮮上聲矣。這種人天下就很少了。故諺有之曰：因此，俗語有說：『人莫知其子之惡，人都是不知道自己兒子底壞處，莫知其苗之碩。不滿足自己稻苗的長而大。』此謂身不修，不可以齊其家。所以說身不修好，就不能整齊自己的家。

——大學傳第八章

愛、惡、哀、敬、敖為人類常有之表情，亦常能影響其心理狀態，使偏而不正，多數人對其所親愛、所畏敬、所哀矜之人，無論如何醜拙惡劣，仍覺其美好，對其所賤惡、所敖惰之人，無論如何美好，仍覺其醜劣。此卽所謂歪曲心理。凡心理歪曲，卽產生偏見，遂至濛混眞理，顚倒事實，作不正確之判斷或不正當之行為，於不知不覺中，自陷於不公正之錯誤。

心既易受外力之影響而有所改變，則吾人當努力抗拒外在之力量，使心不爲所動、所移、所屈，保持平正無偏。然此事自非易易，故平時養心功夫最爲重要。

五、養心之道

「欲」可使人心失其正，故養心之要莫如寡欲。

孟子曰：（孟子說：）「養心莫善於寡欲。（養心沒有比減少私欲再好的了。）其爲人也寡欲，（他的做人如果能減少私欲，）雖有不存焉者寡矣。（雖然也有心不存在底時候，但總是很少的了。）其爲人也多欲，（他的做人如果私欲多，）雖有存焉者寡矣。（雖然也有心存在底時候，但也總是很少的了。）」——孟子盡心下

寡欲之結果，使人不見可欲，其心不受外力之引誘而失正。然欲望既去，必須有以替代，以免空虛徬徨，而最佳之替代者，莫如充實之以仁義。故寡欲爲養心之消極方法，居仁由義方爲養心之積極方法。

孟子曰：（孟子說：）「牛山之木嘗美矣！（齊國東南牛山的樹木，從前原是很茂美的！）以其郊於大國也，（只因靠近大國的郊外，）斧

斤伐之，（斧和刀就常常去砍伐，）可以為美乎？（還能夠保持它的茂美麼？）是其日夜之所息，（這山上日夜所生長的，「息」是生長的意思。）雨露之所潤，（雨水露水所培養的，）非無萌蘗（五割反。）之生焉。（並不是沒有枝芽發生出來。）牛羊又從而牧之，（可是牛羊又去吃了它。）是以若彼濯濯也。（所以就弄得像那樣的光禿禿了。）人見其濯濯也，（人見了這山是光禿禿的，）以為未嘗有材焉，（就以為不曾生長過木材：）此豈山之性也哉！（這難道就是山的本性麼。）雖存乎人者，（那存在人身上的，）豈無仁義之心哉！（豈沒有仁義的心呢！）其所以放其良心者，（他那所以放棄本來的良心，）亦猶斧斤之於木也，（也和斧頭砍刀對於樹木一樣，）旦旦而伐之，（天天去砍傷，）可以為美乎？（還能夠保持他的美德麼？）其日夜之所息，（它（良心）日夜所生長的，）平旦之氣，（平旦清明之氣，）其好惡與人相近也者幾希！（他好惡的心，和平常人相差也沒有多少！）則其旦晝之所為，（便是那早上起來和白天的所作所為，）有梏亡之矣。（梏，同捁，是攪亂的意思。有多少給它（良心）攪亂了的或是亡失了的。）梏之反覆，（這樣三反四覆的攪亂，）則其夜氣不足以存；（那夜裏生長的清氣就一些不能存在；）夜氣不足以存，（夜裏生長的清氣不能存在，）則其違禽獸不遠矣。（便和禽獸相差不遠了。）人見其禽獸也，（人見他和禽獸差不多，）而以為未嘗有才焉者，（便以為他本來沒有人的材質，）是豈人之情也哉！（這難道就是人的實情麼！）故苟得其養，（所以只要能得到適當的培養，）無物不長。（天下沒有一樣事物不會生長的。）苟失其養，（假使失卻了適當的培養，無物不消。那就沒有一樣事物不歸消滅的。孔子曰：孔子曾說，『操則存，能保持就能存在，舍音捨則亡。放棄就滅亡。出入無時，進出沒有定時，莫知其鄉。』沒有人知道它的方向。惟心之謂與！就是說的心啊！」——孟子告子上

孟子又言求放心，蓋孟子以爲充實人之體內者，本爲一仁愛之心，緣於外來之誘力與壓力等影響而致奔放、迷失、隕越，故學問之目的，即在追求，尋回此一放失之仁心。使之操之在我，縱之在我，成爲己身一切之主宰。

孟子曰：孟子說：「仁，人心也。仁是人的本心。義，人路也。義是人的大路。舍上聲其路而弗由，拋卻了大路不去走，放其心而不知求，放失了本心不知道找回來，哀哉！眞可憐極了！人有雞犬放，人有雞犬逃出去，則知求之；就知道找回來；有放心而不知求。竟有放失了本心，卻不知道追求回來。學問之道無他，要曉得講究學問的道理，並沒有別的目的。求其放心而已矣。就只是要追求那已被放失了的本心仍舊回來罷了。」——孟子告子上

「放心」一語，亦見尙書。

「驕淫矜侉，般人驕傲淫逸，並且喜歡誇大自己的功勞，將由惡終，將來一定會自食惡果，雖收放心，雖然現在一時能收束般人的放心，閑之

惟艱。可是要用禮去防閑他們的邪行，實在很難。」——尚書畢命篇

六、爲政首要，在得民心

人，指個人，民，指多數人。人心與民心，二者亦自有異，然一般人所謂人心，實指羣衆之心理，如「人心思亂」，「人心不古」，即謂民心也。民心之向背，決定政權之存亡，此意孟子言之甚詳：

孟子曰：孟子說：「桀紂之失天下也，夏桀商紂的失去天下，失其民也。是因爲失去他的人民。失其民者，怎會失去他的人民呢，失其心也。是因爲失去人民的信仰心。得天下有道，這樣看起來，要得天下實有一定的道理，得其民，能夠得民，斯得天下矣。便能得到天下了。得其民有道，要得民也有一定的道理，得其心，得到人民的信仰心，斯得民矣。便能得民了。得其心有道，要得到人民的信仰心，也有一定的道理，所欲與之聚之，就是人民所要的都給與他們並爲他們聚集起來。所惡去聲勿施爾也。人民所反對的便不做罷了。爾同耳。」——孟子離婁上

一位受民心愛戴之領袖，一個得民心擁護之政府，雖然物質力量不如敵人，但一定可以獲得勝利，雖有一時挫敗，終能得到最後之成功。反之，一個因政策錯誤而失去民心的政府，亦會招致失敗。一個暴虐無道爲人民唾棄之政權，即或僥倖一時，終將自食惡果，招致滅亡。

余有幸，出生在此一偉大時代，經歷許多動人事蹟，深知民心之重要，今以余親身經歷之北伐、抗日、戡亂三事爲證。

北伐之革命軍不過數萬人，裝備之武器，不過兩萬支好的步槍，餘均陳舊不堪，然則何以能擊敗人數數十倍於我而配備又甚精良之軍閥，而統一全國？此無他，獲得民心之一致擁護也。

北伐軍至湖南，汀泗橋一役我軍擊敗吳佩孚之主力，雙方死傷徧地。余騎馬跨越屍體赴前線送達命令，沿途經過許多小村落，村民擔酒携鷄，爭相慰勞，情景至令人感動難忘，眞所謂簞食壺漿以迎王師，民望之若大旱之望雲霓也。

北伐軍攻南昌，蔣總司令率衞隊親赴前線督戰，士氣大振，孫傳芳軍節節敗退，參謀長白崇禧率一團人追敵，敵軍數倍於我，而竟無鬥志，所謂「兵敗如山倒」，誠非虛語，我軍遂俘敵方師長二人，團營長若干人，降數師人，勝敗立見，曷以至此？蓋人心向我，望風響應也。

民國二十六年，余爲中央組織部長，是日政府宣布對日全國抗戰政策。若干外籍記者均來部採訪新聞，有以中日國力相差懸殊，中國絕不是日本對手，何以中國竟毅然宣布抗戰相詢者，余謂今日之問題，不是能戰不能戰，而是應戰不應戰，全國人民要戰，政府順從民意而戰，深信抗戰必能勝利也。余復反問彼等，美國獨立戰爭之時，華盛頓有兵若干？美國殖民軍隊有兵若干？從物質條件來看，華盛頓絕無獲勝之機會，而美國竟然獨立成功，其故何在？彼等乃瞠目不知所對。蓋彼等純從物質力量立場立言，未曾從精神方面計及民心力量之偉大也。

抗日戰爭卒獲勝利，此亦無他，獲得民心之一致擁護故也。戡亂戰爭挫敗，政府撤退來台，原因固然非祇一端，然經濟政策之失敗，實爲一重要因素，今舉一事爲證，抗日戰爭初期，日軍佔領京滬一帶，規定一元法幣兌換一元日本軍用券。南京僞政府成立，規定兩元軍用券兌換一元僞幣。抗日戰爭勝利，僞幣大貶，其時財經當局竟然規定二百元僞幣兌換一元法幣。設一人戰前有法幣一萬元，可稱爲富有之家，一萬元法幣換得一萬元軍用券，並無貶值。及汪記僞政府時對折之爲五千，至抗戰勝利以二百比一，則僅賸二十五元法幣，而此二十五元法幣，其值已遠不如戰前之法幣，則此人已由富而成爲赤貧，其他更可類推矣。是共產黨未至，而人民已先破其產。人民身受敵人長期蹂躪，家破人亡，又遭此不白之損失，欲其不怨懟政府，不可得也。余以往對於「民窮財盡」一語，不得其解，至此乃恍然大悟，蓋財經政策一經錯誤，人民固窮而政府亦財盡矣。在此情況下，剿共戰爭豈能不節節敗退？卒致大陸沉淪，赤禍滔天！此無他，失去民心之擁護故也。

北伐、抗日緣於獲得民心之擁護而成功勝利，戡亂戰爭由於失却民心而挫敗，今後之反共前途如何？余於此至爲樂觀，蓋毛共政權之一切措施，僞而不誠，暴而不仁，偏而不中，與吾國之傳統文化相背馳，民心全失，莫不渴望吾軍早日反攻，蓋反攻大陸，非僅政府之願望，非僅台灣人民及海外僑胞之願望，實乃全國七億同胞之一致願望也。吾等所憑藉者，非軍隊之多寡，槍炮之精良，乃全國同胞之歸心也。人民與民心同爲掌握勝負之關鍵，不可忽也。

第七章　人格

一、人格之定義及其標準

㈠、人格之定義

吾人欲探究人格之定義，宜先知何謂「格」？歸納古今載籍，「格」有下列數種較重要之意義：

1. **法式也**：其合乎法式者曰合格。禮記緇衣：「言有物而行有格也，是以生則不可奪志，死則不可奪名。故君子多聞，質而守之，……」由是則人格者謂做人之法則也。
2. **標準也**：後漢書：「朝廷重其方格。」由是，則人格者，謂做人之標準也。
3. **格例也**：唐書裴光庭傳：「吏部求人不以資考為限，所獎拔惟其才，光庭懲之，乃為循資格。」據此則人格者，言為人之資格也。
4. **量度也**：廣韻：「格：度也，量也。」謂量度事物也。然則人格者謂所以量度人者也。

5.界限也：如畫線之紙曰方格子，有橫木直木之窗，謂之窗格。然則人格者，人之行爲之界限也。

6.正也：書經冏命：「繩愆糾繆，格其非心。」孟子曰：「唯大人爲能格君心之非。」（孟子離婁篇）然則人格者，謂人之正也。

7.至也：書經堯典：「格于上下。」朱子釋大學格物爲「窮至事物之理。」然則人格者，言窮至乎人之理也。

8.登也、陞也：爾雅釋詁：「格、陞也。」書經呂刑：「皆聽朕言，庶有格命。」孔穎達疏云：「格命謂登壽考者。」據此則人格者，升上人之境界，登上人之標準，而不同於禽獸也。

上列格之八種解釋，爲與「人格」有關者，（其餘與人無關之解釋，尚有多種：如來也、擊也、感通也、變革也、舉持物也、敵也，……皆其引申意，或假借意，因與本文所論無關，故不具述。）蓋格之本義：說文云：「木長貌」。徐鍇曰：「樹高長枝爲格。」謂木長成而可稱之爲樹也，由此引申，而有此八種解釋，以理解人之所以爲人之標準或法式耳。

以上所言皆偏於德行而言，如以法律之觀點言之：則人格者，謂「得爲權利義務主體之資格也。」如自然人、法人，均有其資格。以心理學觀點言之，則謂「先天之秉賦，及後天習慣。」爲個人之人格基本，而人格之特質，則包括在「智慧、動性、氣質、自表，及社會性。」五個範疇之下；其人格之高下，即依其對社會之行爲而評量之。

由是知人格有不同的意義，有心理的、有法律的、有德行的。吾人今所欲論者爲後者。

二、人格之標準

在今日科學時代，一切重分類、重標準、重規格、重性格，物尚如此而況人乎？前講吾人所探討者，如何謂人？人之異於禽獸者爲何？如人性之分析、人倫道德之探索、人欲與人情之發而中節，……等，無一不涉及人格之問題，今乃再特別提出「人格」者，爲使之成具體之觀念，以知爲人之法度爲何？然後方稱爲及格，或合格耳。在經典中，吾人常見「人格」與其有關之名詞有：

聖人、賢人、仁者、大人、君子、成人、善人、中行、狂者、狷者、知者、有恒者、野人、小人、鄙夫、鄉原。

此十六種名詞，爲吾人較常見者，吾人讀論語、孟子時，隨處可見。皆涉及人格之標準，品德之高下者也。茲略爲說明如下：

1.聖人：聖人者德行之全，智慧之至，學問道術之至高者也。其人格可謂「博厚配地，(博大厚實，好比是地，)高明配天，(高潔光明，好比是天，)悠久無疆。(長遠無窮，好比天地沒有邊際和時限。)」(中庸第二十六章)。「子貢曰：『如有博施(去聲)於民，(如有人廣大的施恩於人民，)而能濟衆，(並能普遍的救濟大衆疾苦，)何如？(這樣的人怎麼樣？)可謂仁乎？(可能算做仁麼？)』子曰：『何事於仁，(這何止算做仁，)必也聖乎。(必定要聖人才能夠的罷。)堯舜其猶病諸。(就是像堯舜那樣的聖人，恐怕還要憾恨着做不到呢。)』」(論語雍也篇)。「子貢曰：『學不厭，(求學問不厭煩，)智也。(就是智啊。)教不倦，(教誨人不怠惰，)仁也。(就是仁了。)仁且智，(既仁又智，)夫子既聖矣。(夫子明明是個聖人了。)』」(孟子公孫丑上)具備如此之條件，方可謂聖人。

2.賢人：亦稱賢者，德行高，學智亦佳，人格無疵，僅得聖人之一體，如論語子貢問孔子：「伯夷叔齊何人也？(伯夷叔齊是何等樣人呢？)」曰：(孔子說：)「古之賢人也。(古代的賢人啊。)」曰子貢說：「怨乎？他們兩人遜位讓國後，心裏可怨悔麼？」曰：孔子說：「求仁而得仁，他們遜位讓國是求仁，終於得到了仁，又何怨？又有什麼怨悔呢？」——論語述而篇

3. 仁者：亦稱仁人。若僅從道德方面而言，可謂已達極全，故能實踐忠恕之道而有功澤及於萬民者也。如論語，孔子曰：「夫仁者，講到能夠行仁的人，己欲立而立人，因爲自己要立身，也要使別人立身，己欲達而達人。因爲自己要通達也要使別人通達。」——論語雍也篇

4. 大人：言其一切能從大處遠處着眼，爲大我而能犧牲小我，故德行純美廣大，學問自亦精深，而智慧極高者也。易經文言：「夫大人者，與天地合其德，大人的德性，與天地的功德相契合，與日月合其明，與日月的光明相契合，與四時合其序，與春夏秋冬四時的時序相契合，與鬼神合其吉凶。與鬼神的吉凶相契合。先天而天弗違，在先天而言，它構成天道的運行變化，是不能違背的自然功能，後天而奉天時。在後天而言，天道的變化運行，也必須奉行它的法則。天且弗違，而況於人乎！況於鬼神乎！無論先天或後天的天道，尚且不能違背它，何況是人呢！更何況是鬼神啊！」又孟子曰：「從其大體爲大人。依從心志方面的大體做事，就算是大人。」（孟子告子上）又曰：「大人者，通達萬變的大人是怎樣呢，不失其赤

子之心者也。不過能夠保全純潔的本性，不失去像嬰兒那種天真罷了。」（孟子離婁下）。如此斯謂之大人。

5.君子：道德純備，學問亦佳。日求上達，重義尚禮者也。如曲禮：「博聞彊識而讓，廣博地求學問，勉力地求知識，而又能謙讓，敦善行而不怠，毫不怠惰地着重行善，謂之君子。這樣才可稱爲君子。」孔子曰：「君子無終食之間違仁，君子是沒有一餐飯的時間違背仁道的，造（七到反。）次必於是，在造次急遽的時候必然是這樣，顛沛必於是。在顛沛流離的時候也必然是這樣。」—論語里仁篇

6.成人：具仁義之德，才學俱佳，而有廉節勇毅智信者也。子路問成人，子路問孔子，要怎樣才能算得一個全人，孔子曰：「若臧武仲之知（去聲），能像魯國大夫臧武仲（名紇）的聰明，公綽之不欲，像孟公綽的清廉無私欲，卞莊子之勇，像魯國卞邑大夫莊子的勇敢，冉求之藝，像冉求的才能技藝，文之以禮樂，再加上中和有節的禮樂陶養，亦可以爲成人矣！也可以算是全人了！」又曰：孔子又說：「今之成人者何必然，至於現在的所謂全人何必一定要這樣完備，見利思義，只要見到利益時能想到義理，見危授命，臨到危難時能將生命交與人，久要不忘平生之言，和人家相約，不論隔多久時期仍能不忘記當時相約的話，亦可以

為成人矣！這樣也就可以算得全人了！」—論語憲問篇

7. 善人：德行美好，存心善良者也。孔子曰：「善人為邦百年，古人曾說，天性善良的國君．父子相繼治理國家一百年，亦可以勝殘去殺矣。也可以把殘暴的人化為好人，除去殺人的刑罰了。」又曰：孔子又說：「善人教民七年，善良的人執掌民講習文武，經過國政，教人七年，亦可以即戎矣。人民知道為國家戰死的大義，也可以使他們武裝衛國了。」—論語子路篇

8. 中行：崇尚中道，不亢不卑，由乎忠恕，德高學深。孔子曰：「不得中行而與之，要是不能得到中行的人去而傳道給他，必也狂狷乎！那除非去尋狂狷這兩種人了！」—論語子路篇

9. 狂者：志行超人，才器高而勇於進取者也。孔子曰：「狂者進取。狂的人志氣高大，有進取心。」—論語子路篇

10. 狷者：亦稱矜者，或稱獧者。志行廉潔而耿介，非其道也，一介不敢，亦一介不與，孔子曰：「狷者有所不為也。狷的人能守本分，不肯做壞事的。」（論語子路篇）又曰：孔子又說：「古之

矜也廉。古代持守太嚴的人是清廉的。」（論語陽貨篇）孟子對於狂者狷者又有如下之說明：萬章問曰：萬章問孟子說：「孔子在陳曰：孔子在陳國時曾經說：『盍歸乎來？何不回到魯國去呢？吾黨之士狂簡，我們門下的士人，有的志氣太高大，有的做事又太脫略，進取不忘其初。雖還知道向學問上求進步，却總不能忘掉本來的習性。』孔子在陳，敢問孔子那時在陳國，何思魯之狂士？怎麼會想起魯國這些志氣過高的士人來呢？」孟子曰：孟子說：「孔子不得中道而與之，孔子因爲不能夠得着中道的人和他講學，必也狂獧乎？一定要有的話，也只得降低水準，自那志氣高和守本分的兩種人去找罷，狂者進取，志氣高的人能向上深求，獧者有所不爲也。守本分的人對於壞事總有不肯做的。孔子豈不欲中道哉！孔子難道不想得到中道的人麼！不可必得，既然不能一定得到，故思其次也。就只好注意次一等的人了。」「敢問何如斯可謂狂矣？萬章說：敢問要怎樣才可以叫做志氣高（狂）呢？」曰：孟子說：「如琴張、曾皙、牧皮者，像琴張、曾皙、牧皮那三個人，孔子之所謂狂矣。就是孔子所說志氣高（狂）的人了。」「何以謂之狂也？萬章說，爲什麼說他們三人是志氣高（狂）呢？」曰：孟子說：「其志嘐嘐（火交反）然，他們的志向和言論都高，曰：時常說着大話：『古之人！古時候的人是那樣的啊！古之人！古時候的人是那樣的啊！』夷考其行（去聲）可是一考察他的行爲，而不掩焉者也。却又不能蓋過他的大話。狂者又不可得，倘若志氣高的狂者又不能得到時，欲得不屑不潔之士而與之，就想得到那不願意做不潔事情的人和他講爭，是獧也。這便是守本分的人了。是又其次也。這又比志氣高的人低了一等。」——孟子盡心下

11 知者：若僅從智慧方面而言，則其高於人者也。蓋已具備三達德之一矣，孔子曰：「知者不惑。有智的人是不迷惑的。」（論語子罕篇）「知（去聲）者樂（五敎反）水，有智慧的人通達事理，愛好周流不息的水，仁者樂（五敎反）山。仁人安定守義，愛好厚重不移的山。知者動，有智慧的喜歡動，仁者靜。仁人喜歡靜。知者樂（音洛），仁者壽。仁人有涵養工夫，所以多壽。」——論語雍也篇

12 有恒者：謂其有恒心毅力，樂善不倦，終能達致進德修業者也。所謂「人一能之，別人用一分氣力就可以的事，己百之。我用一百分氣力去做。人十能之，別人用十分氣力就可以的事，己千之。我用一千分氣力去做。果能此道矣，果眞能依照這個方法去做了，雖愚必明，雖然是極愚笨的人也一定會明白，雖柔必強。雖然是極衰弱的人也一定會堅強。」——中庸第十九章

孔子曰：「善人吾不得而見之矣！專務仁道的善人，我是不能夠見到的了！得見有恒者斯可矣。能夠見到一個始終遵守常經的人

，也就可以了。亡（讀為無）而為有，但如把沒有當做實有，虛而為盈，把空虛當做充滿，約而為泰，把勉強當做自然，難乎有恒矣。那就難做到始終遵守常經了。」——論語述而篇

13野人：郊野之百姓，樸實無文，以勞力生產者也。孔子曰：「先進於禮樂，前輩對於禮節音樂，質和文參合得很相宜，野人也。現在反說他太樸實，像是鄙陋的野人。後進於禮樂，後輩對於禮節音樂，文超過了質，君子也。現在反說他好看好聽，是個彬彬君子。如用之，但如我應用起來，則吾從先進。那我寧可依從前輩樸實的格式。」（論語先進篇）孟子曰：「夫（音扶）滕壤地褊小，現在滕國的土地狹小，將為君子焉，同樣也有做官受祿的人，將為野人焉，和在鄉村中耕種的人。無君子，莫治野人；假使沒有做官的人出政令，就沒法管理耕種的鄉人；無野人，莫養君子。要是沒有鄉人耕種，也就無法養活做官的人。」——孟子滕文公上

14小人：器度狹小，德行卑劣，甘居下流，重利輕義，損人利己，無所不為者也。孔子曰：「君子坦蕩蕩，君子依從道理，心中常是平坦廣闊，小人長戚戚。小人受外物驅使，心中常憂戚不寧。」（論語述而篇）又曰：「小人喻於利，小人只知道利欲。」（論語里仁篇）子夏曰：「小人之過也，必文（去聲）。」

（小人有了過失，一定要想法子去掩飾它。）」—論語子張篇

15 鄙夫：鄙陋之小人，惟一己之私利是圖，患得患失無德行者也。孔子曰：「鄙夫，可與事君也與哉？（卑鄙的人可以使他事奉國君麼？）其未得之也，（當他沒有得到職位之前，）患得之；（憂慮着得不到；）既得之，（等到既已得到了，）患失之。（又要憂慮着恐怕失去職位。）苟患失之，（如果他眞的是憂慮着失去時，）無所不至矣。（就無論什麼卑鄙的事情都做得出來了。）」—論語陽貨篇

16 鄉原：亦稱原人，虛僞不實，言行相背，貌似君子而行爲小人。卽僞君子也。孔子曰：「鄉原，德之賊也。（鄉原（同愿）是外貌忠誠而內心巧詐的人，這種鄉原實在是有害道德的賊啊。）」（論語陽貨篇）孟子亦曰：「鄉原，德之賊也。」萬章問於孟子曰：「何如，斯可謂之鄉原矣？（要怎樣的人，才可以稱做鄉原呢？）」曰：（孟子說：）『何以是嘐嘐也？（鄉原譏笑狂者，意思是說，爲什麼志趣要這樣高？）言不顧行（去聲），（說話不顧到所做的行爲，）行不顧言。（做事時不顧到所說的話。）則曰：（開口總是說：）古之人！（古時候的人是那樣的！）古之人！（古時候的人是那樣的！）行何爲踽踽（其女反）

涼涼？（鄉原又譏笑那狷者，意思是說，他的行爲何必這樣孤零零冷清清呢？）生斯世也，（生在這個世界上，）爲斯世也，（就得做這個世界上的人，）善斯可矣。（只要大家說聲好就可以了。）』閹（音奄）然媚於世也者，（他自己做事總是這樣掩頭掩脚的樣子討好世人，）是鄉原也。（這種人就是鄉原了。）」又：

萬章問於孟子曰：「一鄉皆稱原人焉，（既然一鄉的人都說他是個忠厚人，）無所往而不爲原人。（那就無論到什麼地方總不會不當他是忠厚人。）孔子以爲德之賊，（孔子却認爲他是傷害道德的賊，）何哉？（這是什麼原因呢？）」曰：（孟子說：）「非之無舉也，（要想說他的不是，却又指不出他的錯處來，）刺之無刺也；（要想攻擊他的行爲，却又沒有地方可以攻擊；）同乎流俗，（他是同化了下流的習俗，）合乎汙世，（一味迎合着卑汙的世風，）居之似忠信，（看他的居心像忠厚信實，）行之似廉潔；（看他的行爲，又很像清正廉潔；）衆皆悅之，（大家都喜歡他，）自以爲是；（他自己也以爲不錯；）而不可與入堯舜之道，（却又難和他走進到堯舜的道理上去，）故曰：（所以說：）德之賊也。（他是傷害道德的賊啊。）孔子曰：（孔子曾經說過：）『惡（去聲）似而非者：（我憎恨那表面上很相似，實際上却完全不是的人物：）惡（去聲）莠（音有），（憎恨那像稻苗的草，）恐其亂苗也；（就恐怕它混亂了稻苗；）惡（去聲）佞，（憎恨那口才好的人，）恐其亂義也；（就恐怕他混亂了義理；）惡利口，（憎恨那利嘴的人，）恐其亂信也；（就恐怕他混亂了信實；）惡鄭聲，（憎恨那歪邪的鄭國聲調，）恐其亂樂也；（就恐怕它混亂了正樂；）惡紫，（憎恨那紫顏色，）恐其亂朱也；（就恐怕它混亂了朱紅的正色；）惡鄉原，（憎恨那假裝忠厚的鄉原，）恐其亂德也。（也就是恐怕他混亂了眞正的道德啊。）』」（孟子盡心下）

是鄉原者人格低下，至可惡者也。

以上有關人格之名詞，凡十有六種，其中聖人、賢人、仁者，爲吾人所欲達到之理想，卽人格標準之至善至美者也。大人、君子、成人、善人，爲吾人所應做到之人格標準也。狂者、狷者、知者，皆道之一端，可爲達致人格之階梯。有恒者，則爲吾人所應具備之精神，庶能達致上述各種理想之人格標準者也。至於野人，則吾人所應教育之使之德智日進者也。小人、鄙夫、鄉原，爲人格之卑下者，而尤以鄉原爲最，以其以僞亂眞，非但缺德，且爲德之賊也，眞如衣冠之禽獸耳，不得列於人格之林也。

如以吾人所習知之公式X＝（A＋B）＋C以別之，聖人，X天生極大，復能以後天之教使之昇高至頂點，而A＋B保持極小，C自然極大；賢人、仁者，其X不如聖人，而C則昇至最高；大人、君子、成人、善人，其X雖天生不高，均能以好學力行增高之，並使C儘量增高，使A＋B儘量減低；狂者、狷者、知者，其X天生不高，惟時時使C大於A＋B；野人，X不大，而亦無機會受教以增大之，惟天性純厚，且知愛人，故經常保持C大于A＋B；小人、鄙夫、鄉原，X不一定小，惟自私心太高，經常保持A＋B極大，C極小，或竟等於零，即使X增高，亦用之于A＋B，以滿足其自私自利之圖而已。

又禮記儒行篇、荀子儒效篇，又標出大儒通儒之名位，蓋介於聖賢之間者也。

荀子曰：「彼大儒者，（那世上所稱的大儒，）雖隱居於窮閻漏屋，（雖然隱居在窮僻的房子和漏雨的屋子裏，）無置錐之地，（沒有分寸的地方，）而王公不能與之爭名。（但是貴顯的王公不能同他爭名聲。）在一大夫之位，（只要有像大夫那樣的地位，）則一君不能獨畜，（那麼一個國家的國君就不可能完全佔他爲己有，）一國不能獨容，（也不是一個國家所能容納得了他，）成名況乎諸侯，（他所成的名望便和諸侯一般，）莫不願得以爲臣。（每個國家無不想任他爲臣。）用百里之地，（只要有百里之地，）而千里之國，莫能與之爭勝；（那擁有千里的大國便不能和他爭勝；）笞捶暴國，（鞭笞暴亂的國家，）齊一天下，（統一了天下，）而莫能傾也，（而沒有能夠傾動他的，）是大儒之徵也。（這才可略見大儒的效驗。）其言有類，（他的言論有系統，）其行有禮，（他的行爲有禮法，）其舉事無悔，（他所作的因爲無有錯誤，所以也不必有後悔，）其持險應變曲當；（他的扶持危險，因應事變，皆能曲得其宜；）與時遷徙，（隨時遷變，）與世偃仰，（和世局互相推移，）千舉萬變，（雖然千變萬化，）其道一也，（但是他所行的道理總是一定的，）是大儒之稽也。（這就是所謂大儒所可稽查的成績了。）」──荀子儒效篇

二、聖人、仁者、君子之比較

在論語中聖人凡八見，其中五次見於孔子之言，而出現最多的是君子，其次是仁者，再次是賢人與善人知者，最少者爲成人、大人、有恒者，狂者、狷者，今先論聖人、仁者，與君子之比較。

孔子曰：孔子說：「君子有三畏：君子有三件可畏的事：畏天命，第一是畏天命，畏大人，第二是畏有德位的大人，畏聖人之言。第三是畏聖人所說的話。小人不知天命，小人不知道什麼是天命，而不畏也。所以不畏的。狎大人，並且看輕那有德位的大人，侮聖人之言。而又藐視聖人的話。」──論語季氏篇

又：「聖人，吾不得而見之矣。聖人，我是不能夠見到的了。得見君子者，斯可矣。能夠見到一個君子也便可以了。」──論語述而篇

由此可見，君子而敬畏聖人，君子易見到而聖人難見到，言其少也。則知聖人之人格，必高於君子，故孔子自謙不敢自己承認爲聖人。

子曰：孔子說：「若聖與仁，講到聖和仁，則吾豈敢？我怎麼敢當？抑爲之不厭，不過我努力於仁聖之道歷久不厭，誨人不倦，同時拿這個教人歷久不倦。則可謂云爾已矣。便可說只是如此如此罷了。」——論語述而篇

以上孔子將聖與仁並列而自稱豈敢，然則聖與仁，究以何者爲高？

子貢曰：子貢說：「如有博施去聲於民，如有人廣大地施恩給人民，而能濟衆，又能普遍的救濟大衆疾苦，何如？這樣的人怎麼樣？可謂仁乎？可能算做仁麼？」子曰：孔子說：「何事於仁？這何止算得仁？必也聖乎？一定是聖人啊？堯舜其猶病諸？就是像堯舜那樣的聖人，恐怕還不能做到哩？」——論語雍也篇

由此可知仁者亦遜於聖人。然則君子與仁者比較，究孰高孰下耶？

子曰：「仁者安仁。仁者能安於仁，仁則心安，不仁則心不安。」——論語里仁篇

子曰：孔子說：「君子而不仁者有矣夫，作爲一個君子，不仁，可能有過吧！未有小人而仁者也。但是從來沒有小人而能仁的。」——論語憲問篇

由此而知君子亦可能被有不仁之疑問，則仁者之人格，必高于君子。

大宰（晉泰）問於子貢曰：（有一個做太宰的人問子貢說：）「夫子聖者與？（與，讀平聲。夫子是個聖人罷？）何其多能也！（怎麼會有這麼好的才能！）」子貢曰：（子貢說：）「固天縱之將聖，（原來是上天放任他要使他成爲聖人，）又多能也。（而且多才多能。）」子聞之曰：（孔子聽到了說：）「大宰知我乎！（太宰知道我呀！）吾少也賤，（我少年時微賤，）故多能鄙事。（所以學會了很多鄙細的事。）君子多乎哉？（至於在位的君子，要不要這麼多的才能呢？）不多也。（不要這麼多的啊。）」—論語子罕篇

子欲居九夷。（孔子因爲道不得行，要住到東方九種夷人所居的地方去。）或曰：（有人說：）「陋！（那些地方的風俗太鄙陋了！）如之何？（怎樣住得？）」子曰：（孔子說：）「君子居之，（君子住到那邊，）何陋之有？（那有什麼陋呢？）」—論語子罕篇

孔子自謙不敢自居爲聖人，亦不敢自認爲仁者，而竟自承爲君子，可見君子遜於聖人與仁者。蓋聖人者，生而知之，而又能學而知之，與困而知之，故智慧之高，遠在常人之上，加以德行之全，是德智均達最高之境界者，稱之謂全人格可也。故孟子曰：「聖人者，百世之師也。」（孟子盡心篇）而仁者用力之勤，以達德行之極，固亦

非常人所能達致者也。故孔子亦不敢以之自許，更不願輕以許人。是以時人或弟子問孔子某人仁乎？輒答曰：「不知也」如：

孟武伯問「子路仁乎？」（孟武伯問孔子，子路仁麼？）子曰：（孔子說：）「不知也。（不知道。）」又問。（孟武伯又問。）子曰：（孔子說：）「由也，（由這個人啊。）千乘（去聲）之國，（假如有一千輛兵車的大國，）可使治其賦也；（可以叫他去主持軍政；）不知其仁也。（不知道他是不是仁。）」「求也何如？（孟武伯又問冉求怎樣。）」子曰：（孔子說：）「求也，（求這個人啊，）千室之邑，（假如有一千個人家的大邑，）百乘之家，（有一百輛兵車的大夫家裏，）可使為之宰也；（可以叫他去做宰官，）不知其仁也。（不知道他是不是仁。）」「赤也何如？（孟武伯又問孔子弟子公西赤字子華怎樣？）」子曰：（孔子說：）「赤也，（赤這個人啊，）束帶立於朝，（繫著大帶站在廟堂上，）可使與賓客言也；（可以使他和賓客們周旋談話；）不知其仁也。（不知道他是不是仁。）」——論語公冶長篇

子張問曰：（子張問孔子說：）「令尹子文，（楚國令尹姓鬭，名穀於菟。字子文的，）三仕為令尹，（三次任令尹，）無喜色。（沒有喜色。）三已之，（三次罷免令尹，）無慍色。（也沒有慍色，）舊令尹之政；（而且從前他在令尹任上的施政情形；）必以告新令尹；（一定拿來告訴新接任的令尹；）何如？（這種人怎樣？）」子曰：（孔子說：）「忠矣！（算得忠了！）」曰：（子張又問說：）「仁矣

乎？可算得仁麼？」曰：孔子說：「未知，我不知道，焉得仁。怎能算得是仁呢？」「崔子弒齊君，子張又問齊國大夫崔子名杼，他弒齊莊公，陳文子有馬十乘，那時齊國大夫陳文子名須無，有馬四十匹，棄而違之。棄去離開了齊國。至於他邦，到了別一國裏，不料那些臣子也是僭亂的，則曰：就說：『猶吾大夫崔子也。還是和我國的大夫崔子一般無異。』違之。又離開這一國。一邦，再走到另一國裏。不料那些臣子仍是僭亂的。則又曰：就又說：『猶吾大夫崔子也。還是和我國的大夫崔子一般無異。』違之。又離開這一國。何如？這種人怎麼樣？」子曰：孔子說：「清矣。算得清高的了。」曰：子張又問：「仁矣乎？可以算是仁麼？」曰：孔子說：「未知，我不知道，焉得仁。怎能就算得是仁呢！」——論語公冶長篇

夫以子路之勇，冉求之藝，公西華之能，令尹子文之忠，陳文子之清，皆不得列於仁者之林，則知仁者德行之極也。蓋孔子不輕易以仁者稱人，皆所以鼓舞其弟子勉於行仁，庶能繼續上進以達人格之標準也。是聖與仁，乃人格之至善至美的標準，而爲吾人所宜勉行以達致者也。至於君子，則乃人格之一般標準也，只要進德修業，居仁由義，恭行不怠，即可與於君子之林矣。如宓子賤、南宮适是也。

子謂子賤：（孔子說他的弟子宓不齊字子賤很好學：）「君子哉，若人！（君子呀這個人！）魯無君子者，（但如魯國沒有這麼多的君子，）斯焉取斯。（他又從那裏去取法呢。）」——論語公冶長篇

南宮适（古活反）問於孔子曰：（南宮适就是南容，他問孔子說：）「羿（音詣）善射，（從前有窮國君名羿的最擅長射術，）奡（五報反）盪（土浪反）舟，（羿的臣子名奡，他的氣力能在陸地上盪舟，）俱不得其死然。（但這兩人到後來都像沒得好死，這「然」，潛夫論五德志篇引「然」作「也」。）禹稷躬稼，（夏禹和后稷親自種五穀，）而有天下。」（後來卻都有了天下。）夫子不答。（孔子聽了，知道南宮适的意思是把夏禹后稷比自己，所以不回答。）南宮适出。（等到南宮适出去後，）子曰：（孔子說：）「君子哉若人！（君子啊這個人！）尚德哉若人！（尊重道德啊這個人！）」——論語憲問篇

是故曲禮曰：「博聞彊識而讓，敦善行而不怠，謂之君子。」易經云：「天行健，君子以自強不息。」皆勉吾人，由勤學勉行，而日進於君子之域，以達一般人格之標準，而由此標準，又因知勵行，博文約禮，以達仁道之極端，而至聖賢之域，此所謂欲得乎中，取法乎上之義也，其詳待續述之。

三、人格之最高標準

凡言中國文化不同於西洋文化時，輒謂中國士人莫不具有「內聖外王」之大志，亦卽其「修己善羣」之人生理想。所謂「內聖」，乃言自身之修，以達到聖人之最高理想爲鵠的，稱之曰「成己」；所謂「外王」，則以達到其善羣之最高理想平天下爲鵠的，平天下者，王天下也。合齊家治國平天下三者，稱之曰「成物」。吾人生而爲人，對自身固必須具有最高之理想，卽對整個人類亦必須具有最高之理想。「內聖外王」者，卽人人所應具備之人生觀也。此爲中國敎育之傳統，亦卽中國文化之特點也。

生乎今世科學極爲發達之時代，萬事莫不求其精確與完美，爲求達此目的，故有一定之程序、標準、規格，按部就班，循序漸進，以底於成。做事如此，做人亦烏可例外耶？其有一定之標準，以爲吾人奮進之目的，當屬必要。而人格之探討、研究，於人理學中佔有重要之地位，實不言而喻。然人格之標準，有屬於至高至善至美者，亦有屬於衆人必當取法，不可不行之一般普通之標準。前者如聖人，其德行之全，智慧之至，學問道術之高，旣已言之矣，吾人縱不能至，實心嚮往之，宜懸爲鵠的，以自策自勵者也；後者如君子，是則爲吾人可能達到，亦必須達到之標準也。君子與國家之關係，孟子認識最爲扼要，故曰：「今居中國，去人倫，無君子，如之何其可也？陶以寡，且不可以爲國，況無君子乎？」（孟子告子篇）國家缺乏陶器，尚且不可，苟無君子，則焉得而治耶？總統　蔣公嘗謂：「人格重於生命。」又云：「人格苟有毀傷，民族卽失其存在。」（西安半月記）境界高且遠矣！

四、聖人所應具備之條件

「聖人」一詞，孟子屢言及之，嘗謂「聖人，百世之師也。」又謂聞聖人之風者「頑夫廉，懦夫有立志。」「薄夫敦，鄙夫寬。」「奮乎百世之上，百世之下聞者，莫不興起也。」（孟子盡心篇）此言聖人之人格對於後世影響力之大與久，有如此者，而非聖人之定義也。又如「充實之謂美，充實而有光輝之謂大。大而化之之謂聖，聖而不可知之之謂神。」（同上）大而化之之謂聖，亦僅指其影響力而言，並未言及聖人所必備之條件，故亦非聖人之明確定義也。

聖人旣爲人所崇敬之人格最高標準矣，則中庸所云「至聖」，自爲聖人最高標準中之完美無缺者，本乎欲得乎中，取法乎上之義，吾人於「至聖」所應具備之條件，亦當有確切之了解與認識也。

「唯天下至聖，惟有天下至大至高的聖人，爲能聰明睿知，纔能聰明睿智（睿亦作叡；知，同智。）足以有臨也。足以居上而臨下。寬裕溫柔，纔能寬裕溫柔，足以有容也。足以容人而并包。發強剛毅，纔能發強又剛毅，足以有執也。足以擔任大事而有守。齊側皆反莊中正，纔能齊莊中正，足以有敬也。足以使人肅然而起敬。文理密察，纔能文理密察，足以有別彼列反也。足以條理細密而明辨是非。」——中庸第三十一章

此一定義極爲完善，所謂「有臨」指才識之足以應變；「有容」指度量之足以容人；「有執」指信仰之足以堅守；「有敬」指儀態之足以受尊；「有別」指學問之足以判別。五者俱備，乃可稱爲「至聖」。惟五者相生相剋，非「不勉而中，不思而得，從容中道。」者（中庸以此形容聖人者），不易全備。蓋才識足以應變者，必能文理密察，非常聰明，但非常聰明之人，往往不易做到寬裕溫柔，其度量不足以容人。量度能容人者，自易齊莊中正，惟若量度太大者，自易寬裕溫柔而淪爲世所謂「好好先生」，此等人是是易，而非非難，信仰往往不易堅定，故難合乎發強剛毅之條件也。信仰太堅定者，往往容易流於偏執，一經偏執，則易失去齊莊中正之儀態，且難合聰明睿智之有臨條件矣。事事齊莊中正，往往容易失諸呆板，則又不易進入文理密察之境地矣

。是故「有臨」、「有容」、「有執」、「有敬」、「有別」五者，必須使之皆能達到恰到好處之境地，是謂之「時中」，成聖之難，於此可見。惟亦不能因其不易樣樣做到，而放棄此人格最高之標準也。

然而，欲把握此五者，其最重要關鍵乃在文理密察，蓋無學問，則不能判斷正確，恰到好處，故仍需「博學之、審問之、愼思之、明辨之、篤行之。」（中庸）此大學八目之所以以格物致知爲首要也。

五、君子與小人之區別

昔顏淵有言曰：「舜何人也？予何人也？有爲者亦若是！」（孟子滕文公篇）吾人於人格之最高標準「聖人」之追求，亦當有此氣概，有此信心，庶幾奮進不懈，止於至善。然欲求此一標的之達致，須先循人所能做到之一般人格標準，即前節所稱「君子」是也。蓋君子才德兼具，敦善不怠，由此以進，困知勉行，則可上登聖人之域矣。否則，目標雖高，而無階以升，徒思一蹴而至，一步登天，則亦空談而已。

論語中論及君子者甚夥，尤多言君子與小人之區別，分析至爲詳盡。蓋君子與小人，爲絕對不同之兩種相反類型，於此極爲鮮明之相反對比中，吾人可深思自反，何者可取？何者當去？何者可法？何者當棄？對於吾人之人格修養，有極實在極確切之啓發與指引也。

在上述諸章中，時時提及「仁」之重要，以其爲人獸之重要區別者在此。君子既爲人格之一般標準，則其首先必須具備之條件爲「仁」。所以說「君子去仁，惡乎成名。君子無終食之間違仁，造次必於是，顚沛必於是。」（論語里仁篇）「君子以仁存心，以禮存心，仁者愛人，有禮者敬人。」（孟子離婁篇）

玆將君子與小人之區別，列述於後：

㈠子曰：孔子說：「君子上達，小人下達。上達，即朱子所謂日進於高明。下達，則日趨於下流。邢昺疏則謂君子通達於仁義，小人通達於財利。「上」爲本，「下」爲末。大學：「德者，本也。財者，末也。」即謂君子上達於德，而小人則下達於利底意思。」——論語憲問篇

上達者，力求上進也，即朱子所謂「日進乎高明」。下達者，日趨下流也，即朱子所謂「日究乎汙下」。此兩言至爲重要，爲君子與小人之基本分別。人之生性不遠，其所以有君子與小人之別者，端視其向上向下而定也。故子貢曰：「紂之不善，不如是之甚也。是以君子惡居下流，天下之惡皆歸焉。」（論語子張篇）

(二)子曰：（孔子說：）「君子喻於義，小人喻於利。（喻，朱注：猶「曉」也。君子所曉得的是義，而小人所曉得的則是利。）」——論語里仁篇

朱子曰：「義者，天理之所宜；利者，人情之所欲。」所謂「天理所宜」，蓋即大我之公利；而「人情所欲」，則指個人之私利。君子着眼於公，明德本財末之道；小人僅及其私，不免本末倒置。義利之辨，公私之別，君子小人，於此見矣。

(三)子曰：（孔子說：）「君子求諸己，（君子要求自己，）小人求諸人。（小人要求別人。）」——論語衞靈公篇

君子以進德修業爲目的，是以無不反求之於己，「不怨天，不尤人」，一切自己負責。小人以富貴利祿爲目的，故事事須求之於他人也。

(四)子貢曰：（子貢說：）「君子之過也，（君子的過失，）如日月之食焉。（有如日蝕月蝕一樣。）過也，（他那過失，）人皆見之；（大家都看見的；）更（平聲）也，（等到過失改了，）人皆仰之。（大家又都崇仰他了。）」——論語子張篇

子夏曰：（子夏說：）「小人之過也必文。（文，去聲。小人有了過失，一定要想法子遮掩文飾。）」——論語子張篇

人孰無過？雖聖賢亦不免，然君子無文過之私，如日月之食，人可共見；有改過

之勇，如日月之復，人同仰戴。其態度之光明磊落，一如日月之輝耀皎潔也。小人則非如此，有過必加以掩飾，唯恐人知，不惟欺人，且亦自欺也。大學云「小人閒居為不善，無所不至；見君子而后厭然揜其不善，而著其善。人之視己，如見其肺肝然，則何益矣？此謂誠于中，形于外。」亦卽說明文過之無用，惟其所以如此者，正如朱子所云：「小人憚於改過，而不憚於自欺。」也。

㈤子曰：孔子說：「君子和而不同，小人同而不和。何晏集解：『君子心和，然其所見各異，故曰不同。小人所嗜好者則同，然各爭利，故曰不和。』君子和人相處，心地是和平的，而意見不一定相同。小人和人相處，常是隨聲贊同，可是利之所在，心地是不和的。」——論語子路篇

凡為道義而結合者，大體上無不一致，雖有小異，無礙于相交，自易於「和」，為私利而結合者，其目的一時易同，及涉及利之分享時，立卽可以相爭而失和，故易於「同」。君子以公利存心，凡有共同利他之理想者，皆可成為同志；小人以營私為目的，利之所共，雖胡越異心，可暫時結為一體；反之，雖親如兄弟，亦可反目成仇也。

㈥子曰：孔子說：「君子周而不比，朱注『周，普遍也；比（必二反），偏黨也；皆與人親厚之意。但「周」公而「比」私耳。』君子對人有公的普遍之親，小人

比而不周。小人對人則祇是私的偏黨之親。」——論語爲政篇

王引之經義述聞曰：「周、比皆訓爲親，爲密，爲合。以義合者，周也；以利合者，比也。」由此可見，君子、小人之分，周、比之別，全在公私、義利之間。

(七)子曰：孔子說：「君子坦蕩蕩，坦，平底意思。蕩蕩，寬廣底意思。君子平常心地，總是平坦而寬廣。小人長戚戚。戚戚，憂慮的樣子。小人却經常局促而憂愁。」——論語述而篇

君子所追求者爲道，立身以禮，行事以義，待人以誠，樂觀進取，俯仰無愧，故此心坦蕩，無所不安。小人汲汲於名利，耿介於得失，貪欲無窮，心爲形役，故常有憂戚之心也。

(八)子曰：孔子說：「君子泰而不驕，君子安詳舒泰，却不驕傲凌人。小人驕而不泰。小人驕傲凌人，却不安詳舒泰。」——論語子路篇

君子坦蕩蕩，故態度安泰；謙謹自守，即或有成，其成者爲道之行，爲義之取，故不恣肆，無用乎驕。小人多欲，欲滿則志盈而氣盛，故態度驕肆；長戚戚，故不安泰也。

(九)子曰：孔子說：「君子懷德，小人懷土。懷，思念底意思。君子日常所念念不忘的是德，小人則是土，孟子滕文公上：『有恆產者有恆心，無恆產者無恆心。』懷土，即指其念念在於恆產。君子懷刑，小人懷惠。刑，古代法律制度底刑作刑，刑罰底刑作荆，从刀井，後來都寫作刑。君子日常所念的是刑，是法律制度，而小人則是恩惠。」——論語里

君子尚德、守分，故懷德、懷刑。小人苟安、貪利，故懷土、懷惠。

(十)子曰：孔子說：「君子易事而難說音悅也。在君子底下工作很容易，却難使他歡喜。說之不以道，不用正當的方式去博得他的歡喜，不說也；他不會歡喜的，及其使人也，等到他使用人的時候，器之。卻是衡量各人的才德去分配任務。小人難事而易去聲說也。在小人底下工作很難，卻容易使他歡喜。說之雖不以道，用不正當的方式去博得他歡喜，說也。他是會歡喜的，及其使人也，等到他使用人的時候，求備焉。卻百般挑剔求全責備。」——論語子路篇

君子之心公而恕，寬而能容，故易事；遵道而行，無偏無頗，故說之不以道，不說也。小人之心私而刻，狹而自用，故難事；然愛諛近讒，貪財好貨，凡能投其所好者，雖不以道，亦說也。

(十一)子曰：孔子說：「君子成人之美，君子總是促成人家的好事，不成人之惡；不願促成人家壞事；小人反是。小人就和這相反。」——論語顏淵篇

君子以仁存心，己立而立人，己達而達人，樂見他人之成功。所謂「人之有技，若己有之；人之彥聖，其心好之，不啻若自其口出。」（大學）其愛人如己，故能有此襟懷。至於小人則反是，「人之有技，冒疾以惡之；人之彥聖，而違之俾不通。」（大學）蓋其祇知有己，而不知有人也。大戴禮曾子立事篇曰：「君子己善，亦樂人之善也；己能，亦樂人之能也。……君子不說人之過，成人之美。」黃榦曰：「小人迎合容養，以成人之惡；忌刻詆毀，必不欲成人之美。」

(十二)子曰：孔子說：「君子固窮，君子雖然窮困，但還是堅持着，小人窮斯濫矣。不像小人，一到窮困，就無所不爲了。」——論語衛靈公篇

君子有理想，有抱負，有操守，有原則，達則兼善天下，窮則獨善其身，富貴不淫，貧賤不移，惟其能獨善，能不移，故能固守其窮。小人生活無理想，應世無原則

，為求脫出窮困，則無所不用其極，濫溢為非矣。

中庸中亦有君子小人對比之說明：

㈢仲尼曰：孔子說：「君子中庸，君子所作所為，完全依照中庸的道理，小人反中庸。小人所作所為，完全違反中庸的道理。君子之中庸也，君子的中庸，君子而時中，而，和下「小人而無忌憚也」底「而」，俞樾羣經平議以兩「而」字皆當作「能」字解。古書「而」「能」二字常通用。如戰國策「而解此環不？」就是「能解此環否？」時中，就是隨時而處其中，無過無不及。君子而時中，謂君子能時中也。小人之中庸也，陸德明經典釋文說，王肅本作「小人之反中庸也。」多一反字，程子朱子均以為當有「反」字。即是說，小人的違反中庸呀！小人而無忌憚也。無忌憚，便是膽大妄為，所以反乎中庸。小人而無忌憚也，即是說，小人能無忌憚。」——中庸第二章

君子能用中和之道，故曰「君子中庸」，其一切行為，皆能因時制宜，無時無刻不合乎中道，無過無不及者，「時中」之謂也。小人不能用中和之道，事事與君子行為相反，故曰「小人反中庸」；其一切行為，則無所禁忌，膽大妄為，反乎中庸也。

㈣「君子居易去聲以俟命，居易，居於平易的地位。居易與行險對。君子安心居於平易的地位，以待天命底到來。小人行險以徼幸。徼，求的意思。幸，是不當得而偶然得之。小人卻要冒險追求富貴，希望幸而偶然得到。」——中庸第十四章

君子所追求者，道之實現，不及一己之私，故能樂觀奮鬥，盡其在我，居心平易，以待天命之來。小人「行險以徼幸」，則妄求富貴，冒險鑽營，冀求其所不當得者。

(十五)孔子曰：「君子有三畏：畏天命，畏大人，畏聖人之言。小人不知天命而不畏也，狎大人，侮聖人之言。」—論語季氏篇（註釋見一五九頁）

何謂「天命」？前已言及，天命即認識環境與趨向，心有所戒懼而不敢有所怠忽，所以說「不知命，無以為君子也。」(論語堯曰篇) 君子敬畏偉大人物，秉禮懷刑，不敢干犯其上。「聖人之言」乃教人之道，畏聖人之言，故古訓是式，不敢違反；小人恰相反，既不知環境，亦不知趨向，故毫無忌憚。對大人慢而不敬，初則逢迎長惡，終乃作亂犯上。小人多自以為是，雖對聖人所言，亦常加指責，此侮聖人之言也。

(十六)孔子曰：(孔子說：)「君子學道則愛人，(在上的人學道，就能夠愛護人民。)小人學道則易(去聲)使也。(在下的人學道，就容易使用。)」—論語陽貨篇

君子學禮樂則能愛護人民；小人學禮樂則能守範圍，易使其為人作事也。

(十七)「君子之道，闇(於感反。)然而日章。(闇，幽暗的意思，章，同彰。所以，君子的道很暗淡的樣子，但是一天一天地在着彰明而顯著。)小人之道，

的然而日亡。的，據說文當作「旳」，明也。經傳多訛作「的」（詳十駕齋養新錄卷二的然條）。小人的道，很明白的樣子，但是一天一天地在着消滅而至於亡。」——中庸第三十三章

「旳」、原誤作「的」，此從錢大昕說正，旳音勺，明也。君子之道，文采不露，義似不章，然日久顯著，愈久愈光也。小人之道，全在表面，乍看文采鮮明，然經不得考驗，日漸銷亡也。

以上君子小人對照十七項，皆見諸四書，余於四書道貫，已詳闡述。依上述分類，君子小人之別，似覺複雜，實際則甚爲簡單，惟公與私之別耳。蓋綜觀以往各章所論，好的一面，皆君子所應爲，而壞的一面，則小人之習性也。有此對照，何謂君子？何謂小人？可知其梗概矣。

六、吾人之人格修養當以君子爲標的，至乎聖人而後止

君子小人之區別已明，吾人生乎斯世，自命爲士人，則對於人格之修養，當先以「君子」爲標的，務使日入君子賢人之林，而遠小人鄙倍之域，斯不愧爲「人」矣。至於人格之最高理想，乃在至乎聖人而後止也。故荀子曰：

「其義則始乎爲士，（其目的始則爲士，）終乎爲聖人。（而終極是做聖人。）」——荀子勸學篇

至於君子之志、節、言、行……等等，宜如何斯可謂之君子？自必向「有臨」、「有容」、「有執」、「有敬」、「有別」五方面作存養省察之工夫，此孔子、曾子、孟子及先賢言之甚詳且盡也。茲分述之：

㈠、君子志節之堅操

君子志在行道濟世，故信仰堅定，向「發強剛毅」而「有執」方面致力。其言行惟求遵乎道，合乎義，循乎禮。不半途而廢，不畏難，不怨天，不尤人。故孔子曰：

「君子遵道而行，（講學問的君子，一切要遵照道理做事，）半塗而廢，（走了一半路便中途廢止，）吾弗能已矣。（我總不肯在半路上停頓的。）」

——中庸第十一章

又曰：「君子謀道不謀食，（君子所打算的是道不把生活問題放在心上繫擾的，）耕也，（譬如種田，）餒（奴罪反）在其中矣；（饑餓的事，會在種田裏面發生；）學也，（譬如爲學，）祿在其中矣；（俸祿也就在裏面了；）君子憂道不憂貧。（所以君子只憂慮道不得成，並不爲了憂慮貧窮。）

」——論語衛靈公篇

一切富貴名利不足以動其心，貧賤艱困不足以移其節，故曰：

「富與貴，是人之所欲也；（富和貴，是人人所願得到的；）不以其道得之，（但如不依照應該得到的而竟得到了，）不處也。（卻也不肯受的。）貧與賤，是人之所惡（去聲）也；（貧和賤，是人人所厭惡的；）不以其道得之，（雖是不當得到而竟得到了，）不去也（卻也不肯躲避的。）。君子去仁，（君子離開了仁，）惡（平聲）乎成名！（又怎能成名呢！）君子無終食之間違仁，（君子是沒有一頓飯的時間違背仁道的，）造（七到反）次必於是，（在造次急遽的時候一定如此，）顛沛必於是。（在顛沛流離的時候也是一定如此。）」——論語里仁篇

「君子不假貴而取寵，（君子人不因他人之貴而去求取寵愛，）不比譽而取食。（也不阿附有名譽的人以求取祿位。）直行而取禮，比說而取友，（行為正直而合乎禮，擇取自己悅服者為朋友，）有說我則願也，莫我說，苟吾自說也。（有令我悅服的，則我願與之相交，如無令我心悅服的，則我也不屈從，自悅而已。）故君子無悒悒於貧，（所以君子人不因貧窮而鬱鬱不樂，）無勿勿於賤，（不因微賤而忽遽終日，）無憚憚於不聞，（不因名不見知而憂心惶恐，）布衣不完，蔬食不飽，蓬戶穴牖，（穿的粗布衣服而且不完整，吃的蔬菜淡飯而且不飽，住的是破陋茅屋，）日孜孜

上仁。每天還是孜孜不倦的求仁。知我吾無訢訢，不知我吾無悒悒，人知曉我，我無須歡喜，人不知我，我也不必因之不樂，是以君子直言直行，所以君子人應該言行正直，不宛言而取富，不爲了求富而委曲言辭，不屈行而取食。不爲了求祿而行爲失其正道。……詘身而爲不仁，委屈自己而去做些害仁的行爲，宛言而爲不智，枉曲言語而說些不智的話，則君子弗爲也。君子是不會這樣做的。君子雖言不受，必忠，曰道；君子雖善言不被採用，但還是忠誠勉行，這叫道義之士；雖仁不受，必忠，曰仁；雖善行不被接納，但還是忠誠勉行，這叫仁者；雖諫不受，必忠，曰智。雖然自己的諫諍不被採納，但仍然忠誠勉行，這叫智者。天下無道，循道而行，雖在天下無道之時，仍然依循正道而行，衡途而僨，手足不掩，四支不被，以至橫臥路中而僵死，身體四肢都沒有掩覆，……則此非士之罪也，有士者之羞也。這不是士人的罪過，卻是在上位者的恥辱。君子以仁爲尊。君子以仁德爲最尊貴。天下之爲富，何爲富？則仁爲富也。天下的財富，以什麼爲最富有？就以仁德爲最富有啊。天下之爲貴，何爲貴？則仁爲貴也。天下尊貴的，以什麼爲最尊貴？就以仁德爲最尊貴啊。」——大戴禮記曾子制言

曾子曰：從前曾子說：「晉楚之富，晉楚兩國的財富，不可及也。自然是不可及的。彼以其富，但他如果以財富來向我誇耀，我

以吾仁；我就以我的仁去抵擋；彼以其爵，他如果以爵位來向我誘惑，我以吾義。我就以我的義去抵擋。吾何慊口簟反。乎哉！我心裏又有什麼銜恨呢！」——孟子公孫丑下

惟其淡泊於一己之名利，故雖無人知，亦無所悔，自更與人無爭。故曰：「君子依乎中庸，遁世不見知而不悔，唯聖者能之。」——中庸第十一章

「不易乎世，不阿附世俗而變易初志，不成乎名，不投機取巧以徼倖成名，遯世无（無）悶，遺世獨立而無所苦悶，不見是而无悶，不爲人所了解也無所苦悶，樂則行之，事有可爲，固樂於起而行其素志，憂則違之，若吾道不行，雖不免憂世心切，但時機未熟，勉強不來，寧願引退在野，與世相違，不肯枉道徇人，確乎其不可拔，這種確立不拔的以不變應萬變的精神，潛龍也。才是比作潛龍的有抱負的當隱則隱，不是懦怯消極的逃避現實。」——易經文言

「君子矜而不爭，羣而不黨。」（論語衞靈公篇）其唯可爭者，爲衞國所必習之技藝——射與御二者而已。然在競爭時亦必合乎禮讓之精神，此即今人所稱之「運動員之精神」——揖讓而升者，不爭先也，下而飲者，祝他人之勝利也。故曰：

「君子無所爭，君子沒有和人爭勝的事，必也射乎！一定是在舉行射禮的時候罷！揖讓而升，但也要揖讓上堂，下而飲，飲讀

去擊射完後揖讓下堂，勝的人揖不勝的人飲酒，其爭也君子。這樣的爭勝，還是君子的氣度。」——論語八佾篇

君子迨六藝既學而有成，則德（禮、樂）、智（書、數）、體（射、御）三育俱有基礎，自宜出而救世淑民以安天下，而行其道。

子路問君子。子路問君子之道。子曰：孔子說：『修己以敬修養自己要用全副精神（敬）。』曰：子路說：「如斯而已乎？像這樣就算了麼？」曰：孔子說：「修己以安人。修養好自己，安定好別人。」曰：子路又說：「如斯而已乎？像這樣就算了麼？」曰：孔子說：「修己以安百姓。修養自己，安定別人，更進而安定天下百姓。修己以安百姓，從修養自己到安定天下百姓，堯舜其猶病諸！連唐堯虞舜那樣的聖人，恐怕還要憂慮不能完全做到呢！」——論語憲問篇

「君子以振民育德。君子們應該效法蠱卦的精神，開風氣之先，用以振興民生，培養德業。」——易經蠱卦象辭

「君子以教思无窮，容保民無疆。君子們應該效法臨卦的精神，施教化，正思惟，而啓示於無窮，而且以寬厚優容的德性，保護萬民而至於無疆之休。」——易經臨卦象辭

故君子重志節，尙立誠，庶幾能擇善固執，俾能行道以救世。故首重修己，修己所以安人，及至安天下百姓而後止，此爲聖人之事，然堯舜亦猶引爲不易達致也。

(二)、君子學問道德之修養

君子爲行道之故，學問道德宜高於人，向「有別」而又「有臨」方面致力。故曰：「君子上達。」，上達者，學問道德，日進無疆也。迨學問道德高，然後可出而行道濟世，爲此之故，君子宜好學不厭。「君子尊德性而道問學，致廣大而盡精微，極高明而道中庸。」（中庸）造就自己成一通才，如器之不祇適於一用，故曰「君子不器」（論語爲政篇），惟君子之所憂慮者，爲自身之進德修養不足爲濟世之用耳。安貧樂道，自成爲君子之本色。故孔子曰：

「君子食無求飽，（君子對於飲食，不求十分充足，）居無求安，（對於居住，不求十分安適，）敏於事而愼於言。（做事敏捷，說話謹愼。）就有道而正焉，（常去向有道的人請教。）可謂好學也已。（可以算得是眞正好學的人了。）」——論語學而篇

「君子終日乾乾，（君子在終日之間，都要小心謹愼地乾乾從事，）夕惕若，（到了夜晚，也要加以警惕，像白天一樣的小心謹愼，）厲无咎。（要這樣砥礪，才可以沒有過

咎。何謂也？何以這樣說呢？子曰：孔子說：君子進德修業。這是說明君子進德修業的道理。忠信，所以進德也；忠和信，是進德的主要基礎；修辭立其誠，所以居業也。修習文辭和言行，確立至誠的心志，便是立業的根基。知至至之，可與幾也；倘若時機到了，自己知道如何去做，才能夠把握幾先；知終終之，可與存義也。應該終結的時候，自己知道立刻終止，才能夠保存道義的立場，而全始全終。」——易經文言

「君子學以聚之，君子的德業，要有淵博的學問，以積聚才識，問以辨之，要有精確的辨別來解決問題，寬以居之，然後以寬厚的態度處事對人，仁以行之。以仁恕的胸懷行事接物。」——易經文言

「君子以懿文德。君子取用小畜卦的精神，來美化人文德業。」——易經小畜卦象辭

「君子以厚德載物。君子應當效法大地的深厚而載育萬物的德性。」——易經坤卦象辭

「君子以多識前言往行，以畜其德。君子應該效法大畜卦的精神，多記前代的嘉言善行，來畜積他的德性。」——易經大畜卦象辭

「惟學遜志，求學要虛心，務時敏，專力勤敏於學，厥修乃來，所修的學業就會成功，允懷於茲，常常保有這種態度，道積于厥躬。道就積在他身上。……念終始典于學，自始至終常想到學，厥德修罔覺。他的道德就會在不知不覺中修養好了。」——書經悅命下

君子對于進德修業，雖有所成，絕不能自滿，時時須就有道者而求正，不自驕，貴謙遜。蓋學問無止境，惟謙乃能受益。亞理斯多德（Aristotle, 384-322 B.C.）亦云：「人稱我有學問，我則常覺得自己無學問。」唯有此謙遜之精神，德業乃能進步。蓋天道好平，水常向低處流，電向低電壓方面流，知識亦然，故自謙下者，常能獲他人之教益，亦即滿招損、謙受益之科學說明也。

吾國人忌耀己之長，而輒自謙無能，有之，亦讓他人發掘之，蓋欲求其百尺竿頭更進一步耳。故曰：「良賈深藏若虛，君子有盛德之容貌若愚。」又曰：「天下皆知善之為善，斯不善矣。」（老子）此乃「物極必反」之原理，用之於保泰持盈也。故君子好學而積德，泰而不驕，縱人不知，亦不以為病。故孔子曰：

「君子病無能焉，（君子只恨自己沒有能力，）不病人之不己知也。（不憾恨別人不知道自己。）」——論語衛靈公篇

君子又常患終身無福國利民之功業，而有忝所生。故又曰：「君子疾沒世而名不稱焉。」（論語衛靈公篇）總統　蔣公曾曰：「生活之目的，在增進人類全體之生活；生命之意義，在創造宇宙繼起之生命。」具人生真理，而誠富有教育之意義也。

君子進德修業之重要，既如上述。則智、仁、勇三達德之俱備，自屬首要之務。

「知去聲仁勇三者，智仁勇這三種德行。天下之達德也。是天下共通的德行。」—中庸第二十章

「好去聲學近乎知，知，讀去聲。喜歡研究學問就接近了智，力行近乎仁，努力做善事就接近了仁，知恥近乎勇。曉得什麼是羞恥就接近了勇。知斯三者，知道了這三件，則知所以修身；知所以修身，知道怎樣去修好自身，則知所以治人；那就知道怎樣去治理別人。知所以治人，知道怎樣去治理別人，則知所以治天下國家矣。那就知道怎樣去治理天下國家了。」—中庸第二十章

子曰：孔子說：「君子道者三，君子當行之道有三，我無能焉。我都不能夠有。仁者不憂，仁的人不憂，知去聲者不惑，知的人不惑，勇者不懼。勇的人不懼。」子貢曰：子貢說：「夫子自道也。還是夫子講自己的。」—論語憲問篇

司馬牛亦曾問君子，子曰：「君子不憂不懼。」，「不憂不懼，斯謂之君子矣乎？」子曰：「內省不疚，自己反省，沒有內愧於心，夫何憂何懼？」（論語顏淵篇）蓋惟好學勤問，以增其智，明德力行，以存其仁，勤敏知恥，以行其勇，庶能使學業德行，日進無疆，達致

「文理密察」而「有別」，「聰明睿智」而「有臨」，由君子進而至於聖人之境也。

(三)、君子言行之適當

君子既爲人格之一般標準，其言行宜爲衆人之表率。惟其「有臨」，乃能「有敬」。故中庸有云：「行而世爲天下法，言而世爲天下則。」君子言行之重要可知矣。夫言多必失，故宜愼焉，力行而時勉，故近仁焉。是以聖賢之教，皆以愼言敏行爲誡，其義在此。故孔子曰：

「君子欲訥於言而敏於行。行，去聲。君子在說話方面要訥訥地說不出口，在實行方面要勤謹敏捷。」——論語里仁篇

「君子於其言，君子對於自己所說的話，無所苟而已矣。無論什麼，一些都不肯苟且遷就的啊。」——論語子路篇

「敏於事而愼於言。」——論語學而篇（註釋見一八三頁）

「巧言令色，拿巧妙的話欺騙人，並且裝着和顏悅色謙恭的態度，鮮矣仁。這種人很少有仁愛心。」——論語學而篇

「侍於君子有三愆。陪侍在君子旁邊，有三種容易犯的過錯。言未及之而言，他還沒有問到你，或是問你的話還沒有說完，你就搶先說了，謂之躁；這叫做躁；言及之而不言，他已經問到你，並且問你的話也說完了，你偏偏不回答，謂之隱；這叫做隱；未見顏色而言，你還沒有看清

他的臉色神氣怎樣，就信口亂說，謂之瞽。這叫做瞽。」—論語季氏篇

以上謂出言必須把握時間，故曰：「時然後言，人不厭其言。」（論語憲問篇）

「庸德之行，我在平常的德行上底力行，庸言之謹；我在平常的說話上底謹慎；有所不足，時常有不夠的地方，不敢不勉；我不敢不勉力地去做；有餘不敢盡。有多餘的話，我也不敢說盡。言顧行，說話要顧到行動，行顧言，行動總要顧到說話，君子胡不慥慥爾！要想做一個君子，爲什麼不去實行呢！慥慥，猶「蹙蹙」、「汲汲」，黽勉不敢緩底意思。」—中庸第十三章

曾子曰：「君子博學而孱守之，君子廣博的學習而謹愼的持守，微言而篤行之，言語不多而行爲篤實，行必先人，言必後人，做事必在人之前，說話則一定在人之後，君子終身守此悒悒。君子一生都以此爲念，鬱鬱不樂的唯恐有失。」—大戴禮曾子立事篇

言行相符，先行後言，是爲正途。言行不當，非獨容易開罪於人，且足以損害自己，故曰：

「言行，君子之樞機。言和行，是君子求榮或取辱的樞機。樞機之發，榮辱之主也。言行的表現，就決定了得榮或是取辱。言行

，君子之所以動天地也，言和行，是君子所以感動天地的，可不愼乎！能夠不愼重嗎！」──易經繫辭上傳

君子見言之不可以苟出也如此，故必愼之又愼。毋使「可與言而不與之言，失人；不可與言而與之言，失言。」蓋「智者不失人，亦不失言。」（論語衛靈公篇）以其言多而失，不若「剛毅木訥」。顏淵聞一知十，可稱大智，而最寡言。故孔子曰：

吾與回言終日，我和顏回說了一天，不違如愚。他只有聽受，一點也不違背，似乎是個愚人。退而省其私，等到他退去了，察看他一人獨處時的舉動，亦足以發，也能把我所講的道理闡發出來。回也不愚。顏回實在不愚。」──論語爲政篇

夫不違如愚者，默識潛研不已，非不能言也。故曰：「大智若愚」（老子）國父之「知難行易」學說，亦即鼓勵吾人努力求知與勉行。蔣公之「力行哲學」，則教導吾人力行不已，以完成革命未竟之功，皆合於古聖賢力行與篤行之教。至於言行之極則，則宜做到：

「君子動而世爲天下道，所以，有德有位底君子，一舉動，就可世世爲天下的常道，行而世爲天下法，一行事，就可世世爲天下的法度

，言而世爲天下則，（一開口，就可世世爲天下的準則，）遠之則有望，（時代遠了，爲後人所仰望，）近之則不厭。（近在現世，不被人家所厭惡。）詩曰：（詩周頌振鷺篇有說：）在彼無惡，（惡，去聲。在那邊沒有人怨恨，）在此無射，（射，鄭玄音亦，朱熹音妬，厭惡底意思。在這裏沒有人厭惡，）庶幾夙夜，（只希望早起晏睡，奮發去做，）以永終譽。（得以永久保存令譽。）君子未有不如此，（有德位底君子，沒有一個不是這樣的，）而蚤有譽於天下者也。（會能早早有名譽在天下的哩。）」——中庸第二十九章

此言君子之舉動、行爲、言論可世世爲天下人之模範，遠者慕之，故有望；近者悅之，故不厭。故君子言行宜時時做到恰到好處，亦即「時中」之意，「時中」則「有臨」，「有臨」則自能應用其「聰明睿智」以達「有敬」之目的矣。

(四)、君子儀態之端莊

君子之儀表態度既是爲人表率，自宜向「齊莊中正，足以有敬也」方面用工夫，務使「見而民莫不敬」，然欲達到此境界，則宜注意於平日之踐履，做到文質彬彬，自然而不做作，莊敬而又可親，威嚴而不可畏，事事合乎禮義，故孔子曰：

「質勝文則野，樸實的本質，勝過了文采，便和鄙陋的野人差不多，文勝質則史。文采勝過了實質，便會像那作策書的史官辭多文，不免浮夸。莊子繕性篇所說文本質，博溺心是也。文質彬彬，必須文采和本實相雜起來而又均勻，然後君子。然後才得成為君子。」——論語雍也篇

子夏曰：子夏說：「君子有三變：君子的容態有三種變化。望之儼然，遠望很莊重的樣子，即之也溫，到了他的面前，卻很溫和，聽其言也厲。然而聽了他的說話，卻又很嚴正。」——論語子張篇

子曰：孔子說：「君子不重則不威，君子如果不莊重，便沒有威儀，學則不固。所學的也便不會堅固。」——論語學而篇

「君子所貴乎道者三：君子所最重的道德有三點：動容貌，一身的舉動都合於禮節，斯遠暴慢矣；這樣便能避得粗暴放肆了；正顏色，臉上的顏色端正，斯近信矣；這樣便差不多真是信實不妄了；出辭氣，言語聲氣從中心發出，斯遠鄙倍矣。這樣便免得鄙陋和悖謬了。」——論語泰伯篇

「君子正其衣冠，在上的人端正自己的衣冠，尊其瞻視，莊重自己的容態，儼然人望而畏之，人家望見這種端正莊重的樣子，自然畏服，斯不亦威而不猛乎。這不就是既威嚴而又不兇猛麼。」——論語堯曰篇

「君子義以爲質，君子以義爲本質，禮以行之，照禮去實行，孫去聲同遜。以出之，用謙遜的言語來表現，信以成之。用誠實的態度來完成。君子哉！這算得是一個君子人了！」——論語衞靈公篇

書經洪範與禮記亦均有云：

「五事：一曰貌，二曰言，三曰視，四曰聽，五曰思。五事：一是態度、二是言論、三是眼光、四是聽覺、五是思想。貌曰恭，態度要恭敬，言曰從，言論要正當，視曰明，眼光要明亮，聽曰聰，聽覺要清晰，思曰睿。思想要通達。恭作肅，態度恭敬，就能嚴肅，從作乂，言論正當，就可治理事務，明作睿，能看得清楚，那就明智了，聰作謀，能聽得清楚那就有計謀了，睿作聖。思想通達，那就聖明了。

……無偏無陂，不要偏邪不正，遵王之義；要能遵循著王的法則；無有作好，不要私心有所偏愛，遵王之道；要遵循著王所規定的道理；無有作惡，不要私心有所偏惡，遵王之路；要遵循著王所規定的道路；……會其有極，天子聚集（領導）諸侯臣民要有法則，歸其有極。諸侯臣民歸附天子，也要有法則。」——書經箕子洪範篇

「剛而無虐，行事剛正而不暴虐，簡而無傲。簡易而不傲慢。」——書經

「儒有衣冠中，儒者的穿戴能得其中制，不異於衆也不流於俗，動作愼，行動謹愼，……居處齊（莊）難（敬），日常生活嚴肅，常人不易做到，其起坐恭敬，他們的一起一坐都恭敬而守禮，言必先信，講話必守信用，行必中正，行爲不偏不倚必合中正之道，道塗不爭險易之利，道路上不與人爭奪取巧易得的利益，冬夏不爭陰陽之和。冬天夏天不與人爭處陰陽宜人的地方。……忠信以爲寶，以忠信作爲珍寶，……立義以爲土地，以義理作爲自己的土地，……多文以爲富。而以多學詩書六藝之文爲自己的財富。……委之以貨財，雖用財物來贈送他，淹之以樂好，以玩樂來包圍他，見利不虧其義，他也不會因見利益而虧損了義理，劫之以衆，雖以衆人來威脅他，沮之以兵，用武器來恐嚇他，見死不更其守。也不會因怕死而改變他的操守。……可親而不可劫也，可親密而不可威脅他，可近而不可迫也，可接近而不可強迫他，可殺而不可辱也。可殺而不可受侮辱。其居處不淫，他居住的地方樸素而不侈濫，其飲食不溽，飲食簡單而不豐盛，其過失可微辨，他有過失，別人可以微辭示意，而知過必改，……忠信以爲甲冑，以忠信作爲甲盔，禮義以爲干櫓，以禮義當作干盾，戴仁而行，行動謹守仁德，抱義而處，居處謹守義理，雖有暴政，雖然遇到暴虐的政治，不更其所，也不改變他所行所處，……身可危也，可加害他的身軀，而志不可奪也。但是絕不能改變他的意志。」——禮記儒行篇曾子曰：（曾子說：）「夫禮，（所謂禮，）貴者敬焉，（就是對尊貴者要尊敬他，）老者孝焉，（年老的人要孝順他，）幼者慈焉，（年幼的人要慈愛他，）少者友焉，（對青年人要友愛，）賤者惠焉，（對貧賤的人要常施恩惠，）此禮也。（這就是所謂的禮。）行之則仁也，（自身能實行，就是仁的表現，）立之則義也。（推行於天下就是義的表現。）」——大戴禮記曾子制言上

君子之容貌態度，必如以上所言，乃能日進於「有敬」之標準，而遠於鄙倍粗野之域矣。

(五)、君子待人之寬厚

「君子以仁存心，以禮存心，仁者愛人，有禮者敬人。」（孟子）度量寬宏，向「有容」之方面致力。故其待人，以忠恕為原則，以寬厚為方針，以正道糾邪惡，以中庸正事物。有責任感，而又有正義感，故「好而知其惡，惡而知其美。」（大學）孔子曰：「唯仁者為能愛人，能惡人。」蓋善者愛之，惡者正之，盡其在我，使知改焉。故亦不以言而取人，亦不以人而廢言。「君子執仁立志，先行後言，千里之外，皆為兄弟。」（大戴禮記）「子曰：君子不以言舉人，不以人廢言。」（論語衛靈公篇）

君子雖以忠恕存心，惟於善惡則不稍苟，述之如下：

子貢曰：子貢說：「君子亦有惡去聲下同乎？君子也有厭惡別人的時候麼？」子曰：孔子說：「有惡。有的。惡稱人之惡如字者，厭惡那在背後說人家錯處的，惡居下流而訕所練反。上者，厭惡那在下位而毀謗在上位的，（按：下流「流」字、衍文據惠棟九經古義馮登府論語異文考證證明晚唐以前各本無「流」字。）惡勇而無禮者，厭惡那專仗勇氣而不顧到禮的，惡果敢而窒者。厭惡那自稱有決斷其實是不通事理的。戴望注以「窒」為窒塞於事理。」曰：孔子說罷，因反問子貢說：「賜也亦有惡乎？賜呀，你也有厭惡別人的時候麼？」「惡徼古堯反。以為知去聲者，子貢說，也有厭惡那暗中偷襲別人的成績而自作聰明的，惡不孫去聲以為勇者，厭惡那不謙虛自以為勇的，惡訐居謁反以為直者。厭惡那揭破別人陰私而自以為直的。」

——論語陽貨篇

孔子曰：「惡似而非者：惡莠，恐其亂苗也；惡佞，恐其亂義也；惡利口，恐其亂信也；惡鄭聲，恐其亂樂也；惡紫，恐其亂朱也；惡鄉原，恐其亂德也。

——孟子盡心篇（註釋見一五六頁）

孟子曰：孟子說：「君子之於物也，君子對於禽獸草木等物類，愛之而弗仁。祇是愛，而不是仁愛。於民也，對於一般的人，仁之而弗親。祇是仁愛，而不是親愛。親親而仁民，由親愛親人推而仁愛一般的人，仁民而愛物。由仁愛一般的人推而愛物，這是有次序的。」又曰：「知者，無不知也，聰明的人沒有不知道的，當務之爲急。應當先做的事，他是很急的。仁者，無不愛也，有仁心的人沒有不愛人的，急親賢之爲務。最急的是親近賢才，他是非常努力的。」—孟子盡心上

小人長於諂媚之術，以圖己利。「近之則不遜，遠之則怨。」防不勝防，故以遠之爲誡。易大象有云：「君子以遠小人，不惡而嚴。」故人格之標準，以「博厚配地」爲極致，言其仁厚而能容也。

(六)、君子戒愼以將事

君子對於處理一切事，取「文理密察」之方針，以達「有別」之目的，事前必先經愼思明辨，然後行之。若不當行者，則戒之。而戒愼之工夫，在於愼獨存誠，在於以慮勝氣，思而後行。

「君子戒愼乎其所不睹，所以講中肅的君子要警戒謹愼在[illegible]看不到的地方，恐懼乎其所不聞。恐怕畏懼在衆人所聽不到的地方。莫

見（音現）乎隱，（沒有比隱暗的處所更容易發現，）莫顯乎微，（沒有比細微的事情更容易明顯，）故君子慎其獨也。（所以，君子便要特別謹慎自己一人獨處底時候。）」——中庸第一章

「所謂誠其意者，（經文上所說誠其意底意思，）毋自欺也。（是說自家不要欺騙自家。）如惡（去聲）惡臭，（要像厭惡那腐壞的氣味，）如好（去聲）好色，（要像愛好那美麗的顏色一般眞切，）此之謂自謙。（謙，讀爲慊，苦劫反。這纔算得自家快活受用哩。）故君子必慎其獨也。（所以君子一定要小心謹防自己一人獨處的時候。）……曾子曰：（曾子說：）『十目所視，（一個人獨處的時候，好像有十隻眼睛在注視著，）十手所指，（有十隻手在指問著自己，）其嚴乎！（好嚴呀！）』富潤屋，（有錢的人，會光彩他的房屋，）德潤身，（有德的人，會修養他的身心，）心廣體胖。（胖，步丹反。心裏寬暢，身體自然也安舒了。）故君子必誠其意。（所以君子一定要誠實心裏所發的意。）」——大學傳第六章

「君子以慎辨物居。（君子體察未濟卦的現象，愼於辨別物類，使不紊亂，又居處以道，使之必濟。）」——易經未濟卦象辭

「君子以恐懼修省。（君子體察震卦的現象，以恐懼的心，修省其身。）」——易經震卦象辭

孔子曰：（孔子說：）「君子有九思：（君子有九項應該留心想的事：）視思明，（看時，便想要看分明，）聽思聰，（聽時，便想要聽清楚，）色思

溫，臉色便想要溫和，貌思恭，容貌便想要恭敬，言思忠，說話便想要忠實，事思敬，做事便想要用全副精神去做，疑思問，有疑惑，便想要問人，忿思難，難，去聲。有了忿怒，便要想由於忿怒所發生底許多禍難，見得思義。見到了有利可得，便要想是不是合於義理。」——論語季氏篇

孔子曰：孔子說：「君子有三戒：君子有三件當戒底事：少之時，少年時期，血氣未定，血氣沒有鎮定，戒之在色。當戒的在色慾。及其壯也，到了壯年時期，血氣方剛，血氣正在剛強，戒之在鬭。當戒的在爭鬭。及其老也，到了老年時期，血氣既衰，血氣已經衰弱，戒之在得。當戒的是在貪得上。」（論語季氏篇）人生各階段皆應有所戒愼之謂也。

子夏曰：子夏說：「雖小道，雖然是小的技能，必有可觀者焉，也一定有可以觀摩研究的道理在著，致遠恐泥，泥，去聲，滯泥。但是他們要再求遠大，怕就要滯泥而不通了，是以君子不爲也。所以君子不肯在小技能上用心的。」——論語子張篇

「君子見利思辱，君子見到可得的利益時，就須想到會招來侮辱，見惡思詬，遇到要做壞事時，就要想到會招來詬罵，嗜慾思恥，有所嗜好慾望時，就應想到將招來羞恥，忿怒思患，忿怒時，就要想到會招來禍患，君子終身守此戰戰也。君子一生應戰戰兢兢的以此爲念。」——大戴禮記曾子立事

「君子慮勝氣，（君子的思慮勝過血氣，）思而後動，（一定要經過思考後，才會採取行動，）論而後行，（也必經討論過後才去實行，）行必思言之，（要實行時，必先思考他所要說的話，）言之必思復之，（所講的話必先想想是否能實踐，）思復之必思無悔言，（想想能實踐，又必要考慮以後是否會後悔，）亦可謂愼矣。（這也可說是很謹愼的了。）」——同上

如此思而後行，勿逞血氣之勇，須以慮勝氣；多作思慮之工夫，內則存誠，外則戒愼，從愼獨入手，以漸至於意誠心正而後身修，因而知高明而行無過，如此方可以任天下之大事，成君子之宏業也。

(七)、君子出處之愼重

君子之出仕也，爲行道安民，以兼善天下，如形勢不容其有行道之可能，則寧可安貧以獨善其身，惟一經出仕，則其所應特別注意者，有如下述：

子夏曰：（子夏說：）「君子信而後勞其民（君子在位，總要先取得人民的信仰，然後勞動使役他們。）未信，則以爲厲己也。

如果沒有取得人民的信仰，那他們就要以爲在虐待自己了。」——論語子張篇

子謂子產：孔子稱贊鄭國大夫公孫僑字子產的：「有君子之道四焉：他有合於君子之道凡四：其行己也恭，他自己做人謙恭，其事上也敬，他事奉君上敬謹，其養民也惠，他撫養人民有惠，其使民也義。他使用人民守義。」——論語公冶長篇

子張問於孔子曰：子張問孔子說：「何如，要怎麼樣，斯可以從政矣？纔可以治理國家政事呢？」子曰：孔子說：「尊五美，能尊重五件美事，屏四惡，除去四件惡事，斯可以從政矣。這就可以治理國家政事了。」子張曰：子張說：「何謂五美？什麼叫做五件美事呢？」子曰：孔子說：「君子惠而不費，在上的人把恩惠施給人，自己卻不會耗費，勞而不怨，使用人民勞作，人民卻不會怨恨，欲而不貪，雖也有嗜慾，卻不會起貪心，泰而不驕，胸襟是舒泰的，卻不會驕侈，威而不猛。容態是威嚴的，卻不會兇猛。」子張曰：子張說：「何謂惠而不費？怎樣纔算得施恩而不耗費呢？」子曰：孔子說：「因民之所利而利之，就人民有所利而利益他們，斯不亦惠而不費乎？這不就是施恩而不耗費麼？擇可勞而勞之，選擇可以勞動人民底時候去勞動人民，又誰怨！又有那一個會怨恨呢！欲仁而得仁，我欲仁，便得仁，又焉貪！又怎麼算得貪！君子無衆寡，在上的人

不論人多人少，無小大，不論事大事小，無敢慢，都不敢怠慢，斯不亦泰而不驕乎？這不就是舒泰而不驕侈麼？君子正其衣冠，在上的人端正自己的衣冠，尊其瞻視，莊重自己的容態目不邪視，儼然人望而畏之，人家望見了端正莊重的樣子，自然畏服，斯不亦威而不猛乎？這不就是威嚴而不兇猛麼？」子張曰：子張說：「何謂四惡？什麼叫做四件惡事呢？」子曰：孔子說：「不教而殺，不教化人民，人民犯了罪就殺，謂之虐。這叫做殘虐。不戒視成，不預先吩咐訓戒，立刻就要看成績，謂之暴。這叫做兇暴。慢令致期，自己延誤了命令，卻對人民限期做好，謂之賊。這叫做賊害。猶之與人也，既同樣要把這東西給與人，就給與人好了，出納之吝，卻在收進支出時吝惜起來，謂之有司。那便成爲管庫小吏的見識了。」——論語堯曰篇

子曰：孔子說：「事君敬其事，事奉君上先要盡力職事，而後其食。把俸祿放在後面。」——論語衞靈公篇

子曰：孔子說：「苟正其身矣，假如自身已經歸正了，於從政乎何有？對於治理國政，又有什麼難處？不能正其身，若不能自正其身，如正人何！怎麼可以去正別人！」——論語子路篇

子路問政。子路問孔子爲政治國的道理。子曰：孔子說：「先之勞之。事事自己率先，自己勞苦。」請益。子路還請再說：曰：

孔子說：「無古本作毋倦。不要鬆懈。」—論語子路篇

子路曰：子路問孔子說：「衛君待子而為政，衛君正等待夫子去輔助他治理衛國，子將奚先？不知道夫子預備先從那一步做起？」子曰：孔子說：「必也正名乎？那是一定先要正名定分的罷？」子路曰：子路說：「有是哉！有這個道理麼，子之迂也。夫子也算得是迂闊的了。奚其正！何必先從正名定分做起！」子曰：孔子說：「野哉！由也。粗野啊仲由！君子於其所不知，君子對於自己所不明白的事，蓋闕如也。大都是保留着不隨便說話。名不正，要知道名分不正，則言不順；說話就不順理；言不順，說話不順理，則事不成；做事就不能成功；事不成，做事不成功，則禮樂不興；禮和樂就不能興起來；禮樂不興，禮和樂不能興起來，則刑罰不中；刑罰就不會用得適當；刑罰不中，刑罰不適當，則民無所措手足。人民就要慌亂，好像連手腳都不知怎樣安放纔好。故君子，所以君子，名之必可言也；立一個名分，必須在道理上可以說得去；言之必可行也。講一句話，必定在道理上可以行得去。君子於其言，君子對於自己所說底話，無所苟而已矣。無論什麼一點都不肯苟且遷就的啊。」—論語子路篇

以上皆關於君子出仕時所宜注意之人格修養，俾能正己以正人，確立施政原則，

淑世而救民；必使民心悅服，政令易以推行，國家賴之以治，仕之意義乃明。

(八)、君子對環境之影響

君子人格之修養，既以達致聖人之有臨、有容、有執、有敬、有別爲鵠的，具此五德，自能影響他人，而化民成俗，改變環境，轉移社會風氣，故孟子曰：

「夫君子所過者化，（所以有道德的君子，所到的地方，人民都在無形中感化，）所存者神，（他所存在於心裏的，便神妙不測，自然有感應，）上下與天地同流，（他的道德，上和天下和地底化育同樣流行，）豈曰小補之哉！（難道說只用一些小恩小惠彌補彌補就算了麼！）」─孟子盡心上

「有大人者，（有一種具有大學問和道德高尚的人，）正己而物正者也。（他只是修正自身，天下萬事萬物自然隨而化正。）」─同前

「賢者以其昭昭，（古時候的賢人，是拿自己已明白的道理，）使人昭昭。（叫人也明白這道理。）」─同前

古人有言：「君子修其身，而天下平。」是則君子非特能影響當時之環境，尚能樹立風氣，影響後世，故能所過者化，使人昭昭，又能與天地同流，而開萬世之太平也。可見人格感召力之偉大，有如此者。昔孔子嘗欲居九夷，或曰：「陋，如之何？」

」子曰：「君子居之，何陋之有？」（論語子罕篇）所謂人傑地靈是也。君子遵道而行，言忠信，行篤敬。立誠守仁，雖至蠻夷之邦，亦可以行其道，蓋「道」爲人類共生共存共進化之原理（或大路），凡屬人類無不共信共守之也。

人若能本上述之人格修養方法，力求進步，則自能達致「尊德性而道問學，致廣大而盡精微，極高明而道中庸。」（中庸）之績效，因而做到「君子不動而敬，不言而信」之人格感召，希聖希賢，有志竟成。

國父亦曾呼籲國人，要以人格來救國，達致君子修其身而天下平之理想。故云：「我們要問政治的人，想中國改良成一個好國家，便是想得有一個機會，令四萬萬人都變成好人格。」（國民以人格救國演講詞）

第八章　人生之責任與意義

在前述各章中，余雖未曾明白提出「人生之責任與意義」之字樣，而加以解說，然諸君試觀「導論」、「人與神」、「人性」、「人倫與道德」、「人格」諸章、節，則人生之責任爲何？人生之意義何在？當可明其大要矣。人類本於天賦，具有三種生存之本能（性）：㈠維持生命之本能——求食（A）；㈡延續生命之本能——求色（B）；㈢光大生命之本能——求仁（C）。A與B兩種本能，多半「爲己」，不學而能，不慮而知，凡屬生物，均具有之。C種本能，則屬「爲人」，乃人類共生共存共進化之基本因素，此惟人始發展之。人與禽獸之別，人與「非人」之不同，卽以此爲分野；人之或爲小人，或爲君子，或爲聖人，或爲庸碌之常人，或爲不朽之偉人，端視其發揚C之程度而定也。故人生之責任，當由此肯定；人生之意義，亦須從此看出。

人類乃屬於營群居生活之動物者，任何人不能脫離人群而獨立生存，否則，不獨其個人不能生存，人類之緜延亦將因此中斷，更無論於人類今日高度發展之文明矣。且有進者，此乃不可能之假設，事實上，個人生命之形成，由於父母之結合，當其呱呱墜地之始，即形成至少三人之群體矣；而父母復有父母，可以上溯人類之源；其周遭之人群，莫不與之有密切之關連及交互之影響；待其結婚生育，子女復有子女，可以開展無窮之未來；而人類愈進化，人與人之關係愈形複雜；故人群社會雖由無數各別之個人組成，個人與群體似為對立，其實乃絕對不可分者。吾國人於此所見極為清楚，故中國文化中沒有個人主義問題，吾人講人之諸問題，均從己與人之關係上講，講人倫，不從個人講。中國文化不太重視個人入世的享樂，亦不認為出世才能解除痛苦，因為快樂與痛苦是相對地並存的，苦樂無不自己求之者。認為發展C是快樂的源泉，苟求A與B是痛苦的主因，所以吾國文化自身不易產生出世觀念的宗教，蓋人既生活於人群社會，便不當隱遁逃脫，拋棄其應盡之義務與責任也。

一、人生之責任在於「成己」、「成物」

國父主張服務之人生觀，謂人應以一己之聰明才智，為人群服務。以智能之大小，作服務與造福人群之比例，以求真平等之實現（見民權主義），確定人生之責任，先知應覺後知，先覺應覺後覺。總統　蔣公亦曾云：「生活之目的，在增進人類全體之生活；生命之意義，在創造宇宙繼起之生命。」增進全體人類之生活，即基於小我為大我所用，個人爲人群服務也。 國父與 蔣公共同有此一偉大之認識，實淵源於孔子之教，一脈相承者也。蓋孔子之教，爲人生日常生活所必經諸問題之解答，以及人與人相處所必備之條件之昭示。孔子曾自謂其道一以貫之，曾子釋之曰：「夫子之道，忠恕而已矣。」忠恕者，推己及人，可釋爲「仁」道，其要爲本於大公，發於至誠，歸於求仁，而成於力行，以率性盡性，達致人類共生共存共進化爲目的。其道合理（中）而平凡（庸）。惟其合理，故能符合大多數人之需要，而爲大多數人所接受；惟其平凡，故易知易行，而能爲大多數人所實踐。儒家之所以凌駕百家，爲中國文化之中心，蓋由此也。

觀以上所言，則人生之責任可知矣。即光大一己之生命，以求仁道之發揚；貢獻一己之智能，以增進全民之福利也。亦即中庸所謂之「成己」與「成物」。而人生之意義，即在於人生責任之實踐與完成。

「成己」爲體，「成物」爲用，一人既經立定服務之人生觀，思以一己之聰明才智，造福全民，則一己之德行愈高超，能力愈充足，學識愈豐富，所能服務者愈多，所能貢獻者愈大。論語云：「夫仁者，己欲立而立人，己欲達而達人。」（雍也篇）立人、達人雖爲仁者之所欲，然其基則在於己是否已立，己是否能達也。中庸云：「

誠者，非自成己而已也，所以成物也。」成己正所以爲成物之準備，爲成物之先決條件，己不成，則絕不能成物，而成物之範圍大小，端視其成己之功夫如何而定。故成己爲體，成物爲用，無體卽無用。成己爲本，成物爲末，本不立則末不生。故大學云：「物有本末，事有終始，知所先後，則近道矣。」

二、格致誠正修齊治平與成己成物

成己、成物既爲人生責任之所寄，然如何方能成己，如何方能成物，儒家於此有極其完美且簡易可行之方法，卽大學中所載之格物、致知、誠意、正心、修身、齊家、治國、平天下八條目，　國父於大學此種分類與理論極爲贊美，載於民族主義講詞，其言曰：

「中國有一段最有系統的政治哲學，在外國的大政治家還沒有見到，還沒有說得那樣淸楚的，就是大學中所說的『格物、致知、誠意、正心、修身、齊家、治國、平天下』那一段話。把一個人從內發揚到外，由一個人的內部做起，推到平天下爲止，像這樣精微開展的理論，無論外國甚麼政治哲學家都沒有見到，都沒有說出，這就是我們政治哲學的智識中獨有的寶貝。」

茲將大學八條目相因相成及與成己成物之關係，圖解說明於後：

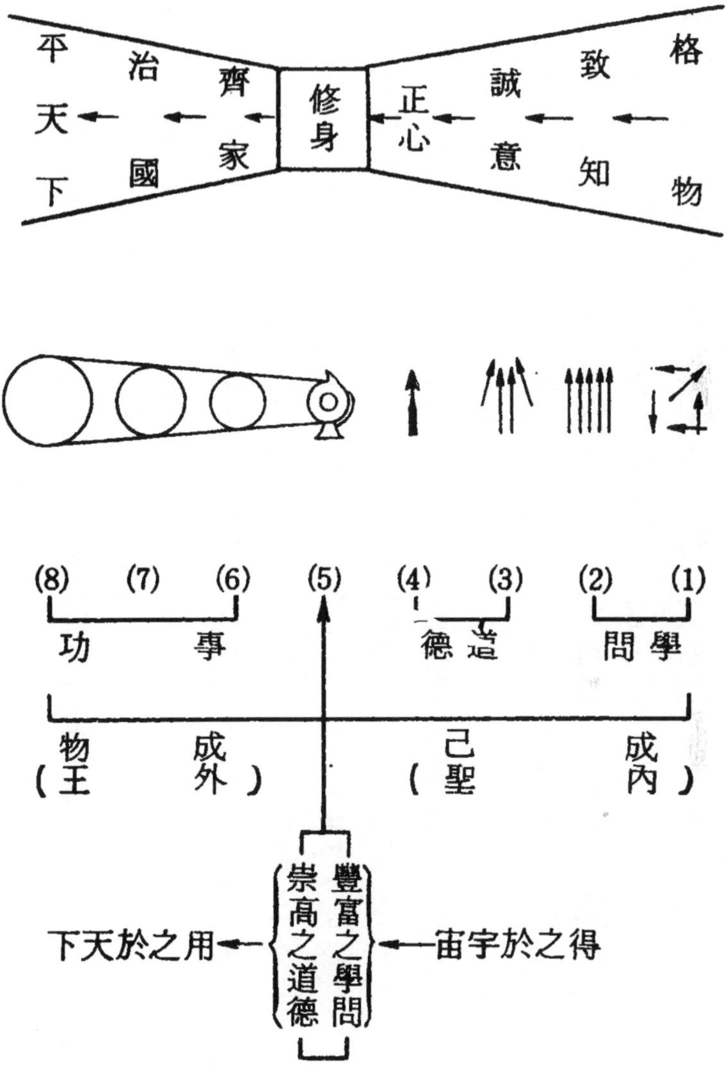

(1)朱注：「格，至也。物，猶事也。窮至事物之理，欲其極處無不到也。」又曰：「所謂致知在格物者，言欲致吾之知，在卽物而窮其理也。蓋人心之靈莫不有知，而天下之物莫不有理，唯於理有未窮，故其知有不盡也。」季子吳申其義曰：「旣格一端，又格一端，久而不輟，則因此驗彼，倫類自通。始也知一隅而已，終則反之三隅；始也知一事而已，終則散之萬事。八牕玲瓏，四面通達，則衆物之表裏精粗無不到，而吾心之全體大用，無不明矣。」朱季二家之言，蓋就「格物」、「致知」二事籠統言之。中庸曰：「博學之，審問之，愼思之，明辨之，篤行之。」（第二十章）爲最佳最精密最正確之追求知識之步驟與方法，「格物」初步所得之知，僅及博學與審問兩階段而已，故爲粗淺的、雜亂的。以表之。

(2)格物之目的在致知（獲得眞知灼見），故博學審問之後，須繼之以「愼思」、「明辨」等深究、深思、分析功夫，最後再憑實驗（篤行）加以證明，則所得之知，乃有條理的，有系統的，以表之。

由博學至篤行，卽由格物而進入致知之階段，學問之道進矣。

(3)有眞知，則能明是非，別善惡，辨順逆，識本末，進而產生堅定不移之信仰（

誠之者，擇善而固執之者也），發生偉大集中之力量（至誠不息），以↑↑↑表之。（故曰知至而后意誠。）

(4)有堅定之信仰與力量，則能自力調整（中）其心之動向，使之發而中節（和）時歸於正，乃足以應付任何環境，達率性之目的，以↑表之。（故曰意誠而后心正。）

意誠與心正，然後力量充沛，方向正確，可供使用矣。二者爲心意之修養，故屬於道德，與前二者之爲學問不同。

(5)既有豐富之學問（格物致知），復有崇高之道德（誠意正心），乃可謂人格健全之人，此之謂修身，此之謂成己。斯始具備智慧，能力以造福群體，以發動機（motor）例之，其具備之馬力（此處爲人力）愈高，則發動機所能負擔之工作愈重。由家而國，由國而天下，責任一步比一步加大矣。以機器爲例。

(6)(7)(8)成己之目的爲成物，成物之第一步爲齊家，進而治國，更進而平天下。吾人自宇宙取得智慧、知識、經驗，集於個人而成己，當復用之於天下以成物，大公無私，視人如己。且應多取多得，使一己之條件愈爲充實，期爲人類作更大之貢獻，斯乃人生之責任，人生之意義亦即在此。

第九章　成己

一、格物

中庸云：「誠者，自成也。而道，自道也。誠者，物之終始；不誠，無物。是故君子誠之爲貴。誠者，非自成己而已也，所以成物也。成己，仁也；成物，知也；性之德也，合外內之道也，故時措之宜也。」蓋君子之爲學也，將以明道而濟世也。欲明道，則宜由成己開始；欲成己，則宜由格物、致知、誠意、正心開始。進而以學問道德修好其身，使達聖人人格之標準，此即所謂「內聖」之理想也。欲濟世，則宜由成物開始。成物者：即由親親而仁民，而愛物，而成物，而使萬物皆各得其所，亦即由修身、齊家、治國、平天下，而登斯民於衽席之上，措萬物於安定之鄉也。蓋吾人己學已成，德行既立，宜盡自己最大之努力，以爲天下國家服務；己之能力大者，則服千萬人之務；能力小者，則服少數人之務，此即所謂「外王」之理想也。此內聖外王之道，乃吾人人生之最崇高理想，亦爲人生責任之所在。然欲達到此理想，完成此責任，則須一面以道德作爲深基，一面以學問立其礎石。蓋無論成己成物，內聖外王，無不以道德學問爲其基礎也。

成己要件有二，曰道德與學問是也。道德之修養，以修成君子爲初階，進而達到聖人之人格最高理想而後止。學問之探研以明道益智爲始基，進而以福國利民濟世爲終極。古今賢哲論學者多矣，茲錄數則以見學之重要。

孔子曰：「君子學道則愛人。在上的人學道，就能夠愛護人民。」—論語陽貨篇

又曰：「木受繩則直，木材有了繩墨的規劃就能夠直，人受諫則聖。人如肯接受他人的諫諍，就可以臻於聖人的境地。愛學重問，孰不順成？喜愛求學，勤於發問，這樣的人怎會不順利成功呢？毀人惡士，必近於刑；若是毀謗他人、厭惡學者，則刑罰遲早必降臨他的身上；君子不可不學。所以君子不可以不求學。」—孔子家語顏回篇

程伊川曰：程伊川說：「古之學者爲己而成物。古人學習是爲成就自己但卻能及於物。」—二程全書

邵康節曰：邵康節說：「人而無學，則不能燭理；人假如不學習，就不能明白事理；不能燭理，則固執而不通。不能明白事理，就會固執自己的偏見而不能通達。」—觀物外篇

輔廣曰：輔廣說：「學者須是將聖人言語，學者必須將聖人所說的話，熟讀深思，反覆的研讀，深深的思攷，晝夜玩味，日夜的仔細玩索體會，則可以開發吾之智識，如此就可以啓發我的智慧學識，日就高明；一天比一天的有進步；涵養吾之德性，也可以修養自己德性，日就廣大。使心胸一天比一天的寬廣。」—宋元學案

方孝儒曰：方孝儒說：「學則可以守身，學習能使自己潔身自好，可以治民，也可以利用所學來治理人民，可以立教。更可用它來敎化百姓。」—明儒學案

又曰：「人或可以不食也，人有時可以不吃東西，而不可以不學也；但卻不能不學習；不食則死，不吃東西雖會死，死而已，但僅止於死能了，不學而生，假如不學而活在世上，則入於禽獸而不知也；那麼將和禽獸的作爲一樣而不自知了；與其禽獸也寧死。與其同禽獸一樣的活著，還不如死去的好。」—同右

又曰：「大匠成室，有經驗的大師傅蓋房子，材木盈前，木石材料堆滿面前，程度去取，衡量它長短適用與否而決定它的取捨，沛然不亂者，充滿信心而絲毫不亂，繩墨素定也；是因爲工程計畫早就存在他心中之故；君子臨事而不眩，君子能遇事而不感迷惑，制變而不

擾者，（能掌握變化而不被困擾，）非學安能定其心哉！（不是因爲他曾學習，怎能安定他的心呢！）學者，君子之繩墨也。（學問就是君子處事的繩墨標準啊。）」—同前

又曰：「學以窮理誠身爲要，（學習以探求事物的道理保持自身誠敬爲體要；）以禮樂政教爲用，（以禮儀、音樂、政治、教育爲致用對象，）因人以爲教，（順著人的不同稟賦而施以不同的教法，）而不強人所不能，（而不強求人做不能做到的事，）師古以爲制，（師法古人以作爲自己處事標準，）而不違時所不可。（卻不會違反時勢，做些不合時潮的事。）」—五種遺規

許孚遠曰：（許孚遠說：）「學則智，（學習可使人聰明，）不學則愚；（不學則令人愚蠢，）學則治，（學習可使人整飭理治，）不學則亂。（不學則令人紊亂無方。）自古聖賢盛德大業，（古來的聖賢成就的大德大業，）未有不由學而成者也。（沒有不經學習而能成功的。）」—明儒學案

呂坤曰：（呂坤說：）「人才不甚相遠，（天生人的才質都不會相差太遠，）祇看好學不好學，（只看他好學不好學，）用心不用心耳。（用心不用心罷了。）」—仕學正則

郝敬曰：（郝敬說：）「人性雖善，（人的本性雖是善良的，）必須學習而後成聖賢；（但必須經過學習的過程才能成爲聖賢人；）赤子雖

良，（幼孩的本質雖很純良，）養之四壁中，（但假如將他關在一室中撫養，）長大不能名六畜；（等他長大了也不能叫出六畜的名稱；）雖有忠信之資，（一人雖然具有忠實誠信的資質，）不學不成令器。（要是不努力向學，也不能成大器。）」——明儒學案

高攀龍曰：（高攀龍說：）「人不患無才，（人不怕沒有才能，）識進則才進；（只要學識進步，才能也就跟著長進；）不患無量，（不怕度量不大，）見大則量大，（只要見識大了度量也就跟著寬宏，）皆得之於學也。（這些都是從學習中得來的。）」——明儒學案

楊名時曰：（楊明時說：）「學所以成己也，（學問乃是用來成就自己德業的，）豈以求人之知？（豈是為了求知於人的嗎？）」——清朝經世文編

方苞曰：（方苞說：）「離道德與事物而二之者，（將道德與事物分離為兩件事情的人，）未學之失也。（這是未曾學習的缺點啊。）」——方望溪先生全集

凌廷堪曰：（凌廷堪說：）「人之所受於天者性也，（人從上天承襲來的是本性，）性之所固有者善也，（本性中所固有的是善性，）所以復其善者學也。（使人恢復本性中固有的善性的是學習。）」——中國近三百年學術史

李西漚曰：（李西漚說：）「君子之為學也，（君子做學問所抱的態度，）將以成身而備天下國家之用也。（要用

它來成就自身的德學而為服務天下國家作準備。」—樂學贍稿

蘇惇元曰：蘇惇元說：「學不足以修己治人，所學的學問要是不能修養自己、治理別人，則為無用之學。那就是無用的學問。」—方望溪先生年譜序

劉熙載曰：劉熙載說：「才出於學，才能是從學習中培養出來的，器出於養。器識則是從修養德性中孕育出來的。」—清史稿

國父曰：「革命軍的基礎，在高深的學問。」（民國十三年六月十六日在廣州對陸軍軍官學校開學訓詞）

總統　蔣公曰：「學問應以濟世為目的，濟世以學問為基礎。」（國父遺教概要）

邵元沖曰：「虛其心以求知，篤其行以任重，斯為善學。」（孔子之人格與時代精神）

學與成己、成物之關係，其重要已如上述；然學之範圍如何？學之程序如何？如何學方為合理？如何學方為有效？則為吾人所當首先了解者，大學八條目中之格物、

致知卽論此事，可予吾人正確之答案。茲先述格物。

㈠、格物之正確解釋

古人有關格物之解釋甚多，異說紛紛，莫衷一是。徐養原格物說云：「釋格物之義者，多至七十二家，聚訟紛紜，幾如議禮。」今則又不僅七十二家矣，然余以爲異說雖多，仍以程朱之說，最得眞義，最爲平實。其言曰：

「格，至也。物，猶事也。窮至事物之理，欲其極處無不到也。」（大學章句）

「所謂致知在格物者，（經文上所說的致知在格物，）言欲致吾之知，（是說要想窮致我已經知道的智識，）在卽物而窮其理也。（便要就每件事物用心窮究它們的道理。）蓋人心之靈，（因爲人心是這樣靈敏，）莫不有知，（人心沒有不具有天賦的感覺與知覺，）而天下之物，（同時天下的各種事物，）莫不有理；（也沒有一件事物不具有事理與物理的；）惟於理有未窮，（因只在事理和物理上不曾用心窮究，）故其知有不盡也。（他的所知就很有限，不能夠徹底明白了。）」——同前

此說踏實可行，深合儒家「言近而指遠，守約而施博」（語出孟子盡心篇下），「

極高明而道中庸」（中庸）之義，蓋人類生活，不能離開事物，故不待求之於民生日用彝倫之外也。且所謂「必窮至事物之理，欲其極處無不到」，頗合乎科學研究之精神。惟若僅在物之繁難瑣屑處著眼，而忽略應用於人生日用之常，則未必即能通達事物之全體大用，流弊所至，或貽玩物喪志之譏。是故格物之本義，當係對事物加以觀察、研究、分析、比較、實驗之意。蓋物之性質，原甚複雜；事之種類，亦甚繁多。吾人若不將一切事物，加以詳細區分與解析，及著重比較與應用，則物之種性不可見，事之因果不可知，吾人卽不能獲得灼見與眞知，仍無補於人生之實用。是以必先之以歸納法，對一切事物，明瞭其個別之實相，然後對一切事物確定其共通之原則，再繼之以演繹法，根據歸納法所得之共通原則，以推論事物之個別實相。如此，在事物本身卽已經過明確之分析與綜合之研究。再就時空比較先後難易，以定其取舍之緩急與行止之疾徐，則無論多少事物，無不可知其利害得失矣。

(二)、格物之方法與程序

大學云：「致知在格物。」然如何格方能達到致知之目的？格物之方法如何？其程序又如何？中庸對此有極佳之指示，其言如下：

「博學之，廣博地學習它，審問之，仔細地考問它，愼思之，小心地思慮它，明辨之，明白地分辨它，篤行之。篤實地實行它。有弗學，有許多沒有學習到底地方，學之弗能，弗措也。學習到的，學不會便不罷手。有弗問，有許多沒有問到底地方，問之弗知，弗措也。問到的，沒有了解便不罷手。有弗思，有許多沒有想到底地方，思之弗得，弗措也。想到了，想不通便不罷手。有弗辨，有許多沒有辨明底地方，辨之弗明，弗措也。辨到了，辨不明白，便不罷手。有弗行，有許多沒有行到底地方，行之弗篤，弗措也。行到了，行得不結實便不罷手。人一能之，別人用一分氣力就可以的，己百之；我要用一百分氣力去做；人十能之，別人用十分氣力就可以的，己千之。我要用千分氣力去做。果能此道矣，如果眞能依照這個道理去做了，雖愚必明，雖是極笨的人，也一定會明白，雖柔必强。雖是最弱的人，也一定會强起來。」〔註〕這一章雖屬於中庸第二十章，實爲大學格物篇之詳細註釋。

——中庸第二十章

知識材料欲其豐富，是以學必須博；知識之追求欲其正確，是以問必須審；知識之推考欲其細密，是以思必須愼；知識之判斷欲其嚴切，是以辨必須明。經過此四階段之「格」之功夫，則旣知之，必能行之。唯恐行之不篤，故最後一階段爲篤行。所有學、問、思、辨、行，皆須貫徹到底，不可半途而廢，不可見異思遷，人一己百，人十己千，不至不休，最後乃有成功之望焉。

就功夫之層次言，博學、審問、愼思、明辨、篤行，似分爲五階段。但此五者，非爲分頭工作，實是一串事情。學、問、思、辨，皆屬於知之事，唯有篤行乃行之事。然知與行，並非對立，亦無輕重大小之別。行之範圍，卽爲知之範圍。吾人非爲知而求知，乃爲行而求知。非謂求知之時，行卽停止，亦非謂實行之時，知卽荒廢。而須隨知隨行，愈行愈知。

茲將格物之博學、審問、愼思、明辨、篤行五段功夫，分別述之於後。

1. 博學（搜集材料）

何謂博學？博學者，關於知識材料之搜集，力求其周遍也。國父有云：「知之範圍甚廣，宇宙之範圍，皆爲知之範圍。……吾人之在世界，其知識要隨事物之增加，而同時進步。」（軍人精神教育）宇宙之範圍無窮，則知識之範圍亦無窮；事物之增加無盡，則知識之增加亦無盡，於此無窮無盡之知識，當廣習博學，多見多聞也。

達巷黨人曰：（魯國達巷地方的人說：）「大哉孔子！（偉大呀孔子！）博學而無所成名。（學問廣博，卻可惜不得成爲一技一藝的名家。）」

—論語子罕篇

大宰問於子貢曰：「夫子聖者與？何其多能也！」子貢曰：「固天縱之將聖，

又多能也。」（註釋見一六一頁）

「君子以多識前言往行，以畜其德。（君子應該效法大畜卦的精神，多記前代的嘉言善行，來畜積他的德性。）」——易經大畜卦象辭

孔子曰：（孔子說：）「丘少而好學，（我年少時愛好學問，）晚而聞道，（到了晚年悟到了眞理，）此以博矣。（因此才使自己的學問廣博。）」——太平御覽六百七引愼子

子貢問孔子曰：（子貢問孔子說：）「後世將何以稱夫子？（後世的人不知將怎樣的來稱揚老師呢？）」孔子曰：（孔子說：）「吾何足以稱？（我有什麼值得稱道的呢？）勿已者，（一定要說的話，）則好學而不厭，（就只有好學而從不厭倦，）好教而不倦，（好教人而從不厭倦，）其惟此邪！（大概就祇這些吧！）」——呂氏春秋季春紀尊師

知識之範圍既如此廣大，則吾人對於知識之追求自無停止滿足之一日，故當勤學、時習、溫故、知新也。

子曰：（孔子說：）「學如不及，（做學問要上緊，好像來不及的樣子，）猶恐失之。（還怕會失去什麼似的。）」——論語泰伯篇

子曰：（孔子說：）「學，而時習之，（要學習，而且要時時溫習，）不亦說（悅）乎？（這豈不是亦是一件自已心裏所高興的事嗎？）」——論語學而篇

子夏曰：（子夏說：）「日知其所亡，（亡，讀作無。每天要知道自已所不知的，）月無忘其所能，（每月要不忘掉自已所知的，）可謂好學也已矣。（可以說是喜歡研究學問的人了。）」——論語子張篇

子曰：（孔子說：）「溫故而知新，（能夠溫習從前所知的，而且又能夠知新的，從前所不知的，）可以爲師矣。（就可以做人的師長了。）」——論語爲政篇

博學之重要既如上述，博學之方法，則有下列三項：

(1) 觀察宇宙間之現象，以了解自然界之法則。

人既爲自然界之一員，對於自身所處之周遭環境，當仔細觀察，求取正確之了解，進一步以自然界之法則，用於人事，以爲人所取法。如天之明麗高大無窮，地之厚重廣遠多載，天無私覆，地無私載，日月無私照，山嶽之崇高峻偉，流水之躍動不息，皆爲自然界之現象，亦可爲吾人所取法者，故易曰：「夫大人者，與天地合其德，與日月合其明，與四時合其序，與鬼神合其吉凶。」（乾文言）若非深通自然之法則者，孰能至此？

(2) 研讀書籍，俾知古今之知識。

書籍者，人類文化遺產之寶藏，智慧、經驗之結晶，吾人讀書，可免於重蹈前人之失敗覆轍，節省精力而能享受其成果。且可以其為基礎，精益求精，而有更大之發明，更多之效果，故讀書實為博學中最重要之部分也。

子曰：「述而不作，信而好（去聲）古，竊比於我老彭。」—論語述而篇

孔子說：「我祇是傳述舊聞，並不創作，深信而且篤好古代文化，私心效法我那商朝的賢大夫老彭。」

子曰：「我非生而知之者，好（去聲）古敏以求之者也。」—論語述而篇

孔子說：「我不是生下來就知道的，實在是喜好古代文化；勤力研究得來的啊。」

孔子曰：「誦詩讀書，與古人居；讀書誦詩，與古人謀。」—意林一引尸子

孔子說：「誦讀詩書，浸漬在古人的典籍中，如同與古人相處在一起般，誦讀詩書，和古人的學問相切磋，如同與古人謀劃事情一樣。」

(3)注意日常所接觸之事務，在行動中求新知、求實證。

吾人一方面仰觀俯察，探索宇宙之理，了解自然之法則；一方面探賾索隱，鑽研

典籍，將古人之知識經驗，濃縮爲自己之知識經驗。然此尚非學問之全部範圍，除此以外，對人對物之接觸，亦足以增長學問，此爲實驗而非虛構，所得知識，尤可寶貴。俗云：「世事通明皆學問，人情練達卽文章。」卽此之謂也。

2. 審問（發掘材料）

何謂審問？審問者，對於知識材料之探討，力求其完備也。問之動機有三：一、不知則問。二、雖知而有所疑則問。三、知之略而欲盡其詳則問。問與學相互爲用，學而不問，未必能得明徹之了解及正確之認識。孔門中問仁、問孝、問政、問士，孔子俱按各人之性格與環境，分別告以應知之道，彼等因此增加其知識，改正其思想及行動，受益甚大。書經云：「好問則裕。」（仲虺之誥）故大舜、孔子、顏回等聖賢，莫不好問焉。

子曰：（孔子說：）「舜其大知（去聲）也與？（與，平聲。舜這個人，可算是絕頂聰明的了！也，猶「耶」。見經傳釋詞。）舜好（去聲）問而好察邇言，（舜喜歡請問人家，並且喜歡仔細領略平凡淺近的話，）隱惡而揚善，（隱藏別人所有的壞處。宣揚別人的好處，）執其兩端，（拿到了過或不及底兩端，）用其中於民，（然後向人民採用了中庸之道，）其斯以爲舜乎。（這就是所以成爲舜的啊！）」（章旨）這一章是孔子歎美舜能明中道，教人學舜的方法以行中道。——中庸第六章

子入大廟音泰，孔子做魯國大夫時，初次入太廟助祭。每事問。每一事物都要詳問。或曰：就有人說。「孰謂鄹側留反人之子知禮乎？那一個說做過鄹邑大夫叔梁紇的兒子是知道禮呢？入大廟，每事問。」子聞之，曰：孔子聽得了，說：「是禮也。這是禮啊。」——論語八佾篇

曾子曰：曾子說：「以能問於不能，以自己的能，再去問不能的人，以多問於寡，以自己所知的多，再去問所知不多的人，有若無，自己有，看來像是沒有，實若虛，自己充實，看來像是空虛。犯而不校。人家觸犯了他，他一些不計較。昔者吾友，從前我的朋友顏回，嘗從事於斯矣！曾經在這上面用過工夫的啊！」——論語泰伯篇

3. 愼思（研究材料）

何謂愼思？愼思者，對於知識材料之推考，力求其細密也。在知識現象中，吾人須將所知及所記憶之事物聯想而推究其相互之關係，方能構成概念。如無概念，知識材料卽浮散而無用。孟子曰：「心之官則思，思則得之，不思則不得也。」（告子篇）苟不用心，非但不思不得，甚且「視而不見，聽而不聞，食而不知其味。」（大學傳第七章）苟能用心而思，則「天之高也，星辰之遠也，苟求其故，千歲之日至，可坐而致

也。」（孟子離婁篇）子夏曾曰：「博學而篤志，切問而近思。」（論語子張篇）博學、切問之後，繼之以近思，可謂深會於學者矣。孔門爲學，甚重思維；不思之弊，夫子嘗三致意焉。

子曰：孔子說：「飽食終日，一天到晚吃飽了飯，無所用心，沒有一件事肯用心，難矣哉！這種人就難教誨了！不有博弈者乎？不是有一種游戲擲骰子而後行棋的麼？焦循孟子正義：「蓋弈但行棋，博以擲采（骰子）而後行棋。」「後人不行棋而專擲采，遂稱擲采爲博（賭博），博與弈逾遠矣。」爲之猶賢乎已。這樣做，還是比不做的終日無所用心的好些。」——論語陽貨篇

子曰：孔子說：「學而不思則罔，祇是學習。不去好好地想，就要迷茫地不得明白，思而不學則殆。單憑空想。不去著實地學習，那是危殆的事。」——論語爲政篇

子曰：孔子說：「不曰如之何，如之何者，做一件事不說這事該當怎麼樣辦底人。吾末如之何也已矣。我也就沒有法子拿他怎麼樣哩。」——論語衞靈公篇

子曰：孔子說：「不憤芳粉反。不啓，受教的人，如果沒有發憤，到了要人啓發他底時候，便不去啓發他，不悱芳匪反。不發，受教的人，如果沒有到了心裏要說不能說出來

底時候，便不去引發他。）舉一隅，（一樣東西有四個方角，如果告訴了他一個方角，）不以三隅反，（他不能推想出其他三個方角來。）則不復（扶又反。）也（就不再告訴他了。）」
——論語述而篇

4. 明辨（分析材料）

何謂明辨？明辨者，對於知識材料之類別，力求其明晰也。宇宙間之事物之種類繁多，事物之性質複雜。有同、有異、有反、有正，有眞、有僞，有善、有惡，有是、有非，必須深切解析，明其眞象。今之爲學，重實驗，重實證，皆求眞之表現也。

事物之性質情態，如有明顯之分別，尚易辨識。最難辨識者，乃爲性質相近，情態相似，或內外不符，此須特別用心，以別其是非，辨其眞僞。孔子平生深恨「似是而非」者，蓋似是而非，則眞僞善惡，互相混淆，最易陷人於惡，敗德亂行也。

孔子曰：（孔子說：）「惡（去聲）似而非者；（我憎恨那表面上很相似，實際卻完全不是底人物；）惡莠恐其亂苗也；（莠，音有。我憎恨那像稻禾的莠草，就恐怕它混亂了稻禾；）惡佞，恐其亂義也；（我憎恨那口才好的人，就恐怕他混亂了義理；）惡利口，恐其亂信也；（我憎恨那利嘴的人，就恐怕他混亂了信實。；）惡鄭聲，恐其亂樂也；（我憎恨那淫邪的鄭聲，就恐怕它混亂了正樂；）惡紫，恐其亂朱也；（我憎恨那紫的閒色，就恐怕它混亂了朱紅的正色；惡鄉原，恐其亂德也。我憎恨那假裝忠厚的鄉原，也就是恐怕他混亂了眞正的道德。」君子反經而已矣；所以君子只求歸到經常的大道，經正經常的大道既正，則庶民興；平民百姓就都會感動奮發起來；庶民興平民百姓既都感動奮發，斯無邪慝矣。這就不會再有鄉原一類邪僻惡念底人了。——孟子盡心下

5. 篤行（實驗材料）

何謂篤行？篤行者，對於知識材料之實驗應用，力求其切實也。經過學、問、思、辨四階段，知之功夫，大致完成，次一步須行其所知，以證其然，行中求知，以益其信，知行原須並進，知爲行之始，行爲知之成，實一事之兩端也。王陽明倡「知行合一」之說，國父倡「知難行易」之說，蔣公更倡「力行哲學」，並闡明「行的道理」，以申其義。皆在於矯正吾國人知而不能行之積弊也。實則，孔子爲學，能行重於能知，後之空疏不實，知行不一者，皆孔子之罪人也。

子曰：孔子說：「誦詩三百，讀完了三百篇詩，授之以政，把國家的政事付託給他，不達；却辦不通；使去聲於四方，派他出使到四方各國去，不能專對；他不能獨立地應對；雖多，亦奚以爲！雖然詩讀得多，又有什麼用處。」——論語子路篇

子曰：孔子說：「弟子入則孝，少年子弟回到家裏，要孝順父母，出則弟，弟，去聲。到了外面，要恭敬長上，謹而信，做事要謹慎小心，說話要有信用，汎愛衆，廣汎地愛大衆，而親仁，而且要親近有仁德的人，行有餘力，這種種都做到了，還有多餘的心力，則以學文。那纔拿來學習詩書六藝等文字。」

——論語學而篇

子夏曰：子夏，孔子弟子，姓卜，名商。見史記仲尼弟子列傳。子夏說：「賢賢易色，一個人能夠把好色那麼眞切的心掉換過來好賢。上「賢」動詞，下「賢」名詞。事父母，能竭其力；事奉父母能夠用盡自己力量；事君，能致其身；事奉君上能夠把自己的身交出來；與朋友交，言而有信。和朋友相交說話能夠有信。雖曰未學，雖然說這種人沒有學過什麼，吾必謂之學矣。我一定要說他是學過的了。廣雅釋言：『易，如也。』王念孫疏證：『論語「賢賢易色。」易者，如也。猶言好德如好色也。』而宋翔鳳樸學齋札記則謂『「賢賢易色」，即關雎之義，是明夫婦之倫。』照宋氏的說法，則『賢賢易色』底易，當如漢書李尋傳引此語，顏師古注：『易色，輕略於色，不貴之也。』『易讀去聲。賢妻之有賢德而輕略其色也。故「賢賢易色」，是明夫婦之倫；「事父母能竭其力」，明父子之倫；「事君能致其身」，明君臣之倫，「與朋友交言而有信」，明朋友之倫。孟子謂三代之學，『皆所以明人倫。』故末句云：『雖曰未學，吾必謂之學矣。』中庸云：『君子之道，造端乎夫婦。』故「賢賢易色。」列於句首。」

——論語學而篇

子貢問君子。子貢問孔子，怎樣纔算是君子。子曰：孔子說：「先行其言，先實行心中所想說的，而後從之。實行以後再說出來，那就算

是君子。——論語爲政篇

子曰：孔子說：「君子欲訥於言而敏於行。行，去聲。君子在說話方面要訥訥地說不出口，在實行方面要勤謹敏捷。」——論語里仁篇

子曰：孔子說：「君子恥其言而過其行。而，同「之」字。詩周頌譜疏引尚書大傳：「君子恥其言而不見從，恥其行而不見隨。」二「而」字，即同「之」字用。就是說君子畢怕自己的說話超過了他自己的行爲。」——論語憲問篇

子曰：孔子說：「古者言之不出，古時候的人說話，不肯輕易說出口來，恥躬之不逮也。尤恐怕自身做不到，這是難以爲情的。」——論語里仁篇

以上所述，爲格物之步驟與內涵，正合今日之科學方法如杜威（J. Dewey 1859-1952）之思想產生五個步驟（Five Process of Thought）：㈠疑難（Suggestion）；㈡問題（Question）；㈢假設（Hypothesis）；㈣推理（Inferenee）；㈤證實（Verification），與之若合符節。

二、致知

(一)、學以致知

吾人生乎天地之間，無論其賢或不賢，才或不才，皆莫可廢學也。己既為不賢矣，如何開啓蔽塞，增廣見聞，消去鄙吝，日進高明，則舍夫學莫由也；己若為賢矣，猶於隋侯之珠，楚和之璞，飾之彫之，使之精而益精，美而愈美，則亦學之功也。

孔子曰：（孔子說：）「鯉，君子不可以不學，（鯉，君子不可以不學習，）見人不可以不飾。（見人不可以不修飾。）不飾，則無根；（不修飾就沒有根源；）無根，則失理；（沒有根源，就失去條理；）失理，則不忠；（失去條理，就不能竭誠待人；）不忠，則失禮；（不能竭誠待人，就失去待人的禮貌；）失禮，則不立。（不能以禮待人，就不能在人羣中立足。）夫遠而有光者，飾也；（從遠處望去，有曜目的光采，這是因修飾的功效；）近而逾明者，學也。（在近處時卻更加光明的，這是因學習所致。）譬之如污池，（就好像一池污水，）水潦注焉，（大小河流的水流入裏面，）萑蒲生之，（長滿了白華、水草，）從上觀之，（從上面看下來，）（誰）知其非源也。（誰知道它不是河流的源頭呢。）」

—說苑建本篇

孔子曰：（孔子說：）「可與言終日而不倦者，（可以和人談論一整天而不感到疲倦的，）其惟學乎！（大概祇有學問了吧！）其身體不足觀也，它的身體容貌不值得觀看，勇力不足憚也，勇敢有力不值得畏懼，族姓不足稱也，宗族姓氏不值得稱述，宗祖不足道也，祖宗先人不值得談論，而可以聞於四方而昭於諸侯者，但是可以名聞四方而顯達於諸侯的，其惟學乎！大概祇有學問了吧！」

——韓詩外傳卷六

孔子曰：孔子說：「吾嘗終日思矣，不如須臾之所學；我曾經整天的思考，但不如片刻的學習有效；吾嘗跂而望之，不如升高而博見也。我曾經踮著腳尖而遠望，但不如登上高處所見的廣闊。升高而招，非臂之長也，而見者遠；登上高處而招手，手臂並沒有加長，而很遠的人也能看見；順風而呼，非聲加疾也，而聞者著。順著風呼叫，聲音並不曾加大，但聽的人卻更清楚。假車馬者，非利足也，而致千里；藉著車馬行走，雖非快脚的人，也能走千里；假舟檝者，非能水也，而絕江海。藉舟檝而行，雖不善游泳的人，卻能橫渡江海。君子之性非異也，君子的本性並非與常人有什麼不同，而善假於物也。只是善於假借外物罷了。」

——大戴禮勸學篇

孔子謂子路曰：孔子對子路說：「汝何好？你喜歡什麼呢？」子路曰：子路說：「好長劍。我喜歡長劍。」孔子曰：（孔子說：）「非此之問也。（我不是問你這個。）請以汝之所能，（要是你能用自己的才能，）加之以學，（再加上學問，）豈可及哉？（成就不是更大嗎？）」子路曰：（子路說：）「學亦有益乎？（學問也有好處嗎？）」孔子曰：（孔子說：）「夫人君無諫臣，（大凡人君沒有肯諫諍的臣子，）則失政；（就會行政錯誤；）士無教友，（讀書人沒有能規勸教導的朋友，）則失德。（就會有過失。）狂馬不失其策，（駕御快馬不可以放下馬鞭，）操弓不返於檠。（用的弓放在檠上就不會翻轉。）木受繩則直，（木材上畫了墨線就能鋸得很直，）人受諫則聖。（人有了益友勸諫才能成為聖賢。）受學重問，（能學習，好問人，）孰不順成？（什麼事情不順利成功？）毀仁惡士，（如果毀棄仁義，厭惡賢士，）且近於刑。（就要接近刑罰了。）君子不可以不學。（因此君子不可以不勉勵向學。）」子路曰：（子路說：）「南山有竹，弗揉自直，（南山上的竹子，不用矯正已經很直，）斬而射之，通於犀革，（砍下來製成箭，可以射穿犀牛皮的鎧甲，）又何學為乎？（那又何須再求學呢？）」孔子曰：（孔子說：）「括而羽之，（如果在箭尾加上羽毛，）鏃而砥礪之，（再把箭頭磨得更銳利，）其入不益深乎？（射入不是更深了嗎？）」子路拜曰：（子路行禮說：）「敬受教哉！（弟子恭敬地接受您的教誨！）」——說苑建本篇

夫學，既可使愚者出愚，固者免固；復可使智者愈智，明者愈明，其所以影響於

吾人者，不可謂不大矣，豈可以已哉！是故「黃帝師風后，顓頊師老彭，帝嚳師祝融，堯師務成，舜師紀后，禹師墨如，湯師伊尹，文、武師呂尚，周公師庶秀。」（潛夫論讚學篇）古之聖王，皆嘗從師而學焉，乃能出類拔萃，超凡越衆也。即如孔子，固天縱之大聖，亦嘗「問禮于老聃，訪樂于萇弘」（孔子家語觀周篇），而夫子溫良謙讓，冲虛自守，獨於一己之好學，屢次稱許，蓋亦有深意焉。

子曰：（孔子說：）「十室之邑，（十個人家的小地方裏，）必有忠信如丘者焉，（一定就有忠信像丘一樣的人在著，）不如丘之好學也。（不過不像丘這樣好學罷了。）」——論語公冶長篇

昔者子貢問於孔子曰：（從前子貢問孔子說：）「夫子聖矣乎？（夫子是個聖人麼？）」孔子曰：（孔子說：）「聖則吾不能，（聖人我是不能的，）我學不厭，（我不過求學問不厭煩，）而敎不倦也。（敎誨人不倦怠罷了。）」——孟子公孫丑上

學之重要既如上述，然若學無目的，學無條理，浮華不實，大而無當，徒然殫精竭慮，勞神苦思，終至浮汎而無所歸，無益於己，甚或收相反之效果也。

「凡以知，人之性也。（大凡可知是人的本性。）可以知，物之理也。（可以知是物的理。）以可以知人之性，（以可知的

，本性求可以知物之理，去求可以知的物之理，而無所疑（俞樾云：疑訓定）止之，而沒有定止界限，則沒世窮年不能徧也。那麼縱使到了沒世窮年也不能徧及。其所以貫（楊倞註：貫，習也）理焉雖億萬，他所習的事理雖達億萬，已（俞樾云：已，猶終也）不足以浹萬物之變，終不足以周浹萬物之變，與愚者若一。同愚者還是一樣的。」——荀子解蔽篇

「吾生也有涯，我們的生命是有限的，而知也無涯，而知識是無窮的，以有涯隨無涯，以有限的生命去追求無窮的知識，殆矣。那就精疲神勞了。」——莊子養生主

㈡、知之要點

蓋吾人生於宇宙之間，仰觀俯察，觸目所及，盡是知識；中外古今，聖經賢傳，所載多有教訓；此外，如何待人？如何接物？現實生活中，亦甚多值得吾人學習者。故學問之範圍無窮；吾人必須從此一無盡之範圍中，畫出一特定之範圍，供吾人求知，供吾人學習，俾使吾人以有限之生命，成就不朽之事業也。

余以爲吾人所致之知，應以下列各點爲要：

知天——認識環境。

知命——了解趨勢。

知性——通達人性，辨人與禽獸之別。

明道
明德｝——知曉人與人之關係及其相處之道。

明教——明白教育之目的及教材教法。

知人——識己、鑑人。

知物——辨本末，別先後。

此數點余於四書道貫致知篇曾分章論述之，皆出於聖賢之所教訓，言之有據者也。茲再簡述於後。

(三)、知天、知命、知性

吾人既爲天地間一人，爲人羣之一分子，首先爲吾人所當注意及了解者，厥惟「人」之本身，然欲對於「人」有正確之認識，必須跳出「人」之範圍，先認識其所處之環境，以此爲基點，漸進於「人」之體認，庶不致「不識廬山眞面目，只緣身在此山中」，而爲自身所迷障也。所謂「天」，即吾人所處之大環境也。故中庸云：「思知人，不可以不知天。」（第二十章）蓋吾人生活於此一偉大生動之宇宙中，必有以影響於吾人者，而爲吾人所配合；必有以啓示於吾人者，而爲吾人所效法；人天相應，知天然後可知人也。

天所表現啓示於吾人者爲何？爲博厚、高明、悠久；

「天地之道，天地的道理，可一言而盡也。簡直可以一個字──誠，把它說完。其爲物不貳，天地之爲物，因爲它們的不貳，則其生物不測。所以，它們的化生萬物，也就不知其所以然而然了。天地之道，天地的道理，博也，是博大，厚也，是篤厚，高也，是崇高，明也，是光明，悠也，是長遠，久也。是永久。」──中庸第二十六章

「博厚所以載物也，博大和篤厚，所以載得起萬物。高明所以覆物也，崇高和光明，所以覆蓋住萬物，悠久所以成物也。長遠和永久，所以能成就萬物。」──中庸第二十六章

爲誠敬信實；

「誠者，天之道也。這誠字。乃是天地生存的道理。」—中庸第二十章

「人生而靜，人生下來本是純靜的，天之性也。這是上天賦與人的本性。」—禮記樂記篇

「天則不言而信。上天雖不言，而四時運行從不失信。」—禮記樂記篇

爲大公無私；

「天無私覆，上天覆蓋整個大地，絕無私自覆蓋之處，地無私載，大地載生所有萬物，絕無私自載生之物，日月無私照。日月光華普照，絕不私心照耀某處。」—禮記孔子閒居篇

「仲尼祖述堯舜，孔子遠宗並稱述唐堯虞舜之道，憲章文武，近法並表彰文王武王之法，上律天時，上規模天時上的變化，下襲水土，下依循水土上的相宜，辟音譬，下同。如天地之無不持載，好比天地，沒有一樣它不執住或不載住，無不覆幬，幬，待報反；亦是覆蓋底意思。沒有一樣它不覆住或不蓋住，辟如四時之錯行，又好比四時的更迭運行，如日月之代明，又好比日月的晝夜交替照明，萬物並育而不相害，萬物一起生長，而不互相妨害；道並行而不相悖，大道小道一起施行，而不互相反背，小德川流，小德好比川流，以海爲歸，大德

敦化；大德好比天地的化育萬物敦篤而變化無方；此天地之所以爲大也。這便是天地之所以成其爲大。」——中庸第三十章

爲自強不息；

「天行健，君子以自強不息。天道運行永恆不休，所以君子應該效法天道，自己堅強起來，不斷地努力，不斷地求取進步。」——易經乾卦象辭

爲虧盈益謙；

「天道虧盈而益謙，天道的規律，減損過於盈滿的，而增益謙虛的，地道變盈而流謙。地道的規律，變動盈滿的，而流入謙下的。」

——易經謙卦彖辭

以上所言，皆天（地）之表徵，足以啓示吾人，而當爲吾人所效法者，故吾人當時時認識環境，順應天理，「取法於天」（禮記郊特性篇），「以聽天命」。（禮記表記篇），則可「與天地合其德」（易經乾卦文言）矣。

所謂知命者，「命」字之義，實無涉於迷信，廣義言之，實指「趨勢」而言也。過去種如何之因，今日卽得如何之果，此謂爲命，不僅不迷信，且極合乎理則學之道理也。算命者，先了解一般人事變化之通則，再根據當事人過去之所作所爲，而判定

此人未來之禍福吉凶，表面視之，似甚玄虛，實則亦有科學之根據。世之聖賢豪傑，先知先覺，皆能洞燭機先，順應趨勢，故能領袖羣倫，爲民先導也。

「湯欲伐桀，（湯準備討伐夏桀，）伊尹曰：（伊尹說：）「請阻乏貢職，（請大王先停止方物的貢獻，）以觀其動。（以觀察桀的行動。）」桀怒，起九夷之師以伐之。（桀怒，發動九夷的軍隊攻打湯。）伊尹曰：（伊尹說：）「未可，彼尚猶能起九夷之師，（不可輕舉妄動，桀還能發動九夷的軍隊，）是罪在我也。（這罪過是在我們吧。）」湯乃謝罪而請服，（湯於是認罪降服，）復入貢職。（再向桀進貢。）明年又不供貢職，（過了一年，湯又不供奉貢職，）桀怒，起九夷之師，（桀怒，想要再發動九夷的軍隊，）九夷之師不起。（可是九夷的軍隊卻不番聽。）伊尹曰：（伊尹說：）「可矣！（可以起兵伐桀了。）」湯乃興師伐而殘之，（湯於是興起大軍，滅亡了夏桀，）遷桀南巢氏焉。（把他放逐到南巢。）」—說苑權謀篇

若伊尹者，可謂善於知命者矣。滿清末年，內則政治腐敗，外則列強覬覦，國勢陵夷，人心思變；國父默察此一趨勢，一出而領導革命，全國志士，雲集影從，民

國之建立，中華之再造，實必然之結果也。國父嘗言：

「事有順乎天理，應乎人情，適乎世界之潮流，合乎人羣之需要，而爲先知先覺所決志行之者，則斷無不成者也。」（孫文學說第八章－有志竟成）

此言可謂「知命」之最佳解釋。以上就大者而言，若縮小其範圍，則一家之盛衰，個人之成敗，莫不有其一定之因果，必然之趨勢也。故孔子以知命爲君子所必具之條件。

子曰：孔子說：「不知命，不知天命只知利害的人，無以爲君子也。是不可能成爲君子的。」－論語堯曰篇

君子對於環境（天）與趨勢（命）能了解，能預測，故畏敬之，一如畏敬大人與聖人，小人則反是。

孔子曰：孔子說：「君子有三畏：君子有三項敬畏的事：畏天命，敬畏天所賦的正理，畏大人，敬畏有德位的大人，畏聖人之言。敬畏聖人所說的話。小人不知天命，小人不知道什麼是天命，而不畏也，所以不曉得敬畏，狎大人，並且看輕那些有德位的人，侮聖人之言。並且藐視聖人所說的話。」－論語季氏篇

所謂知性者，在於明白人所具之特性爲何？其與禽獸之性之何不同？余於前述「人性」及「人性善惡之解析」中已詳論之矣，讀者可以參讀以上諸章節，茲不贅述。

(四)、明道、明德、明教

道者，人類共生共存共進化之原理或道路也。人人應當率其本性，以達共生共存之目的，故曰：

「率性之謂道。依照本性去做事的品德叫做正道。」——中庸第一章

人與人之關係甚爲複雜，歸納言之，可分五類：以家庭言，在上者有父母，在下者有子女，在前者有兄姊，在後者有弟妹，在左右者有夫婦，以國家社會言，在上者有長上（君），在下者有部屬（臣），在左右前後者有朋友，此之謂五達道。由於人之彼此關係不同，其所要求之相處之道亦自有異。

「……使契爲司徒，教以人倫：父子有親，君臣有義，夫婦有別，長幼有序，朋友有信。」——孟子滕文公篇（註釋見六九、七二頁）

雖然，表現之方式與態度不同，其基本精神爲愛與敬則一，即推己及人之忠恕之

道也。己所不欲，勿施於人。

「所惡於上，毋以使下；所惡於下，毋以事上；所惡於前，毋以先後；所惡於後，毋以從前；所惡於右，毋以交於左；所惡於左，毋以交於右。」—大學傳十章（註釋見八六、八七頁）

凡所要求於人者，則己當先行之。

「君子之道四，君子之道有四，丘未能一焉：丘沒有能做到一件：所求乎子，我所求於我的兒子的，以事父未能也；而我自己事奉我的父親，我沒有完全能做到；所求乎臣，我所求於我的臣子，以事君未能也；而我自己事奉我的君上，我沒有完全能做到；所求乎弟，我所求於我的兄弟，以事兄未能也；而我自己事奉我的長兄，我沒有完全能做到；所求乎朋友，我所求於我的朋友，先施之未能也。而我應該先要施我的朋友的，我也沒有完全能做到。」—中庸第十三章

以孔子大聖，尚自謂不能，如吾等者，豈可不勉乎哉！

德者，得也。行道而得之於心謂之德。蓋「人能弘道，非道弘人。」（論語衛靈公篇）道待人而行，故道為德之本，德為道之效也。

德既為道之實行，其於人之重要，可以想見，故大學三綱領，以明明德為首。

「大學之道，大學的道理，在明明德，第一是要使自己本來清明的德性，不被私欲所蒙蔽，而重新清明起來，在新民，第二是要由於我已經重新清明了我的本來清明的德性，亦得要天下一般人的本來清明的德性重新清明起來。這新民的「新」字，舊本是「親」字，程子根據湯之盤銘，康誥、詩經「苟日新，又日新。」「親」改作「新」，朱子從之。而且尚書金縢篇：「惟小子其新逆。」「親逆」寫作「新逆」，這又是有力的根據。在止於至善。第三是要這兩樣工作都要做到最好的地步，纔算是所當止底地步。」——大學經一章

「康誥曰：書康誥篇有說：『克明德。要能夠清明我自己本來清明的德性。』大甲曰：大，讀作泰。書大甲篇有說：『顧諟古是字。天之明命。要常看到天所賦於本來清明底氣稟。顧，朱注謂常目在之也。』帝典曰：書堯典篇有說：『克明峻書作俊。德。要發揚我自己本來崇高的德性。峻，有大底意思。』皆自明也。這三篇上的話，都是說要使自己清明那本來清明的德性啊。」〔章旨〕這一章是曾子引書上的話。解釋明明德的旨意，重在末句的自明。——大學傳首章

「明出地上，晉，君子以自昭明德。光明出於地上，是晉卦的象徵，君子體察這個現象，顯揚自己光明的德性。」——易經晉卦象辭

吾人日常生活之一切思想行為，皆宜踐道而行；然如何踐行乃最合理，不惟無

害於人，甚且有利於己，此則禮樂之所由生也。禮由外，以範圍人之行爲，使得之平正；樂由內，以陶冶人之性情，使合乎中和。禮樂之爲用大矣，禮記及荀子中關於禮樂之理論，言之甚詳，略舉數端於下：

「夫禮者，所謂的禮，所以定親疏、是用來制定人與人親疏的關係、決嫌疑、判斷事物的嫌疑、別同異、分別物類的同異、明是非。明曉事理的是非。」——禮記曲禮篇

「民之所由生也，禮爲大。人民生活中，以禮爲最重要。非禮無以節事天地之神也，沒有禮就無法適當地事奉天地之神，非禮無以辨君臣上下長幼之位也，沒有禮就無法辨別君臣、上下、長幼的名份了，非禮無以別男女父子兄弟之親、昏姻疏數之交也。沒有禮就無法辨別男女、父子、兄弟的親情，以及姻親、朋友往來的關係了。」——禮記哀公問篇

「夫樂者，樂也。所謂音樂，就是表現人的喜樂。人情之所必不免也。是人情所必不能免的。故人不能無樂；所以人不能沒有喜樂；樂則必發於聲音，喜樂就必然要發之於聲音，形於動靜；形之於動靜；而人之道，而人之所以爲人，聲音動靜，外在的聲音動靜，性術之變盡是矣。內在的性術之變都表現在音樂上了。故人不能不樂；所以人不能不喜樂；樂則不能無形；喜樂不能不表現；

形而不爲道，表現而不善爲誘導，則不能無亂。就不能不亂。先王惡其亂也，先王厭惡混亂，故制雅頌之聲以道之。所以制定雅頌等音樂來誘導。使其聲足以樂而不流，使其聲音足以和樂而不淫放，使其文足以辨而不諰，使其篇辭完盡變化而不銷息，使其曲直繁省廉肉節奏足以感動人之善心。使其聲音的曲直、多少、肥瘠、節奏，足以感動人之善心。使夫邪汙之氣無由得接焉，使那些邪汚之氣不得接近，是先王立樂之方也。這就是先王立樂的道理方法了。」—荀子樂論篇

「是故先王之制禮樂也，所以先王之制定禮樂，非以極口腹耳目之欲也，並不是爲了讓人們滿足口腹耳目的慾望，將以教民平好惡，而是要教化百姓知道調和好惡，而反人道之正也。而恢復人性的平正。人生而靜，天之性也。人生而純靜，這是天賦的本性。感於物而動，而後因受外物的感發刺激而有所衝動，性之欲也。這乃是人性中的欲望。……夫物之感人無窮，外界的事物在不斷的感動著人，而人之好惡無節，人若因外物的感動而引起好惡，並不加以節制，則是物至而人化物也。那麼就是接觸外物而人也隨物遷化了。人化物也者，所謂人隨外物而遷化，滅天理而窮人欲者也。也就是滅絕人天生的理性而放縱人無窮的欲望啊。於是有悖逆詐僞之心，於是就產生了種種叛逆欺詐虛僞的心計，有淫佚作亂之事。以及淫侈享樂爲非作歹的事情。……此大亂之道也。這是大亂形成的原因啊。是故先王制

禮樂，所以先王制定禮樂， 人爲之節。人們因而有所節制。」——禮記樂記篇

「或問聖人之門，其徒三千，獨稱顏子爲好學？有人問聖人的門下弟子三千，爲什麼獨稱讚顏子好學？ 夫詩書六藝，三千子非不習而通也，那詩書六藝，三千弟子也並不是沒有學習而通達啊， 然則顏子所獨好者何學也？那麼顏子所獨好的，究竟是什麼學呢？ 伊川曰：伊川先生說：『學以至聖人之道也。顏子所學的是達到聖人的道。』『聖人可學而至歟？聖人是可以學而達到的嗎？』曰：伊川先生說：『然。是的。』『學之道如何？學的方法和途徑怎樣？』曰：伊川先生說：『天地儲精，天地間儲藏精氣， 得五行之秀者爲人。得到金木水火土五行的靈秀的爲人。 其本也眞而靜；人生之初，其本眞誠而專靜； 其未發也五性具焉，未發顯之初就具備五性， 曰仁義禮智信。叫做仁義禮智信，也就是善性。』」——近思錄卷二

伊川曰：伊川先生說：「內積忠信，內心充積忠信， 所以進德也；所以德性就日進於高明； 擇言篤志，愼擇言辭，篤實志向， 所以居業也。所以學業就能居之以爲安。 知至至之，知道追求的目標而想去達成它， 致知也；這是致知的工夫； 求知所至而後至之，想要達成這個目標必須了解達成這個目標的方法和途徑，然後循序努力去達成， 知之在先，這認知的工夫是在從事之前， 故可與幾。能如此的話，故可以研習幾微，明理致用。 所謂始

條者，知之事也。這就如同孟子論孔子而以樂章開始有條理來比喻他的智是一樣的啊。知終終之，知道所要達成的目標而去達成它，力行也；這是力行的工夫；既知所終則力進而終之，既然知道所要達成的目標，就必不留餘力，勇往進前，來達成終極的目標，守之在後，這堅守的工夫是在已事之後，故可與存義。能如此的話，故可以不失事理之宜，也就是所謂「存義」。所謂終條理者，聖之事也。這就如同孟子論孔子而以樂章結束有條理來比喻他的聖是一樣的啊。此學之終始也。這就是爲學知行並進徹始徹終的工夫。」——同前。

「樂由中出，音樂是內心的表現，禮自外作。禮節是外貌的表現。樂由中出故靜，音樂是內心的表現所以其情眞摯，禮由外作故文。禮節是外貌的表現所以風度文雅。大樂必易，偉大的音樂必是平易的，大禮必簡。重大的典禮必是簡單的。樂至則無怨，有了樂則人心和順，必無怨恨，禮至則不爭。有了禮則人的行爲有一定規矩，不會有什麼爭奪衝突。揖讓而治天下者，所謂以恭敬謙讓的態度來治理天下，禮樂之謂也。也就是指這以禮樂教化百姓的政治啊！。」——同前

綜合而言，道德所講求者，乃人與人之關係及其相處之道，余於第四章，有「人倫與道德」之專題論述，讀者可參見之也。

教者，所以樹人之事也，其目的在造成完美之個人，進而使之服務社會，造福天

下，所謂成己成物，己達達人也。

「大學之道，在明明德，在新民，在止於至善。」——大學經一章（註釋見二四六頁）

「比年入學，（每年都有新生入學，）中年考校。（每隔一年舉行一次考試。）一年視離經辨志，（入學一年則查考學生經文的句讀和辨別他的志趣，）三年視敬業樂群，（三年則觀察學生專心學業、合群樂衆的精神，）五年視博習親師，（五年則考察學生廣博學習和親愛師長的態度，）七年視論學取友，（七年則省察學生在學術上的論見和選擇朋友的心得，）謂之小成。（這時叫做小成。）九年知類通達，（到了九年而能觸類旁通，學識暢達，）強立而不反，（堅守正道，不違師訓，）謂之大成。（這時就叫做大成。）夫然後足以化民易俗，（如此之後才能化育人民，改善風俗，）近者悅服而遠者懷之，（使附近的人心悅誠服，遠方的人也都來歸附，）此大學之道也。（這就是大學教育的步驟。）」——禮記學記篇

教之制度，則學校廣設，教育普及，教之內容，則自灑掃應對，以至修己治人，而以孝悌爲本，能行爲先。

「古之教者，（古時的教育場所，）家有塾，（家中有家塾，）黨有庠，（鄉黨中有庠，）術有序，（州術中有序，）國有學。（國中有太學。）」——禮記學記篇

「三代之隆，夏商周三代興盛的時候，其法寖備，法制已漸臻於完備，然後王宮國都以及閭巷，莫不有學。於是王宮、國都、鄉里，都設置了學校。人生八歲，兒童到了八歲，則自王公以下，至於庶人之子弟皆入小學，則從王公等貴族一直到普通百姓的子弟都進小學讀書，而教以灑掃應對進退之節，老師教他們灑水掃地、應答待客和進退行動的禮節，禮樂射御書數之文；又教他們禮儀、音樂、射術、御術、書法、數學等藝事；及其十有五年，到了十五歲，則自天子之元子衆子，則從天子的嫡子、庶子，以至公卿大夫元士之適子，到公卿大夫元士的嫡長子，與凡民之俊秀，和百姓中才智傑出的青年，皆入太學，都進入太學研究，而教之以窮理正心修己治人之道。而教他們窮探事理、端正心志、修養自身、治理人民的道理。」——朱子大學章句序

有子曰：孔子弟子有子說，有若，字子若。見史記仲尼弟子世家。「其為人也孝弟，弟，去聲。其，猶「彼」。如果他的為人能夠孝順父母，恭敬哥哥。而好去聲犯上者鮮上聲矣！卻反喜好冒犯長上，那是很少的啊。不好犯上而好作亂者，既然不喜好冒犯長上，卻又喜好作亂底人，未之有也。那是斷斷不會有的。君子務本，有學問的君子專心講求根本的道理，本立而道生，從根本上立定了基礎，一切道理就從這裏生出來，孝弟也者，孝親和敬兄這兩事，其為仁之本與。想來就是仁愛的根本基礎吧。」——論語學而篇

子曰：「弟子入則孝，出則弟，謹而信，汎愛衆，而親仁；行有餘力，則以學文。」—論語學而篇（註釋見二三一頁）

子夏曰：「賢賢易色；事父母能竭其力；事君能致其身；與朋友交，言而有信；雖曰未學，吾必謂之學矣。」—同前（註釋見二三一頁）

教之技術，一則須因材而施，再則須因時措宜。

孟子曰：孟子說：「君子之所以教者五：君子所拿來教人的方法有五種：有如時雨化之者，一種是因他將要到成功的地步，要像應時的雨露去潤化的，有成德者，一種因他本性純厚，要成就他德行的，有達財者，一種是因他天資明敏，要通達他才能的，有答問者，一種是解答所問，開導他的疑慮的，有私淑艾者。音義私，私下裏，副詞。淑，善。艾，修治底意思。一種風教所傳，私下裏善治身的。此五者，這五種，君子之所以教也。都是君子所以教人的方法。」—孟子盡心上

「大學之法，大學教人的方法，禁於未發之謂豫（預防法），在惡念未發生前，即用禮來加以約束禁止，這就稱為預防法，當時可之謂時（及時法），當學生可以教導時，適時加以教導，這就叫做及時法，不陵節而施之謂孫（漸近法），依照學生能力程度，不越級來教導，就叫漸近法，相觀而善之謂摩（觀摩法）。使學生互相觀摩切磋而得益，就叫觀摩法。」—禮記學記篇

(五)、知人、知物

「思知人，不可以不知天。」（中庸第二十章）故知天之目的，在知人。「不知命，無以爲君子也。」（論語堯日篇）故知命之目的，在知如何爲人。知性之目的，在明辨人與禽獸之別，以率性、盡性。明道明德之目的，在明白人與人之關係及其相處之道。明教之目的，在知如何教人與如何受教。凡所致知，無一非有關於人者，則知人之重要，概可想見。其實，人理學之內容，「知人」二字即可以涵之，故有關於「人與天」、「人與神」、「人性」、「人倫」、「人欲」、「人情」、「人心」、「人格」諸事，本書皆列有專論。至於如何觀察人、鑑別人，亦吾人立身處世所不可疏忽者，余已搜集甚多資料，以後當列專講以討論之。

知物之事極爲複雜，前在「格物」一節中已詳言之矣。人生過程中所遭遇之事物，千千萬萬，形象多種，變化莫定，最易使人迷惑混亂，莫知所從。如何處事，方爲可行？如何接物，乃爲適當？當事者一念不同，可能差以千里，惟能明辨本末，執簡馭繁，方可應無窮之變化耳。

余於第二章「人與天」中有言曰：「凡一切可以命名之事物，皆是相對者，皆可以陰（⚋）、陽（⚊）二種符號，以代表之。如天地也，剛柔也，動靜也，男女也，老幼也，質能也，……皆是兩兩相對者也。二者雖有相互盈虛消長之變化，終屬相依相存。」又曰：「相對之事物，雖云同時存在，須有本末之分，先後之別，毋使本末倒置，先後錯亂。」

「物有本末，事有終始，知所先後，則近道矣。」——大學經一章（註釋見七四頁）

「其本亂，如果不能修身，根本就壞了； 而末治者，否矣。根本壞了，而末梢的國還能治得好麼？那是絕對不會的。 其所厚者薄，這就是把要緊的看得不要緊， 而其所薄者厚，把不要緊的看得要緊， 未之有也。從來沒有這樣的道理啊。 」——大學經一章

故言及事物，即不能離開本末與終始。蓋以物之整體言，任何一物皆有其本，亦有其末。以事之全部言，任何一事，皆有其始，亦有其終。本與始在先，末與終在後，先後之程序，不可更易。舉例言之：

「大學之道，在明明德，在新民，在止于至善。」——大學經一章（註釋見二四六頁）

明明德是本，當在先；新民是末，當在後。修己是本、治人是末，要皆以止于至善爲終的也。八條目亦然，格致誠正爲本，修齊治平爲末。格致誠正中又有本末焉，

格致爲本，誠正爲末，而格物又爲致知之本也。

「是故君子先愼乎德。有德此有人，有人此有土，有土此有財，有財此有用。德者，本也。財者，末也。外本內末，爭民施奪。是故財聚則民散，財散則民聚。」——大學傳十章（註釋見九三頁）

財爲用本，土爲財本，人爲土本，德爲人本，再往上推之，則德以仁爲本，仁以孝爲本。今日西方資本主義國家，重財輕德，更犯爲富不仁之失，孝爲何物，已漸失去了解，此則爲其危機之所在耳。曾有以人口問題相詢於余者，余以爲目前在台，地狹人稠，談節育尙可；反攻大陸以後，則不可談，蓋中國地大物博，正需人口從事開發，例如新疆省有十七個浙江省之大，其土地肥沃，而人口僅及浙江九分之一，發展交通，移民殖邊，實較節育爲先務。蓋有人斯有土，有土斯有財，有財斯有用，人口正爲國家建設之根本也。

再以本章爲例，知人爲吾人所追求之最後目的，首先所欲了解者，則爲知物，蓋知物之後則能明本末，辨先後；至欲求知人，當先明人與人之關係及相處之道；欲明道明德，必須從教育著手；而教則由天、命、性衍出。其先後本末之關係如圖：

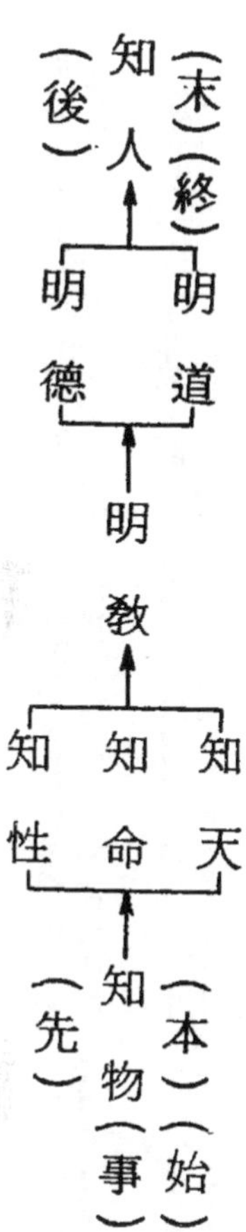

故吾人若能於人生過程中所遭遇之事物，皆能知其本末，明其終始，別其先後，以肆應千變萬化之社會環境，則庶無大過矣。如此可謂得格物之效，而達致知之功。「此謂知本，此謂知之至也。」（大學傳五章）

(六)、孟荀之論知

孟子嘗云：「人之所不慮而能者，其良能也，所不慮而知者，其良知也。」蓋孟子注重良知良能之探求，主張擴吾心良知之善性，以應萬物，知萬理，乃着重推論，舉一反三之工夫。荀子主張知由五官之緣引萬物而來，而五官之緣引萬物，則由吾心之調度，注重人爲之知，不迷信，重理智邏輯，純然融合經驗主義與理性主義。

荀子曰：（荀子說：）「心有徵知。（心又能驗知外物。）徵知，（心的驗知外物，）則緣耳而知聲可也，（則依據耳朵可以知道聲音，）緣目而知形可也。（依據眼睛可以知道形體。）然而徵知必將待天官之當薄其類然後可也。（然而心的驗知外物，必定要人的官能正和其類相接觸才可以。）」——正名篇

又曰：（荀子又說：）「同則同之，（相同的就給它同一的名，）異則異之；（不同的就給它不同的名；）單足以喻則單，（單名足以說明的就給它單名，）單不足以喻則兼；（單名不足以說明的就給它兼名；）單與兼無所相避，則共；（單名和兼名都沒有相違異的，就可以給它共名；）雖共，不為害矣。（雖給它共名，也不相為害。）知異實者之異名也，（知道不同之實應該有不同之名，）故使異實者莫不異名也，（所以使不同之實的沒有不給以不同之名的，）不可亂也，（不可以使它相亂，）猶使異實者莫不同名也。（這就如同使相同之實的沒有不給以相同之名是一樣的道理。（「異實」楊注引或曰當為「同實」。））故萬物雖衆，（所以萬物雖然衆多，）有時而欲偏舉之，（有時候想要偏舉它，）故謂之物。（於是叫它為物。）物也者，大共名也。（物是大共名。）推而共之，（依類相推給它以共名，）共則有共，（共名之上又有大一級的共名，）至於無共然後止。（一直推到再沒有共名然後為止。）有時而欲偏舉之，（有時對於事物想要偏舉一類，（俞樾以為「徧」是「偏」字之誤））故謂之鳥獸。（所以有的叫它做鳥獸。）鳥獸也者，大別名也。（鳥獸是大別名。）推而別之，（依類相推再來細別，就有小一級的別名，）別則有別，（別之再別，）至於無別然後止

。一直到沒有別名然後止。」—同前

蓋孟子之論知，主心之全體大用，荀子之論知，主以心究物，足以互相發明。

三、誠意

前節吾人所研究者，爲致知之工夫，由知物，而知天、知命、知性，而明道、明德、明教，而達知人之目的，與「格物」、「致知」，皆學問之事也。本節所欲研究者，爲誠意之工夫，與下述「正心」，則皆道德之事也。

(一)、誠之眞諦

1. 誠爲宇宙之動能

日月代明，四時錯行，淵泉時出，川流躍動，鳶飛戾天，魚躍於淵，吾人仰觀俯察之餘，深感吾人所居之宇宙，實乃一活動之大有機體，而其動能，即中庸所云之「誠」：

「誠者，天之道也。（這誠字，乃是動能的常存與無息，是天地自成，萬物化育底道理。）」—中庸第二十章

「故至誠無息，（動能常存，故不止息，）不息則久，（不止息，不間斷，故能久，）久則徵，（能久，故能有徵實有效驗，）徵則悠遠，（能有徵實有效能，故能悠久而長遠，）悠遠則博厚，（能悠久長遠，故能博大而篤厚，）博厚則高明。（能博大篤厚，故能崇高而光明。）」—中庸第二十六章

此一偉大之動能，發乎一己之身，則具有能力以格物、致知，而達於明。故云：

「自誠明，（從誠心明白道理，）謂之性。（叫做自然的天性。）」—中庸第二十一章

自先天之誠，而明白天下之至理，萬事之本原者，惟聖人能之；若夫常人，則由「已知之理而愈窮之，以求至乎其極。至于用力之久，而一旦豁然貫通焉，則衆物之表裏精粗無不到，而吾心之全體大用無不明矣。」（朱子語）此則教之功也，故云：

「自明誠，（從明白了這道理再去涵養誠心，）謂之教。（叫做人爲的教化。）」—中庸第二十一章

所謂「以求至乎其極」，即爲盡性。盡性必由於至誠，「惟天下之至誠，爲能盡其性。」（中庸第二十二章）。至誠然後「一旦豁然貫通」，即係明，亦即眞知。國父謂：「大凡人類對於一件事情研究其中的道理，最先發生思想，思想貫通以後，便

起信仰，有了信仰，就生出力量，然後能堅固確立。」「堅固確立」方是眞知，是之謂明。

愈誠愈明，愈明愈誠，有如滾雪球，愈滾愈大。故曰：

「誠則明矣。（有了誠心，就能够明白這道理。）明則誠矣。（能够明白這道理就能誠。）」——中庸第二十三章

由於至誠而明一己生存之道，進而推己及人，明人類共生共存之道，更進而明萬物生存之道，然後能體天行道，參贊天地之化育。

「唯天下至誠（惟有天下最誠心的人，）爲能盡其性；（纔能完完全全盡量發揮他自己的天生的本性；）能盡其性，（能完完全全盡量發揮自己的天生的本性，）則能盡人之性；（就能使一般的人的本性。亦能盡量發揮他自己的天生的本性；）能盡人之性，（能夠使一般的人亦能盡量發揮他們自己的天生的本性，）則能盡物之性；（就能夠使萬物亦能盡量發揮它們自己的天生的本性；）能盡物之性，（能夠使萬物亦能盡量發揮它們自己的天生的本性，）則可以贊天地之化育；（就可以贊助天和地底化育之功；）可以贊天地之化育，（可以贊助天和地底化育之功，）則可以與天地參矣。（就可以和天地並立爲三了。）」

——中庸第二十二章

何謂至誠？為便於了解，借物理學以說明之。

誠為動能（Energy），動能之表現為波（Wave），如光波（Light Wave），聲波（Sound Wave），電波（Electric Wave），力波（Mechanical Wave）。波可以集中，光波之集中於一點，謂之焦點（Focus），為最明亮，故曰：「誠則明」。聲波之集中於一點復轉換成電波，則可廣播至無遠弗屆，故至誠能成其大，能及其遠，由「不息則久」以達「悠久無疆」。電波聚集與透過極細微之電路（Conductance），可以生熱，故曰：「熱誠」。用之以解析物質，謂之電化（Electrolysis），故曰：「唯天下之至誠為能化。」力波集中於一點，則力大可以推動他物，且銳不可當，無堅不摧，故曰：「至誠而不動者，未之有也；不誠，未有能動者也。」又云：「精誠所至，金石為開」。由此而知，「誠」為宇宙之動能，而「誠意」，則動能之集中也。常人須勉力使之集中，聖人則「不勉而中」也。

2. 誠為道德之源泉

學問與道德，相因相成，然有時亦可成為反比。學問為分門別科之知識，由一本而萬殊，故愈演愈繁。如工程之學，先有土木工程，後有礦冶，後土木工程又分出道路、建築……，採礦又分出金屬、非金屬，……而金屬礦之採又分銅礦、金礦、鈾礦，……故學問之事，愈演愈多。道德爲共生共存之實踐，由萬殊而一本，故愈講而愈約，此即老子「爲學日益，爲道日損」之意。如人類彼此之關係極爲錯綜複雜，歸納言之，別有五類，即五倫是也。由於五倫之不同，其須實踐之道德，亦因而有異，如父子當親，君臣當義之類，然則均在於誠也。故中庸云：

「天下之達道五，（天下有共通的道，五種，）所以行之者三，（所以實行這五種道的卻有三種德，）曰：（那就是說：）君臣也，（一是君臣，）父子也，（二是父子，）夫婦也，（三是夫婦，）昆弟也，（四是兄弟，）朋友之交也，（五是朋友之交情。）五者天下之達道也；（這五種就是天下所共通的道；）知、（去聲）仁、勇三者，（智、仁、勇這三種德，）天下之達德也；（是天下所共通的德；）所以行之者一也。（而所以行使這三種德的，卻只有一種。（那便是「誠」））」——中庸第二十章

朱子注云：「一則誠而已矣。」是誠乃一切學問道德之源泉也。

3. 誠爲革命之動力

蔣公曾經剴切說明革命之原動力即「誠」。

「我們的革命原動力是什麼？這張表上列得很清楚，分開來說：就是智、仁、勇三個字，合攏來說：就是一個『誠』字。……所以說『智者不惑，仁者不憂，勇者不懼』，這智、仁、勇三達德，是革命精神之所由發生，亦革命事業之所由成就，而歸結其總的原動力，則是中庸上所說的『所以行之者一也』的誠字。本來誠之一字，有幾種含義：所謂『誠則明矣』，就是說無誠不智，所謂『成己成物』，就是說誠

通於仁，所謂『至誠無息』，就是說唯誠乃勇。至於整個的『誠』字的意義，則是『擇善固執、貫徹始終』的意思。因為惟有誠乃能盡己之性、盡人之性，唯有誠乃為物之始終，乃能一往無前，貫徹到底；唯有誠乃能創造、能奮鬥、能犧牲。一個三民主義的忠實信徒，必須要對於主義有固執性，有貫徹到底的毅力，無論在何種危險困難的環境當中，甚至於要犧牲性命的時候，也不能動搖我們對於主義的信仰，完全做到『富貴不能淫，貧賤不能移，威武不能屈』的地步；而且是行乎其所不得不行，盡乎其所不得不盡，更沒有什麼外力所能夠阻擾、所能夠使其停止，一切革命先烈之決心成仁，純然

是出乎一片至誠，所以說誠是革命的原動力。」（三民主義之體系及其實行程序）

4. 誠爲治平之根本

誠爲道德學問之源泉，小至個人之正心修身，大至天下國家之平治，皆以誠爲本。故中庸云：

「凡爲天下國家有九經，（凡治理天下國家的事，有九種一定之法則，）曰：（就是說：）修身也，（修好自身啊，）尊賢也，（尊重好人啊，）親親也，（親愛親人啊，）敬大臣也，（恭敬大臣啊，）體羣臣也，（體恤小臣啊，）子庶民也，（愛惜平民啊，）來百工也，（招致各種工人啊，）柔遠人也，（安撫遠方的人啊，）懷諸侯也。（恩慰各國諸侯啊。這九種……）凡爲天下國家有九經，（總括起來，治理天下國家的事，雖有這九經，）所以行之者一也。（可是實行九經，却只在一個誠字。）」——中庸第二十章

「一」即誠也。誠爲宇宙之動能，人秉賦此動能而自動，而生存，謂之具有生命之原動力。由此出發，可以明道盡性，可以修己立人，可以齊家治國，可以平天下，

可以修到「內聖外王」之極致，可以達到「天人合一」之境界。

(二)、中庸之「誠」與新舊約中上帝之比較

余根據中庸論「誠」之語，研究中西文化之不同。西方以上帝（God）為獨尊，上帝乃道德獨尊之象徵。吾人則以誠為道德之源泉，為一切之原動力，為信仰之所自生，為人類共生共存基礎之所自立。茲將中庸之誠，與新舊約中之上帝，比較闡發如下：

1.「誠者天之道也。」(God in heaven),(God is way),「誠之者，人之道也。」此言人應法天，人能體天行道，而誠則為宇宙間生生不已之動能，萬物秉之以生，（誠者自成也），無動能即無萬物，（不誠無物）。故誠為萬物之主宰，或稱造物（God is creator）。能統治一切（God is king），支配和評判一切（God is judge）。西方新舊約中則稱上帝或天父（God or heavenly father）。故誠之於上帝，自其抽象言之，則為誠；自其形象而人格化言之，則為上帝。

「誠者，自成也。誠，是自己成就自己的。而道，自道音導也。道是自己導引自己走所當行底大路。誠者，物之終始，

遺誠，乃是包括著萬物的開始以至終結。不誠無物。不誠就是妄，就沒有一切也就沒有事物了。是故君子誠之爲貴。所以君子認爲「誠」最可寶貴。」

—中庸第二十五章

2「誠者，物之終始。」此言物之生命過程，由凝聚成形，以至解體物化，均由誠支配之（God is life）。一事一物，由存在以至於不存在，稱之曰一生命過程。物之生滅，人之生死，事之始終，國家民族之存亡，均可以此稱之。其過程中所經之七階段如下：

「其次致曲，「至誠」以次，便是「致曲」。雖然不是至誠，但能曲曲折折地使之做到誠，曲能有誠，曲曲折折地使之做到誠，所以說曲能有誠，誠則形，裏面有了誠心，外面就會有表現，形則著，外面有了表現，就會顯著地使得大家都可看見，著則明，既能顯著，就會光明發越，明則動，光明發越，就能感動人心，動則變，感動人心，就能發生變化，變則化，發生變化，就能化育萬物，唯天下至誠爲能化。只有天下最誠心的人，纔能做到這化育萬物的地步。」

—中庸第二十三章

自存在至不存在，無非爲動能之變幻與物質之聚散。動能之在均衡狀態時所表現者，人稱之爲物質。動能之在自由伸縮狀態時所表現者，人稱之爲精神。故精神與物質二者，爲構成生命之原素，缺一不可。二者之消長，全視時空之配合如何而定。宇宙本身亦即時空之別稱耳。故曰：「上下四方之謂宇，往古來今之謂宙。」「上下四方者，三進向之空間也，往古來今者，第四進向之時間也。我國古人已先愛因斯坦（Einstein）而言之矣。故曰：物質與精神爲生命之體，以中和爲歸。時間與空間爲生命之用，以中正爲歸。體用兼賅以遂其生，使之可大可久，則以中庸爲歸。此生命之原理也。

3. 誠爲信仰（God is faith），亦卽擇善固執、鍥而不舍之意。誠貴乎明善（God is good）。

「誠之者擇善而固執之者也。想要做到眞誠的人，須要用心擇取善道，又要用心把握住纔行。」—中庸第二十章

「誠身有道，要能誠實自身是有方法的，不明乎善，若是不明白本性的良善，不誠乎身矣。就不能誠實自身。」—中庸第二十章

孟子曰：孟子說：「君子不亮，君子如果不能自信，亮，和「諒」同，是自信的意思。惡平聲乎執！到了做事的時候，又怎能把握得定呢！」

—孟子告子下

4. 誠爲智慧（God is wisdom），故誠則明（God is light）。「至誠之道，可以前知。」故誠有如神靈（God is spirit）。

「至誠之道，可以前知。（至誠之道，可以預先知道未來的事。）國家將興，（國家快要興旺時，）必有禎祥。（一定有些吉兆發現出來。）國家將亡，（國家快要滅亡時，）必有妖孽。（就一定有些妖異的事發現出來。）見（音現）乎蓍龜，（發現在卜筮的蓍草和靈龜上，）動乎四體，（發現在四肢的動作和威儀上，）禍福將至，（禍福要來了，）善，必先知之；（是福，可以預先知道；）不善，必先知之。（不是福是禍，也可以預先知道。）故至誠如神。（所以極誠心的人，就和鬼神一樣。）」——中庸第二十四章

5. 誠為仁愛（God is love）（God is kind），成己而又成物，仁而且智；故曰：民胞物與，無所不愛，無所不護也（God is refuge）。

孟子曰：（孟子說：）「萬物皆備於我矣。（萬物的當然道理都齊備在我的性分以內。）反身而誠，（我再反省自身，樣樣都能真確誠實，）樂（音洛）莫大焉。（人生快樂沒有大過這個的。）彊（上聲）恕而行，（更勉力從推己及人的工夫上履行，）求仁莫近焉。（那麼研求仁道就沒有比這個更近的途徑了。）」——孟子盡心上

「誠者，非自成己而已也；（誠的工夫，不是自己成功就算了的；）所以成物也。（還要拿來成就一切萬物。）成己，仁也。（自己成功，是仁的本體工夫。）成物，知（去聲）也，（成就萬物，是知的應用功夫，）性之德也，（仁和知，都是本性原有的德行，）合外內之道也；

是在內成功自己在外成就萬物底合併工夫；故時措之宜也。所以這誠，是無論什麼時候放在什麼地方都合宜的。」—中庸第二十五章

6.誠為力量(God is strength)，故能動而不息，勇毅而無畏懼，無堅不摧。通常所謂：「精誠所至，金石為開。」者是也。

「故至誠無息，不息則久，久則徵，徵則悠遠。」—中庸第二十六章(註釋見二六〇頁)

「至誠而不動者，倘能修養到至誠的地步，卻還不能感動人心的，未之有也。那是沒有的事。不誠，反之，不能盡誠底工夫的，未有能動者也。也就不能收感動人心的效果的。」—孟子離婁上

7.誠能見其眞(God is truth)。俗言眞誠者，言其眞實無欺也。故誠為眞理之所自出，眞情之所自發，人與人相處所不可或缺之正義(God is righteousness)與互信之所自生也。

「所謂誠其意者，毋自欺也。如惡惡臭，如好好色，此之謂自謙。故君子必慎其獨也。」—大學第六章(註釋見一九七頁)

8.誠能成其大(God is great)，故能經綸天下之大經，立天下之大本。

「唯天下至誠，（獨有天下最誠的人，）爲能經綸天下之大經，（纔能治理天下的大經，經綸本爲織絲的名詞，引伸作治理解。大經就是上文所說「凡爲天下國家有九經」底九項治平的大綱。）立天下之大本，（確立天下的大本，大本，就是上文所說「中也者，天下之大本也」底大本。）知天地之化育；（並且知道天地的變化；化育，就是上文所說「贊天地之化育」底化育。）夫（音扶）焉有所倚，（他豈是有特別的倚靠，就只依着自己的誠心做去就是了，）肫（之純反）肫其仁，（他的那種切實懇摯，就是仁的表現，）淵淵其淵，（他的那種深靜淸遠，就好似潭水一般，）浩浩其天；（他那種廣大無垠，就好似上天一般；）苟不固聰明聖知（去聲）達天德者，（如果不是他有實在的聰明和聖智而通達天德底人，）其孰能知之！（誰能知道他呢！）」—中庸第三十二章

9. 誠能盡其性（God is almighty），故能盡萬物之性，以參贊天地之化育，而無所不能。

「唯天下至誠，爲能盡其性；能盡其性，則能盡人之性；能盡人之性，則能盡物之性；能盡物之性，則可以贊天地之化育；可以贊天地之化育，則可以與天地參矣。」—中庸第二十二章（註釋見二六一頁）

10. 誠能通其化（God is power），故人能受其感化，樂於受其同化。所謂「大德敦化」，「君子所過者化」，「大而化之之謂聖」。均指誠所生力量之大，有不可

德教化」，「君子所過者化」，「大而化之之謂聖」。均指誠所生力量之大，有不可想像者，故能「不見而章，不動而變，無爲而成。」（中庸第二十六章）

「唯天下至誠爲能化只有天下最誠的人，纔能做到這化育萬有的地步。」—中庸第廿三章

「君子所過者化，所存者神，上下與天地同流，豈曰小補之哉？」—孟子盡心上

（註釋見二〇三頁）

上列十項，乃對誠之說明，考之基督教之聖經，幾無處而不可覓得關於上帝之相等說明。吾今而後知孔子之教與基督之教，同爲闡明人生眞諦，爲求人類之共生共存而立言，眞理固無中西之分，體天以行道設教者，此心同此理亦同也。所不同者，以時間而言，孔子早基督降生五百五十一年；以空間而言，又因兩地人民習俗與智識程度之有異，故前者以教育方式闡明眞理，後者以宗教方式傳授眞理；先聖後聖，其揆一也。蓋宗教者道之所修，德之所明，教之所宗，亦即教育之基礎，同以修道爲目的，亦固無中西之分也。

總之，由於中國文化，集中於人理之研究，認爲人能立誠盡性，弘道明德，居仁由義，能參贊天地之化育，纔算是盡了爲人的責任。纔算是具備了人的資格，不因爲

要升天堂纔做好人，亦不因爲怕入地獄而不做壞人，從人的自尊心的認識，以盡其在我，爲其所當爲而已。

一切由自己負責，犯了罪，即宜由我自己抵罪，無須亦不應由他人替我贖罪也。吾國人的思想，從哲學至科學，實事求是，毫無迷信之色彩，一切求眞求實而求諸己，故做人即宜如此——「誠」，否則，一切成了虛僞，非眞實存在矣。故曰「不誠無物」，人豈能例外耶？誠乃出於內力之自律，非由外鑠我者也，儒家之眞正精神在此。

西洋人講道德，非由一己之「誠」所達致，乃出於「上帝」之所訓勉，人之重「自律」，必須皈依上帝，蓋深信己力來自無所不知、無所不能之上帝所給與，而上帝能奬善罰惡也，故離人道而入於宗教，此東西文明之基本不同處也。

法哲孔德（Auguste Comte，1798 — 1857）認爲人類智識之進展，分爲三階段，即①宗教的，②形而上的，③實證的，吾國之文明，實已達實證階段矣。吾國人極重視「人」，故於一己之「人格」，看得極重，有不可侵犯侮辱者，故「殺身成仁」，「舍生取義」，「視死如歸」之忠臣義士，史不絕書。其所以如此者，蓋認爲人生乃行「道」耳，「道」爲大我生存之原理，不可須臾離身，小我與大我不可得兼時，自當犧牲小我，以成全大我爲正道，所以「殺身成仁」，「舍生取義」，亦在所不惜。其所持之信仰，即出之於意「誠」，是故誠意爲修身之前提也。

四、正心

由格物而致知，自己始有正確辨別能力，而力量之能否集中，則在於意之誠。意既誠矣，其次一步乃爲如何用此力量朝向正當之方向，而支配力量，調整方向者，心是也。惟有關「心於人身之重要」、「心失正則偏」、「養心」、「求放心」各點，余於「人心」一章中論之已詳，讀者可參讀，此處不再重複。本章所欲討論者，爲「正心之重要」、「正心」與「中」、「誠」之關係，及「如何正心」諸問題，茲分別論述於後。

(一)、正心之重要

心之在身，猶舟之有舵。舵之把持不穩，則舟無以渡達彼岸；心之方向不正，則行爲不能免於偏差。若心有定向，不爲外力所動、所移、所屈，卽使一時受外力影響，亦得隨時復歸於正。然把握吾人之心，使之常有正確之定向，殊不易也。蓋人爲有感情動物，情動於中則不能不形之於外，故忿懥、恐懼、好樂、憂患之情，皆足以影響人之心志，而使之發生偏失也。有時竟因心不在焉，而使官能失其作用，以致視而不見，聽而不聞，食而不知其味者。

「所謂修身在正其心者，身有所忿懥，則不得其正。有所恐懼，則不得其正。有所好樂，則不得其正。有所憂患，則不得其正。心不在焉，視而不見，聽而不聞，食而不知其味，此謂修身在正其心。」——大學傳第七章（註釋見一三六頁）

孔子曰：「操則存，舍則亡。出入無時，莫知其鄉。」此十四字，實爲對於「心」之最佳形容，甚矣哉！心之難於把持也。且吾人所處之宇宙，乃生生不已，變化無定者也。其間之萬事萬物亦莫不在動在變，盈虛消長，是非善惡，激盪推排，相因相成，互相關連，互相影響。吾心若不能保持定向，堅持一己之立場，偶一不愼，則將失之毫釐，差以千里。故正心之工夫，於吾人甚爲必要也。大學曰：「欲修其身者，先正其心。」正心爲修身之先決條件也。

荀子對於治心之工夫，甚有研究，以爲治心之道，宜由於禮，本於師，專於一。夫師者所以教人以正道者也，禮者所以示人以正路者也，專於一則無事不辦，故從荀子之說，可使各種個性之人，治其心，而趨正途。

荀子曰：（荀子說：）「治氣養心之術，（治氣養心的方法，）血氣剛強，則柔之以調和；（血氣剛強的，就用調和來柔服；）知慮漸深，則一之以易良；（知慮深沉的，就用平易忠直來斂節；）勇膽猛戾，則輔之以道順；（勇猛暴戾的，就用導訓來輔佐；）齊給便利，則節之以動止；（捷速利敏的，就用安徐的舉動來節制；）狹隘褊小，則廓之以廣大；（氣量狹隘褊小的，就用廣大來開廓；）卑溼重遲貪利，則抗之以高志；（卑下遲緩而又貪利的，就用高志來發舉；）庸衆駑散，則刦之以師友；（凡庸駑劣散漫的，就用賢師良友來奪移舊習；）怠慢僄棄，則炤之以禍災；（怠慢輕忽自棄的，就用災禍來曉示；）愚款端愨，則合之以禮樂，通之以思索。（愚誠端實的，就用禮樂來調和，用思索來貫通。）凡治氣養心之術，（凡治氣養心的方法，）莫徑由禮，（沒有比由禮入手更為捷速，）莫要得師，（沒有比得到賢師更為重要，）莫神一好。（沒有比所好專一更為神明。）夫是之謂治氣養心之術也。（這就是治氣養心的方法。）」

——修身篇

㈡、正心與「中」、「誠」之關係

正心之重要，已如上述矣。然如何方能正心？余曰：欲心得其正，先須把握「中」；欲求把握「中」，先須誠其意。今試以駕駛汽車為例，說明三者之關係。

汽車之進退速度有四檔，二檔較一檔爲快，三檔最快，四檔爲後退。吾人駕駛汽車，需要改變速度或方向換檔時，不能直接由一檔推至二檔，或由三檔退回一檔，必須先退回至中和位置（neutral position）然後再調整至所需之檔，或增速，或減速，或前進，或後退。駕駛者，視道路之實際情狀，調整所需要之正確速度與方向；猶之吾人在生活中，視自身所處之環境，所遭遇之事物，而調節一己之心使居於正也。換檔之時，必先回至中和位置，然後再加適當調節；猶之吾人欲求心正，必先處乎中，然後才能靈活作正確之調整。蓋吾人生活於社會，相處於人群，環繞己身，發生若干與自己有關之事物，吾人如能使吾心不存成見（毋意），不行專斷（毋必），不太固執（毋固），不自爲是（毋我），其與周遭事物之關係，如圓心之與圓周，處於最「中」（不偏而恰到好處）之地位，則可以肆應裕如，應變無窮，而無偏失之弊矣。汽車之換檔，出於一種力量之操縱控制；猶之「誠」之爲吾人動能之源，而「誠意」則爲動能之集中，能產生信仰（誠之者，擇善而固執之者也），發生力量（至誠不息，至誠而不動者未之有也），吾心之能處中、得正，皆原於此也。

吾人必須先具有力量（誠意），然後方能自力調整心之動向，使之處乎中，發乎正，無論一己之行爲，或外來之事物，皆可得到最佳之處理，以達修身之目的，故曰

「意誠而后心正。」

誠意一節，已見前論。以下祇就「中」之意義，加以闡述。

三、「中」之流傳

「中」之一字，所蘊含之精義，可謂吾國哲學思想中極重要部份，中庸一書，爲闡發此種思想之重要著作，然此非其源頭。言其權輿，當自堯起。堯授天下於舜，告舜曰：「咨！爾舜，天之曆數在爾躬，允執其中，四海困窮，天祿永終。」（論語堯曰篇）其後累聖相傳，皆以時中爲訓，經一千七百餘年，傳至孔子，集其大成，於「中」字之外，更加一「庸」字，而發揮出「中庸」哲學。朱子中庸章句序，於此有較詳之說明，其言曰：

「中庸何爲而作也？子思子憂道學之失其傳而作也。蓋自上古聖神，繼天立極，而道統之傳，有自來矣。其見於經，則允執厥中者，堯之所以授舜也。人心惟危，道心惟微，惟精惟一，允執厥中者，舜之所以授禹也。堯之一言，至矣盡矣，而舜復益之以三言者，則所以明夫堯之一言，必如是而後可庶幾也。……自是以來，聖聖相承，若成湯文武之爲君，皐陶伊傅周召之爲臣，既皆以此而接夫道統之傳。若吾夫子，則雖不得其位，而所以繼往聖，開來學，其功反有賢於堯舜者。然當是時，見而知之者，惟顏氏曾氏之傳得其宗，及曾氏之再傳，而復得夫子之孫子思，則去聖遠，而異端起矣。子思懼夫愈久而愈失其眞也，於是推本堯舜以來相傳之意，質以平日所聞父師之言，更互演繹，作爲此書，以詔後之學者，蓋其憂之也深，故其言之也切，其慮之也遠，故其說之也詳。其曰『天命率性』，則道心之謂也。其曰『擇善固執』，則精一之謂也。其曰『君子時中』則執中之謂也。世之相後，千有餘年，而其言之不異，如合符節，歷選前聖之書，所以提挈綱維，開示蘊奧，未有若是其明且盡者也。自是而又再傳以得孟氏，爲能推明是書，以承先聖之統，及其沒而遂失其傳焉。⋯⋯⋯⋯⋯。」

是知中庸之道，乃吾國固有文化之結晶，累聖相傳，代有發揚，孔子集其大成，子思著其書，爲吾國哲學思想中極重要部分，其影響國人之心理深而且遠，久而彌著，惟於西方詞典或百科全書中，鮮能覓得「中庸」之詳細定義。際此科技極度發達之二十世紀，世界文明發生偏差之現代，異端紛起，邪說害人，戕賊人性，唯物尙僞，欲求根本救治之道，弭止人類之危機，猶待吾國此極可貴之思想之發揚也。

(四)、「中」之涵義

程子、朱子於中庸之「中」字，有下列之解釋：

「不偏之謂中。」（中庸篇首程子語）

「中者，不偏不倚無過不及之名。」（朱子中庸章句題下注）

明道曰：「中者天下之大本。天地之間，亭亭當當，直上直下之正理，出則不是，惟敬而無失最盡。」（近思錄卷一）

又：問時中如何，伊川曰：「中字最難識，須是默識心通。且試言一廳，則中央爲中；一家則廳中非中，而堂爲中；言一國則堂非中，而國之中爲中，推此類可見矣。如三過其門不入，在禹稷之世爲中，若居陋巷，則非中也。居陋巷，在顏子之時爲中，若三過其門不入，則非中也。」（近思錄卷一）

在吾國文字中，「中」作爲名詞時，其義爲重心點；作爲動詞時，其義爲射中鵠的；作爲形容詞，其義爲恰到好處。詞性不同，三義一貫。朱子所謂「不偏不倚，無過不及」者，即恰到好處之義。昔孟子嘗評伯夷、伊尹、柳下惠、孔子四聖，其言曰：

孟子曰：孟子說：「伯夷，目不視惡色，伯夷，眼不看不正的顏色，耳不聽惡聲。耳不聽不正的聲音。非其君不事，不是他應該事奉的國君，不肯事奉，非其民不使。不是他應該使用的人民，不肯使用。治則進，天下治平就在朝做官，亂則退。天下混亂就退隱在家。橫去聲政之所出，暴政所出底地方，橫民之所止，暴民所止底地方，不忍居也。都不忍住下去。思與鄉人處，照他的想法和鄉間不明白道理的人坐在一起，如以朝衣朝冠，就和穿戴了上朝的衣冠，坐於塗炭也。坐在爛泥灰堆裏一般。當紂之時，當那商紂的時候，居北海之濱，隱居在北海邊上，以待天下之淸也。靜待著天下清平。故聞伯夷之風者，所以，聽到伯夷這種風節的人，頑夫廉，就是沒見識的頑民也知道廉潔，懦夫有立志。沒志氣的懦夫也知道立志。伊尹曰：那伊尹說：『何事非君，那有事奉的國君是不是國君的，何使非民？那有使用的人民是不是人民的？』治亦進，天下平治，固然要出來做官，亂亦進，天下混亂，也要出來做官，曰：他又說：『天之生斯民也，天生下這些人民，使先知覺後知，是要先有知識的人去覺醒那落在後面底沒有知識的人，使先覺覺後覺。是要先明白道理的人去覺醒那落在後面底不明白道理的人。予，天民之先覺者也；我是天生人民當中先明白道理的一個；予將以此道覺此民也。我要拿我所明白底道理去覺醒這些人民。』思天下之民，他想，天下的人民，匹夫匹婦，無論一個男子或是一個女子，有不與預音被堯舜之澤者，如有不受到堯舜所施給底恩惠，若己推而內納音之溝中。就好象由他自己推倒他們陷在水溝裏去一樣。其自任以天下之重也。他是這樣負責任把天下的責任由他自己負擔起來。柳下惠不羞汙君，柳下惠不以事奉汙穢的國君為羞恥，不辭小官。也不推辭小官。進不隱賢，並且一做了官，決不隱蔽賢人，必以其道。一定要依著自己的直道做去。遺佚而不怨，就是被放棄了，也不怨尤。阨窮而不憫。處在窮困的境地，從不憂愁。與鄉人處，他要是和鄉間不明白道理的人坐在一起，由由然不忍去也。也是很自在的樣子不忍走開。『爾為爾，他的意思是說：你是你，我為我，我是我，雖袒裼裸裎於我側，雖露出臂膀甚至裸露身體在我旁邊，爾焉能浼我哉？你又怎麼能够染汙了我呢？』故聞柳下惠之風者，所以聽到柳下惠這種風節的人，鄙夫寬，就是見識淺陋的人也會寬宏起來，薄夫敦。輕薄浮躁的人也會厚重起來。孔子之去齊，孔子離開齊國的時候，接淅先歷反而行。接，是「承」底意思。淅，漬米。接淅是說米已經淘好，將下鍋造飯，為了要走，來不及炊，就將米撈了起來，用手承着，立刻動身，接浙而行，是極言動身之快。去魯，後來離開魯國的時候，曰：孔子說：『遲遲吾行也！我們慢一些走好了！』去父母國之道也。這是離開父母邦國的道理啊。可以速而速，可以快速就快速，可以久而久，可以長久就長久，可以處而處，可以隱居就隱居，可以仕而仕，可以做官就做官，孔子也。這便是孔子。」——孟子萬章下四聖之立身行道，各有不同之態度與原則，惟伯夷、伊尹、柳下惠皆不免有所偏執，孔子則能因時、因事、因地而制宜，隨時處中，恰到好處，宜乎其能邁越羣聖而爲至聖也。故孟子之結論云：「伯夷，聖之清者也。伊尹，聖之任者也。柳下惠，聖之和者也。孔子，聖之時者也。孔子之謂集大成。」（孟子萬章篇下）並云「乃所願，則學孔子也。」（孟子公孫丑篇上）心嚮之情，溢於言表，良有以也。

中庸本文於「中」有下列之解釋。

「喜怒哀樂（音洛）之未發，（喜、怒、哀、樂這四種情感，當沒有發出來的時候。在心上一點沒有偏向，）謂之中。（便叫做中。）發而皆中（去聲）節，（發出來如果都合宜，）謂之和。（便叫做和。）」——中庸第一章

人爲感情動物，不能無喜怒哀樂之情，當心在靜時，喜怒哀樂之情尚未萌發，無偏無倚，是謂之中；心在動時，情發而恰到好處，其結果使人與我之間，或人與人之間和諧而公平，是謂之和。忠恕之道、絜矩之道，均出於中之基本原理。禮之本爲中，禮之用爲和。總之，人與人間相處之道，雙方滿意，事乃克通，方爲正道。若有所偏，則不能平，不平則不和，亦卽未得乎中之結果也。故能致中和，則於己可收正心之

功，於人可達忠恕之效，於事可得合理之果，進而修齊治平，上參天地矣。中庸曰：「中也者，天下之大本也。中，是天下事事物物的大本。和也者，天下之達道也。和，是天下人的共通大路。致中和，如果能完全做到中和的地步，天地位焉，天地就是照這樣安排，萬物育焉。萬物就是照這樣生長發育。」——中庸第一章

(五)、「中」之啓示

「中」之啓示於吾人者，大要言之，約有五點：

1. 事理乃相對者。相對之事理各有兩端，吾人不能僅固執一端，而忽略他端。
2. 走向極端，卽是趨向相反之一端，卽走往相反之方向。連續三次右轉彎，便等於一次左轉彎。繼續不停向東飛，最後將到達西方。此卽表示，走極端並不是進步，反是退步。走得太遠，等於回頭。最好「執中」，「中」可以產生緩慢然極穩定而眞正之進步。
3. 如果不知兩端，便把握不到中點。惟有找到中點以後，方能執中。因此，「中」可以作物理學上物質之重心點。如果吾人能把握此點，便能永遠保持穩定

平衡狀態，亦卽把握住精神之重心點矣。

4.事之兩端，經常在運動、在變化，故中點需要隨時調整。如果吾人不能注意到兩端之運動，不能適當辨別邪正，明察善惡；不作適切調整，便不能「執兩用中」。所以說「極高明而道中庸」，極者指兩極而言也。

5.「中」永遠不走極端，絕無過度刺激，然能長期適用滿足大多數人之需要。凡能長期適合大多數人之需要，絕非特殊怪異者，而是平凡無奇（庸）者。人能時時致知以辨別是非邪正，能意誠以集中力量，又能時中以正心之向，以肆應萬事萬物，則成己之功，大體已完成矣。

五、修身

(一)、修身之眞義及其重要

上述——格物、致知、誠意、正心，皆成己之功夫也。能格物致知，則知識豐足；能誠意正心，則道德崇高。有知識與道德，斯能具備「有爲有守」之條件。若徒有知識，而無道德，則不能修其身。故孔子曰：「知及之，仁不能守之，雖得之，必失之。」若惟有道德，而無知識，亦僅止於善人而已，不能締造豐功偉業。故必具備「格物、致知、誠意、正心」之功夫，然後知德兼備；知德兼備，然後可稱謂具備了修身之先決的基本條件，可以進入身的修理保養階段，而漸次達到內聖外王之境界，以福國利民。

蓋格物則事物之表裏精粗無不到，致知則吾心之全體大用無不明；意誠則己身之動力備，心正則己身之動向定。然後一切言動，自能據於德而明於理，然後人與人間自能共生共存共進化，維持悠久而不墜矣。惟宇宙間一切無不在動，無不在變，己身處於其中，雖可執中以應變，但事物之本身動時必有磨擦，動久必有消耗，正如機器必須隨時加油、去污、修理、調整及保養，庶幾舊者常新，新者耐久，效率不減，行而無碍。萬物皆然，人身何能例外？此乃修身之眞義也。

是故不論老幼尊卑貧富貴賤，皆須修身；欲爲君子，或欲治人，尤須修身。

「自天子以至於庶人，（自天子一直到平民，）壹是皆以修身爲本。（一切都要拿修身做根本。）」——大學經一章

「故君子不可以不修身。（所以君子不能不先修好自身。）思修身，（要想修身，）不可以不事親。（就不能不以孝順去事奉父母。）思事親，（要想以孝順去事奉父母，）不可以不知人。（就不能不知道人。）」——中庸第二十章

「知所以修身，知道怎樣去修好自身，則知所以治人；那就知道怎樣去治理別人；知所以治人，知道怎樣去治理別人，則知所以治天下國家矣。那就知道怎樣去治理天下國家了。」——中庸第二十章

是故修身爲內聖外王之初基，爲治國平天下之根本。乃最重要者也。

(二)、修身之綱領

修身應根據何種原則？及從何處入手？曰：

「修身以道。要修好自身，必須遵循共生共存的大道。」——中庸第二十章

換言之，人須以共生共存之原則修身。原則既係道，則應用自不能離乎德，亦即不能離乎智仁勇。惟人類之智識無時不在進步，如不好學，則無新知補充，必致落伍。若見旁人進步，相形見絀，而不以爲恥，則一旦雖有覺悟，亦不及趕上，無從補救。若空言而不力行，或見義而不勇爲，於己於人，俱屬損失。故從好學、力行與知恥入手，乃能近乎知仁勇三達德，而知仁勇三達德實爲修身之綱要也。

「好學近乎知，知同智，好學非智，然足以破愚，故近於智。力行近乎仁，力行非仁，然足以忘私，故近於仁。知恥近乎勇。知恥非勇，然足以

起懦，故近於勇。知斯三者，知道了這三件，則知所以修身。知所以修身，則知所以治人。知所以治人，則知所以治天下國家矣。」—中庸第二十章

是故知、仁、勇三者為修身之綱要，茲分述之。

1. 好學

好學以趕上時代之新知，庶吾知識日廣，而能合乎時宜；隨時進益，日進無疆，則知識日廣矣。故曰：好學近乎知。故君子不可以不好學。

子曰：「君子食無求飽，居無求安，敏於事而慎於言。就有道而正焉，可謂好學也已。」—論語學而篇（註釋見一八三頁）

子曰：「學如不及，猶恐失之。」—論語泰伯篇（註釋見二二三頁）

子曰：「學而時習之，不亦說乎？」—論語學而篇（註釋見二二四頁）

子夏曰：「日知其所亡，月無忘其所能，可謂好學也已矣。」—論語子張篇（註釋見二二四頁）

荀子曰：荀子說：「學不可以已。為學是不可以停止的。青，取之於藍，而青於藍；好比青顏色，是由藍顏色提取出來的，卻比藍

顏色更加青深；冰，水為之，而寒於水。冰，是由水凝固而成的，卻比水更加寒冷。木直中繩，樹木的直度本是合於繩墨的，輮以為輪，如果把它蒸薰使彎曲成為車輪，其曲中規，它的曲度已經合於圓規，雖有槁暴，雖然又再使它枯乾，不復挺者，也不會再挺直，輮使之然也。這就是因為蒸薰彎曲的工夫使它如此。故木受繩則直，所以木料經過繩墨量度就會直，金就礪則利，金屬器物經過磨刀石一磨就會鋒利，君子博學而日參省乎己，君子如能廣博求學，又能每天三省其身，則知明而行無過矣。就會智慧清明，而行為沒有過失。」——勸學篇

為學須日積月累，一步不可放鬆，且須時恐不及，溫故知新，用力至勤，甚至於廢寢而忘食；此之謂好學。

孔子自認一生好學不厭，誨人不倦。年方十五，即有志於學；年至五十，猶以學易可無大過為言。

子曰：孔子說：「吾十有五而志於學，有同「又」。我十五歲就有志於學，三十而立，三十歲便能自立，四十而不惑，四十歲便能明白事物底所當然，沒有疑惑，五十而知天命，五十歲便能知道天底所命和事物底所以然，六十而耳順，六十歲便能聲入而心通，聽到那裏懂到那裏，七十而從心所欲，七十歲就能想到那裏做到那裏；不踰矩。不會越出規矩。」——論語為政篇

子曰：孔子說：「加我數年，天如果假我多活幾年，按史記加作假。五十以學易，到了五十得以專心研易。（五十兩字作卒，因相似而誤分。朱注引劉聘君說，謂元城劉忠定公自言嘗讀他論，「加」作「假」，「五十」作「卒」。）可以無大過矣。便可以沒有大過失了。」——論語述而篇

由此可見為學修持，必須循序漸進，而學易可以知天命，而無大過。故君子必學易。而吾人從少到老都必須具有自強不息之學習精神。

孔子曰：「聖則吾不能，我學不厭，而教不倦也。」——孟子公孫丑篇（註釋見二三六頁）

子貢曰：子貢說：「學不厭，求學問不厭煩，智也。就是智啊。教不倦，教誨人不倦怠，仁也。就是仁啊。仁且智，又仁又智，夫子既聖矣。夫子已經是個聖人了。」——孟子公孫丑上

子曰：「我非生而知之者，好古敏以求之者也。」——論語述而篇（註釋見二二五頁）

子曰：「十室之邑，必有忠信，如丘者焉；不如丘之好學也。」——論語公冶長篇（註釋見二三六頁）

葉公問孔子於子路。楚國葉縣的縣尹葉公，向子路問孔子的為人到底怎樣。子路不對。子路不答。子曰：孔子說：「女奚不曰

：你爲什麼不這樣說：其爲人也，他的爲人啊，發憤忘食，在發憤研究學問底時候，連飲食也會忘記，樂以忘憂，等到研究明白快樂起來底時候，又會忘記一切憂苦，不知老之將至云爾。不知衰老已快要到臨，如此吧了。」—論語述而篇

此言好學爲終身之事，已成爲嗜好，故能不厭不煩，且從「知之」以至「好之」，復進而至「樂之」之境界。

2. 力行

力行以助人進步，亦即幫助環境進步；大學之教，在明明德而新民，即己德既立，亦宜幫助別人進步也。

曾子曰：曾子說：「君子己善，亦樂人之善也。君子自身已達到善的境地，也樂於見到他人能達善境。己能，亦樂人之能也。自己有能力，也樂見他人有能力。」—大戴禮記曾子制言

故君子既進益，亦宜使他人及當時之環境，乃至社會國家亦能同時進益，以求達於仁道之極境，故力行近乎仁。如己一味求進，而不顧社會，則社會環境不進，勢必

至「覆巢之下無完卵」，因而水不漲而船亦無法高矣。故君子宜力行以近仁，以助人進步，改良環境。此力行之要也。

子夏曰：（子夏說：）「博學而篤志，（能夠博學，亦能夠篤定自己的志趣，）切問而近思，（能夠切實地問，亦能夠從近處想，）仁在其中矣！（仁亦就在這裏面了！）」—論語子張篇

所稱博、篤、切、近，諸副詞，皆加重力行之意，後二者更重在實際與淺近處入手。故曰：「能近取譬，可謂仁之方也已。」（論語雍也篇）

余幼時，母教甚嚴。吾母若見余經過之處掃帚倒下，而不拾起放好，必斥之曰：「眼睛在何處？汝忍見其橫倒乎？一帚之不治，如治人何？」此謂凡遇不應當之事，不能聽其自然，必須立即加以糾正。否則即為痲木不仁。「力行近乎仁」之真義，余始領悟。蓋此種力行教育，即訓練人隨時隨地要改造環境，幫助環境，使之進步。此亦力行以近仁之例證也。蓋人生之基本目的為行道而愛人。

子夏曰：（子夏說：）「百工居肆以成其事，（各種工人總要在製造處所來完成他們的工作，）君子學以致其道。（君子也要專心在學問上用工夫以求達到極至的道。）」—論語子張篇

「君子學道則愛人，（在上的人學道，能夠愛護人民，）就小人學道則易（去聲）使也。（在下的人學道，就容易使用。）」——論語陽貨篇

又孟子在言仁之外，特提「義」之重要性，認爲仁可喻爲安宅，義喻爲正路；義即爲仁之實踐。故韓愈原道曰：「行而宜之之謂義」，義即行仁而得其宜之謂。

「仁，人之安宅也。（仁，是人住的最安穩的住宅。）義，人之正路也。（義，是人走的最正大的道路。）」——孟子離婁上

路，是供人行走者也，故孟子以爲仁如不能見之於行，無異於五穀之不成熟。

孟子曰：（孟子說：）「五穀者，（五穀的種子，）種之美者也。（在百樣種子裏面，是最美好的種。）苟爲不熟，（但若不能成熟，）不如荑（音蹄）稗。（稗，蒲賣反。荑稗，野草。反不如荑稗有用。）夫（音扶）仁，（講到仁，）亦在乎熟之而已矣。（也只在能成熟就是了。）」——孟子告子上

孟子並用淺近譬喻，由正面反面說明仁與義之道理，謂不害人之心推進一步即爲愛人，亦即爲仁；不奪人之心推進一步即爲助人，亦即爲義。仁與義皆所以爲人，在力行而不在空言。

孟子曰：（孟子說：）「人皆有所不忍，（人都有對於某事有不忍做底心，）達之於其所忍，（推這不忍的心到那忍心做底事上去，）仁也。

就是仁，人皆有所不爲，人都有對於某事有不肯做底心，達之於其所爲，推這不肯做底心到那肯做底事上去，義也。就是義。人能充無欲害人之心，人能擴充不想害人的心，而仁不可勝平聲用也。那仁就不會有用完底時候了。人能充無穿窬之心，人能擴充不做竊盜行爲的心，而義不可勝用也。那義就不會有用完底時候了。人能充無受爾汝之實，人能擴充那不受人「你啊你啊」輕賤底的呼喚，無所往而不爲義也。那就無論到什麼地方去都不會不做義的事了。」——孟子盡心下

子曰：「君子義以爲質，禮以行之，孫以出之，信以成之。君子哉！」——論語衛靈公篇（註釋見一九二頁）

質卽本質之意。每遇一事，必先分別其當爲與不當爲；當爲者爲之，不當爲者卽不爲。故曰義以爲質，卽以義爲一切行事之前提。孟子則曰：「義，路也。」（萬章）「義，人路也。」（告子上）「義，人之正路也。」（離婁上）「路惡在？義是也。」（盡心上）又以義爲人生行動所必由之途徑。

樊遲問仁，子曰：「愛人」，愛人爲仁，成己亦爲仁。「成己，仁也。」（中庸）見諸行卽爲義。是以孟曰「取義」，亦卽孔曰「成仁」，取義與成仁皆爲大勇之行爲，爲力行之極致。

孟子曰：孟子說：「魚，我所欲也。魚，是我所喜歡吃的。熊掌，亦我所欲也。熊掌，也是我所喜歡吃的。二者不可得兼，假使兩樣東西不能夠兼得，舍上聲魚而取熊掌者也。那就捨棄了魚取那熊掌。生，亦我所欲也。生，是我所要的。義，亦我所欲也。義，也是我所要的。二者不可得兼，假使這兩件到了不能兼底時候，舍生而取義者也。那就寧可捨棄生命取義的。生亦我所欲，生命固然是我所要，所欲有甚於生者，但我所要的如有比生命更要緊的，故不爲苟得也。所以不肯苟且圖保得生命。死亦我所惡，惡，去聲；下同。死亦是我所厭惡的，所惡有甚於死者，但我所厭惡的，還有比死亡更有甚的在着，故患有所不辟也。辟，去聲；下同。所以遇到禍患，也就不逃避。如使人之所欲，假使人所要，莫甚於生，沒有比生命更要緊，則凡可以得生者，那末，凡是能夠得生的，何不用也；就不論什麼都沒有不用的了；使人之所惡，假使人所厭惡的，莫甚於死者，沒有再比死亡更有甚的，則凡可以辟患者，那末，凡是可以逃避禍患的，何不爲也。就不論什麼都沒有不做的了。由是則生而有不用也，由于這義，即使可以得生，卻也有時不肯用的了，由是則可以辟患而有不爲也。由于這義，即使可以逃避禍患，卻也有不肯的了。是故所欲有甚於生者，所以，人所要的，還有比生命更有甚的，所惡有甚於死者，人所厭惡的，還有比死亡更有甚的，非獨賢者有是心也，不獨有賢德的人有道心，人皆有之，是一般人都有的，賢者能勿喪去聲耳。不過有賢德的人能夠不喪失就是了。一簞食，食，音嗣。一竹籃的飯，一豆羹，一木碗的湯，得之則生，得到就活，弗得則死，得不到就死，嘑爾而與之，嘑，同呼；呼喚。爾，猶「然」。呼爾，副詞短句，呼喚的樣子。用呼喚的樣子然後給他，行道之人弗受；就是路上的行人也不高興接受；蹴子六反爾而與之，蹴，踐踏也。蹴爾，用脚踢底樣子，用脚踢底樣子然後給他，乞人不屑也。那便連討飯的乞丐也不願意接受了。萬鍾則不辨禮義而受之，然而有了萬鍾的俸祿時，卻就不去分辨禮義上應得不應得，受了下來，萬鍾於我何加焉？究竟這萬鍾俸祿，對於我能增加些什麼呢。為去聲宮室之美，是不是為了可以得到華麗的屋宇，妻妾之奉，妻妾的侍奉，所識窮乏者得我與？和所認識底窮苦的人受到我周濟底感激麼？鄉去聲為身死而不受，從前即使為了餓死也不肯受，今為宮室之美為之；現在為了要屋宇華麗就肯做了；鄉為身死而不受，從前即為了身死也不肯受，今為妻妾之奉為之；現在為了要有妻妾侍奉就肯做了；鄉為身死而不受，從前即使為了身死也不肯接受，今為所識窮乏者得我而為之；現在為了要得到所認識底窮苦的人受到我的周濟底感激就肯做了；是亦不可以已乎！亦，猶「果」也。這畢竟不可以算啦麼！此之謂失其本心。這便叫做失掉了他自己本來有底良心。」——孟子告子上孟子此語，何等壯烈而嚴正！人類孰不好生，但人類亦孰不好義。義之極致，每至於舍生殺身。蓋在生與義二者權衡之下，小我之生爲輕，大我之義爲重，自應知其所抉擇。常人每爲惡死之一念而陷於不義。殊不知所欲有甚於生，所惡有甚於死，義比生更可欲，不義比死更可惡。吾人必須加以嚴格辨別與選擇。否則，因貪生畏死一念之差而無所不爲，一切固有之羞惡、辭讓、是非之心，皆喪失殆盡，此即等於禽獸。故曰：「力行近乎仁」。而力行之極致，則爲「求仁而得仁」。

荀子曰：（荀子說：）「積土成山，（積土成了大山，）風雨興焉；（自然就會興起風雨；）積水成淵，（聚水成了深淵，）蛟龍生焉；（自然就會生出蛟龍；）積善成德，（積善行養成美德，）而神明自得，（睿智自然獲得，）聖心備焉。（聖明之心於是也就齊備了。）故不積蹞步，（所以不由半步積累起來，）無以致千里；（不能達到千里；）不積小流，（不匯聚小的水流，）無以成江海。（不能成爲江海。）騏驥一躍，（良馬騏驥一躍，）不能十步；（也不能跳出十步；）駑馬十駕，（劣馬駕車十天能走很遠的路程，）功在不舍。（牠的成就在於不停息。）鍥而舍之，（雕刻而時常停息，）朽木不折；（就是腐朽的木頭也不能刻斷；）鍥而不舍，（雕刻一直不停，）金石可鏤。（就是金石也可以鏤成。）」

—勸學篇

荀子以爲人須本著鍥而不舍之精神以努力，則無事不辦，此亦力行之要務也。

3. 知恥

知恥，以免自身落伍。蓋知恥卽有羞惡之心，而勇於改過，而日進聖賢君子之道，遠離小人鄙倍之域；故知恥近乎勇。人類與禽獸之區別，卽在人類知有恥而禽獸則無。西哲嘗言：「世上動物會臉紅者，惟有人而已。」此節謂唯人乃能知恥也。人類一切之文明之推進皆由恥而得。故恥爲人類進化之一種推動力量。能知恥方有所奮勉，能奮勉方有所作爲。若喪失羞惡之心，卽將陷於墮落、痲木、萎靡、苟且、卑汚，不倫於與禽獸無別不止。是以聖人立教，必使人知恥，然後乃有道德文化之可言。

子曰：（孔子說：）「道（音導）之以政，（用政令開導人民，）齊之以刑，（用刑罰，齊一人民，）民免而無恥。（人民只知道避免觸犯刑律，心裏並沒有把作惡看做無恥。）道之以德，（如能用德化，來引導人民，）齊之以禮，（用禮來齊一人民，）有恥且格。（人民就知道羞恥，而且能進一步格除他的可羞可恥底行爲。這格，是「正」的意思。就是尚書冏命「格其非心」之格。）」——論語爲政篇政事刑律，極其成效，不過使人民免於罪惡而已。惟有教化，方能使人常存羞惡之心，自覺自悟而日趨為善。恥有兩種作用，必須在負的方面能知其非，又在正的方面能求其是；必須在負的方面能知其劣，又在正的方面能求其優。若不能發憤為雄，自立自強，仍無濟於事。

孟子曰：（孟子說：）「恥之於人大矣！（恥對於人的怎樣做人，關係是大極了！）為機變之巧者，（那些機詐變幻的巧騙底人，）無所用恥焉。（本來就用不到恥。）不恥不若人，（如果沒有羞恥自己不如人底心，）何若人有。（自然也就談不到什麼都要如人了。）」——孟子盡心上

子曰：（孔子說：）「德之不修，（道德不進修，）學之不講，（學問不能講求，）聞義不能徙，（聽到了義，不能遷以從義，）不善不能改，（有了不善，不能悔改，）是吾憂也。（這些都是我所憂的。）」——論語述而篇

此謂恥與人生有極重大之關係。必須自愧不若人，然後能迎頭趕上，或從新做起，力求其能若人，或進一步而求其所以勝於人。恥，有其刺激性，且有其推動力，其所表現即為勇。若其投機取巧，稍涉於敷衍與浮夸，或知而不改，即非徹底之覺悟，亦不能認為眞正之有恥。此孟子所引以為憂者。

孟子曰：（孟子說：）「人不可以無恥。（人不可以沒有羞恥心，）無恥之恥，（能夠把沒有羞恥心當做羞恥，）無恥矣！（那就終身不會有羞恥了。）」──孟子盡心上

因為恥與人生之關係如此之重大，是以孟子極言人不可以無恥。謂羞惡之心乃與生俱來者，吾人若能以無恥為可恥，當然可以免於無恥之恥矣。

(三)、修身之目標

子曰：「好學近乎知，力行近乎仁，知恥近乎勇。知斯三者，則知所以修身。」（中庸二十章）蓋好學、力行、知恥三者，所以入知、仁、勇三達德之門也。而三達德──知仁勇，則修身之要也。至於達致修身之目標，由於有恒者，善人、君子、賢人，以至於聖人而後止。故荀子曰：

「其義則始乎為士，（其目標始則為士，）終乎為聖人。（而終極是為聖人。）」──荀子勸學篇

士者，讀書人之謂也。聖人者，修身之極致，智德最崇高者也。人一入學，即須修身。先由做到有恒始，以次及於善美，而至於君子賢人；迨學德最豐，則入於聖人

之境界。是爲修身之終極目標。此已詳於前矣，茲不具述。

四、修身之種類

一般人皆以爲修身者，修其德之謂也。吾獨以爲修身除以上知仁勇之三達德外，尙有生理、心理二者。蓋凡動之物質，皆有消耗，皆有變動。汽車之輪胎，至多走五萬英里而磨光，電燈泡亮數月而後絲斷，人至多上壽百年而終須死亡，……凡百生命有始亦有終，蓋其過程，以皆有消耗，故皆有死亡。唯以消耗故，須隨時補充之，修理之，保養之，調整之，以延長其壽命。此機器之所以必須隨時修理檢查，而人之所以必須時時修身養性者也。以機器之須隨時調整、修理與保養也，故爲工程師之第一任務，即隨時儲備彼所管理而容易損壞之機器零件。一大工廠，有時可能爲一螺絲而休工，而致生產停頓，以至損失慘重。故工廠之機器，有待於隨時加油，隨時檢查，隨時修理。唯人亦然，應乎環境之變化，處於世事萬變之中，或勞其形體，或困其心慮，皆有消耗，故宜隨時修心養性，以調理其形體，安洽其心身，此皆生理心理之修身也。故修身包括知仁勇三達德之修，與生理、心理之修。吾國祖先頭腦之聰穎，用字之恰當，思維之精細，於此可見。

生理之修，則在起居之有時，飲食之有節，寒煖之適度，動靜之得宜。蓋人之所以生病者，其最大原因有二：㈠體之失去平衡，㈡用之失去節制，身體各部若不失却平衡，則雖瘦弱，仍屬健康，否則外表雖碩健，內部已失中和。其病已在。又體氣雖健，而用無節制，以致精神勞累至極，至若縱情物欲，精疲力竭，而致抵抗力弱，更失去身心之平衡，因而獲病。　國父爲醫學博士，深明此理，故其醫治社會經濟之病態，一則在節制資本，二則在平均地權。土地爲體，貴平衡，資本爲用，貴節制，其義一也。其學說今後應爲社會經濟學之準繩，所謂「良醫可以治病，良相可以治國」，此之謂也。身體所以最易致病之由，一在食、一在色。病從口入，故食不可不愼；色過分，亦將病亡。故善於修身養性者，在節制食色之欲，使身心平衡。宏揚仁道之德，使由行仁而自得其樂，則可以修身，可以養性，可以全生，可以養親，可以盡年矣（略取莊子意）。昔者周公一食三吐哺，一沐三握髮，以待天下之士，以行仁道之實。其行仁道有所未得到，則「仰而思之，夜以繼日，幸而得之，坐以待旦」。其行仁如此之力，奉公如斯之勤，故能制禮作樂，創造中國最光榮燦爛之文化，而開周朝八百年之運祚。此修身養性（生理之修身）之實效也。心理之修，則在：

㈠管制自己——此卽學問之第一目的也。

㈡顧及他人——此即道德之第一目的也。

能管制自己，則能率性而入道，不偏不倚，從容中道。能顧及他人，如大學云：「是以君子有絜矩之道也。所惡於上，毋以使下。所惡於下，毋以事上。所惡於前，毋以先後。………」則能絜矩而方物，推己及人，安洽於恕道。由是心修而精神自健，精神健而形體自然康泰。以之而爲學，則學立識成。以之而修德，則德成道立矣。故心理不可不修。

由是智仁勇之三達德須修，生理、心理亦須修。人能修身如此，則身健心怡，而學高德富身心康泰矣。

㈤、修身之方法

身是活的，無時不在動變，而其四周環境的一切，亦無時無地不在動變，在此種情況之下，其自身必須經得起動而極堅實，必須經得起變而能適應。所以身的第一個條件爲本身健全，能以不變應萬變，是謂「立志」；第二個條件，爲不斷的「好善」力爭上流（即上達）以免墮落；第三個條件爲內心隨時自求調整，檢討與修理，謂之「克己」；第四個條件爲動作云爲自律，毋使越軌，謂之「復禮」；第五個條件，爲能適應集體生活之要求，謂之「忠恕」。茲以汽車之修理保養爲譬喻如下：

在美國購買汽車，首重堅實而有力，無需時常修理，一般州的法律規定，一年必須總檢查一次，全部機械動的部份，及燈光電瓶煞車等等，必須調整、加油、加水、洗修、除污，一切都有規定。其四輪則使之前後成一直綫（俗稱前輪定位），每一輪胎之重心則使之四平八穩。不成一直綫，則輪胎容易一邊磨光，行車方向偏差。不四平八穩，則行時車身容易顛動。一般汽車應有的安全設備，必須齊全，使同行的四車輪，亦得到助力。其修理汽車之工廠，及檢查汽車場所，遍地皆有。夫一汽車之檢查、修理及保養，尚不或缺，且須有種種方法；然則吾人之修身可以無方法乎？修身之主要方法，即上述所謂立志、好善、克己、復禮、忠恕五大項目，茲分述於後。

1. 立志

「凡事豫則立，不豫則廢。」對事尚須如此，對人生何獨不然！有目的，有理想，方能定方向，定步驟，循序漸進，以達成功，所謂以不變應萬變是也，故曰：「有志竟成」。志字從㞢從心，即心之所至之意。知止者，知其所止，亦立志之意也。

「知止，（能夠知道所當止底地步）而后（與後同。）有定。（然後纔有定向。）定，（有定向，）而后能靜。（然後能不妄動。）靜，（能不妄動，）而后能安。然後能安適。安，能安適，而后能慮。然後思慮纔能精詳。慮，思慮能精詳，而後能得。然後能得到所當止底至善。」——大學經一章

有志，則所見者遠，所期者大；遇有艱難險阻，自必盡力克服。至於立志之目標則在「志於道，據於德」，以漸晉內聖外王之功，而達成功之境。故曰：

子曰：孔子說：「士志於道，作爲一個士專心求道，而恥惡衣惡食者，卻慚愧自己穿底衣服不好，吃的飲食不好，未足與議也。不足和他談論道了。」——論語里仁篇

惟人生有涯，能達百齡者已稱爲國瑞，七十者爲古稀。近代醫藥進步，年壽日增；惟年富力強之黃金時代，仍屬有限。故對於人生分段落之重點，不可或無。孔子一生之計畫與成功，有如下述：

子曰：孔子說：「吾十有五而志於學，有同「又」。我十五歲就有志於學，三十而立，三十歲便能自立，四十而不惑，四十歲便能明白事物底所當然，沒有疑惑，五十而知天命，五十歲便能知道天底所命和事物底所以然，六十而耳順，六十歲便能聲入而心通，聽到那裏懂到那裏，七十而從心所欲，七十歲就能想到那裏做到那裏；不踰矩。不會越出規矩。」——論語爲政篇

孟子謂：「志，氣之帥也；氣，體之充也。」（公孫丑上）是以志爲人身體內氣之統帥，氣則爲充達至於身體各部以見於行動底部屬。軍無統帥，失之指揮，帥無部屬，何能作戰？孔子亦喻個人之志，甚乃强於三軍統帥；統帥可能被敵人所奪，而個人志節則非任何人所能奪。立志之重要如此。

子曰：孔子說：「三軍可奪帥也，三軍的主帥，可以把他刼奪過來，匹夫不可奪志也。個人的志氣是自己立定，却是不能刼奪的。」——論語子罕篇

孔子於弟子侍坐時，常使其各言其志。而其自己志願，則願天下人各得其所。所謂老者安之，朋友信之，少者懷之。其抱負之大如此。

顏淵季路侍。顏淵和子路侍立在孔子旁邊。子曰：孔子說：「盍各言爾志。何不各人說說自己的志願。」子路曰：子路說：「願車馬，我願把我所有的車馬，衣去聲輕裘，所穿底輕煖的皮衣，與朋友共，都和朋友共用，敝之而無憾。雖被朋友用壞了，我也不怨恨。」顏淵曰：顏淵說：「願無伐善，我願不矜誇自己的才能，無施勞。不張大自己的勞績。」子路曰：子路又說：「願

聞子之志？（我也願聽聽夫子的志願。）」子曰：（孔子說：）「老者安之，（我願天下年老的人都使他們能安逸，）朋友信之，（交朋友要使他們相信我，）少者懷之。（年少的人要使他們懷念。）」——論語公冶長篇

立志為吾人修身最先決之事。立志為聖人，斯可能成聖人；立志於求仁，斯能得仁矣。故孔子曰：「仁遠乎哉？我欲仁，斯仁至矣。」（論語述而篇）立志之功效如此，故修身不可不先立志。

2. 好善

何謂善？善之標準為何？余以為凡適應人類共生共存之需要者，即為善；相反者則為不善。就羣體而言，社會健全，國家康強，人類幸福，世界大同，此為善。就個人而言，身體強健，心理安康，學問豐富，道德高尚，此亦為善。故惟有好善，方能為不斷向上向前之進展（上達），方能接受他人之批評與勸勉。聖凡賢愚之別，端視其能否好善而定也。

孟子曰：（孟子說：）「有天爵者，（有從天所得的爵位，）有人爵者。（有從人所得的爵位。）仁、義、忠、信，（能實行仁義忠信，）樂善不倦，（樂於行善而不厭倦，）此天爵也。（這就是從天所得的爵位。）公、卿、大夫，（公卿和大夫，）此人爵也

也。這就是從人所得的爵位。」——孟子告子上

孟子曰：孟子說：「雞鳴而起，雞叫的時候就起身，孳孳爲善者，勤勉地做善事，舜之徒也。這是大舜一類的人。雞鳴而起，雞叫時就起身，孳孳爲利者，勤勉地謀利益，蹠之徒也。那是盜蹠一類的人。欲知舜與蹠之分，要想曉得大舜和盜蹠的分別，無他，沒有別的不同，利與善之閒也。就在這行善和謀利兩點中間去分辨就是了。」——孟子盡心上

楚書曰：楚書上說。「楚國無以爲寶，楚國不把金玉當做寶貝，惟善以爲寶。只把善當做寶貝。」——大學傳十章

爲了上達求進，故必須保持好善之心，而實際上使之達成此一目的，在能有良師之教導與良友之協助，故「尊師」與「信友」極爲重要，尊師與重道往往並稱，信友之目的，乃在接受責善，故曰：「責善，朋友之道。」二者，均使從好善而得其善也。古之好善者，其最足以爲後人所效法者，莫如舜禹，舜取諸人以爲善，禹聞善言則拜。

孟子曰：孟子說：「舜之居深山之中，當初舜住在深山裏面，與木石居，和木頭石頭一處住，與鹿豕遊，和野鹿野豬一處走，其所以異於深山之野人者幾希！他和那深山裏面的鄉下人實在很少不同的地方！及其聞一善言，等到他聽得一句好

的說話，見一善行，見到了一件好的事情，若決江河，就像放決江河的水，沛然莫之能禦也。沛沛蕩蕩地灌注下來，沒有能夠止住它的。

」——孟子盡心上

孟子曰：孟子說：「子路，子路這個人，人告之以有過則喜。有人告訴他有過失，就非常喜歡。禹聞善言則拜。夏禹聽得人家說善言，他就拜受。大舜有大焉，大舜所爲，又有更大的地方，善與人同，做一件好事，總要和別人共同，舍己從人，並且能犧牲自己的成見，依從大衆的公意，樂取於人以爲善。喜歡採取別人的長處作爲模範。自耕稼陶漁，從他微賤時所做耕種、燒窰、打魚等事起，以至爲帝，一直到做帝王，無非取於人者。沒有不是採取別人的長處自己照樣做的。取諸人以爲善，拿別人的善言善行做榜樣，是與人爲善者也。就是幫助別人爲善。故君子莫大乎與人爲善。所以君子的美德，沒有再大過幫助別人爲善的了。」——孟子公孫丑上

荀子曰：荀子說：「見善，看到善行，修然必以自存也；必定要整飭地自己來省察，看自己是否有這種善行；見不善，看到不善，愀然必以自省也。必定憂懼地自己來反省，看自己是否有這種不善。善在身，如有善行在身，介然必以自好也；必定要堅固地自行愛惜；不善在身，如有不善在身，菑然必以自惡也。必定要防沾汙似地自行厭棄。故非我而當者，所以批評我錯處恰當的，吾師

也；就是我的老師； 是我而當者，議論我是處恰當的， 吾友也；就是我的朋友； 諂諛我者，諂諛我的， 吾賊也。就是我的仇賊。 故君子隆師而親友，所以君子人尊敬老師，親近朋友， 以致惡其賊。而極其厭惡仇賊。 好善無厭，能夠好善而不厭倦， 受諫而能誠，接受勸諫而能警誡， 雖欲無進得乎哉！雖然想不要進步，也是不可能的呀！」 ——修身篇

3. 克己

人之異於禽獸，在人除有求食、求偶之本能外，尙有求仁之本能。人生之意義，卽寄託於此，人生之責任，卽在於仁道之光揚。雖仁道至重至遠，修身行仁，殊非易易。然孔聖之學，極高明而道中庸，儒家之道，輕空談而務實際。故行仁之事，約而言之，不外克己、復禮二端而已：

仲尼曰：孔子說：「 古也有志：古書記載說： 克己復禮仁也，克制自己行爲，使一切舉動都合乎禮，這就是仁德的表現。 信善哉！這種說法眞是美好啊！」 ——左傳昭公二十年

顏淵問仁。顏淵問，怎樣纔能做到仁。 子曰：孔子說： 「克己復禮爲仁。克制自己的私欲，使自己的視聽言動都回復自然的禮，那便是仁。」

所謂克己？克者，踐也，行也。即係自身之苦修鍛鍊，以備擔負未來之艱鉅任務。自古以來，無論爲宗教方面所崇拜之神，或爲德行方面所崇敬之聖，考其生活，無一不經過艱苦卓絕，考其言行，無一不出諸至誠大公。有人無我，乃能爲人人所尊敬，身體力行，乃能爲人人之師表。

克己之眞義，以訓練軍隊之道爲喻，最易明曉。何以軍隊平時即需要嚴格訓練？刻苦、耐勞、挨餓、忍寒，非禮勿視、非禮勿聽、非禮勿言、非禮勿動？其目的爲求在戰場上能發揮最大之智慧（智）與勇氣（勇），殺敵致果，衛國成仁（仁）。 國父講「軍人精神教育」，闡發此理至詳。士能見危授命，成仁取義，若非平時修養有素，何能致此？克己之功夫，文武雖有所不同，其理則一。軍人稱士，文人亦稱士。前者之「克」，由外而內，採集體訓練方式。後者之「克」，由內而外，採個別自修方式，故稱「克己」。

己之所以須克者，蓋人本不能無私，有私則不足以行仁，而行仁則爲吾人所欲達成之最崇高目標也。克己是一種功夫，非可一蹴而至，必須於日常生活中，時時實踐之。余以爲克己之準備功夫，有下列各項，茲分述於後。

(1) 求諸己

求諸己為求一己之自立，求一己之自達，不依賴人，不求助於人，以建立其高尚之人格，此為君子與小人不同之所在。

子曰：「君子求諸己，小人求諸人。」—論語衛靈公篇（註釋見一七〇頁）

以射箭比喻君子最為恰當，射而不中，惟反求諸己。君子之所以「不怨天，不尤人。」即因能求諸己也。

子曰：（孔子說：）「射有似乎君子，（射很有些像君子的作風，）失諸正鵠，（古代射時所張底箭靶，叫做「侯」。侯之中，縫上一塊皮，叫做「鵠」。鵠之中，畫着一個中心叫做「正」。失諸正鵠，就是射不着侯中的正鵠。）反求諸其身。（只反省自身的射術沒有工夫。）」—中庸第十四章

子曰：（孔子說：）「不怨天，（我從來不怨天命，）不尤人。（也不怪別人。）」—論語憲問篇

不惟求一己之自立自達，須先求之於己，即領導別人，教育別人，均須先求之於己也。己身先有是項優點，然後要求別人亦須做到；己身先無是項缺點，然後要求別人亦須改掉。

「是故君子有諸己，（所以有道的國君，為善先要有之於己，）而后求諸人。（然後求之於人。）無諸己，（過失也先要自己沒有，）而后非諸人。（然後批評別人。）所藏乎身不恕，（假使自身所做的全不寬恕公道，）而能喻諸人者，（卻要使衆人了解不加反對，）未之有也。（那是從來沒有的事。）」——大學傳九章

一人若有充實其內在潛能，則已立豐厚之基礎，循此以進，則德可立，功可成，名可就，必能取得他人之信心，樂於追隨效法。故求諸己表面視之，雖屬一人之事，其結果則必及於他人也。

(2) 慎獨

吾人生活於羣體社會之中，一己之動靜舉止，不免時常為人所矚目，故須嚴守分際，不越規矩；若處身於無人之環境，自以為為人所不見，為人所不知，此念一生，最易苟且鬆懈，敗德毀行，常自此起。故慎獨為任何宗教家教育家所首先重視之事，為立誠之始，為成德之基。

「所謂誠其意者，毋自欺也。如惡惡臭、如好好色，此之謂自謙。故君子必慎

其獨也。」——大學傳六章（註釋見一九七頁）

「是故君子戒慎乎其所不睹，恐懼乎其所不聞。莫見乎隱，莫顯乎微，故君子慎其獨也。」——中庸第一章（註釋見一九六頁）

存亡禍福，其要在身。聖人重誡，敬慎所忽。「中庸曰：（中庸上說：）『莫見乎隱，（沒有比隱暗處更顯現的，）莫顯乎微，（也沒有比細微的事更顯著的，）故君子慎其獨也。（所以君子在獨處時特別謹慎。）』諺曰：（諺語說：）『誡無詬；（警誡，就能常保清白；）思無辱。（慎思，就能遠離恥辱。）』夫不誡不思而以存身全國者，亦難矣。（不能警誡慎思，而想保全自身或國家的，也是很難的啊！）詩曰：（詩經上說：）『戰戰兢兢，（戒慎恐懼，）如臨深淵，（好像面臨著深淵，）如履薄冰。（好像行走在薄冰上。）』此之謂也。（就是這個意思啊。）」——說苑敬慎篇

慎獨者，特別謹慎自己之思想、行為於獨處無人之時也。鄭玄曰：「小人閒居為不善，無所不至也。君子則不然，雖視之無人，聽之無聲，猶戒慎恐懼自修正，是其須臾不離道。」故慎獨為測驗自己之自治能力，為克己之第一步功夫。

(3) 自省

自省為自我之定期檢查，以省察過去之言行有無錯誤，有則改之，無則加勉。曾子每日必以三事自省。

曾子曰：（孔子弟子曾參（字子輿）說：）「吾日三省（悉井反。）吾身，（我每天必拿三件事情向自身反省，）為（去聲）人謀而不忠乎？（代人家做事是不是忠實地盡了自己的能力呢？）與朋友交而不信乎？（和朋友相交有沒有不誠信的地方呢？）傳不習乎？（師長傳授我的學業，可曾用心研習呢？）」——論語學而篇

美國卜克曼博士所倡導世界道德重整會，即特別重視反省功夫，每晨反省前一日所為，並計畫當日應作之事，庶幾減少過錯，日趨完美。

遇見好人，希望對其看齊；遇見壞人，應反省自己有無不好之處。

子曰：（孔子說：）「見賢思齊焉，（見了有德性的賢人，就想學到和他相等，）見不賢而內自省（悉井反。）也。（見了不賢的人，便從內心上省察自己有沒有和他一樣的不賢處。）」——論語里仁篇

(4) 自反

自反為事後之檢討，有別於定期或事前之自省。凡任事而不能如我所願，或他人

待我以橫逆，必須檢討原因所在，以明其咎在己，抑在他人，以免重犯錯誤，且有勇氣前進。孟子對於自反之道，指示甚詳。

孟子曰：（孟子說：）「君子所以異於人者，（君子所以和衆人不同的地方，）以其存心也。（就在他能保持心性的正常。）君子以仁存心，（君子以仁存在心裏，）以禮存心。（以禮存在心裏。）仁者愛人，（能仁的人，就能愛人。）有禮者敬人。（有禮的人，就能敬人。）愛人者，（能夠愛人底人，）人恆愛之；（人也常常愛他；）敬人者，（能夠敬人底人，）人恆敬之。（人也常常敬他。）有人於此，（假定有個人在這裏，）其待我以橫（去聲）逆，（他拿凶橫悖逆的行為對待我，）則君子必自反也。（君子就一定要自己反省。）我必不仁也，（一定是我自己先有不仁底地方，）必無禮也，（一定是我自己先有無禮的地方，）此物奚宜至哉？（這種橫逆的行為怎會加到我身上來呢？）其自反而仁矣，（等到自己反省自己是仁的，）自反而有禮矣，（自己反省自己是有禮的，）其橫逆由（與「猶」同。）是也。（可是橫逆的行為還是一樣。）君子必自反也，（君子一定再要自己反省，）我必不忠。（一定是我自己待人還有不忠心底地方。）自反而忠矣，（等到自己反省自己是忠心的，）其橫逆由是也。（那橫逆的行為還是一樣。）君子曰：（君子總說：）此亦妄人也已矣！（這也是個不講道理的妄人罷了！）

如此，(這樣，)則與禽獸奚擇哉？(那和禽獸還有什麼分別呢？)於禽獸又何難(去聲)焉？(對於禽獸又何必和他計較？)是故君子有終身之憂，(所以君子有一生的憂愁，)無一朝之患也。(卻沒有一時從外面來底禍患。)乃若所憂，(不過君子所憂愁的事，)則有之。(倒也有的。)舜，人也；(譬如虞舜是個人；)我，亦人也。(我也是個人。)舜為法於天下，(舜可以為法於天下，)可傳於後世，(可以流傳到後世，)我由未免為鄉人也，(我卻不免還是個鄉里的平常人，)是則可憂也。(這卻是可憂的。)憂之如何？(憂又怎辦呢？)如舜而已矣。(只要能夠像舜一樣就是了。)若夫(音扶)君子所患，(至於君子所患的，)則亡矣。(那是沒有的了。)非仁無為也，(他對於不仁的事是不做的，)非禮無行也，(不合禮的事是不肯幹的，)如有一朝之患，(即使有一時的外來的禍患，)則君子不患矣。(君子也不去擔心計較的啊。)」——孟子離婁下

昔者曾子謂子襄曰：(從前曾子告訴他的弟子子襄說：)「子好(去聲)勇乎？(你喜歡勇麼？)吾嘗聞大勇於夫子矣！(我曾經聽得我的夫子孔子說過最大的勇氣是這樣的！)自反而不縮，(如果自己問心，道理確是不直。)雖褐寬博，(雖然對那穿粗布寬大衣服的平常人。)吾不惴(之瑞反)焉。(我難道就不覺得恐懼麼。)自反而縮，(縮是直的意思。如果自己問心，道理確是直的。)雖千萬人吾往矣。(雖然有千萬人我也要前往。)」——孟子

——公孫丑上

能自反則不致錯怪他人（不遷怒）或重犯過失（不貳過），惟自反始能求諸己而得之。

孟子曰：（孟子說：）「愛人不親，（我愛人家，人家卻不親近我，）反其仁；（我就該反省自己的仁有沒有缺點；）治人不治，（我管理人家，人家卻不受我管理，）反其智；（我就該反省自己的智能有沒有缺點；）禮人不答，（我敬禮人家，人家卻不回敬我，）反其敬；（我就該反省自己的敬意有沒有缺點；）行有不得者，（大凡做事不能得到預期的效果，）皆反求諸己；（都要在自己的身心上去反省；）其身正而天下歸之。（等到自己的本身正了，那天下的人自然都來歸服了。）詩云：（詩大雅文王篇有說：）『永言配命，（常常思念自己的行爲是不是合於天理，）自求多福。（自己去尋求美滿的幸福。）』」——孟子離婁上

自反係從行中求知，乃求責任之自明，以自己充自己之審判者，則免受他人審判而自損人格。

(5) 自責

自省自反之後，發現犯有過失，自應嚴格責己，不可諉罪於人；即使其咎在人，亦應責人寬，責己嚴。

子曰：孔子說：「躬自厚，嚴格責備自身的過失，而薄責於人，卻是薄薄的責備人家，則遠去聲怨矣。這樣，自然就免得人家的怨恨了。」—論語衞靈公篇

(6) 改過

自省自反，爲過失之發掘；自責，僅爲責任之交代，惟悔改方免於再錯。是以欲求寡過，必先勇於改過。改過爲光明磊落之行爲，文過乃欺人害己之罪惡。君子與小人之不同亦在此。

子貢曰：「君子之過也，如日月之食焉。過也，人皆見之；更也，人皆仰之。」—論語子張篇（註釋見一七〇頁）

子夏曰：「小人之過也，必文。」—論語子張篇（註釋見一七〇頁）

發現過失，不論大小，應立即改正，不必等待，亦不可猶豫。

子曰：孔子說：「主忠信，做事的主意，必須忠心信實，無友不如己者，不要結交不如自己的人。過則勿憚改。有了過失不要怕改。」—論語學而篇

「君子以見善則遷，有過則改。君子見益卦的象徵，所以看到可以增益自己的善處，就立卽效法，自己有了過錯，就立刻改正。」—易經益卦象辭

改過似爲對自己之一種公開責罰，往往有所顧忌，惟恐爲人所知，名譽有損。其實知過不改，斯爲無可救藥；知過而能改正，則爲一種難能可貴之美德。

「過而不悛，有錯誤而不能改正，亡之本也。這是失敗的根本啊。」—左傳襄公七年

子曰：孔子說：「過而不改，有了過失不肯改，是謂過矣。這纔算是眞過失了。」—論語衞靈公篇

「人誰無過，人們那個沒有犯錯的時候，過而能改，有了錯處能夠改正，善莫大焉。那就是最大的善了。」—左傳宣公二年

機器損壞，及時修復，則可再用，發揮正常效果。人若有過，而能立刻改正，則仍不失爲正人君子，如日月之復明，更增人之仰望也。

(7)自勉

己不如人，應盡力求勝，庶日有進步。如有過人處，亦應自謙，俾百尺竿頭，更進一步。凡能於學業常存不足之心，於天命常存敬畏之念，於聖賢常存崇仰之忱，卽

謂之自勉。

孔子曰：（孔子說：）「見善如不及，（見了好的人和事，連忙想去接近，就像心裏祇恐趕不上似的，）見不善如探湯；（見了不好的人和事，連忙避諱，就像自己的手要摸著熱湯似的；）吾見其人矣，（我曾經見過這樣的人，）吾聞其語矣。（我也聽過這樣的話。）隱居以求其志，（至於隱居避世來成就自己的志願，）行義以達其道，（遵義而行，來實現平生所抱的大道，）吾聞其語矣，（我曾聽過這話，）未見其人也。（我還沒有見過這些人哩。）」——論語季氏篇

孔子曰：「君子有三畏：畏天命、畏大人、畏聖人之言。小人不知天命，而不畏也。狎大人，侮聖人之言。」——論語季氏篇（註釋見一五九頁）

自勉爲善，時時有進步，則能日爭上游，日新又新，實爲保持進步及防止退步之最有效方法。

(8) 自強

人之智慧有高下，體力有強弱，惟有毅力可以補救其缺陷。毅力者，自強不息之謂也。

「人一能之，己百之；人十能之，己千之。果能此道矣，雖愚必明，雖柔必強。」—中庸第二十章（註釋見二二一頁）

成功或失敗，可能僅差一簣之功，其關鍵完全決定於自己之有毅力與否。

子曰：（孔子說：）「譬如為山，（譬如挑着土去堆山，）未成一簣，（簣，求位反。沒有堆成，只差了一竹籠的土，）止，（可是這停止，）吾止也。（原是我自己停止下來的。）譬如平地，（又譬如在平地上，）雖覆一簣，（雖然倒了一竹籠的土，）進，（但如繼續堆上去。也可以堆成山，）吾往也。（這繼續朝上堆，也是我自己去堆的啊。）」—論語子罕篇

尤其重要者，當吾人處於環境險惡，困難重重之時；或屢遭失敗，灰心失望之餘；吾人切不可為困難或失敗所擊倒，而當重整旗鼓，再接再厲，自強不息，以底於成。

(9)自信

人既立成己成物之大志，又知時時自省、自反、自責、自勉，且能勇於改過，自強不息，則對於一己之道德、學問、能力必有正確之了解。從而產生自信，對事功能計時以成，對障碍則不憂不懼，以獲致勝利之果。孔子即為極端自信之人，其言曰：

子曰：（孔子說：）「苟有用我者，（如果有人任用我治理國政，）朞月而已可也，（滿一年可以使政務略有敷布，）三年有成。（三年便能有成功的治績了。）」——論語子路篇

子畏於匡。（孔子的面貌很像陽虎。匡邑人受了陽虎的大害，把孔子錯認做陽虎。所以孔子在匡邑很有戒心。）曰：（說道：）「文王既沒，（文王已經沒了，）文不在茲乎？（一切文化遺產難道就不在我這裏麼？）天之將喪（去聲）斯文也，（上天如果要消滅這文化，）後死者不得與（去聲）於斯文也。（後死的我，便不得與聞這些文化了。）天之未喪（去聲）斯文也，（上天倘並不要消滅這些文化，）匡人其如予何！（那匡邑的人將把我怎樣呢！）」——論語子罕篇

子曰：（孔子說：）「天生德於予，（天既在我身上賦與我以善良的德性，）桓魋（徒雷反。）其如予何！（桓魋能把我怎樣啊！如同「奈」。桓魋是宋國的向魋，因爲是宋桓公的後代，所以又叫桓魋。這段故事，史記孔子世家有記載：「孔子去曹，適宋，與弟子習禮大樹下。宋司馬桓魋欲殺孔子，拔其樹。孔子去，弟子曰：『可以速矣！』孔子曰：『天生德於予，桓魋其如予何？』」）」——論語述而篇

故人有充分之自信，對自己所追求之目標，必能確切不移，必能貫徹始終，不成功，不休止。是自信之建立，爲成功之重要條件，蓋不可忽也。

(10) 自得

自得者，自得其樂也。余以爲快樂之來，非由於物質享受，實源於內心之滿足；而內心之滿足，又由於理想之得以實踐也。如好學不厭之士，於知識之追求過程中，時時有新發現，時時有新天地，樂即在其中矣。如福國淑世之聖哲，終生勞瘁憂苦，然樂亦在其中矣。故吾人當自己尋求快樂，放大眼光，開濶胸襟，不以一己之樂，而以羣體之樂爲樂，於爲全體人類謀求幸福之奮鬪中，盡一己之力，樂觀積極，不怨不尤，則何處不可自得？

4.復禮

諸子中論禮之最善者莫過於荀子，荀子以禮規範國家，匡弼社會，指導人生。一生最注重隆禮。

荀子曰：（荀子說：）「宜於時通，（適宜處於通達之時，）利以處窮，（也利於處在窮困之時的，）禮信是也。（就是禮信。）

凡用血氣、志意、知慮，（大凡用血氣、志意、智慮，）由禮則治通，（順着禮去做就順治通達，）不由禮則勃亂提僈；

不順着禮去做就悖亂怠慢；食飲、衣服、居處、動靜，食飲、衣服、居處、動靜，由禮則和節，順着禮就和適，不由禮則觸陷生疾；不順禮就遭遇陷阻發生毛病；容貌、態度、進退、趨行，容貌、態度、進退、趨行，由禮則雅，順着禮就會嫻雅，不由禮則夷固僻違庸衆而野。不順禮就會倨傲邪僻凡庸而粗野。故人無禮則不生，所以人沒有禮就不能生存，事無禮則不成，事情沒有禮就不會成功，國家無禮則不寧。國家沒有禮就不能安寧。」

——修身篇

克己，偏重內在之克制鍛鍊；復禮，偏重於外在之行爲表現及環境之影響於己者。禮原來是不成文法，所以範圍人之動作云爲，使之善與他人共生共存共進化也。及「禮記」出，則已成爲成文法矣，孔子答顏淵復禮之問曰「非禮勿視，非禮勿聽，非禮勿言，非禮勿動」足見禮爲言行之規範，爲人生日用所不能離者也。宋輔廣曰：「禮本於天理，此不曰理而曰禮者，理虛而禮實，以其有品節文章，可以依據也。」克己與復禮，所以成己而成物也。余以爲「復禮」之實行詳目，可有下列各項。

(1)律己

凡人不獨在德行方面須有上述種種修養，在身體方面亦須隨時注重保養。保養身體須使生活有規律，重衛生，食、衣、住、行皆有合理而妥善之安排，庶能防疾病，保健康。且心理與生理有密切關聯，生理如不健全，心理亦受影響。孔子視爲最宜慎重者有三事，疾病爲其中之一。

「子之所愼，（孔子一生所謹愼的，）齊（側皆反）、戰、疾。（是齋戒、戰爭和疾病。）」——論語述而篇

(2) 節操

人之眞正價値，不易在尋常行爲中見之，必在重要利害關頭，甚至在生死關頭，始可表現。所謂關頭即爲「節」。「節」爲植物枝幹連接之處，堅固異常。「操」，通常所言操守，即謂其擇善而固執之也。蓋立身處世，行爲應有一定之原則與分際，合則勇往直前，義無反顧，庶幾有所建樹，福人福己；不合則誓死不爲，寧死不屈，保持一己人格之完整；此之謂有節操。吾國人對於節操向極重視，自來忠臣義士，節婦貞女，可歌可泣之動人事蹟，史不絕書。而於立節之士，景仰崇敬之餘，莫不予以絕高之地位與讚譽。

「儒有委之以貨財，（儒者雖用財貨賄賂他，）淹之以樂好，（以玩樂來包圍他，）見利不虧其義；（他也不會因見利益而虧損了義理；）刼

之以衆，雖以衆人來威脅他，沮之以兵，以兵器來恐嚇他，見死不更其守；他也不會因怕死而改變操守；鷙蟲攫搏不程勇者，遇猛獸就與之搏鬥，從不考慮勇力足否，引重鼎不程其力。舉重鼎也從不考慮自己的力量夠不夠（只要該做的就勇往直前），往者不悔，已經做了的事，從不反悔，來者不豫，未做的事，只要該做也從不猶豫，過言不再，說錯的話，絕不再說，流言不極，謠言不聽，也不追根究底，不斷其威，儀態威嚴，常保不斷，不習其謀，不習用謀略，其特立有如此者。他們的特立獨行是像這樣的。儒有可親而不可劫也，儒者可以親密而不可以威脅他，可近而不可迫也，可以接近而不可強迫他，可殺而不可辱也，寧可殺身成仁也不可受侮辱，其居處不淫，他居位的地方樸素而不奢侈，其飲食不溽，他的飲食也簡單而不豐盛，其過失可微辨而不可面數也，他有過失別人可以微辭示意，而不可當面奚落他，其剛毅有如此者。他們剛毅不拔的精神是如此的。儒有忠信以為甲冑，儒者以忠信為甲盔，禮義以為干櫓，以禮儀為干盾，戴仁而行、抱義而處，起居行動都謹守仁義，雖有暴政，雖遇暴虐的政治，不更其所，也不改變他所居所處，其自立有如此者。他們自立的精神是這般的。」——禮記儒行篇

「士之為人，士的為人，當理不避其難，只要合理的事絕不避艱難，臨患忘利，雖遭患難也不顧及自己的利害，遺生行義，不惜犧牲

生命以實踐道義，視死如歸，（把赴死看作如同家一般，）有如此者，（他們的為人是這樣的，）國君不得而友，（雖國君也不能和他交往，）天子不得而臣。（雖天子也難以召他為臣屬。）大者定天下，（功業大的可以平定天下，）其次定一國，（次等的也足以平撫一國，）必由如此人者也。（必定要靠這些人啊。）」—呂氏春秋士節篇

(3)守分

節操指人格之成全而言，守分指責任與禮節之適度而言。過與不及，均為未當。簡言之，人之言行，必須與其所處之地位相稱，取與亦須合乎禮義。有所不為，乃能有所為耳。

子曰：（孔子說：）「不在其位，（不在這個職位上，）不謀其政。（不參與這個職位上的政事。）」—論語泰伯篇

曾子曰：（曾子說：）「君子思不出其位。（易經艮卦象辭裏有說，君子想要不越出自己的本來地位。）」—論語憲問篇

「君子素其位而行，（君子守著自己當時所處底地位行事，）不願乎其外。（不想到自己的地位以外去。）素富貴，（平素處在富貴的地位，）行乎富貴；（就行那富貴的事；）素貧賤，（平素處在貧賤的地位，）行乎貧賤；（就行那貧賤的事；）素夷狄，（處在夷狄的地位，）行乎夷狄；

就行那夷狄的事；素患難，處在患難的地位，行乎患難；就行那患難的事；君子無入而不自得焉。君子無論到什麼地位都不會不悠然自得的。」—中庸第十四章

孟子曰：孟子說：「人有不為也，一個人如果有不肯做的事，而後可以有為。然後纔能有偉大的作為。」—孟子離婁下

(4) 安貧樂道

士所追求者，為道之實踐；士所憂慮者，為道之能否實踐，個人之貧窮富貴，固微不足道者也。所謂安貧，非謂求貧，或以貧以鳴清高，乃謂貧而合乎禮義，則應安於貧之現況也（富為人人所羨欲，安富處富，固人情之樂願，自不待言）。蓋人不安貧，則汲汲於個人之生活享受，自無崇高遠大之理想；而物欲無窮，永難滿足，目眩心迷，患得患失，則行險僥倖，無所不為矣。

子曰：「士志於道，而恥惡衣惡食者，未足與議也。」—論語里仁篇（註釋見三〇五頁）

子曰：「君子謀道不謀食。耕也，餒在其中矣；學也，祿在其中矣。君子憂道不憂貧。」—論語衛靈公篇（註釋見一七八頁）

子曰：（孔子說：）「飯疏食，（音嗣）飲水，（吃粗米飯，飲淡水，）曲肱而枕（去聲）之，（彎了手臂做枕頭，）樂亦在其中矣！（雖是貧窮。心裏卻安適得很，樂趣就在這裏面！）不義而富且貴，（不義，如果富而且貴，）於我如浮雲。（在我看來，就像天上的浮雲一樣。）」—論語述而篇

子曰：「君子固窮，小人窮斯濫矣。」—論語衞靈公篇（註釋見一七四頁）

(5) 慎出處、明去留

出處者，指出仕或不出仕而言。去留者，指去職或不去職而言。何時乃出，何時乃處；如何乃去，如何當留；均應合乎禮義。不然，於公無益，於私有害，不可不察也。孟子對於去就之道，曾述之如下：

陳子曰：（陳子問孟子說：）「古之君子，（古時候的君子，）何如則仕？（要怎樣纔出去做官？）」孟子曰：（孟子說：）「所就三，（可以就任的情形有三，）所去三。（可以去職的情形也有三。）迎之致敬以有禮，（如果接待他既能盡敬，又能盡禮，）言將行其言也，（並且說明要採用他的建議，）則就之。（便可以就。）禮貌未衰，（禮貌雖沒有衰退，）言弗行也，（但是建議已不能採用了，）則去之。（那就可以去了。）其次，（這以次的，）雖未行其言也，（雖還不能採用他的建議，）迎之致敬以有禮，（但接待卻還能盡敬，又能盡有禮，）則

就之。（那也是可就的。）禮貌衰，（到了禮貌衰退，）則去之。（也便可以去了。）其下，（這以下的，）朝不食，（早飯沒得吃，）夕不食（晚飯也沒得吃，）飢餓不能出門戶。（饑餓得不能走出門口的時候，）君聞之曰：（國君聽得了纔這樣說：）『吾大者不能行其道，（我在上的人既不能用行他的道理，）又不能從其言也，（又不能照他的話去做，）使飢餓於我土地，（使他饑餓在我的土地上，）吾恥之。（我實在很覺羞恥。）』周之，亦可受也；（國君去周濟他，也可以收受的；）免死而已矣。（這也不過免掉一死罷了。）」——孟子告子下

去就之道大矣，孟子之言，不過大體比較言之。總之，無論出處與去留，既非為一己之富貴，而為謀人羣之福利，則必循乎禮，合乎義，不虧職守，無損人格。不然，既無以明其志，且無以行其道。故宜擇人而事，待時而進。若明知無行道之可能，與其尸位素餐，同流合污，不如隱居不仕，飄然引去。所謂「有道則見，無道則隱。」若仕，則先仕於父母之邦，亦不宜輕去父母之邦，以明其親疏之分。

(6) 慎交際、謹取與

朋友為五倫之一，除公的關係——君臣，與私的關係——父子、兄弟、夫婦——外，即為社會關係——朋友，其重要性可以想見。因此交友之目的如何？對朋友之態

度與責任如何？如何交友？何者可交？何者不可交？皆應謹思愼行，不可輕忽。

人與人間友誼之建立，在一「信」字。有互信方可稱爲朋友。

「使契爲司徒，教以人倫：父子有親，君臣有義，夫婦有別，長幼有序，朋友有信。」—孟子滕文公篇（註釋見六九、七二頁）

交友之目的則爲輔仁（在德行上互相輔助），其方法爲「以文會友」。

曾子曰：曾子說：「君子以文會友，君子是以學術文章去聚會朋友，以友輔仁以朋友同志來輔助自己增進德行。」—論語顏淵篇

因此擇友，應注重德行學問之勝於己者而交之。

子曰：孔子說：「無友不如己者，不要結交不如自己的人。」—論語學而篇

與正直、信實，或多見識之朋友交遊，可以受益；與兩面奉承，善於獻媚，或巧言不誠之朋友交遊，自易受損。

孔子曰：孔子說：「益者三友，使人受益的有三種朋友，損者三友。使人受損的也有三種朋友。友直、交接正直的朋友、友諒、交接信實的朋友、友多聞，交接多見識的朋友，益矣。都可以受益的。友便平聲辟、辟，婢亦反。交接兩面奉承的朋友、友善柔、交接獻媚工夫好的朋友、

友便佞，交接說話圓熟並無實學的朋友。損矣。那就受損了。」——論語季氏篇

朋友之間，須保持恭敬，不可狎而無禮。

子曰：孔子說。「晏平仲善與人交，齊國大夫晏平仲名嬰，最善於和人交朋友。久而敬之。相交的日子久了，仍然照前一樣的恭敬。」——論語公冶長篇

朋友有過，應以嚴正或以委婉之言加以勸導，期其能改過而歸於正。

「責善，責備向善，朋友之道也。是做朋友的道理。」——孟子離婁下

加以忠心勸告之後，對方如仍不聽從，自當適可而止，以免自討無趣。

子貢問友。子貢向孔子問交友的道理。子曰：孔子說：「忠告工毒反。而善道去聲之，朋友有了錯處，要忠心勸告他，並且好好地引導他，不可則止，但如不肯聽從，只得中止，毋自辱焉。不要惹起反感來自討沒趣。」——論語顏淵篇

總之，朋友相處之道，應出乎誠，立乎信，以德行、學問相輔相勉。朋友遭遇困

難，傾全力以助之；然自己則不可冀望朋友有若何之貢獻，而須先問自己對其有無貢獻，所求乎朋友者，先施之。如此，庶幾無虧於友道也。

人與人相處，不免有精神與物質之互助，有時係通有無，有時爲表敬意，有時則利用此舉以賄賂而遂私欲，是以不可不察。在受與之前先問義與不義，有禮無禮，再定受與不受，或與與不與。

子張曰：子張說：「見得思義。見了利得，就考慮義上該取不該取。」—論語子張篇

不應受而受，傷廉；不應與而與，傷惠。

孟子曰：孟子說：「可以取，覺得可以取，可以無取，經考慮後又覺得可以不取，取傷廉。取了便有傷於廉。可以與，覺得可以與，可以無與，經考慮後又覺得可以不與，與傷惠。與了便有傷於惠。」—孟子離婁下

總之，取與有道，一以禮義爲準，凡非禮義者，絕不可取，亦不應與也。

(7) 環境之選擇與改造

外在之環境可以對人發生鉅大之影響，故必須愼擇環境。選擇仁厚之環境以處之，是爲明智之抉擇。

子曰：（孔子說：）「里仁爲美，（里中要有仁厚的風俗纔好，）擇不處（上聲）仁，（選擇鄰居不住到有仁厚風俗的地方去，）焉得知。（知，讀去聲。怎算得智。）」

——論語里仁篇

選擇環境固然重要，然改造環境則更爲重要，原來惡劣之環境，改造使之良好，原來不利之環境，改造使之有利。選擇環境，是爲消極之適應；改造環境，是爲積極之創造。創造一適合禮義而與自己要求不違背之環境，於己之理想之實踐，定有鉅大之助益也。

(8) 時勢之創造與等待

事之成敗，時間與形勢爲兩項重要因素。時勢有可以創造者，亦有可以等待者，須賴自身智慧之判斷，不宜依賴他人。

孟子曰：（孟子說：）「待文王而後興者，（要待到有文王那樣的政治和教化纔起來而向善的，）凡民也。（那是平常的百姓啊。）若夫（音扶）豪傑

之士，至於有非常才智的豪傑之士，雖無文王猶興。雖然沒有文王還是要起來的。」—孟子盡心上

齊人有言曰：齊國人有句話說。「雖有智慧，雖然有智識和聰明，不如乘勢，不如趁著可爲的時勢。雖有鎡音玆基，雖然有犁頭和釘鈀，不如待時。不如等待可種的時期。」—孟子公孫丑上

(9) 技藝與嗜好之選擇

由於技藝之關係，決定職業之範圍，因而影響心理狀態，習而久之，變更自己之道德觀念而不自覺，所謂「習慣成自然」，此則甚爲危險。故技藝不可不加以愼擇，以免出乎禮義而不自知。

孟子曰：孟子說：「矢人豈不仁於函人哉？造箭的人難道比那造盔甲的人來得不仁麼？矢人唯恐不傷人，造箭的人只怕造的箭不好，不能傷人，函人唯恐傷人，造盔甲的人只怕造的盔甲不好，仍舊要傷人，巫匠亦然，巫師和木匠也是這個樣子，故術不可不愼也。所以在選擇一種技術的時候，不能不愼重。」—孟子公孫丑上

孟子之意，並非輕矢匠而重函巫，其眞意乃係提醒德重於藝，毋使藝妨礙德，亦

無非使矢人與匠人知所警惕而已。

爲人不能全無嗜好，嗜好可以引起人生興趣，增強人之生活力。惟良好之嗜好，有益身心；不良之嗜好，使人陷溺沈迷。不可不愼擇之也。

孔子曰：（孔子說：）「益者三樂，（樂，五敎反。使人受益的有三種愛好，）損者三樂。（使人受損的，也有三種愛好。）樂節禮樂，（愛好禮和樂，）樂道人之善，（愛好稱揚人家的好處，）樂多賢友，（愛好多交接有才幹的朋友，）益矣。（都可以受益的。）樂驕樂，（樂，音洛。愛好驕奢淫樂，）樂佚遊，（愛好遊蕩無度，）樂宴樂，（愛好偷安逸樂，）損矣。（那就受損了。）」——論語季氏篇

(10) 愼言、謹行

言必忠信①，宜謹愼②，貴能行③，達意而已④，在時間⑤，分量⑥，對象⑦諸方面，須恰到好處，乃能生效。

①子曰：（孔子說：）「人而無信，（一個人如果沒有信用，）不知其可也。（我不知道他怎麼可以立身處世。）大車無輗，（輗，五兮反。好比大車沒有駕牛的橫木，）小車無軏，（軏，音月。小車沒有駕馬的曲鉤，）其何以行之哉？（車子又怎麼能行動呢？）」——論語爲政篇

②子貢曰：子貢說。「君子一言以爲知，知，讀去聲。君子只一句話就可以顯得聰明，一言以爲不知，一句話也可以顯得不聰明，言不可不愼也。就是說，說話不能不謹愼呀。」——論語子張篇

③子曰：「古者言之不出，恥躬之不逮也。」——論語里仁篇（註釋見二三二頁）

④子曰：孔子說：「辭，說話或著述或往來詞命等一類的文辭，達而已矣。只要達出意思來就是了。」——論語衞靈公篇

⑤子問公叔文子於公明賈曰：孔子向衞國人公明賈問衞國大夫公叔文子名公孫枝的人怎樣，說道：「信乎，眞的麼，夫子不言、不笑、不取乎？人家都說公孫枝這人不大講話、不笑、不取財的呢？」公明賈對曰：公明賈答說：「以告者過也。這是告訴你的人過甚其詞罷了。夫子時然後言，實際公孫枝不過是在該說的時候纔說話，人不厭其言；人家便不覺得他的說話可厭；樂然後笑，眞正快樂了纔笑，人不厭其笑；人家便不覺得他笑得可厭；義然後取，必須合義的財他纔取，人不厭其取。人家便不覺得他取財可厭。」子曰：孔子說：「其然？他能這樣麼？豈其然乎？難道他眞能這樣麼？」——論語憲問篇

⑥⑦子曰：孔子說：「中人以上，上，讀上聲。在中等以上的，資質可以語上也。語，去聲。可以和他講上等的道理。中人以下，

資質在中等以下的，不可以語上也。就不能和他講上等的道理了。」——論語雍也篇

④⑦子曰：孔子說：「可與言，可以和他講道理的人，而不與之言，卻偏不和他講，失人。這便是錯過了人。不可與言，不可以和他講道理的人，而與之言，卻偏要和他講，失言。這便是錯說了話。知去聲者不失人，智者不會錯過人，亦不失言。也不會錯說話。」——論語衛靈公篇

所謂慎言，非謂不言也，要在言之有物而無失，言之有徵而能行，能符合上列各點要求，可謂慎言矣。

謹行者，行為謹慎，踏實認真，以事實取信於人，遠勝於以言語取信。孔子答子張問最為透徹。

子張問行。子張問孔子怎樣纔可以到處行得。子曰：孔子說：「言忠信，說話要忠誠信實，行去聲篤敬，做事要篤厚謹慎，雖蠻貊亡百反之邦行矣。雖到那南蠻北狄的地方去，也可以行得的。言不忠信，說話不忠誠信實，行不篤敬，做事不篤厚謹慎，雖州里行乎哉！雖是在本鄉本里，恐怕也行不通哩！立，並且這兩大信條要時刻不忘，在站立的時候，則見其參七南反於前也；就好象看見它站在前面一般；在

輿，坐在車子上，則見其倚於衡也；就好象看見它靠著車上橫木一般；夫音扶然後行。這樣鄭重小心，然後纔可以到處行得。」子張書諸紳。子張特地把這些話寫在自己的大帶上。——論語衛靈公篇

如上述，立志、好善、克己、復禮為修身之要目。求諸己、愼獨、自省、自反、自責、改過、自勉、自強、自信、自得，為「克己」之準備功夫；律己、節操、守分、安貧樂道、愼出處、明去留、愼交際、謹取與、環境之選擇與改造、時勢之創造與等待、技藝與嗜好之選擇、愼言、謹行，為「復禮」之實行詳目。由立志以至謹行，無一不需要智，無一不需要勇，智勇兼備，力行以赴，則求仁得仁；此之謂修身。

5. 忠恕

上述立志、好善、克己、復禮四項，均屬主觀之修身條件，以造成自身之理想人格。惟「修身以道」，道者，人與人共生共存共進化之原理，必須應用及於他人，始可在客觀方面知其合用與否，若認為適用於己者，必能適用於他人，則可能造成善意的錯誤，蓋人與人雖有其共性，然亦各有其個性，故己所欲者，未必都為他人所欲，惟有己所不欲者，弗施之於人，則萬無一失，蓋若能尊重對方之小異，以全雙方之大

同，始能達成「爲仁」的目的，故「忠恕」之道尙焉，玆分述之：

(1)忠恕之意義

忠者，盡一己應盡之責；恕者，推己及人之謂也。忠恕之道盡，然後修身之法備，而爲人之道自得。孔子以爲有一言而可以終身行之者，惟恕而已。而曾子以孔子之道，爲忠恕而已矣。

子貢問曰：「有一言而可以終身行之者乎？」子曰：「其恕乎！己所不欲，勿施於人。」——論語衞靈公篇（註釋見八七頁）

子曰：「參乎！吾道一以貫之。」曾子曰：「唯。」子出，門人問曰：「何謂也？」曾子曰：「夫子之道，忠恕而已矣。」——論語里仁篇（註釋見八八頁）

「己所不欲，勿施於人。」此尙是消極之推己及人，是消極之恕道，僅僅做到不侵害別人而已，不能主動以一己之善，助別人亦成其善，以一己之成功，助別人亦獲成功，斯則未爲完美也。子答子貢問曰：「夫仁者，己欲立而立人，己欲達而達人。」（論語雍也篇）則是積極之推己及人，積極之恕道矣。一己成功矣，進而謀人之成功；一己安樂矣，進而謀人之安樂，此則仁者之事也。故吾人必須由消極之恕道，進而實踐積極之恕道，庶幾發揮一己小我之力，以謀人羣大我之幸福也。故曰「强恕而行，求仁莫近焉」（孟子盡心篇），忠恕表面看來，似易做到，實際上，並不容易。以子貢之賢，孔子猶以為未至。

子貢曰：「我不欲人之加諸我也，吾亦欲無加諸人。」子曰：「賜也！非爾所及也。」—論語公冶長篇（註釋見八七頁）

子貢嘗一出而存魯、弱齊、强晉、亡吳、霸越，以如是高之才華，行恕道，猶有未工，然則吾人尤宜勤奮以行，以求至乎其極。惟忠恕之道，雖非一日可幾，然有法可及，惟在求諸己；己德既立，則教人以善，化天下以道耳，是以君子有絜矩之道也，絜矩之道，正所以內以盡己，外以推至於人人者，亦即忠恕之道之檢查工夫也。

「是故君子有諸己，而後求諸人；無諸己，而後非諸人，所藏乎身不恕，而能喻諸人者，未之有也。」—大學傳九章（註釋見三一三頁）

「教人以善，（以善教人，）謂之忠。（叫做忠。）」—孟子滕文公上

「所惡於上，毋以使下；所惡於下，毋以事上；所惡於前，毋以先後；所惡於

後，毋以從前；所惡於右，毋以交於左；所惡於左，毋以交於右，此之謂絜矩之道。」——大學傳十章（註釋見八六頁）

忠恕之道之檢查功夫，俗稱謂「設身處地」，則一經有錯，即可自明，蓋易地而處，則立場與觀念，全部改變矣。吾人既知忠恕之重要，則宜秉此而行，以修其身，以立其身，庶日進於君子賢人之域。

(2)忠恕之實行

恕之實行，在消極方面爲己所不欲，勿施於人，茲分別述之如下：

①不驕不倍

「滿招損，（自滿必招致損失，）謙受益。（謙虛必得到益處。）」——書經大禹謨

「溫故而知新，（道問學故溫故而知新，）敦厚以崇禮。（尊德性故敦厚而崇禮。）是故居上不驕，（所以在上位不會驕傲，）爲下不倍。（倍，與背同。在下位亦不會悖亂。）」——中庸第廿七章

「居上而驕則亡。在上位的要是驕傲自大，必招致滅亡。」—孝經

②不忮不求

子曰：孔子說：「衣去聲敝縕紆粉反袍，穿了破舊的棉袍子，與衣狐貉胡各反者立，和那穿狐皮貉皮衣服的人站在一起，而不恥者，而不覺得可恥的，其由也與。恐怕只有仲由一個人罷。『不忮之豉反不求，這正合了詩衛風雄雉篇所說，不嫉妒，不貪求，何用不臧？為什麼不好？』」子路終身誦之。子路聽了，便常常誦讀這幾句詩。子曰：孔子說：「是道也，這也不過是一條正路，何足以臧。怎麼就算得十分好呢。」—論語子罕篇

孟子曰：孟子說：「言無實不祥，說話沒有什麼實在不吉祥的，不祥之實，實在不吉祥的，蔽賢者當之。那只有遮蔽賢能，纔當得是實在不吉祥哩。」—孟子離婁下

俗諺有云：「無取於人斯富，無求於人斯貴，無忮於人斯壽。」誠哉斯言也。

③不多疑

子曰：孔子說：「不逆詐，不預料人家要欺騙我，不億不信，不懸揣人家要不信我，抑亦先覺者，但對於人情的眞假，也能預先覺察出來，是賢乎？這可算得有見識的賢者了？」──論語憲問篇

俗語有云：「疑人不用，用人不疑。」蓋誠信之謂也。

④不吝嗇

子曰：孔子說：「如有周公之才之美，如果這個人有周公那樣好的才能和美質，使驕且吝，假使驕傲而且鄙吝，其餘不足觀也已。其餘。也就不値得一看的了。」──論語泰伯篇

⑤不矜己之長

「矜其善，滿足自己的善行，喪厥善；就不能繼續行善；矜其能，矜誇自己的才能，喪厥功。就不能得到成功。」──書經說命

子曰：孔子說：「孟之反不伐，魯國大夫孟之反名側，他不誇張自己的功勞，奔而殿，殿，讀去聲。齊魯戰爭時，魯兵大敗。他在後面彈壓著，使魯兵有秩序地撤退，將入門，等到將進城門，策其馬，卻故意鞭他的坐馬，曰：對衆人說：『非敢後也，我並不敢在後面押隊，馬不進也。』這是

馬不肯前進啊。』」—論語雍也篇

⑥不道人短

「惡稱人之惡者，（憎恨那在背後說人家錯處的，）惡居下流而訕（所諫反）上者。（憎恨那在下位毀謗在上位的。）」—論語陽貨篇

子曰：（孔子說：）「吾之於人也，（我對於人啊，）誰毀誰譽？（沒有毀謗過誰，也沒有稱譽過誰，）如有所譽者，（如果我有稱譽過的人，）其有所試矣。（那我是曾經考驗過他的。）斯民也，（現在這些人，）三代之所以直道而行也。（仍然是夏商周三代用直道教養下來的。）」—論語衛靈公篇

孟子曰：（孟子說：）「言人之不善，（專指摘別人的短處，）當如後患何？（對於別人報復底後患，又怎樣去防止呢？）」—孟子離婁下

子貢方人。（子貢平日喜歡比較別人的長短。）子曰：（孔子說：）「賜也賢乎哉？（賜呀，你倒敢議論別人，大概自己眞是好的了，）夫我則不暇。（講到我，就只能管自己，沒有議論別人的閒工夫。）」—論語憲問篇

⑦不咎既往

「互鄉難與言，（互鄉是魯國一個著名的壞地方，那地方的人難和他交談，）童子見，（見，賢遍反。有一個童子來見孔子，孔子居然見了，）門人惑。（弟子們很疑惑。）子曰：（孔子說：）『人潔己以進，（人家把自己弄得乾乾淨淨而來，）與其潔也，（我就贊成他的乾淨，）不保其往也。（不管他過去的行爲是善是惡。）』」——論語述而篇

⑧不念舊惡

子曰：（孔子說：）「伯夷叔齊，（孤竹君的兒子伯夷和叔齊，）不念舊惡，（他們都不記別人過去的壞處，）怨是用希。（所以別人對他的怨恨，也就少了。）」——論語公冶長篇

⑨不厚責人

子曰：「躬自厚，而薄責於人，則遠怨矣。」——論語衞靈公篇（註釋見三一九頁）

⑩不爲已甚

孟子曰：（孟子說：）「仲尼不爲已甚者。（孔子對待別人，總不肯太過分的。）」——孟子離婁下

孟子曰：（孟子說：）「逃墨必歸於楊，（脫離了墨子一定歸到楊子來，）逃楊必歸於儒。（脫離了楊子，一定歸到儒家來。）歸，（既然來歸，）斯受之而已矣。（那便收留下來就是了。）今之與楊墨辯者，（現在和楊墨爭論曲直的人，）如追放豚，（彷像追一隻逃豬，）既入苙，（苙，即豬欄。已經追了回來，關進了豬圈，）又從而招之。（還要怕它再逃，又去把它的腳綑起來。招，是把腳綑起來底意思。）」—孟子盡心下

昔賢亦云：「常以恕字自惕，常留餘地處人。」蓋亦不為已甚之意也。

⑪不以怨報怨

或曰：（有人說：）「以德報怨，（拿恩惠去報答那和我有仇怨的人，）何如？（怎樣呢？）」子曰：（孔子說：）「何以報德？（那對你有恩惠的人，你又拿什麼去報答？）以直報怨，（我以為應該以直道去報答仇怨，）以德報德。（以恩惠報答恩惠，纔對。）」—論語憲問篇

以正直之道報怨，以仁義之德報德。斯眞君子之道，忠厚之至也。

(3)忠恕之推行

己所不欲勿施於人者，舉例如上。人之所欲而期之於己者，究為何事？答曰：

凡人有苦難時所最需要者，莫過於同情——仁——惻隱之心。
凡人有委屈或不能勝時所最需要者，莫過於正義與扶助——義——羞惡之心。
凡人有利益衝突而爭執不下時所最需要者，莫過於尊敬他人之利益與相互讓步——禮——恭敬之心，辭讓之心。
凡人有問題不能解決時所最需要者在己為理由充足，在人為有公是公非——智——是非之心。

仁義禮智為人人固有之天性，不事外求，用以為人，反求諸己即得之。

「無惻隱之心，沒有憐憫傷痛的心，非人也。算不得人。無羞惡去聲之心，沒有羞恥憎惡的心，非人也。也算不得人。無辭讓之心，沒有辭謝退讓的心，非人也。也算不得人。無是非之心，沒有是是非非的心，非人也。也算不得人。惻隱之心，這憐憫傷痛的心，仁之端也。便是仁的發端。羞惡之心，這羞恥憎惡的心，義之端也。便是義的發端。辭讓之心，這辭謝退讓的心，禮之端也。便是禮的發端。是非之心，這是是非非的心，智之端也。便是智的發端。人之有是四端也，一個人具備了這四種發端，猶其有四體也，就同具備著四肢一樣，有是四端而自謂不能者，有了這四種發端，自己卻說是沒有能

力，自賊者也。道是自己賊害了自己。」——孟子公孫丑上

人若能由此四端擴而充之，則止時如居安宅（仁），動時如行正路（義），行止有準繩（禮），動向有指針（智），爲其所當爲，不爲其所不當爲，是無往而不合乎忠恕之道矣。茲分別述之如下：

「惻隱之心」：即孟子所謂「不忍人之心」，亦即今之所謂「同情心」。凡遇他人遭遇艱難困厄，我能產生一責任感，而以行動滿足其心願，此之謂仁之端。由此端而發揮之，謂之博愛；充其極，爲大我而犧牲小我，謂之成仁。蓋謂已完成仁之全體大用耳。無同情心之人，爲自私自利而殘酷者之稱，故謂之爲不仁者。不仁者幸災樂禍，喪失其本性，孟子曰：「不仁者，可與言哉？安其危而利其菑，樂其所以亡者。」（離婁篇）至於同情心之表現，當在日常生活中見之。如：

「子食於有喪者之側，孔子在有喪事的人底旁邊進食，未嘗飽也。從沒有吃飽過子於是日哭，孔子如在這天弔喪哭了回來，則不歌。就不再歌唱。」——論語述而篇

「師冕見，見，讀現。魯國的瞎眼樂師冕，來見孔子，及階，走到了階前，子曰：孔子說：『階也。這裏是階啊。』及席，走到坐位前，子

曰：孔子又說：『席也。這裏是坐位啊。』皆坐，大家都坐下來，子告之曰：孔子又告訴他說：『某在斯，某人坐在這邊，某在斯。某人坐在那邊。』師冕出，師冕出去後，子張問曰：子張問孔子說：『與師言之，道與？方纔夫子和樂師說的話，都是道理上應有的麼？』子曰：孔子說：『然。正是。固相師之道也。這正是扶助瞎眼樂師的道理啊。』」—論語衛靈公篇

「子見齊音咨衰七雷反。者，孔子見了穿喪服的人，冕衣裳者，戴禮帽穿禮服的人，與瞽者，和瞎了眼的人，見之雖少去聲必作，見了這些人，雖是年紀輕，一定站起身來，過之必趨。走過這些人面前，也必很快地走上」—論語子罕篇

「子釣而不綱，孔子釣魚只用釣子，不用大網。弋不射食亦反宿。射鳥只射飛鳥不射宿鳥。」—論語述而篇

同情心之對象，小之對個人，大之對全體人類。由惻隱之心發端，以至於齊家治國平天下，皆係同情心之擴展。如「禹思天下有溺者，猶己溺之也；稷思天下有飢者，猶己飢之也。」（孟子離婁篇）爲「先天下之憂而憂，後天下之樂而樂。」（范仲淹岳陽樓記）之偉大同情心之發揮。

「羞惡之心」：即今所謂「正義感」。羞則行己有恥，有所不爲；惡則抑邪扶正，有所不欲。去其所不爲不欲者，則所餘者自屬應爲應欲者矣。亦即義，「義者，宜也。」亦即爲人之正路。見義則勇爲；可欲之謂善，樂善不倦，天爵存焉。

子曰：「唯君子爲能愛人，能惡人……」故孔子以「君子有惡」答子貢問：

子貢曰：「君子亦有惡乎？」子曰：「有惡，惡稱人之惡者，惡居下流而訕上者，惡勇而無禮者，惡果敢而窒者」曰：「賜也有惡乎？」「惡徼以爲知者，惡不孫以爲勇者，惡訐以爲直者。」——論語陽貨篇（註釋見一九五頁）

孟子曰：（孟子說：）「無爲其所不爲，（不要做那本心所不願做的事，）無欲其所不欲，（不要想那本心所不願想的欲，）如此而已矣。（做人的道理不過如此罷了。）」——孟子盡心上

「恭敬辭讓之心」：爲對長者或賢者內心尊敬或欽佩之表示。「親親之殺，尊賢之等」，爲禮之所自生。故「辭讓之心，禮之端也。」「恭敬之心，人皆有之……禮也。」蓋「敬人者人恒敬之」，相互尊敬，在個人則雙方德業日進，在社會則秩序自然維持。對人恭敬辭讓則無爭，無爭於己爲謙德，於人爲有禮。簡言之，無論在精

神或物質方面，凡有利益時讓人先得或多得，則無不合乎禮矣。以孔子之聖智，尚無往而不自謙。如：

①不敢自居聖與仁。

子曰：「若聖與仁，則吾豈敢？抑為之不厭，誨人不倦，則可謂云爾已矣！」公西華曰：「正唯弟子不能學也。」——論語述而篇（註釋見一六〇頁）

②自謙不尊多能。

大宰（音泰）問於子貢曰：（有一個做太宰的人問子貢說：）「夫子聖者與？（與，讀平聲。夫子是個聖人罷？）何其多能也！（怎麼會有這麼好的才能！）」子貢曰：（子貢說：）「固天縱之將聖，（原來是上天放任他要使他成為聖人，）又多能也。（而且多才多能。）」子聞之曰：（孔子聽到了說：）「大宰知我乎！（太宰知道我呀！）吾少也賤，（我少年時微賤，）故多能鄙事。（所以學會了很多鄙細的事。）君子多乎哉？（至於在位的君子，要不要這麼多的才能呢？）不多也。（不要這麼多的啊。）」牢曰：（弟子琴牢，字子開，一字子張。他說：）「子云：（夫子曾經說過：）『吾不試，（我因為不能為世所用。）故藝。（所以學會了這些技術。）』」〔註〕（這一章是記太宰不知聖，子貢知聖，孔子不居聖，只居多能，卻又不以多能為可貴。）

——論語子罕篇

③自謙未能做到不惑不憂不懼之地步。

子曰：「君子道者三，我無能焉。仁者不憂，知者不惑，勇者不懼。」子貢曰：「夫子自道也。」——論語憲問篇（註釋見一八六頁）

④自謙在學識方面，並未能有所創造發明。

子曰：「述而不作，信而好古，竊比於我老彭。」——論語述而篇（註釋見二二五頁）

⑤自謙於學不厭，於教不倦。

子曰：「抑爲之不厭，誨人不倦，則可謂云爾已矣！」——論語述而篇（註釋見一六〇頁）

⑥自謙學非廣博，特盡所知，以啓發人而已。

子曰：（孔子說：）「吾有知乎哉！（我有知麼？）無知也。（沒有的。）有鄙夫問於我，（可是有粗鄙的人來問我，）空空如也，（我是一點也不知道的，）我叩其兩端而竭焉。（但是我從正反兩面去問他，就把這問題問得一淸兩楚。）」——論語子罕篇

謙則受益，恭則不侮，孔子除以身作則外，尚且以之教人，鼓勵人，對漆雕泰伯

則悅而稱讚之。對老友原壤，則責其不知禮，對闕黨童子，則教之以禮。

子使漆雕開仕。孔子叫他的弟子漆雕開字子若的出去做官。對曰：漆雕開答說：「吾斯之未能信。我對做官的才力還不敢自信。」子說。說音悅。孔子見他自謙，心裏很喜歡。

——論語公冶長篇

子曰：孔子說：「泰伯其可謂至德也已矣。周太王的長子泰伯，他那德行可算到了極點了。三以天下讓，再三堅決地遜讓天下，民無得而稱焉。人民竟無從稱道他。」

——論語泰伯篇

原壤夷俟。孔子的老朋友原壤，見孔子來了。蹲踞著等待他。子曰：孔子說：「幼而不孫去聲弟，弟讀去聲，你年輕時不曉得做小輩的道理，長上聲而無述焉。到了年長，又沒一件事可以稱許。老而不死，如今老了，卻還不死。是爲賊。這便叫做害人的東西。」以杖叩音口其脛。脛，其定反。說罷，拿拐杖輕敲他的腳脛骨。

——論語憲問篇

闕黨童子將命，闕黨地方的一個童子，孔子叫他去傳遞賓主談話底事，或問之曰：有人疑心孔子因他學問有進步，纔這樣寵異他，便問孔子說：「益者與？這大概是個學問有進步的童子罷？」子曰：孔子說：「吾見其居於位也，我常看見他踞坐成人的座位，見其與先生並行也，（又常看見他走路和長輩並排。）非求益者也，（他並不是在學問上求進步的人，）欲速成者也。（是求速成底童子罷。）」——論語憲問篇

禮之精神爲平等，故與人同好，或與人爲善，即係善不獨享，利與人共，有辭讓恭敬之德，此亦禮之精神。

子與人歌而善，（孔子和別人在一起，聽到別人唱歌，覺得很好，）必使反之，（必定叫這人重歌一遍，仔細領略他的好處，）而後和（去聲）之。（然後纔和他的歌唱。）——論語述而篇

「是非之心」：格物致知之目的爲誠意，而意之能誠與否，首在明是非，辨善惡，然後能善善惡惡，擇善固執。所謂「不明乎善，不誠其身矣。」蓋誠與明互爲累積，互爲因果，其與生俱來之先天之智，及其用以對人時，已不能離開是非之抉擇，稱是非之心爲智之端，其義在此。關於智之闡述，已詳於以上諸篇及本篇之音，茲不贅述。

人若能應用仁義禮智之本性施之於人，則人亦必以仁義禮智相待，則仁與仁，義與義，禮與禮，智與智，相互呼應，如是則人與人間之大道自然通達無阻。故曰：「率性之謂道。」修身者，「修己以安人」，進而立己立人，達己達人，故曰：「修身

以道」，忠恕者，推己及人，視人如己，故曰：「忠恕違道不遠。」又曰：「夫子之道，忠恕而已矣。」（論語里仁篇）

以上所述立志、好善、克己、復禮、忠恕，皆修身之方法也。皆須智勇兼備，力行以赴。庶求仁得仁，修身之道聿得，而齊家治國平天下之術，由是肇矣。此吾人研究人理學，所最宜首先重視者也。

第十章　成物

一、齊家

(一)、成己之目的在成物

前此格物、致知、誠意、正心、修身諸節所討論者，乃爲如何在知識上、道德上造就一健全、完美之自我，亦卽成己之工夫。然此非吾人追求之終極目標，若以此爲終點，以此爲滿足，縱然無損於人，亦不過爲獨善其身之自了漢而已，其人生無意義，其生命亦無價値可言也。吾人爲芸芸衆生中之一份子，然吾人之生命絕非偶然，乃得之無數祖先之遺傳者，此一生命又將緜延傳遞，無窮無盡。是吾人實居於承先啓後之地位，爲無盡之連環中之一環而已。此一生命與其他生命，血肉相連，利害與共，豈能容其自私自了？此其一。人爲萬物之靈，具有其他動物所無之智慧，若僅顧及一身，於人類社會毫無貢獻，則與禽獸何異，豈不辜負此與衆不同之靈智之生命？此其二。吾人經格物、致知以追求豐富之知識，由誠意、正心以成就崇高之道德，終而造成一健全、完美之個人，其得之於宇宙、人類、社會者多矣，則豈可取而不予，受而不報乎？故得之於宇宙，當用之於宇宙；得之於人類，當用之於人類；得之於社會，當用之於社會；所得愈多，所報當愈厚。此其三。吾人對於以上三點既有正確之認識，則何者爲吾人所追求之最後目標，當可了然於懷矣。先聖於此，亦曾迭有明訓。

「誠者，非自成己而已也，所以成物也。」——中庸二十五章（註釋見二六九頁）

「夫仁者，己欲立而立人，己欲達而達人。」——論語雍也篇（註釋見八九頁）

「大學之道，在明明德，在新民，在止於至善。」——大學經一章（註釋見二一四六頁）

由此可知，成己爲體，成物爲用。成己者，成物之基礎；成物者，成己之目的。

(二)、齊家爲成物之肇始

吾人既有豐富之學識，復具崇高之道德，乃可謂人格健全之人，此之謂成己。則當進一步由成己而成物，以自己爲圓周之圓心，發揮其智慧、能力，以影響、協助、造福周圍之人，並逐漸擴大，增加其影響力與效果，如聲波、光波之由一點向四周擴散至無窮也。

以成年男女而論，關係最爲親密，接觸最爲頻繁者，厥爲其妻或夫，次則爲父母子女，再次則為兄弟姊妹，依此類推，由親而疏，由近而遠，漸至社會人羣。其關係最為親密之人，亦為最先接受影響力之人，所受之影響亦為最大。成物之最高理想，雖為平治天下，造成一大同世界，使全體人類皆能樂享美滿幸福之生活；然其初基，則始於周圍之家人父子，所謂行遠必自邇，登高必自卑，治國平天下，必自齊家始矣。

再者，家庭之中，亦有常道。如：子女對於父母應該孝順，擴充此孝道而大之，則能盡忠領袖與國家。弟妹對於兄姊應該恭敬，擴充此敬道而大之，則能服從長官，敬老尊賢。父母對於子女應該慈愛，擴充此慈道而大之，則能指揮部屬，領導羣眾。故家實為國之縮影，為國之雛型，能齊其家者，當亦能治其國矣。

「古之欲明明德於天下者，古來的人想使天下一般的人都要把他們本來清明的德性，不為物欲所蔽，重新清明起來。先治平其國。必須先治好自己的國。欲治其國者，要想治好自己的國，先齊其家。必須先整齊自己的家。欲齊其家者，要想整齊自己的家，先修其身。必須先修好自己的身。欲修其身者，要想修好自己的身，先正其心。必須先端正他自己的心。欲正其心者，要想端正自己的心，先誠其意。必須先誠實自己底意。欲誠其意者，要想誠實自己底意，先致其知。必須先極致自己的知。致知，要想極致自己底知，在格物。在於遍格天下各種事事物物的理。「格是「至」底意思。解見下格物篇。物格等到天下各種事事物物的理都格過了，而后知至，然後所知的便都徹底到了極頂，知至所知道的既都徹底到了極頂，而后意誠，然後心所發底意就能誠實。意誠心所發底意既能誠實，而后心正，然後一身所主的心就隨著端正了，心正一身所主的心既能端正，而后身修，然後自己本身就隨著修好了，身修自己本身既能修好，而后家齊，然後自己的家就可以整齊了，家齊自己的家既能整齊，而后國治，治讀去聲。然後自己的國就可以治好了。國治而後天下平。國既治好，然後天下就可以太平了。」——大學經一章

「所謂治國必先齊其家者，經文上所說治國必先齊其家的意思，其家不可教，是說自己一家人尚且教不好，而能教人者無之。卻反能教好別人，這是沒有的事。故君子不出家，所以君子能夠不走出家門，而成教於國。就把他的教化推行到全國。孝者，所以事君也。孝順父母，是預備將來事奉君上的。弟者，所以事長也。恭敬哥哥，是預備將來事奉長輩的。慈者，所以使衆也。慈愛小孩，是預備將來使用民衆的。康誥曰：書康誥篇上說：『如保赤子。愛惜人民，要像保護小孩一樣。』心誠求之，如果心裏眞想愛護人民，雖不中，雖然不能完全做得對，不遠矣。卻也隔不多遠了。未有學養子而后嫁者也。這就好比從來沒有先學會了撫養小孩然後纔出嫁的女人的啊。所以能愛護小孩，就能愛護人民。能整齊一家，就能治好一國。一家仁，只要做國君的先在家中行仁，一國興仁。一國的人自然都能感動，跟著行仁的。一家讓，先使一家相讓不爭，一國興讓。一國的人自然都能感動，跟著相讓不爭了。一人貪戾，要是自己先貪財暴虐，一國作亂。一國的人也自然有樣學樣，紛紛作亂了。其機如此。這樣的動機，竟有這般嚴重。此謂一言僨音奮事，這就叫做一句話說錯了就能壞事，一人定國。一個人做得正就能定國。堯舜帥與率同天下以仁，唐堯和虞舜以仁來領導天下，而民從之。人民都依從他。桀紂帥天下以暴，夏桀和商紂以

率來領導天下，而民從之。人民也依從。其所令，反其所好，但如果他所行的號令全和他平日所愛好的相反，而民不從。人民也就不肯依從了。是故君子有諸己，所以有道的國君，爲善先從自身做起，而后求諸人。然後希望衆人照樣做。無諸己，改過也先從自身做起，而后非諸人。然後警戒衆人不要犯過。所藏乎身不恕，假使自身所做的全不寬恕公道，而能喻諸人者，却又能使衆人了解不加反對的，未之有也。那是從來沒有的事。故治國在齊其家。所以治國要拿齊家做前提。詩云：詩經上說：『桃之夭夭，桃樹嫩得這樣好看，其葉蓁（音臻）蓁，桃葉又是這樣茂密，之子于歸，這個女子出嫁去，宜其家人。和順一家的人。』宜其家人，和順了自己一家的人。而后可以教國人。然後可以敎化一國的人。詩云：詩經上說：『宜兄宜弟。和順了哥哥及弟弟。』宜兄宜弟，先和順了哥哥弟弟，而后可以教國人。然後才可以敎化一國的人。詩云：詩經上說：『其儀不忒，他在家的儀態舉動正直不錯，正是四國。就改正了四方各國。』其爲父子兄弟足法，因爲他在做人的父子兄弟時，一切舉動都足夠做別人的榜樣，而后民法之也。然後人民就都學他。此謂治國在齊其家。所以說要治好自己的國，先要從整齊自己的家做起。」

——大學傳九章

孟子曰：孟子說：「人有恆言，人有句常言，皆曰：都說：『天下國家。天下國家。』天下之本在國，天下的基本是國，由國集合而成天下。國之本在家，國的基本是家，由家集合而成為國。家之本在身。家的基本是個人，由個人集合，而成為家。」──孟子離婁上

孟子曰：孟子說：「道在爾爾，邇，古字通用。而求諸遠，做人的大道，本來很近，偏要向遠處去求。事在易去聲而求諸難。做事，本來很容易，偏要向難處去做。人人親其親長其長而天下平。其實，只要人人能夠親愛他的父母，尊敬他的長輩，天下就會太平了。」──孟子離婁上

子曰：孔子說：「君子之事親孝，君子事奉父母親盡孝，故忠可移於君。故可以把盡孝的心情，移作效忠於國君。事兄悌，奉事兄長盡敬，故順可移於長。故可以把盡敬的心情，移作敬順上司。居家理，治家合情盡理，故治可移於官。故可以把這種心情移作去治理國家。是以行成於內，所以只要自身行為成功，而名立於後世矣。就能由內達外，名聲可以顯揚於後世了。」──孝經廣揚名章第十四

濂溪曰：濂溪先生說：「治天下有本，治理天下有根本，身之謂也；就是自身；治天下有則，治理天下有準則，家之謂也。就是自家。本必端，根本必須端正，端本誠心而已矣；端正根本就是誠心罷了；則必善，準則必須和善，善則和親而已矣。和善準則就是和親罷了。家難而天下易，齊家難而治天下比較容易，家親而天下疏也。因為家人親狎而天下人疏遠啊。家人離必起於婦人，家人疏離必定起因於婦人，故睽次家人，所以易經睽卦次於家人卦的下面，以二女同居而其志不同

行也。因爲二女同居，而志不同行，也就是婦人性情陰柔，外表和悅而內心猜嫌，所以家人多疏離。堯所以釐降二女於嬀汭。從前堯將禪讓天下於舜，而不知舜的可否，所以先把兩個女兒嫁給他，舜可禪乎？舜可以禪讓天下給他嗎？吾茲試矣。我是試驗過了的啊。是治天下觀於家，這是能不能治天下要先觀察他能不能治家，治家觀身而已矣。能不能治家要先觀察他能不能端身。身端，心誠之謂也；身端由於心誠，誠心，復其不善之動而已矣。要誠心，就在於能復正其心中不善之動而歸之善罷了。」（近思錄卷八）

(三)、齊家之始基在夫婦

延續生命爲天賦於人本能之一，故求偶好色不學而能，孔子曰：「吾未見好德如好色者也。」（論語子罕篇）因此，男女關係如無嚴格規定，社會秩序即不易維持。蓋強者予取予求，弱者即分所當有，亦竟不可得。於是明爭暗奪中，不免殺機潛伏，而形成社會中之怨女曠夫。斯二者皆危及社會之安寧。是以政治貴務正人倫，教育貴務明人倫，宗教亦復如是。

「后稷教民稼穡，等到水患已平，舜又派后稷教人民耕種的方法，樹藝五穀，去種植五穀，五穀熟而民人育，五穀成熟，人民的生活這纔能安定。人之有道也。做人總有一定的道理，飽食煖衣，如果只知道吃得飽穿得煖，逸居而無教，安居沒有教訓去約束他，則近於禽獸。那就要和禽獸相近了。聖人有憂之，堯舜又非常憂愁，使契音謝爲司徒，使契做司徒官，教以人倫。教導他們做人的大道。父子有親，教他們曉得父子要有親愛的感情，君臣有義，君臣要有相敬的禮義，夫婦有別，夫婦要有內外的分別，長幼有序，長幼要有大小的次序，朋友有信。朋友要有信實的交誼。」

——孟子滕文公上

此父子、君臣、夫婦、長幼、朋友五倫，除君臣、朋友二倫外，下餘三倫，皆屬於家庭關係。然在人倫未明時代，子女僅知何人爲母，但不明何人爲父。由於血統之混亂，兄弟姊妹之正確關係，更無論矣。是以五倫之中，如果夫婦一倫無法確定，則父子與兄弟二倫，根本不能成立。所以有正常之夫婦關係，始能建立正常、健全之家庭，夫婦實爲家庭之基礎。

「有天地然後有萬物，有了天地，然後有萬物的產生，有萬物然後有男女，有了萬物，然後有雌雄男女的分別，有男女然後有夫婦，有了男女，然後有夫婦，有夫婦然後有父子，有了夫婦，然後有父子，有父子然後有君臣，有了父子，然後有君臣的名分，有君臣然後有上下，（有了君臣，然後有上下尊卑的職分，）有上下然後禮義有所錯。（有了上下尊卑的職分，然後禮義才能措置實行於其間。）」

——易經序卦傳

夫婦既爲家庭之基礎，人倫之根柢，其重要可知。愼始善終，長期好合，乃能進而使父子親，兄弟篤，得到家庭之快樂與幸福。

「君子之道，（君子的道，）辟（同譬）如行遠，（譬如走遠路，）必自邇；（一定先從近處走起；）辟如登高，（又譬如登高，）必自卑。（一定先從低處登起。）詩曰：（詩經小雅常棣篇有說：）『妻子好合，（妻子兒女歡喜地和合，）如鼓瑟琴。（就同彈奏瑟琴一樣，）兄弟既翕，（哥哥弟弟又很協調，）和樂（音洛）且耽。（詩作湛，亦音耽。和洽而快樂。耽，亦是快樂的意思。）宜爾室家，（你的家庭處得非常相宜，）樂爾妻孥。（你的妻子兒女大家都快樂了。）』子曰：（孔子說：）『父母其順矣乎！』（一家人既能這樣快樂，那末父母的心裏也總順暢了罷。）」

——中庸第十五章

「父子篤、（父子親情深厚、）兄弟睦、（兄弟相處和睦、）夫婦和，（夫婦相愛好合，）家之肥也。（那麼家庭自會健全美滿了。）」

——禮記禮運

家庭之間，夫婦和好，如鼓瑟琴，則子女在和好快樂之環境中長成，兄弟姊妹之間，亦必相敬相愛，子女得父母之慈愛，對於父母，亦必孝敬和順。凡一組織，其上下（父子）、前後（兄弟）、左右（夫婦）諸關係，均能相互親愛，則此一組織必富有團結力，有禮有義，秩序井然，故謂之齊家。

「君子之道，所以君子的中道，造端乎夫婦；是從夫婦間起頭和開端；及其至也，講到至極的時候，察乎天地。上至於天；下至於地。」

——中庸第十二章

道既為人類共生共存之大道，夫婦必須共生共存，負起維持及延續生命之責任，故曰「造端乎夫婦」。由於夫婦之倫之確立，家庭之基礎乃能建立，人類生命之延續始奠其基，人與人間之情愛始獲其果，治國平天下之工作始可逐漸完成，全體人類之幸福和平始能降臨實現，故曰「及其至也，察乎天地。」

(四)、達致齊家之方法

男子與女子生理構造既異，心理狀態亦復不同，故男子與女子所從事之工作，所應遵守之禮法等等，自應有別。男女構婚，締為夫婦，共造家庭，其在家庭中所應負責之工作，所應注意之事項，當亦殊異。此之謂「男女有別」、「夫婦有別」。

「夫昏禮，萬世之始也。婚禮，是傳宗接代子孫綿延萬世的開始。取於異姓，嫁娶異姓，所以附遠厚別也。乃是為了使疏遠的人結成親戚，又可嚴別同血統的配合。幣必誠，聘禮必出誠意，辭無不腆，也不必謊言說聘禮不豐，告之以直信，女家要教誡女兒：為人婦必須正直誠信，信事人也，誠信是事奉長上的態度，信婦德也。也是為人婦應具的德行。壹與之齊，只要一成為夫婦，終身不改，終身不可分離變心，故夫死不嫁。所以雖丈夫去世，為人婦也寧願守寡而不改嫁。男子親迎，結婚時是男子去迎親，男先於女，男先去，女後來，剛柔之義也。這是男剛主動，女柔被動之意。天先乎地，有如天先於地，君先乎臣，君主先於臣下，其義一也。這道理都是一樣的。執摯以相見，迎親之日，男子親自執雁往女家，登堂奠雁，然後相見，敬章別也。是為了要表明男女的分別。男女有別，男女有了分限，然後父子親；然後有父子的親情；父子親，然後義生；父子有親情，然後始見人倫之義；義生，然後禮作，有人倫之義，而後才產生人倫之禮；禮作，然後萬物安。有了禮節，然後萬物才得相安，無別無義，否則男女無別，倫理大亂，禽獸之道也。那就有如禽獸的作為了。」——禮記郊特牲

「親親，親愛應當親愛的親人，尊尊，尊奉應當尊奉的尊長，長長，恭敬所當恭敬的長上，男女之有別，男女有所分別，人道之大者也

。這是人倫中最重要的。」——禮記喪服小記

「親親也，親愛雙親，尊尊也，尊奉尊長，長長也，恭敬長上，男女有別，男女有分限，此其不可得與民變革者也。這是人倫中最重要的，是不可以讓人民變革的。」——禮記大傳

「敬愼重正而后親之，經過敬愼隆重而正式的婚禮後，才去親近她，禮之大體；這是禮的大原則；而所以成男女之別，並因此而形成了男女的分限，而立夫婦之義也。建立了夫婦間的情義。男女有別而后夫婦有義；男女有了分別，而後才能有情義的產生；夫婦有義而后父子有親；夫婦間有了情義然後父子間才能親愛；父子有親而后君臣有正；父子親愛，然後君臣間才能正名份、安其位；故曰：昏禮者，禮之本也。所以說：婚禮乃是所有禮儀中的根本。」——禮記昏義

（哀）公曰：「敢問爲政如之何？哀公問孔子說：請問應如何施行政教呢？」孔子對曰：孔子回答說：「夫婦別，夫婦有分限，父子親，父子有親情，君臣嚴。君臣嚴守名分。三者正，則庶物從之矣。這三件事做好了，則其他庶事也都跟著做好了。」——禮記哀公問

雖云男女有別，夫婦有別，然二人在家中之地位則完全相同，故齊之另一意義為平等。

「妻，婦與己齊者也。」（說文解字）

「士庶人曰妻。妻，齊也。」（釋名釋親屬）

「夫妻，匹敵之義也。」（同右）

「妻者，齊也，與夫齊禮。」（白虎通嫁娶）

凡百組織，定於一尊，惟有家庭，夫婦平等，既非有二尊不可，則惟有互尊之一法，始能維持組織之不墜，故對於事之可否是非，可行與不可行，其最後決定權，自必須有一妥善之分配，否則一旦二人意見相左，固執己見，自以為是，互不相讓，必然事情無法解決，導致夫妻反目，使家庭發生危機，故二人必須分工合作。然職分雖有不同，但在精神上卻應始終如一，契合不分，互相監督，互相配合。如此則雖屬二人，一切仍歸一致，正如琴瑟雖為兩種樂器，但彈奏時，音韻和諧，融成一片，幾難分別其不同。故稱夫婦之好曰「和」，和者，一而二，二而一也。所以古有「夫妻一體」、「夫妻牉合」之語。

「夫妻相督。夫妻應互相督責向善。」—論衡寒溫

「父子一體也，父子是同體之人，夫妻一體也，夫妻是同體之人，昆弟一體也。兄弟也是同體之人。」—儀禮喪服

「父子首足也，父尊子卑，就像是人體的頭和腳，夫妻牉合也，夫陽妻陰，就如同合兩半而成一體，昆弟四體也。兄弟同氣連枝，就如同人的四肢。」—儀禮喪服

1. 空間方面之分工

男主外，女主內，左傳昭公二十五年有云：「為夫婦外內，以經二物。」。由於男女生理構造不同，男子性情剛毅，身體強健，勞苦之事，宜由其擔任、負責；女子性情溫順，身體柔弱，家務瑣事，宜由其操作、主理。如是，則各用其所長，互補其所短。故家庭內部之事其最後決定權屬於婦，對外諸事其最後決定權屬於夫。此種內外之分，於吾國文字構造中，亦可看出。如夫者，成年之男子也，男字从田从力，言男子力於田也。妻字从又（手），婦字从帚，言女子操持家事也。

「男，丈夫也。从田、力，言男子力於田也。」（說文解字）

「妻，婦與己齊者也。从女，从屮，从又，持事，妻職也。屮聲。」（同右）

「婦，服也。从女持帚灑掃也。」（同右）

夫妻分主家庭內外之事務，妻子對於丈夫在外之工作，不宜作不必要之干涉；丈夫對於妻子在家中之作爲，亦應予以尊重，相敬相愛，以輔以成，共造幸福之家庭。妻子克盡婦職，爲丈夫之良輔，稱之爲賢內助。丈夫無內顧之憂，始能專力於一己之工作，開展事業，造福社會也。

2. 時間方面之分工

夫妻結合，其主要之目的，爲生命之傳衍，緜延人類於無窮。故生男育女，乃家庭之大事。男子在外工作，賺錢養家，仰事俯蓄，維持家庭之衣食無缺，進而度較優裕舒適之生活，對於家庭之貢獻，多在於現實方面也。由於丈夫在外工作繁忙，家中之事，實無暇多所顧及，故教養子女之責任，大半需要由妻子承當，而子女之身體健康，學業進步，品格良好，實家庭未來希望之所寄也。今日部分家庭主婦，或貪求職業婦女之虛名，或厭於家務之操作，出外謀求工作，將子女交付女工，或送進托兒所，使之得不到母愛，受不到正常家庭教育，逐漸淪爲不良青少年，於個人、家庭、國家，造成莫大之損失，實爲極端不幸之事，且得不償失。以一家庭而言，如其未來一代全無希望，則一切之辛勞、奮鬥，皆無意義可言也。

3. 教養子女之分工

吾國俗語曰：「父嚴母慈。」此語不僅說明父母對子女所持之不同態度或子女對父母所生之不同感受，而實爲我國家庭教育之理論根據。嚴與慈，爲家庭教育不可缺一之兩條支柱，一味嚴，使子女畏懼，產生孤獨、仇恨、不信任人之心理；一味慈（愛），使子女依賴，產生畏懼、怕事、不負責任之心理；皆不足以造就正常、有爲之青年。惟有嚴慈兼施，始合中庸之道。蓋嚴爲剛，嚴如禮，所以啓理智；慈爲柔，慈如樂，所以固情感；則能造成既富情感又重理智之子女，而成爲國家、社會之健全領導人才。故對於子女之教養，父母雖分擔不同之角色，其相因相成之重要性則一也。

(五)、管教養衛之訓練，肇於家庭

前述曾說明齊家爲成物之始，因爲：(一)國由家組成，天下由國組成，其實均由人以組成之也。若家能齊，則可進而治國，進而平天下，由小漸大，由近及遠，循序漸進，平實易行。(二)治國之種種事項，有甚多可與家事相通，其人於家中既受良好之訓練，爲健全、優秀之子弟，則進入社會，必爲健全、優秀之國民，必大有裨益於治平之事也。本不固者末不豐，源不深者流不遠，家不齊而能治國者，未之有也。

國家之事，千頭萬緒，歸納言之，大別四類，即管（政治）、教（教育）、養（經濟）、衞（國防）四者是也。

四者互相依存，互相支援，其關係如下圖：

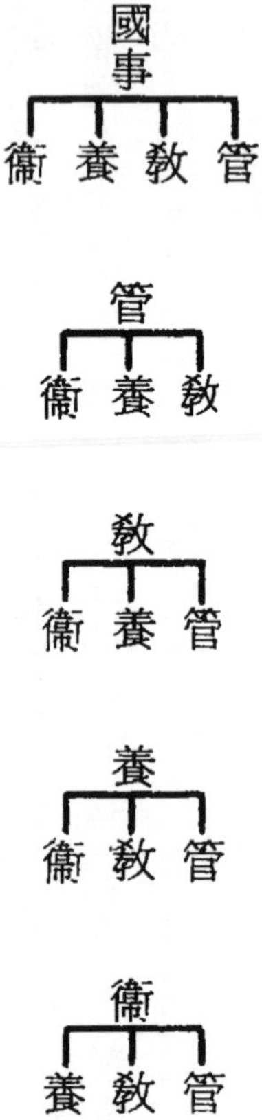

國家所管者，衆人之事也（政治），而以教、養、衞三者爲要。無完善之教育，則國民知識水準低落，既不能發揚固有優良傳統，又不能吸收科技新知，政府法令人民不易了解，興利弊之大計即不能得到全民之支持，無論政治、經濟、國防皆不易得到有利之開展，妨礙國家之進步甚大。　總統於三年前，排除萬般困難，毅然延長國民教育爲九年，英明卓見，實爲造福億代子孫之德政也。經濟者，直接關乎人民之生計，經濟落後，則國民生活水準低落、饑餓、貧窮，爲禍亂之源；且政治、教育、國防等建設，皆需雄厚之經濟基礎以爲後盾，否則紙上談兵，空談而已。大學曰：「有財此有用。」（傳十章）即爲此意，故並世諸國，莫不以發展經濟爲要務也。國防者，國家之生命線也。無國防，則國家民族任人宰割，人民生命財產行將不保，縱然有清平之政治，完美之教育，開展之經濟，終成泡影，將更增加列強之覬覦而已。

家者，國之縮影，故家事亦可分爲管、教、養、衛四類。年輕子弟生活於家庭，自小即接受此四事之訓練，俾其長成之後，無論在家在國，均可作適當而有用之貢獻。

何謂管？余曾有定義曰：「上下層層節制，左右分工合作，前後步伐整齊。」吾國昔日之舊式大家庭，數代同堂，人口衆多，然各有所司，秩序井然，蓋所謂管理者必須無一事一物、無一時、無一地、無一人，莫不有人管理，否則不可稱之謂極佳之管理者也。余幼時在家中，如看見掃帚倒地而不扶起，取用剪刀而不放回原處，吾母輒訓斥之，此雖小事，然可見對於管理之無時無刻不在重視也。其他教、養、衛等莫不如是。如教，家庭教育，最重視做人，故身教重於言教；對子弟之日常生活，莫不諄諄告誡，及至有受學校教育之機會時，則父兄出錢出力，莫不盡力以供應之；由於重視教育，故對於傳道、授業、解惑之老師特別尊敬。如養，家庭經濟，注重生產節約，勤勉儉約，向爲國人所崇尚之美德，大學曰：「生財有大道，生之者衆，食之者寡，爲之者疾，用之者舒，則財恒足矣。」（傳十章）仰事俯畜，則爲成年男子之當然責任，莫敢不全力以赴。如衞，小則個人之衞生保養，時時刻刻在注意，所謂「父母惟其子之疾之憂。」孝經曰：「身體髮膚，受之父母，不敢毀傷，孝之始也。」（開宗明義章第一）大則保親、保家、保族、保國，奮勇爭先，義無反顧。禮記祭義曰：「戰陳（陣）無勇，非孝也。」後漢書韋彪傳曰：「求忠臣，必於孝子之門。」良由於忠孝一體，共出一源也。

㈥、「孝」爲齊家之根本

家庭之建立，雖出於夫婦之結合，然維繫家庭之長存不墜，並能使之發揚光大者，厥惟孝道。家庭者，愛情之組合，愛情之團體也。夫婦由愛情而結合，其能互敬互尊堅貞不渝，白頭偕老者固亦有之；而中道情變，反目相棄者，亦大有人在。尤其在今日工商業社會中，重視個人，權利義務分別極爲清楚，夫婦如同朋友，家庭隨時可以解散，以此爲情愛之基礎，無異造屋於沙灘之上，傾圮隨時堪虞，非如孝之能以持久不匱之情愛，擴展至於無窮無盡也。且人可以無兄弟姊妹，可以不婚嫁，然不能無父母。故以孝爲愛之基礎，最無例外，最爲穩固。我國古聖先賢昭示後人，治國必先齊家，齊家必言孝弟，蓋以孝弟為仁之本，仁為德之本，目為天下之大經大本，不可須臾忽也。

有子曰：「其為人也孝弟，而好犯上者鮮矣。不好犯上而好作亂者，未之有也。君子務本，本立而道生。孝弟也者，其為仁之本與！」——論語學而篇（註釋見二五二頁）

孝弟雖然同舉，「惟孝友于兄弟。」（論語為政篇引為古文尚書君陳篇）故孝可包括弟也。

1. 孝之要點

(1) 不僅愛、且須敬

父母與子女間之親，建立於愛之基礎上，然子女盡孝於父母，不僅僅是愛，尚且要敬。愛而不敬，享恩恃愛，則易怠忽，怠忽則生慢心，慢心生則愛有時而不周，有時而不當，則非子女孝事父母之道矣。

子游問孝。孔子弟子言偃字子游問孝順父母要怎麼樣？子曰：孔子說：「今之孝者，現今孝順父母的人，是謂能養。只好算是能養活父母罷了。至於犬馬，下賤到牲畜中的狗和馬，皆能有養，人都能有豢養，不敬，如果對父母不尊敬，何以別乎？養父母和養狗馬又有什麼分別呢？」——論語爲政篇

單居離問於曾子曰：單居離問曾子說：「事父母有道乎？事奉父母有方法嗎？」曾子曰：曾子回答說：「有愛而敬。不但要有愛且須恭敬。」——大戴禮曾子事父母篇

子云：孔子說：「小人皆能養其親。小人也都能養活他的雙親。君子不敬，如果君子奉養雙親而態度不能敬順，何以辨？又與小人有何分別呢？」——禮記坊記篇

「婦事舅姑，如事父母，爲人媳婦上事公婆，應該像事奉自己父母一般，雞初鳴，早晨雞剛啼，……以適父母舅姑之所，就到父母公婆的房間去省視問安，及所，到了父母的房間，下氣怡聲，要和聲悅色地噓寒問暖，問衣燠寒，疾痛苛癢，而敬抑搔之。如有病痛疴癢，應恭敬謹慎地爲他按摩搔癢。出入，則或先或後而敬扶持之。當他們出入走動時，就或前或後的在旁恭敬地扶持他們。進盥，少者奉槃，長者奉水，請沃盥。盥洗時，年少的捧著承水盤，年長的捧著盛水匜，親自侍候他們盥洗。盥卒授巾，洗畢後，奉上巾帕，問

所欲而敬進之。（再問他們需要什麼而恭敬的奉上。）」——禮記內則篇

「孝子之事親也，（孝子奉事父母親，）居則致其敬。（日常家居時，應盡恭敬之心。）」——孝經紀孝行章第十

(2) 不獨養親之口體、且養其志

子女在物質上奉養父母，使免於凍餒匱乏之苦，此乃最起碼之責任，不足以言孝。必須先意承旨，承順其志，不僅物質生活安適，精神方面亦得到莫大之愉悅，方可謂之孝也。孟子曰：「世俗所謂不孝者五：……好貨財，私妻子，不顧父母之養，三不孝也。……」（孟子離婁篇）然西方社會則視不養父母為極尋常而應該之事，老年人孤苦無依之悲哀現象，隨處可見。且今之西方少年，竟有直呼父母之名，形式上之一點尊卑之分，亦蕩然無存，父母養育子女，視為當然之義務，子女反哺父母，則認為可不必也。此於情於理順乎？彼邦人士每侈言權利義務分明，何子女專享權利而不盡義務耶？子女既不顧父母之養，政府不得不設法訂立社會保險制度，然亦僅能使老人維持衣食，度其悲苦孤獨之殘年而已；不若吾國之有家庭保險制度也，老人居於家中，不獨衣食無缺，且精神上亦有莫大之慰藉也。

子夏問孝。（子夏向孔子問孝順父母要怎麼樣？）子曰：（孔子說：）「色難。（最難的是承順父母的意志，時時表現著歡悅的顏色。）有事弟子服其勞，（若僅僅在長上有事的時候，由小輩辛苦代做，）有酒食（音嗣）先生饌，（有酒飯先盡父兄吃，）曾是以爲孝乎？（難道這就可以算得孝順麼？）」

——論語爲政篇

孟子曰：（孟子說：）「事孰爲大？（凡人所事奉的，什麼算最重大？）事親爲大。（只有事奉父母算最重大了。）守孰爲大？（凡人所保守的，什麼算最重大？）守身爲大。（只有保守身體算最重大了。）不失其身，（能保守自己的身體不辱沒，）而能事其親者，（又能事奉他父母的，）吾聞之矣。（我曾聽說有這種人。）失其身，（至於不能保持自己身體不辱沒，）而能事其親者，（又能事奉他父母的，）吾未之聞也。（我卻沒聽說過有這種人。）孰不爲事？（天下人那一個沒有應該事奉的，）事親，（只有事奉父母，）事之本也。（是事奉上底根本。）孰不爲守？（那一個沒有應該保守的？）守身，（只有保守身體，）守之本也。（是保守上底根本。）曾子養（音去聲）曾晳，（從前曾子奉養他的父曾晳，）必有酒肉，（每餐一定有酒和肉，）將徹，（將要撤去的時候，）必請所與？（一定要問所剩下的食物去給那一個吃？）問有餘，（如果曾晳問，還有多餘的沒有，）必曰「有。」（曾子一定答應說，還有。）曾晳死，（後來曾晳死了，）曾元養曾子，（曾元奉養他的父曾子，）必有酒肉，（每餐雖也一定有酒和肉，）將徹，（是可，在將要撤去的時候，不請所與。並不請問所剩的給那個吃。問有餘，如果曾子問，還有多餘的沒有。曰「亡矣。」曾元卻回答說，沒有了。將以復扶又反進也。他的意思是想第二餐再進奉。此所謂養口體者也。這個就不過是古人所說底口腹上的供養罷了。若曾子，要象曾子那樣，則可謂養志也。纔能算是順從親意的孝養。事親若曾子者，所以事奉父母有能象曾子的，可也。這個人就算可以了。」

—孟子離婁上

子曰：孔子說：「孝子之事親也，……養則致其樂。奉養時，應盡和悅的心情去服侍。」—孝經紀孝行章第十

「公明儀問於曾子曰：公明儀問曾子說：「夫子可謂孝乎？老師您可算是孝了嗎？」曾子曰：曾子說：「是何言與？是何言與？那兒的話？那兒的話？君子之所謂孝者，先意承志，喻父母以道。所謂孝，是揣測父母的意思而預先順著做好了，使父母自然的循正道而行。參直養者也，安能為孝乎？我這只能算是口體之養罷了，怎能稱得上是為孝呢？」—大戴禮曾子大孝篇

「父母愛之，喜而不忘；父母喜愛我們，便高興地永誌不忘；父母惡之，懼而無怨。父母厭惡我們，便該憬懼反省，但是毫無怨尤。」

—同右

曾子曰：（曾子說：）「……孝子無私樂，（孝子是沒有個人的好樂的，）父母所憂憂之，父母所樂樂之，（他處處以父母所擔憂的而感到憂心，以父母所高興的而感到快樂。）孝子唯巧變，故父母安之。（孝子善於靈巧的隨機應變，所以父母才能生活安適快樂。）」——大戴禮曾子

事父母篇

曾子曰：（曾子說：）「孝子之養老也，（孝子奉養雙親，）樂其心，（在使父母內心快樂，）不違其志，（不違背他們的意志，）樂其耳目，（以禮樂來娛悅他們的耳目，）安其寢處，（使他們的起居安適，）以其飲食忠養之，（對於飲食也要盡心侍奉，）孝子之身終。（直到自己終身。）終身也者，（所謂終身事奉，）非終父母之身，（並非止於父母的一生，）終其身也。（而是指孝子的終身（父母雖歿，仍事死如生，直到自己死後才止。））是故父母之所愛亦愛之，（所以父母所喜愛的我們也應喜愛，）父母之所敬亦敬之，（父母所尊敬的我們也應該尊敬，）至於犬馬盡然，（甚至於對父母喜愛的犬馬也應如此，）而況於人乎！（何況是對父母所敬愛的人呢！）」——禮記內則

曾子曰：（曾子說：）「……養有五道，（孝養父母之道有五，）修宮室，（修建房屋，）安牀笫，（安設傢俱，）潔飲食，（清潔飲食，）養體之道也。（這是保養父母身體的方法。）樹五色，施五采，（設計圖樣，調配色采，）列文章，（佈置美麗的圖畫，）養目之道

也。（這是調養父母視覺的方法。）正六律，（訂正音律，）和五聲，（調和聲調，）雜八音，（配置各種不同的樂器，）養耳之道也。（這是怡養父母聽覺的方法。）熟五穀，（炊煮米穀，）烹六畜，（燒炙家畜，）和煎調，（調理諸般口味，）養口之道也。（這是奉養父母口舌的方法。）和顏色，（和悅的臉色，）說言語，（親切的語氣，）敬進退，（敬愼的舉動，）養志之道也。（這是悅養父母心志的方法。）此五者代進而厚用之，（這五件事循序配合妥善運用，）可謂善養矣。（可說是善於孝養父母了。）」——呂氏春秋孝行覽

(3) 規親之過、使歸於正

社會上流傳一種不正確之說法：「父要子死，子不敢不死。」不知此語，出自何典？有何根據？其予人以錯誤之觀念，不良之影響，至深且鉅。樸質無知者，篤信此說，則演變至愚孝，甚或產生家庭悲劇；自命進步者，別有用心者，則據此指斥孝道為落伍，為不合時宜，甚而斥孝道為統治階級壓迫人民，父母壓迫子女之工具。其實，此說絕不合乎吾國孝道精神。蓋父母有過，子女有諍諫之責任，曷能產生如此之亂命？即使父母在暴怒之中，子女惟當走避，以免陷父母於不義也。陷父母於不義，是為不孝，典有明文，時人不辨耳。

曾子曰：曾子說：「若夫慈愛、恭敬、安親、揚名，則聞命矣。像那些慈愛、恭敬、安親、揚名的孝道，我已經聆聽夫子說過了。敢問子從父之令，可謂孝乎？現在冒昧的請問，做兒子的一味聽從父親的命令，也可以叫做孝順嗎？」子曰：孔子說：「是何言與？是何言與？這是什麼話呢？這是什麼話呢？昔者天子有爭臣七人，從前天子的身邊有直言相勸的諍臣七人，雖無道，不失其天下。因此縱令天子不守王道，胡作非為，也不會失去他的天下。諸侯有爭臣五人，諸侯有直言相勸的諍臣五人，雖無道，不失其國。所以即使諸侯失去君道，非為亂作，也不會失去他的國家。大夫有爭臣三人，大夫也有直言相勸的諍臣三人，雖無道，不失其家。所以大夫縱然不守臣道，為非作歹，也不會失去他的鄉邑。士有爭友，士人有直言相勸的朋友，則身不離於令名。他的一身也就不會失去美名了。父有爭子，同樣的，父親有直言相勸的兒子，則身不陷於不義。做父親的就不會做出不義的事情來了。故當不義，所以遇到父親或君王要做不義的事情時，則子不可以不爭於父，那麼做兒子的不可以不用直言相勸，臣不可以不爭於君。做臣下的也不可以不直言勸阻。故當不義則爭之，所以如果碰見父親要做不義的事情時，一定要挺身而出，直言勸阻才對，從父之令，又焉得為孝乎！若一味服從父親的命令，怎能算得是孝順呢！」——孝經諫爭章第十五曾子耘瓜誤斬其根。（曾子在瓜田除草時，失手將瓜根斬斷了。）曾皙怒，建大杖以擊其背。（曾子父親曾皙大為生氣，拿起大木棒擊打曾子背脊。）曾子仆地而不知人，（曾子仆倒在地而昏迷不省人事，）久之有頃乃蘇，（過了很久方才甦醒，）欣然而起，進於曾皙曰：（高興地爬了起來，去見曾皙說：）「嚮也參得罪大人，（剛才我得罪了您，）大人用力教參，（您用力的教訓我，）得無疾乎？（您不會因此有什麼疾痛吧？）」退而就房，援琴而歌，（退出來回到自己房間，一面彈著琴一面唱歌，）欲曾皙聞之，知其體康也。（想要讓曾皙聽見了，知道他身體康健，不曾受傷。）孔子聞之而怒，告門弟子曰：（孔子聽說這件事，極為生氣，告訴門下學生說：）「參來，勿納。（曾參來時，不要讓他進來。）」曾參自以為無罪，使人請於孔子。（曾子自己認為並未犯任何過失，所以派人去請教孔子。）子曰：（孔子說：）「女不聞乎？（你沒聽說過嗎？）昔瞽叟有子曰舜。（從前瞽叟有個兒子名叫舜。）舜之事瞽叟，（舜事奉他父親，）欲使之，未嘗不在於側；（當瞽叟要使喚他時，從沒有不在身邊的；）索而殺之，未嘗可得。（但當瞽叟想要殺害他，卻從沒有機會得手。）小箠則待過，大杖則逃走。（小的鞭策可以接受處罰，大的杖刑就該逃避開。）故瞽叟不犯不父之罪，（所以瞽叟不曾犯上為父不慈的罪行，）而舜不失烝烝之孝。（而舜也不失為孝的極致。）今參事父，（現在曾參事奉他的父親，）委身以待暴亂，（委棄自身而接受暴力，）殪而不避。

至於死也不知躲避。既身死而陷父於不義，這樣不但喪失生命，並且使父親也犯了不義之罪，其不孝孰大焉！他的不孝之罪還不算大嗎？女非天子之民也？你不是天子的人民嗎？殺天子之民，其罪奚若？殺害天子的人民該當何罪？」曾參聞之，曰：「參罪大矣。曾參聽了，說：我的罪過眞是太大了。」遂造孔子而謝過。於是親自去拜謁孔子謝罪。

——孔子家語六本篇

惟諍諫之時，言語必須委婉，臉色必須溫和，期父母易於轉移，樂於接受。若父母一時不肯接受，則不可與之爭執，而應暫時忍耐，伺機再諫，或用其他方式，以感動父母，使之接受，是之謂孝。

子曰：孔子說：「事父母幾諫，事奉父母，父母有不是處，應當柔聲下氣地諫勸，見志不從，見了父母執拗不聽，自己的意志不行，又敬不違，仍繼續孝敬，不能違背，勞而不怨。就是激怒了父母，勞父母撻打，也不敢有怨言怨色。」

——論語里仁篇

「父母有過，諫而不逆。父母有了過錯，爲子女的只能和顏悅色的規勸，而不能違逆他。」

——禮記祭義

「父母有過，下氣怡色，柔聲以諫。父母有了過錯，應該和顏悅色、低聲下氣的規勸。諫若不入，如果不被接納，起敬起孝。就應更加恭敬孝順。說則復諫，等父母高興時然後再規勸，不說，與其得罪於鄉黨州閭寧孰諫。若仍不接納，那麼與其讓父母得罪了鄉親鄰居，不如小心殷勤地再三的規勸。父母怒，不說，而撻之流血，就是父母發怒不高興而責打自己，至於皮破血流，不敢疾怨，也不敢怨恨起敬起孝。依舊孝順敬愛父母，以圖感動他們。」—禮記內則

「子之事親也，為人子女事奉父母，三諫而不聽，父母有過，如再三的規勸而不被聽採，則號泣而隨之。那就繼之以號泣，希望他能感悟。」—禮記曲禮

(4) 不虧其體、不辱其身

父母對於子女，事事關心愛護，其最憂慮者為子女之健康，是以注重自身之健康，以減少父母之憂慮，亦為孝之一端。且吾身者，父母之遺體也，故應保養、愛護，莫使損傷；進而謹慎自己之言行，戒除一切不良之行為與惡劣之習慣，不致因自身受辱、受害而貽患父母、貽羞父母。

孟武伯問孝。孟懿子的兒子孟武伯，名彘。也向孔子問孝順父母要怎麼樣？子曰：孔子說：「父母唯其疾之憂。父母唯恐子女有疾病。做子女的

應該體念父母心，保重身子，不要使父母擔憂。」——論語爲政篇

「身體髮膚，受之父母，不敢毀傷，孝之始也。人的身軀、四肢、毛髮、皮膚，都是從父母親得來的，不敢損毀傷殘，這是孝順的開始啊。」——孝經開宗明義章第一

曾子曰：曾子說：「身也者，父母之遺體也。我們的身體，是父母留給我們的。行父母之遺體，敢不敬乎？我們以父母遺留的身體行事，怎能夠不恭敬戒慎呢？居處不莊，非孝也。日常生活起居不莊重，就是不孝。事君不忠，非孝也。事奉君主不忠心，就是不孝。涖官不敬，非孝也。臨官不能敬慎，就是不孝。朋友不信，非孝也。與朋友交往而不守信用，就是不孝。戰陳無勇，非孝也。爲國出征作戰而不能勇往直前，也是不孝。五者不遂，災及於親，這五件事若不能做到，不但自己受到懲罰，甚至會牽連父母，敢不敬乎？這能夠不恭敬謹愼嗎？亨孰羶薌，嘗而薦之，烹煮些馨香可口的食物，自己嘗味後進奉給父母食用，非孝也，養也。這不算孝，只是供養而已。君子之所謂孝也者，君子所說的孝，國人稱願然曰：乃是讓全國人都很羨慕的說：『幸哉有子如此！多麼福氣啊！能有個這麼好的兒子。』所謂孝也已。這才算是眞的孝了。衆之本教曰孝，人們的基本教育是孝，其行曰養。表現於行爲的叫養。

養可能也，敬爲難。奉養父母也許可以做到，難的是出於恭敬至誠的態度。敬可能也，安爲難。誠敬的奉養父母就算也能做到，但要做得安順自然就難了。安可能也，卒爲難。即使能做得安順自然，而要終身孝養，不管父母在世不在世的，那就更難了。父母既沒，父母死後，愼行其身，仍能戒愼自身行事不遺父母惡名，不使父母沾上惡名，可謂能終矣。這可說是終其一生都能行孝了。仁者，仁此者也。所謂仁，就是能存此心的。禮者，履此者也。所謂禮，就是能實踐這些德行的。義者，宜此者也。所謂義，就是能合乎這些標準的。信者，信此者也。所謂信，就是能明驗這些德行的。強者，強此者也。所謂強，就是能勉力的實行這些德行的。樂自順此生，人生的快樂就是依著這些去做而產生的，刑自反此作。而法律的制裁也是因違背這些德行而發生的。」——禮記祭義

樂正子春下堂而傷其足，樂正子春有次下堂時不愼跌倒而傷了脚，數月不出，猶有憂色。好幾個月不敢出門，而還是很憂愁的樣子。門弟子曰：門下弟子便問說：「夫子之足瘳矣，老師的脚傷已經痊癒了，數月不出，猶有憂色，何也？爲什麼好幾月不出門，而仍憂愁不已呢？」樂正子春曰：樂正子春答說：「善如爾之問也！你問得眞好啊！吾聞諸曾子，曾子聞諸夫子曰：我曾聽曾子說過，曾子又是從孔子那裏聽來的：『天之所生，地之所養，無人爲大。天地間的萬物，沒有比人更偉大的了

。父母全而生之，父母完完整整的生下子女，子全而歸之，子女死時也完完整整的歸還他們，可謂孝矣。這便是孝了。不虧其體，不辱其身，可謂全矣。不敢損毀自己的身體，也不曾辱沒自己的人格，這可算是保全完整了。故君子蹞步而弗敢忘孝也。所以君子不敢有些微時間忘了孝順之道。』今予忘孝之道，予是以有憂色也。現在我忘了孝順之道而使身體受傷，所以我才憂愁不已啊！壹舉足而不敢忘父母，壹出言而不敢忘父母。我們的一舉一動，一言一語，都不能夠忘了父母。壹舉足而不敢忘父母，一舉一動都不敢忘了父母，是故道而不徑，舟而不游，所以走路時必走大路而不走小徑，渡河時，必定乘船，絕不游泳涉水，不敢以父母之遺體行殆。那是因爲不敢把父母付予的身體，去做無謂的冒險。壹出言而不敢忘父母，一言一語都不敢忘了父母，是故惡言不出於口，忿言不反於身。那麼自然口不出惡言，也就不致招來別人的詬罵。不辱其身，不羞其親，可謂孝矣。如此自身不會受到侮辱，也不會令父母感到羞恥，這就可以說盡了孝道了。」——同右

「爲人子者，爲人子的，……不苟訾，不苟笑。不要隨便譏評別人，也不可隨意嬉笑。孝子不服闇，不登危，孝子不在暗中偷偷摸摸的行事，更不登臨危險之地，懼辱親也。是怕連累父母受到管教不當的指責而受辱。」——禮記曲禮上

曾子曰：曾子說：「忠者，其孝之本與！盡心事奉親長，該是孝的根本吧！孝子……不履危，孝子不到高險的地方，痺亦弗憑，也不憑臨深崖旁邊，不苟笑，不苟訾，不隨意嬉笑，也不隨便的詆毀別人，隱不命，臨不指，不在暗中行事，登高也不隨便指畫，故不在尤之中也。所以不會有什麼過尤。孝子惡言死焉，對於孝子，不會招來任何惡意的話，流言止焉，謠言遇到他，自然就息止，美言與焉。而讚美的話卻因他而興起。故惡言不出於口，煩言不及於己。所以惡意的話不會出自他的口中，而辱罵的話，也就不會牽連到他身上。故孝子之事親也，所以孝子事奉父母，居易以俟命，總是過著樂天安命的平易生活，不興險行以徼幸。不會去做些危險徼幸的事，以獲得非份之財。孝子游之，暴人違之。遇到同是孝子，則跟他來往交遊，若遇不孝不悌的凶惡之徒，就應趕緊遠離他。出門而使，不以或爲父母憂也。到外面辦事不會做出些許使父母擔憂的事。險塗隘巷，不求先焉，在危險的道路上，狹窄的巷子裏，不爭先行走，以愛其身，以不敢忘其親也。爲的是愛惜自己的生命，以表示不敢忘記父母的生育之恩。」

——大戴禮曾子本孝篇

孟子曰：孟子說：「世俗所謂不孝者五：世俗上所稱爲不孝的有五種：惰其四支，懶動他的手足，不顧父母之養，不顧到父母的應該奉養，一不孝也。這是第一種的不孝。博弈好飲酒，喜好賭博下棋，又好吃酒，不顧父母之養，不顧到父母的應該奉養，二不孝也。這是第二種的不孝。好貨財，喜好貨物和錢財，私妻子，偏私自己的妻和兒女，不顧父母之養，不顧到父母的應該奉養，三不孝也。這是第三種的不孝。從去聲耳目之欲，只管放縱耳目的私欲，在聲色上求滿足，以爲父母戮，以致父母不能免於刑戮，四不孝也。這是第四種的不孝。好勇鬬很，喜好逞勇和人爭鬬，以危父母，以致危及父母，五不孝也。這是第五種的不孝。」——孟子離婁下

(5) 繼往開來、揚名顯親

在農業社會中，人民安土重遷，聚族而居，大家庭制度不期然而形成。父子祖孫同住一處，工作在同一之農地，子繼父業，代代相傳，乃爲極自然之事。如果下一代無人繼承移交其耕地，則視爲嚴重問題。於是有「無後」即爲不孝之思想，同時產生重男輕女之觀念。例如五倫中僅提「父子」而不提「母女」，因女兒長大出嫁，依然無從將土地移交，故無子謂之無後。無後既不能爲民族盡延續生命之責任，且家族宗祧，自我而斬，自屬不孝之更大理由。

孟子曰：孟子說：「不孝有三，不孝的罪有三、無後爲大。無後絕嗣算是最大的。舜不告而娶，虞舜不稟告父母就娶妻，爲無後也。就是爲了恐怕絕嗣啊。君子以爲猶告也。所以後來的君子批評這事，都以爲不稟告就和稟告過一樣。」——孟子離婁上

至於事業之承先啓後，亦稱之謂孝。

子曰：孔子說：「武王周公其達孝矣乎！武王和周公，眞是天下所稱能通孝道的了。夫孝者，善繼人之志，孝是要妥善地繼承先人的志向，善述人之事者也。妥善地續成先人的事業。春秋修其祖廟，每逢春秋祭祀的時候，修好祖宗的廟宇，陳其宗器，陳列祖宗傳留的寶器，設其裳衣，安設祖宗穿過的裙子和衣服，薦其時食。供奉應時的新鮮果品。宗廟之禮，祖廟裏祭祀的禮節，所以序昭穆也。是用來排列左昭右穆次序的。序爵，排列爵位的等第，所以辨貴賤也。是用來分別官級大小高低的。序事，排列各種職事，所以辨賢也。是用來分別子孫的優劣的。旅酬下爲上，祭完了，衆晚輩替各人的長輩斟酒，這旅，是「衆」的意思。所以逮賤也。是要使卑賤的人也有申敬的光榮。燕毛，飲酒時依照頭髮的顏色定坐位，所以序齒也。是用來排列長幼年齡的。踐其位，在祖宗神位面前，行其禮，舉行祭祀的禮節，奏其樂，奏著祭祀的音樂，敬其所尊，恭敬那祖宗所尊重的，愛其所親；親愛那祖宗所親近的；事死如事生，事奉死的如同事奉活的一樣，事

亡如事存，事奉過去的如同事奉現在的一樣，孝之至也。這才是盡孝到了極點。」　—中庸第十九章

子曰：孔子說：「父在，觀其志；父親在世時，兒子不能自專，只看他的志向；父沒，觀其行。父親死後，就要看他的行事；三年無改於父之道，如果能繼續三年不改變他父親的軌範，可謂孝矣。就可稱孝了。」　—論語學而篇

個人之生命有限，事業之生命無窮，爲子者若能將雙親未成之志、未完之事繼續完成，則既可免前功之盡棄，且可期其發揚光大。人人如此，則民族文化自能延續不斷，一脈相承，光前而裕後矣。吾國文化在全世界各國文化中爲最能持續不墜之原因，世界學者每引爲奇特，第不知其眞實原因，乃在一「孝」字耳。余以爲「繼往開來」乃孝之最恰當之定義，非個人愛敬父母而已足，所以對民族生命及文化之延續負責也。

曾子曰：曾子說：「孝有三：孝有三種，大孝尊親，大孝的人是尊敬他的雙親的，其次不辱，次一等的孝是不使他的雙親受到恥辱，其下能養。下等的孝是能夠養活他的雙親。」　—大戴禮曾子大孝篇

所謂「能養」，係指物質方面之能供養而言，是爲事之最易爲者，所謂「不辱」，謂消極的無惡行，使親不被惡名，前節已明之矣。所謂「尊親」，謂積極的有善行，使親能享令名。由於自己之成功，使吾人之親，受到現世之崇敬；或由於自己之揚名後世，使吾人之親亦名垂不朽，此則孝之極致也。

子曰：（孔子說：）「夫孝，德之本也，（孝道是所有德行的根本，）敎之所由生也。（也是一切敎化產生的來源。）復坐，吾語汝。（你回位子坐下，我來告訴你。）身體髮膚，（人的身軀、四肢、毛髮、皮膚，）受之父母，（都是從父母親得來的，）不敢毀傷，（不敢損毀傷殘，）孝之始也。（這是孝順的開始。）立身行道，（一身有所建樹，遵守仁德做事，）揚名於後世，（把名聲顯揚於後世，）以顯父母，（使父母榮耀，）孝之終也。（這是孝道做到至高至善的地步了。）」

——孝經開宗明義章第一

(6) 喪、祭以禮

以上所述，爲父母在時之孝。至於父母死後，應如何乃可謂之孝？

曾子曰：（曾子說：）「生，事之以禮；（父母在生時，事奉有禮；）死，葬之以禮，（父母死後，安葬有禮，）祭之以禮；

祭祀也有禮；可謂孝矣。那就可以稱爲孝了。這本是孔子告樊遲的話。」

——孟子滕文公上

「事死如事生，事亡如事存，孝之至也。」——中庸第十九章（註釋見三九三頁）

父母之身體雖然死亡，其親恩則永存子女之心中，不隨肉體而消失，子女對於父母之感念追思，永遠無窮無盡。故父母雖死，子女事之猶如生前，蓋不能忘本，不能忘恩，固人情之所當然也，以禮者，謂養以順，喪以哀，祭以敬也。

在「人倫與道德」一章中，曾以「不忘本，不忘恩，爲道德的衡量標準」爲言，父母既爲己身之所本，又爲最大恩情之所施，是爲雙重之不應忘者，不孝非獨應視最無道德之行爲，而且爲人獸之所分別，其理甚明。

「是故孝子之事親也，有三道焉。孝子事奉雙親，有三原則：生則養，沒則喪，喪畢則祭。在父母生時，則盡心去奉養他們，去世了，就戴孝服喪，等喪期過了，則要祭祀他們。養則觀其順也，奉養父母時，要看他是否順從，喪則觀其哀也，服喪時，要看他是否哀傷，祭則觀其敬而時也。祭祀則要看他是否誠敬而按時施祭。盡此三道者，孝子之行也。能做到這三原則，就是孝子的行爲了。」

——禮記祭統

父母之喪，爲事生之終，事死之始。爲子女者，終覺事生之恩情未盡，故事死之事如能多盡一分恩情與責任，總覺於心稍安，稱之爲「當大事」者以此。

孟子曰：孟子說：「養去聲生者，能夠奉養在世的父母，不足以當大事。還不算是能辦大事。惟送死，要能在父母死後盡哀盡禮，可以當大事。總可以算是能辦大事。」—孟子離婁下

祭祀乃追思其所敬所愛者，藉盡其未盡之情，在死者之生日或忌日爲之，以示不忘。故曰「祭如在，祭神如神在」，孔子且謂「吾不與祭，如不祭」祭祀之前，必齋戒沐浴，以示鄭重之意，蓋追祀行爲，不應純以理智作批評。西方宗教家初來我國時，竭力抨擊祭祖爲迷信，蓋未明我國文化之深厚，未明我國孝道之精神也。

有人喻祭祖爲中國之宗教，以人本主義之觀點言之，自無可非議。如「修道之謂教」確爲教之定義，則凡合乎修道者，均可列入宗教或教育之範疇，孝既爲仁之本，仁又爲德之本，則生事之以禮，死葬之以禮，祭之以禮，三者合而言之，其與宗教之信神祈禱求福等等有何不同，稱之謂敬人祖的宗教，亦無不可，且與第三講「人與神」之關係言之，亦可講得通也。天主教始來我國，以反對祭祖而受阻，使其傳教工作遲

了五十年，幸教宗庇佑十二世明燭其理，於一九三九年十二月十八日，准許中國信徒參加祭祀，在死者或在其神主前鞠躬致敬，阻力始消。基督教至今仍固執其不祭祖之誡，其與吾國之「道並行而不悖」之偉大精神，相去尚遠，殊可惜也。

2. 孝與國之關係

孝之於家，已如上述。孝之於國，影響又如何？茲舉要如下：

(1) 與人口政策之關係。孝則人人不願無後，且以多子多孫爲自豪，則人口自能爲適度之增加。中國人口，佔世界人口五分之一强，豈偶然哉？

(2) 與文化政策之關係。孝則人人能繼志述事，則上一代未完之事業無中斷之虞，綜合言之，民族文化之延續不成問題。中國文化之一脈相承而不中斷者，孝使之也。

(3) 與教育政策之關係。修道之謂教，道之本在仁，仁之本在孝弟，則孝實爲教育奠定其基礎，中國雖無宗教之形式，已具宗教之實質，國民道德之不亞於人，不爲無因。

(4) 與社會政策之關係。社會之要求爲秩序、爲守法、爲互助，孝則人與人愛其所同，敬其所異，忍小異而尚大同，則社會必能安定。故曰：「欲治其國者，先齊其家。」而孝弟又爲齊家之本。

二、治國

㈠、德治與法治

家旣齊矣，自可進而言治國，蓋齊家者成物之始，治衆之肇端，而爲治國平天下之奠基，是故治國平天下者，皆齊家之推廣也。

國者，人之積也，故言治國，仍爲治人，「爲政在人」亦仍爲不易之論。國父嘗言：「政治乃管理衆人之事」，小而家，中而國，大而至於天下，其範圍大小雖有不同，要皆衆人之事也。職掌治理衆人之事者曰政府，政府之最高元首，昔稱爲君，今稱爲總統，其佐理人員昔稱爲臣，今稱爲公務員，其義一也。在民主政制之下，全體人民又可稱爲君，總統及全體公務員又可稱爲臣，君臣二字不過指主管與部屬二者而已。其事千頭萬緒，要不外乎「管、敎、養、衞」四者而已，而此四者，須在齊家中肇其深基，前已言之矣。家有父子兄弟夫婦之上下左右前後之關係，國亦有君臣上下左右之尊卑關係，兩者相處之道大同小異，亦已在家庭中先有訓練矣。故曰：「孝者，所以事君也，弟者所以事長也，慈者所以使衆也。」，凡家莫不尊敬祖宗。故昔時國之君王，每以最高家長稱之，不稱謂祖，即稱謂宗，如漢高祖、唐太宗、宋仁宗、明太祖……等是。觀其名已示其崇高，且亦示國爲家族所擴展之意。故國與家二字常聯稱爲「國家」而不分也。蓋國之最小單位爲家，其最高領袖自成爲大家庭之家長也。國父主張擴展家族爲國族，以增強其愛國之觀念。總統　蔣公常喻黨爲家庭，而自喻爲家長，亦推家至黨之意也。故張載有云：

「乾稱父，（上天如同我們的父親，）坤稱母，（大地如同我們的母親，）予茲藐焉，（我們是這樣渺小，）乃混然中處，（卻和萬物混合無別的處於天地之中，）故天地之塞，吾其體，（故天地充塞的氣，形成我們的身體，）天地之帥，吾其性。（主宰天地的志，決定我們的本性。）民吾同胞；（所有人民都是我們的同胞兄弟；）物吾與也。（而萬物都是我們的同類。）大君者，吾父母宗子；（天子，猶如我父母（天地）的嫡長子；）其大臣，宗子之家相也。（天子的大臣，如同嫡長子家的家相。）尊高年，（尊敬年老的人，）所以長其長；（是爲了尊敬自己的親長，）慈孤弱，（慈愛孤兒幼子）所以幼其幼；（是爲了愛護自己的晚輩啊，）聖其合德，（聖人是天地合德所生，）賢其秀也。（而賢者則是其中的俊秀。）凡天下疲癃、殘疾、惸獨、鰥寡，（凡是天下衰頹老病、肢體殘廢、無兄弟、無子孫、無妻無夫的人，）皆吾兄弟之顛連而無告者也。（都是我們顛沛困苦

（而求告無門的兄弟啊！）」——西銘

司馬牛憂無兄弟，子夏則語之曰：

司馬牛憂曰：（司馬牛憂愁著向子夏說：）「人皆有兄弟，（人家都有好好的兄弟，）我獨亡。（只我一個人沒有。）」子夏曰：（子夏安慰他說：）「商聞之矣！（商曾聽夫子過說：）死生有命，（一個人的生和死，都是命裏定了的，）富貴在天。（富和貴，也是天意安排定了的。）君子敬而無失，（君子只要自己敬謹，沒有錯失，）與人恭而有禮，（接待人又謙恭而且有禮，）四海之內，（那四海以內的人，）皆兄弟也。（都可以當做兄弟看待的啊。）君子何患乎無兄弟也？（君子何必要憂愁著沒有兄弟呢？）」——論語顏淵篇

而禮記亦云：「聖人耐（能也）以天下爲一家，中國爲一人。」（禮運）此博大精深，視天下猶一家之思想，唯博大精深之中國文化有之，他國則不易聞也。蓋治國平天下皆肇基於齊家，故由家可推衍至國與天下，極爲自然也。

大學云：「古之欲明明德於天下者，先治其國。」又云：「國治而后天下平。」國之於天下，猶家之於國，個人之於家。個體俱善，則全體自然善矣。

孟子曰：「人有恆言，皆曰天下國家。天下之本在國，國之本在家，家之本在

身。」——孟子離婁上（註釋見三六二頁）

惟有弘道與明德，乃能達身修、家齊、國治之目的，而奠定天下和平之基礎。蓋道德爲人類共生共存共進化之原理與應用，而天下、國、與家，均由人所組成，必人人能明明德，日新又新，樂善不倦，共向至善之目標前進，則人類之幸福，世界之和平，乃能達成；此爲人理學之所重也。

蓋政治之事，即治人之事也。簡言之，乃以人立法，以人行法，而以法管人，以人治人者也。政府猶如一部機器，而鑄成機器之原料，非以鋼鐵而以人也。人之好壞，法之良窳，即決定政府之效能與國家之命運也。故曰：「爲政在人」。又曰「人存政舉，人亡政息」，其對人之重視也如此。夫爲政既在人，故不可不舉賢德之人，使在位；任賢能之才，使在職。然後受管理之人民，庶能心悅誠服，守法互勸，治效乃見。故孟子曰：

「賢者在位，使有道德的人在上位，能者在職，有才能的人守職助理，國家閒暇。這樣，國家便能太平無事。及是時，就趁這時候，明其政刑，修明那政事和刑法，雖大國必畏之矣。雖然大國也必畏懼他了。」——孟子公孫丑上在上者能舉用賢才以治國，則國必能治，人民蒙其福利，猶如能用良好工程師以管理機器，則機器必能發揮最大功效。惟賢才之如何選任？如何使之發揮最大智能？如何使之發生制衡作用？如何使民意得伸？又如何使處理政事敏捷？萬一主持者不守法，又將如何去之？法律不適用，又將如何複決之？……諸如此類問題，皆政治之最重要者也。世界諸國，莫不注意解決此類問題，而皆未臻完善，其最較完善者，惟我國　國父——孫中山先生所發明之五權憲法與權能區分耳。

國父既因襲中國傳統之優良政風，又擷取歐美諸國現行之三權政制——行政、司法、立法之分立，遂發明權能區分，與五權憲法之宏規，以創建吾國政治之新制。所謂權能區分者，即謂人民有「選舉、罷免、創制、複決」四項政權，以選舉或罷免政府之官吏，及創制或複決不適合人民需要之法律，而政府有「行政、立法、司法、考試、監察」五種治權，以盡治理政事之能事，由是政府有能，人民有權，即奠定民主政治之最佳規範矣。

所謂「五權憲法」者，即政府有立法、司法兩院以掌理法律，有考試、監察兩院以掌理人事，然後行政院以人行法，以法管人，衆人之事遂有人管理矣。考試院以考試制度吸收賢能之士，以充實政府各部門，監察院行監察制度以淘汰腐惡之輩，以發揮新陳代謝之功效，使政府之組成份子，永合賢能之標準，使政府能發揮其最大之功能，爲人民服務。蓋五權憲法，乃融合古今中外政治之良規以制定者，無偏重人治或法治之弊，並足以補三權分立之缺點，蓋以人治人，人之問題之妥善解決，實爲問題之中心也。其將成爲世界政制之良規。當不在遠矣。吾國文化，向以人爲研究對象，產生此制，亦惟有吾國耳。

管理物易，管理人難，管理者（君與臣）在智識與道德雙方面，必須爲被管理者（人民）所敬愛，所信仰，才能發生效果，而最高管理者除智識道德高於人，又能以身作則之外，尙宜注意如何敬愛部屬（臣）？如何關心人民？如何治理政治、經濟、外交……等事？此吾祖先歸納爲九個大原則，即所謂九經是也。今述之如下：

(二)、治國九經

治國之道，千頭萬緒，提綱挈領，歸納爲九經，經者天下之定理，恒久不變之至道也。中庸論治國九經，曰：

「凡爲天下國家有九經，（凡是治理天下國家底事，有九種一定的法則，）曰：（就是說：）修身也，（修好自身啊，）尊賢也，（尊重賢人啊，）

親親也，親愛親人啊，敬大臣也，尊敬大臣啊，體羣臣也，體恤羣臣啊，子庶民也，愛護平民啊，來百工也，招致各種工人啊，柔遠人也，安撫遠方的人啊，懷諸侯也。恩慰各國諸侯啊。修身則道立，能修好自身，道就能確立，尊賢則不惑，能尊重賢人，遇事就能不疑惑，親親則諸父昆弟不怨，能親愛親人，伯叔兄弟間就不會怨恨，敬大臣則不眩，能尊敬大臣，做事就不會昏亂，體羣臣則士之報禮重，能體恤小臣，士底報答的禮數就會厚重，子庶民則百姓勸，能愛護平民，百姓就會互相勸勉愛國，來百工則財用足，能招致各種工人，國家的財用就會富足，柔遠人則四方歸之，能安撫遠方的人，四方的人就會聞風歸順，懷諸侯則天下畏之。能恩慰各國諸侯，天下的人自然就畏服。齊側皆反明盛服，像齋戒一樣，清清潔潔地穿著禮服坐在朝上，非禮不動，凡是不合禮的事，不去妄動，所以修身也。這就是修身之道。去上聲讒遠去聲色，摒去撥弄是非的人，遠離女色，賤貨而貴德，輕視財貨，尊貴道德，所以勸賢也。這就是勸賢之道。尊其位，升高他的爵位，重其祿，加厚他的俸祿，同其好惡，好惡和他們一樣，所以勸親親也。這就是勸親親之道。官盛任使，辦事的小官多，可以隨時擔任差遣，所以勸大臣也。這就是勸大臣之道。忠信重祿，眞心誠意地信任他，並且多給他俸祿，所以勸士也。這就是勸做士之道。時使薄斂，在農閑的時候役使，並且減輕租稅，所以勸百姓也。這就是獎勸百姓之道。日省月試，天天查察，月月考試，既許氣反。稟力錦反。稱去聲事，所賜給的口糧，都和職事相稱，所以勸百工也。這就是勸百工之道。送往迎來，歡送去的迎接來的，嘉善而矜不能獎勵那良善的，憐恤那劣弱的，所以柔遠人也。這就是柔遠人之道。繼絕世，替絕嗣的諸侯立後代，擧廢國，幫助廢亡的國家復興，治亂持危，並替他平定禍亂，扶持危難，朝聘以時，五年一朝，三年一聘，都有一定的時候，厚往而薄來，送去的禮物要豐厚，送來的禮物越輕越好，所以懷諸侯也。這就是懷諸侯之道。凡爲天下國家有九經，總括起來，治理天下國家的事，雖有這九種定法，所以行之者一也。可是實行起來，卻只在一個誠字。」——中庸第二十章

一卽誠也，故知治天下國家有九個恒久不變之定則，而其所以行之者，則有賴於誠。前於誠意一節中已詳述之矣，今就此九經分述之。

1.修身：修身則道立，齊明盛服，非禮不動，所以修身也。

一國之元首，爲一切政令之所自出，其智勇必須過人，自不待言。而其德行尤須能爲人民之表率，庶能得全國上下之尊敬與信仰。所謂「親而民莫不敬，言而民莫不信，行而民莫不悅。」是也。

元首旣爲道德之象徵，故須齊明盛服，以示莊敬，非禮不動，俾視聽言動，莫不合禮；所謂「一日克己復禮，天下歸仁焉。」（論語顏淵篇）

元首應愛民（仁）而治之。愛而不親，治而不治，禮而不答，則當反求諸己，是否於仁、於智、於敬，有所未盡，正其身，則民易使而天下歸之。

孟子曰：「愛人不親，反其仁；治人不治，反其智；禮人不答，反其敬。行有不得者，皆反求諸己；其身正而天下歸之。詩云：『永言配命，自求多福。』」——孟子離婁上（註釋見三一八頁）

子曰：（孔子說：）「上好（去聲）禮，（爲上的人，喜歡依禮做事，）則民易（去聲）使也。（那末，人民自然容易使令了。）」——論語憲問篇

「上好（去聲）禮，（只要在上的人能夠好禮，）則民莫敢不敬。（人民就沒有一個敢不尊敬的。）上好義，（在上的人能夠愛好義，）則民莫敢不服。（人民就沒有一個敢不服從的。）上好信，（在上的人能夠好誠信，）則民莫敢不用情。（人民就沒有一個敢不用眞情對待的。）」——論語子路篇

何以元首正其身而民信服之？蓋德貴身教，有諸己而後能求諸人耳。

季康子問政於孔子。（季康子問孔子爲政治國的道理。）孔子對曰：（孔子說：）「政者正也，（政字的意義就是正，）子帥以正，（你在上面拿正道做表率，）孰敢不正。（還有那一個敢不正呢。）」——論語顏淵篇

子曰：（孔子說：）「其身正，（在上的人，自身做事正當，）不令而行；（不用命令，人民自然會照樣做；）其身不正，（如果自身做事不正當，）雖令不從。（雖有命令，人民也不肯服從。）」——論語子路篇

子曰：「苟正其身矣，於從政乎何有？不能正其身，如正人何！」—論語子路篇（註釋見二〇一頁）

孟子曰：孟子說：「君仁莫不仁，君仁，全國的人就沒一個敢不仁的，君義莫不義。君義，全國的人也就沒有一個敢不義的。」—孟子離婁下

在君主時代，國君之言行，其重要性自不待言。即以今日由民選產生之總統，其德行有虧者，已難當選，在任時行為不當，信仰一失，亦難為領導。政府各級官吏，亦莫不應以正己為表率，事事為民前鋒，刻苦耐勞，勤敬不倦，廉潔奉公，則民德歸厚，盜亂不作矣。

子路問政。子曰：「先之，勞之。」請益，曰：「無倦。」—論語子路篇（註釋見二〇二頁）

季康子患盜，季康子憂慮國中的盜賊多，問於孔子。問孔子怎樣纔可以遏止。孔子對曰：孔子答說：「苟子之不欲，只要你們自己不貪欲，雖賞之不竊。雖獎勵人民做盜賊，也是不肯做的了。」—論語顏淵篇

故曰：「修身則道立。」道立則民心向服。「道得衆，則得國，失衆，則失國」。（大學傳第十章）修身之於治國者，其重要有如此，可以不慎乎！故曰：

「自天子以至於庶人，從天子一直到平民，壹是皆以修身爲本。日本山井鼎七經考文：『古本「壹」作「一」』。「一是」猶言一切也。一切都要以修身做根本。其本亂如果不能修身，根本就壞了，而末治者，否矣。根本壞了，而末梢的國還能治得好麼？那是絕對不會的。其所厚者薄，這就是把要緊的看得不要緊，而其所薄者厚，把不要緊的看得要緊，未之有也。從來沒有這樣的道理啊。」——大學經一章

今日民主時代，官吏皆由民選，有財勢而無德者，亦易當選，如美國某市曾選出過大流氓爲市長，當時政治腐敗，爲必然之結果。故選舉制流弊仍多，國父主張以考試制濟選舉制之窮，確有遠見，此則有待研究而後施行耳。

2. 尊賢：尊賢則不惑；去讒遠色，賤貨而貴德，所以勸賢也。一國政治之良窳，固在元首之賢明，但尤賴股肱之忠良，故求才爲第一要務。蓋「爲政在人」，「人存政舉，人亡政息。」苟在上者能知人善任，使「賢者在位，能者在職。」則智慧集中於元首之左右，於施政方面，自無所疑惑，智者不惑，故尊賢則不惑，自可垂拱而治矣。惟賢才非可招而至者，必須主政者無妒賢嫉才之念，有尊賢

崇德之誠，且有紆尊受教之量，以及自身左右環境無爲惡之因素存在，則士方能不遠千里而來。

「秦誓曰：（書經秦誓篇上說：）『若有一个（古賀反，書作介。）臣，（假如有一個介然獨立的君子，）斷（丁亂反）斷兮，（只是誠誠實實地，）無他技，（沒有什麼別的本領，）其心休休焉，（但他的心裏卻是很寬宏的，）其如有容焉。（好像有容納的度量。）人之有技，（看得別人有本領，）若己有之；（就同自己有的一樣；）人之彥聖，（看見別人做事能幹，）其心好之，（他心裏也就非常歡喜，）不啻若自其口出；（從他自己口裏說出來沒有兩樣；）寔能容之。（實在是他心裏能夠容納許多人。）以能保我子孫黎民，（那就一定能夠保護我們的子孫和人民，）尚亦有利哉！（還可以有許多的利益！）人之有技，（假如看見別人有本領，）媢（音冒）嫉以惡之；（就生了妒忌心厭惡他；）人之彥聖，（看見別人做事能幹，）而違之俾不通；（就故意隔遠他，使他不得通；）寔不能容。（這樣的人實在是心裏不能容納人。）以不能保我子孫黎民，（用了這樣的人治理國事，一定不能保護我們的子孫和人民。）亦曰殆哉！（可說是危險極了。）』唯仁人，放流之，（像這種壞人，只有仁德的國君纔會把他流放出去，）迸（讀爲屏古字通用）諸四夷，（驅逐到野蠻的地方，）不與同中國。（不使他同居中國。）此謂唯仁人爲能愛人，（這就叫做只有仁人纔能愛人，）能惡人。（纔能惡人。）見賢而不能舉，（倘然見了賢人，卻不能夠舉用他，）舉而不能先，（舉用了他，卻又不能使他先用。這「先」字，俞樾羣經平議說：

『「先」蓋「近」字之誤。「見賢而不能舉，舉而不能近。」與「見不善而不能退，退而不能遠。」正相對成文。「近」，古文作「岓」，大篆作「岜」；「先」字篆文作「光」，兩形相似，因而致誤耳。」亦可參考。**命**（鄭氏以為當作慢。）**也。**（這就是怠慢了。）**見不善而不能退，**（發現了他的不善，卻又不能夠黜退他，）**退而不能遠，**（黜退了卻又不能把他驅逐到遠方去，）**過也。**（這就是過錯了。）」——大學傳十章

孟子曰：（孟子說：）「**尊賢使能，**（尊重賢人，任用有才幹的人，）**俊傑在位，**（最有才幹的人，都要給他們有職位，）**則天下之士，**（那末天下的士，）**皆悅而願立於其朝矣。**（都要心裏悅服，願意立身在他的朝廷上了。）」——孟子公孫丑上

不然，朝廷人才空虛，雖欲有為，亦不可得。

孟子曰：（孟子說：）「**不信仁賢，**（國君如果不信任仁人和賢人，）**則國空虛。**（國中就空虛像沒有人一樣了。）**無禮義，**（沒有禮義，）**則上下亂。**（上下就要亂了。）**無政事，**（沒有政事，）**則財用不足。**（貨財用度就要不充足了。）」——孟子盡心下

如何乃能表示尊賢之誠意？一曰：好善而忘勢，二曰：友之甚或師之。

孟子曰：（孟子說：）「**古之賢王，**（古時候賢德的帝王，）**好**（去聲）**善而忘勢。**（喜歡善人，忘掉自己的權勢。）**古之賢士，**（古時候的

賢士何獨不然，（何嘗不是這樣，）樂（音洛）其道而忘人之勢。（他快樂自己的道，忘掉別人的權勢。）故王公不致敬盡禮，（所以雖是王公，如果不能致敬盡禮地接待，）則不得亟（去吏反）見之。（就不能屢次去見他。）見且猶不得亟，（見他尚且不能多次，）而況得而臣之乎？（何況是要把他當作臣子看待呢？）」——孟子盡心上

「故將大有爲之君，（所以古來大有作爲的國君，）必有所不召之臣；（一定有不能隨便召喚的臣子；）欲有謀焉，（如果有事要和他商量，）則就之。（也只好自己到他那邊去。）其尊德樂（音洛）道，（那纔顯得國君是尊重德行和喜歡道義，）不如是，（倘不如此，）不足與有爲也。（也就不能和他做什麼。）故湯之於伊尹，（所以商湯對於伊尹，）學焉而後臣之，（先從他受學，然後任命爲臣，）故不勞而王。（這纔不費勞力，就能稱王天下。）桓公之於管仲，（齊桓公對於管仲，）學焉而後臣之，（也是先從他受學，然後任命爲臣，）故不勞而霸。（所以也能夠不費勞力，做了諸侯霸主。）」——孟子公孫丑下

如何乃能使自身左右環境無爲惡之因素存在？

一曰：去小人以杜讒言：小人唯利是圖，善於巧言令色，投人所好，足以逢君，甚至長君之惡，且妒嫉善良。君子往往潔身自好，諫而不聽，惟有引去。小人道長，則君

子道消，二者難以並存。考諸歷史，凡近小人者實朝政衰敗之主因。

顏淵問為邦，（顏淵問孔子治理邦國的道理。）子曰：（孔子說：）「行夏之時，（行夏朝的時曆，）乘殷之輅，（輅，音路。坐殷朝的木車，）服周之冕。（戴周朝的禮帽，雖華采卻並不奢。文質相宜。）樂則韶舞，（樂就用韶和舞。韶是舜時的樂；舞同武，是周武王的樂。）放鄭聲，（禁絕鄭國的聲調，）遠（去聲）佞人；（遠開會搬嘴的小人；）鄭聲淫，（因為鄭國的聲調淫亂，）佞人殆。（佞人搬弄是非，最容易危害國家。）」——論語衛靈公篇

二曰：遠女色以防墮落：自來政治之腐敗，考其內在之原因，莫不涉及女色。及其荒淫無度，不聞朝政，則朝政落於小人之手矣。君子以疏不間親，無能為力，最後只得退隱。其能如比干之諫而死者，不可多得。故狐媚之女子與小人實應慎防，以去讒遠色為誡在此，孔子因而忿然見之於言行如：

子曰：（孔子說：）「唯女子與小人，（獨有那沒知識的婦女和奴僕，）為難養也。（算是最難養的了。）近（去聲）之則不孫，（孫，讀去聲。親近她們和他們，就要不遜順，）遠之則怨。（疏遠她們和他們，又要怨恨起來。）」——論語陽貨篇

「齊人歸（如字，或作饋。）女樂，（齊人因魯君用孔子做司寇，兼理宰相職務，恐怕魯國就此強盛，送了一班女樂來惑亂魯君，）季桓子受之，（季桓子竟勸魯君收受下來，）三日不朝。（三天不上朝理事。）孔子行。（孔子也就毅然離去了。）」——論語微子篇

三曰：賤貨財以明無欲：國家之財貨，爲人民所公有。取之於民，用之於民，主政者有依法支配使用之權，而無取作私有之權。其本身之俸祿，自有法定之數，不宜逾越。在君主時代，則視府庫之財卽爲君主之財，惟亦不可私有之也。蓋上好貨財，則下必投其所好，貪污之風熾，小人之勢長矣。

「長（上聲）國家而務財用者，（掌管國事卻專想搜括財貨，）必自小人矣；（一定是由一班小人開始做起；）彼爲善之。（因爲他們有弄錢的本領。）小人之使爲國家，（使小人去辦理國事，）菑害並至，（可就要弄到災害禍患一齊來了，）雖有善者，（到了那時，即使有好人出來，）亦無如之何矣。（也沒有挽救的辦法了。）此謂國不以利爲利，（這便是說國家不以利爲利，）以義爲利也。（以義爲利的啊。）」——大學傳十章

故君主之所當寶者爲土地、人民、與政事，其他均非其應寶者。

孟子曰：（孟子說：）「諸侯之寶三，（諸侯的寶貝有三種，）土地、（一是土地、）人民、（二是人民、）政事。（三是政事。）寶珠玉者，（假使看輕了這三種，倒去搜求那珍珠玉石，當做寶貝，）殃必及身。（禍害就一定要臨到他自己身上的。）」——孟子盡心下

孟子答齊宣王「寡人有疾，寡人好貨。」之問曰：

「王如好貨，（君王如果喜歡財貨，）與百姓同之，（和百姓公共享有，）於王何有？（對於實行王道政治，又有什麼困難呢？）」──孟子梁惠王下

蓋亦戒其不可獨自好貨也。

四曰：貴德行以示樂道：自古賢明之君莫不尊賢樂道。在上者苟能貴德，則上行下效，「君子之德風，小人之德草，草上之風必偃。」易言之，君子道長，小人道消。聞其風者，頑廉懦立，上下好善，治道在其中矣。

「未有上好仁，（從來沒有在上的國君能好仁，）而下不好義者也。（在下的人民反不好義的。）未有好義，（從來也沒有好義的人，）其事不終者也。（一件事會沒有結果的。）」──大學傳十章

夫如是，則最高主管處於崇德好善之環境中而樂善不倦。遇事則垂詢於賢者智者；智者不惑。是以政令之出，無不爲民所樂從，上下均無疑慮，故謂之不惑。上能尊賢，則下必舉賢。舉賢而能用之固善，否則亦宜尊而養之，友之甚或師之。關於舉賢之道，孔子謂可先舉其所知者，則不知者自有人舉薦之。

仲弓爲季氏宰，（仲弓做季氏的家臣，）問政。（向孔子問政。）子曰：（孔子說：）「先有司，（先行派定各官吏的專職，）赦小

過，（遇有小過失的人要寬恕他，）舉賢才。（舉用有德行有才幹的人。）」曰：（仲弓說：）「焉知賢才而舉之？（怎能知道那一個是有德行有才幹的的，實行舉用他呢？）」曰：（孔子說：）「舉爾所知，（舉用你所知道的人便了，）爾所不知，（你所不知道的，）人其舍（上聲）諸？（人家會放棄他不舉薦麼？）」——論語子路篇

賢才舉則小人遠。

樊遲問仁。（樊遲問孔子怎樣纔算是仁。）子曰：（孔子說：）「愛人。（要能够愛人。）」問知。（樊遲又問怎樣纔算是智。）子曰：（孔子說：）「知人。（要能够識得人的好歹。）」樊遲未達。（樊遲不大明白。）子曰：（孔子又說：）「舉直錯諸枉，（舉用正直的人，除去邪曲的人，）能使枉者直。（就能使邪人也變做正人。）」樊遲退，（樊遲退下來，）見子夏曰：（見到子夏說道：）「鄉（去聲）也，吾見（賢遍反）於夫子而問知。（前日啊我見了夫子請問智的道理。）子曰：（夫子說：）『舉直錯諸枉，（舉用正直的人，除去邪曲的人，）能使枉者直。（就能使邪人也變做正人。）』何謂也？（這話是什麼意思？）」子夏曰：（子夏說：）「富哉言乎！（意義很富啊，夫子這兩句話！）舜有天下，（從前虞舜有了天下，）選（息戀反）於衆，（在衆人裏面選用好人，）舉皐陶，（陶，音遙。舉出一個皐陶來，）不仁者遠矣。（不好的人都去得遠

遠的了。）湯有天下，（商湯有了天下，）選於衆，（在衆人裏面選用好人，）舉伊尹，（舉出一個伊尹來，）不仁者遠矣。（那不好的人也都去得遠的了。）」 ——論語顏淵篇

尊賢則賢才舉，賢才舉則在識別而善任之。蓋治國而不用賢才，正如爲巨室而不使工師求大木，雕琢璞玉而不用玉人。舉用賢才，更不必限定資格。聖賢可能出身微賤，孟子舉例以證明之。

「湯執中，（商湯做事守中道，）立賢無方。（舉用賢才不限定資格。）」 ——孟子離婁下

孟子曰：（孟子說：）「舜發於畎畝之中，（當初舜是從田畝裏面發跡起來的，）傅說（音悅）舉於版築之間，（傅說是從築牆泥匠這些工人裏面被舉用的，）膠鬲舉於魚鹽之中，（膠鬲是從魚鹽商販中被舉用的，）管夷吾舉於士，（管夷吾是在監獄中被舉用的，）孫叔敖舉於海，（孫叔敖是隱居在海邊被舉用的，）百里奚舉於市。（百里奚是在市街上做買賣被舉用的。）」 ——孟子告子下

國家有官制，爵位有定額，有時賢才供過於求，未能盡量任用，則予以崇高之名義及適當之供養，以爲儲備，此之謂養士或養賢。養士尤須盡禮，否則留而不能久。故曰：「去讒遠色，賤貨而貴德，所以勸賢也。」

3. 親親：親親，則諸父昆弟不怨；尊其位，重其祿，同其好惡，所以勸親親也。爲政之要務在正人倫，教育之要務在明人倫，人倫之首要則在孝弟，稱之曰：親親。親親而后仁民，仁民而后愛物。仁民愛物，政治基礎之所以樹立也。國之本既在家，家之齊在孝弟，則在上者之所以爲民表率，自必以孝弟爲先，否則將失去人民之敬仰，而受輕辱。

「所謂平天下在治其國者，（經文上所說平天下在治其國的意思，）上老老而民興孝，（是說在上的國君，如能敬養自己的親長，人民自然感發，起來提倡孝順各人的父母，）上長長（並上聲）而民興弟，（弟，去聲。國君如能尊重自己的長輩，人民也自然感發，起來提倡恭敬各人的兄長，）上恤孤而民不倍。（倍，與背同。國君如能憐憫無依靠的人，人民自然就不肯做違背道理的事。）是以君子有絜（胡結反）矩之道也。（所以君子是有推己度人之道的。推己之心以度人，和執矩以度天下一切的方一樣。所以，叫做絜矩之道。）」——大學傳十章

重孝弟不特予人民以示範，對于自己家族方面亦造成親愛和諧之環境，若復注意名位俸祿之適當安排，毋使仰不足以事父母，俯不足以畜妻子，並能同其好惡，則諸父昆弟感其關懷，自無怨尤。否則在本人固難於專心爲公，對社會亦將有不良影響，則將何以爲民表率。故尊其位重其祿同其好惡爲必要也。

「所謂治國必先齊其家者，其家不可教，而能教人者無之。」—大學傳九章（註釋見三六一頁）

「君子篤於親，（在上位的人，能厚待親長，）則民興於仁。（人民便會興起仁道。）故舊不遺，（在上位的人，能不遺棄故舊，）則民不偷。（人民便不會偷薄了。）」—論語泰伯篇

孟子曰：「道在邇而求諸遠，事在易而求諸難。人人親其親，長其長，而天下平。」—孟子離婁篇（註釋見三六三頁）

在君主時代，君主之父母兄弟等均屬王室貴族，受有爵祿，妥為安置，毋使有怨，以資安內，自屬必要。惟民主時代，父以子貴，兄以弟貴之思想，不宜存在，國家有銓敍及考試制度，足以去除引用私人之惡習，而鼓勵獨立奮鬥之精神。然而親親之道則不因時代之變遷而常在，在位者之家人在社會作惡，足以影響在位者之信譽，如政府要員之子女為太保太妹，其能不受社會之指摘，認其為無家教乎？是故使諸父昆弟不怨，仍寓表率之作用也，如舜之使象是也。

4. **敬大臣：敬大臣則不眩，官盛任使，所以勸大臣也。**

國家大政方針，有賴於大臣（即今之政務官）之籌謀，元首不過作最後之決定而已。敬大臣即信任大臣，亦所以敬於事而求治也。

子曰：孔子說：「道去聲千乘去聲之國，統治一個可出千輛兵車的大國，敬事而信，對政事要慎重處理，發號施令必須有信用，節用而愛人，對財政出入要有節制，並愛恤人民，使民以時。使用人力要揀在農閒的時候。」——論語學而篇

「敬人者，人恆敬之。」君能敬大臣，則大臣亦必能敬君，臣道於焉備矣。

「爲人臣，做臣子的人，止於敬。事君要止於敬。」——大學傳三章

蓋大臣居於一人之下萬人之上，苟不得在上者之信任，即將失去在下者之信仰，國不可得而治矣。

「在下位，在下位的時候，不獲乎上，如果不能得到上面的人信任，民不可得而治矣。人民就不能服從我管理了。」——中庸第二十章

在我國歷史中亦曾有國君昏庸無道，但能知人善任，因而免於亡國者，如衛靈公

是也。

子言衞靈公之無道也，（孔子談起衞靈公昏庸無道來，）康子曰：（季康子說：）「夫（音扶）如是，（既是這樣，）奚而不喪！（喪，去聲。爲什麼倒不會亡國？）」孔子曰：（孔子說：）「仲叔圉治賓客，（有仲叔圉主持接待賓客底事，）祝鮀治宗廟，（祝鮀主持宗廟祭祀底事，）王孫賈治軍旅，（王孫賈主持訓練軍隊底事，）夫如是，（各事像這樣的主持得人，）奚其喪！（又怎麼就會亡國呢！）」——論語憲問篇

官盛任使者，知人善任，因材器使，信賞必罰，政令推行井然有秩。故曰：「敬大臣則不眩。」大臣被敬而敬於事，收郅治之果，故曰：「官盛任使，所以勸大臣也。」

5. 體群臣：體群臣，則士之報禮重；忠信重祿，所以勸士也。

群臣者，即今之事務官，不論其職位大小如何，對於政令之推行，關係重要。故在上者，應一視同仁，善加體恤。體恤之道，精神與物質並重。忠信者，精神之得以慰勉也；重祿者，物質之得以厚遇也。

士爲智識分子，則其智識必高於一般平民（庶人），對社會所負之責任亦較重，而其行爲所給予人群之影響亦比較大。換言之，士之一言一行，皆應爲人民之表率。

故士自身必須十分嚴格檢查，孔子答覆子路子貢問士如下：

子貢問曰：（子貢問孔子說：）「何如斯可謂之士矣？（怎樣便可以稱做士呢？）」子曰：（孔子說：）「行己有恥，（自己恭行，先要有廉恥心，）使（去聲）於四方，（奉使到四方各國去，）不辱君命，（要能不玷辱君命，）可謂士矣。（就可以算得士了。）」曰：（子貢說：）「敢問其次。（敢問那次一等的。）」曰：（孔子說：）「宗族稱孝焉，（要能夠使宗族中的人都稱贊他孝順父母，）鄉黨稱弟（去聲）焉。（鄉里中的人都稱贊他友愛弟兄。）」曰：（子貢說：）「敢問其次。（敢問那再次一等的。）」曰：（孔子說：）「言必信，（說話一定信實，）行（去聲）必果（行為一定果斷，）硜（苦耕反）硜然小人哉，（硜，小石堅確之狀。堅確地自守，像個識量淺狹的小人，）抑亦可以為次矣。（但也可以算得再次一等的士了。）」曰：（子貢說：）「今之從政者何如？（現在這些做官的人可怎麼樣？）」子曰：（孔子說：）「噫！（唉！）斗筲（所交反）之人，（斗，容十升。筲，竹器，容一斗二升。這班器識狹小的人，）何足算（亦作筭，悉亂反）也！（算得什麼！）」——論語子路篇

子路問曰：（子路問孔子說：）「何如斯可謂之士矣？（怎樣便可以稱做士呢？）」子曰：（孔子說：）「切切偲偲，（切切偲偲，是相切磋勉勵之貌。）怡怡如也，（怡怡，和順之貌。）可謂士矣。（就可稱士了。）朋友切切偲偲，（朋友間要互相切磋勉勵，）兄弟

怡怡。兄弟間要和睦歡洽。」——論語子路篇

依照上述，士之態度須誠謹，容顏須和悅，做事有恥，職責克盡，對父母孝順，對弟兄友愛，言有信用，行能果決。——必能如此，方可爲人表率。

孔子以士不宜只圖安居自樂。

子曰：孔子說：「士而懷居，士如果只圖安居自樂，不足以爲士矣。便不夠做一個士了。」——論語憲問篇

曾子與子張對於士之要求更高：

曾子曰：「士不可以不弘毅，任重而道遠，仁以爲己任，不亦重乎！死而後已，不亦遠乎！」——論語泰伯篇（註釋見九九頁）

子張曰：子張說：「士，做一個士，見危致命，能夠見了危難，就送出自己的生命；見得思義，見了利得，就考慮到義上該取不該取，祭思敬，祭祀時，便考慮到敬，喪思哀，居喪時，便考慮到哀，其可已矣！那也就可以了！」——論語子張篇

依照上述，士應寬弘而強毅，以仁爲己任，見國家危難則成仁，見有所得則思義，

祭思敬，喪思哀，以具備立身之大節。

孟子認爲士須先有高尚之志氣，居仁由義，具備士之條件，窮不失義而能獨善其身，達不離道而能兼善天下。

王子墊丁念反問曰：齊王的兒子名叫墊的問孟子說：「士何事？士該做點什麼事？」孟子曰：孟子說：「尚志。先要高尚自己的志氣。」曰：王子墊說：「何謂尚志？什麼叫做高尚的志氣？」曰：孟子說：「仁義而已矣。就是要有志於仁義。殺一無罪，妄殺一個沒有罪的人，非仁也。就不是仁。非其有而取之，不是自己應該有的竟去取了來，非義也。就不是義。居惡平聲在？住在那裏？仁是也。在仁。路惡在？走底路在那裏？義是也。在義。居仁由義，能夠居仁和由義，大人之事備矣。大人應該做底事便備了。」──孟子盡心上

「故士窮不失義所以士人在窮困時不失義，達不離道。發達時也不離道。窮不失義，窮困時能不失義，故士得己焉。那士就能自得於己無待外求。達不離道，發達時能不離道，故民不失望焉。所以，人民受其利濟就能不失期望。古之人得志，古時候的人得意時，澤加於民；就把恩澤加到人民身上；不得志，要是不得意，修身見音現於世。也必修身有以自見於世。窮則獨善其身，在貧賤時，就

獨自修善自己的身心，達則兼善天下。在發達時，就使天下人都能兼善。」——孟子盡心上

綜上所述，士爲一人格完整之人，具備出仕之一切條件。平時所交往者，亦必以在朝之士爲多，於政治方面之情形，必甚熟悉。若在上者對於群臣忠信而不驕泰，重祿而不吝嗇，不僅在朝之士感恩圖報，忠勤職守，共享郅治，即四方之士，「皆悅而願立於其朝矣。」

「是故君子有大道，因此，做國君的人，自有一條大路好走，必忠信以得之，那就是，一定要忠信誠實，纔能得到治國的道理，驕泰以失之。如果驕傲泰侈。便是走錯了路，要失却治國的道理。」——大學第十章

故曰：「體群臣，則士之報禮重。」「忠信重祿，所以勸士也。」

6.子庶民：子庶民，則百姓勸；時使薄斂，所以勸百姓也。

在家族制度及以農業爲主之國家，一切譬喻，自喜採用日常所習知之事物，故對於君主往往喻爲「民之父母」，對人民則喻之曰「子弟」或「赤子」。視事君爲孝父母之擴展，（孝者，所以事君也。）愛人民爲慈子女之擴展。（慈者，所以使衆也。）故曰：「子庶民」。管理人民，亦稱爲「牧民」。君主恆用「公」「祖」或「宗」之

稱號，所以示一國之元首，卽一大家族之族長，在民主時代，則觀念完全不同，惟主政者愛民之心，自不因制度之更變而更變也。

詩云：（詩小雅南山有臺篇有說：）「樂只君子，（我們的國君，眞叫人悅服，）民之父母。（簡直就是我們人民的父母一樣。）」民之所好好之，（他能好人民的所好的，）民之所惡惡之，（亦能惡人民的所惡的。）此之謂民之父母。（這叫做人民的父母。）——大學傳十章

康誥曰：（書康誥篇上說：）「如保赤子，（愛護人民，要像保護小孩一樣，）心誠求之，（如果心裏眞想愛護人民，）雖不中，（中讀去聲。雖然不能完全做得對，）不遠矣。（卻也差不多遠了。）」——大學傳九章

父母無不愛其子女，則主政者豈可不愛其人民！父母之愛其子女也，無微不至，犧牲一切，無所顧惜，則主政者豈能異於是乎？大禹自奉力求儉約，爲人民則力求豐足，公而忘私，國而忘家，故孔子譽之爲君主愛民之楷模。

子曰：（孔子說：）「禹，吾無閒（去聲）然矣。（禹，我是找不出可以指摘的瑕縫了。）菲（音匪）飲食，（自己吃著菲薄的飲食，）而致孝乎鬼神；（卻是用豐盛的祭品孝敬祖宗和神明；）惡衣服，（自己平時穿著粗惡的衣服，）而致美乎黻（音弗）冕；（卻在祭祀的時候用華美的禮服和禮帽；）卑宮室，

自己住在矮小的房屋，而盡力乎溝洫；洫，呼域反。卻是盡力在那開通田間水道預防水旱上；禹，像夏禹這樣的人，吾無閒然矣。我實在找不出可以指摘的漏縫了。」——論語泰伯篇

孔子謂：「父母唯其子之疾之憂」，主政者之於民也亦然。

「文王視民如傷。周文王對於人民，祇恐怕他們有痛苦。」——孟子離婁下

父母必須善為管教其子女，養育其子女，保護其子女。治國者亦不能對人民舍其管教養備之責任，而獨自尋求逸樂。

放上聲勳曰：堯號放勳，他又吩咐契說：「勞去聲之來去聲之，要獎勵人民，要引掖人民；匡之直之，要匡正他們，要正直他們；輔之翼之，要幫助他們，要扶持他們；使自得之，使他們自己懂得做人道理；又從而振德之。又要時時去振奮他們，恩待他們。」——孟子滕文公上

周公輔成王，憂勤國事，一沐三握髮，一飯三吐哺，日夜思慮，無非為民，幸而得之，坐以待旦。

「周公思兼三王，周公想兼有夏商周三代的美德，以施四事。實行上面所說的四件事。其有不合者，其，猶「若」。如果有不對底地方，

仰而思之，（仰著頭左思右想，）夜以繼日，（日間研究不出，夜裏繼續研究，）幸而得之，（湊巧得到了，）坐以待旦。（就坐侯天亮，趕去實地施行。）」──孟子離婁下

周公具有智德雙全之文武全才，又有爲國爲民，大公無私，自強不息之至誠精神，成爲中國有史以來最偉大之政治家，制禮作樂，偃武修文，卒爲中華民族奠定統一強盛之始基。

愛民之首要，在得民心，民心之得失，即政權之得失，其重要概可想見。得民心之道，簡約言之爲：「所欲與之聚之，所惡勿施爾也。」反之，則失民心，桀紂即可爲例。若以人與人而言，仍爲「己所不欲，勿施於人」之道之擴展而已。

孟子曰：「桀紂之失天下，失其民也。失其民者，失其心也。得天下有道，得其民，斯得天下矣。得其民有道，得其心，斯得民矣。得其心有道，所欲與之聚之，所惡勿施爾也。（註釋見一四一頁）民之歸仁也，（人民的歸向仁德，）猶水之就下，（就像水的向低處流，）獸之走壙也。（獸的喜歡走向壙野一樣。）」──孟子離婁上

人民出錢出力，以供國家必需之用途，取之以道，不致怨尤。因人民固知須盡國

民之義務，方能享國民之權利。民之所惡者：一爲爲公出力之時間妨礙其自身所需之工作時間。二爲出錢之數量超過稅收法定之數額。二者即違背「時使薄歛」之原則。

理財者若僅知向人民搜括，而不知鼓勵與協助人民生產，此無異「殺雞求蛋」，稱之曰「聚歛」。聚歛徒使人民痛苦難當，有如精神上之凌遲。孟獻子對之而作深惡痛絕之言曰：

「與其有聚歛之臣，（與其有搜括民財的家臣，）寧有盜臣。（寧可有偷盜己財的家臣。）」──大學傳十章

蓋與其日日搜括，無寧一次搶奪，痛苦猶可較少也。孔子又以聚歛爲小人當國之作法，稱之曰「不仁者」。

「長（上聲）國家而務財用者，（掌管國事的人卻專想搜括財貨，）必自小人矣；（一定是由一班壞人開始做起頭的；）彼爲善之。（那國君反把他們當做好人，）小人之使爲國家，（信任壞人使他們去辦理國事，）菑害並至，（災害和禍患會一齊來到，）雖有善者，（即使有好人出來，）亦無如之何矣。（也沒有挽救的辦法了。）此謂國不以利爲利，（這叫做國家不把財貨當做利益，）以義爲利也。（要把義當做利益。）」──大學傳十章

聚歛固不可，徵工徵糧之外復巧立名目，苛捐雜稅，更不宜有。否則，民窮財盡，無以爲生矣。

孟子曰：孟子說：「有布縷之征，國家的征賦法，有一種是布線，在夏季征取。粟米之征，一種是穀米，在秋季征取；力役之征。一種是服勞役，在冬季征用。君子用其一，有道的國君，一季只征用一種，緩其二。寬緩其餘兩種。用其二，假如在一季併征兩種，而民有殍；人民就會有餓死的；用其三，假如在一季併征三種，而父子離。人民就要父子離散了。」——孟子盡心下

是以孔子以「敬事而信，節用而愛人，使民以時」三事，爲治理千乘之國之要務。節用，即爲「薄歛」；使民以時，即爲「時使」；故曰：「時使薄歛，所以勸百姓也。」

7.來百工：來百工，則財用足；日省月試，旣稟稱事，所以勸百工也。

古代人民除經營農業外，僅有關於食衣住行育樂之日用必需之手工藝品，不若現代之有機器爲大量生產，而稱之爲工業。周禮考工記云：「百工之事，皆聖人之作也。爍金以爲刃，凝土以爲器，作車以行陸，作舟以行水，此皆聖人之所作也。」惟無論工藝或工業，其爲工則一。考工記重視百工之事爲聖人所作，九經亦重視之，列「

來百工」爲一經，並明其效用曰：「來百工，則財用足。」易以現代語，則爲：獎勵及發展工業才能富國。至其方法：「日省月試，旣稟稱事，所以勸百工也。」易以現代語，則爲：工業品必須要天天省察，月月試驗，薪工待遇要和技藝相稱，方能達致獎勵進步之效果。此與現代工業注重研究發展，及提高技術人員待遇之道，完全符合。可見時有古今，道無二致。孔子生在農業社會中，竟首先昭示「格物」，並謂「能盡人之性，則能盡物之性。」於此又謂：「來百工則財用足」。其眼光之遠大，無愧乎百世之師。惜歷代大儒均僅注重盡人之性，而忽視盡物之性，致國家有今日之貧弱與科學工業之落後，孔子固不應任其咎也。孟子稱孔子爲聖之時者，此一「時」字極爲恰當。今日急起直追，爲時未晚，惟仍須「來百工，則財用足」；「日省月試，旣稟稱事，所以勸百工也。」

8.柔遠人：柔遠人，則四方歸之，送往迎來，嘉善而矜不能，所以柔遠人也。

遠人爲隱於遠處或來自他國或遠方之人，對於本國當時政治之設施，僅能聞而知之，其能不遠千里而來，必有所慕或有所爲，自當迎送之以禮，告之以情，凡有善則嘉稱之，以資效法，其不能者則憐恤而助之，務使來者滿意而返。庶幾善政善教，遠聞於四方，使隱者來歸，鄰國之士皆欲來而立於其朝，耕者欲來而耕於其野，商賈欲來而藏於其市，行旅欲來而出於其途，疾其君者皆欲來而訴之於仁者。故曰：「送往迎來，嘉善而矜不能，所以柔遠人也。」（中庸第二十章）又云：「近者悅，遠者來。」（論語子路篇）柔遠懷來，四方歸向。孟子曾舉事例以明之：

孟子曰：（孟子說：）「尊賢使能，（尊重有道德的人，任用有才幹的人；）俊傑在位；（那最有才幹的人，給他最高的職位；）則天下之士，（那末，天下的士人，）皆悅而願立於其朝（音潮）矣。（都心裏悅服願意立身在他的朝廷上了。）市，（對商人在市場做買賣，）廛而不征，（只徵收房捐，不徵收貨物稅，）法而不廛；（或者制定法律，平衡物價，連房捐也不徵收；）則天下之商，（那末天下的商人，）皆悅而願藏於其市矣。（都心裏悅服，願意把貨物運到他的市場上儲藏了。）關，（在關口地方，）譏而不征，（只稽查行人，不徵收通過稅，）則天下之旅，（那末，天下的旅客，）皆悅而願出於其路矣。（都心裏悅服願意在他道路上出入了。）耕者，（對於種田的人，）助而不稅；（只叫他幫助耕種國家的公田，不徵收私田的租稅；）則天下之農，（那末，天下的農夫，）皆悅而願耕於其野矣。（都心裏悅服願意在他的田野裏耕種了。）廛，（街市的住宅，）無夫里之布；（不要因他不耕種就罰他一里納二十五家的布；）則天下之民，（那末天下的人民，）皆悅而願爲之氓（音盲）矣。（都心裏悅服，願意做他的人民了。）信能行此五者，（如果天下的國君，有眞能實行這五項善政的，）則鄰國之民，（那末，鄰國的人民，）仰之若父母矣。（自然仰望他像自己的父母一樣了。）

率其子弟，（假使還有叛亂的人，帶領了自己的子弟，）攻其父母，（反攻自己的父母，）自生民以來，（那是自有人類以來，）未有能濟者也。（沒有能夠成功的。）如此，（國家做到如此地步，）則無敵於天下。（天下的人自然不敢抵敵了。）無敵於天下者，（天下沒有抵敵的人，）天吏也。（那就是奉行天命的官長。）然而不王者，（可是像這樣還不能稱王天下的，）未之有也。（是從來沒有的。）」

—孟子公孫丑上

故曰：「柔遠人，則四方歸之。」

9. 懷諸侯：懷諸侯，則天下畏之；繼絕世，舉廢國，治亂持危，朝聘以時，厚往而薄來，所以懷諸侯也。

此即中國古代王道思想之外交政策。於今 國父之三民主義對外亦主張各民族一律平等，扶助弱小民族，亦此意也。

以上九經，為治國之大要，懷諸侯則邁向王天下之途徑。世之絕者繼之，國之廢者興之，有亂者助平之，有危難者扶持之，五年一朝，三年一聘，免於苛擾，並使國與國保持友好關係，送去之禮物厚於送來之禮物，以示大國風度。如是諸侯均敬畏之，王道之始基奠，天下之事功行矣。

故曰：「懷諸侯，則天下畏之。」

觀於上述九經，無一非以人治人之要義。1.爲己身之示範，2.至7.爲人與人相處之正道，與政事實施之要義，對人對事均取鼓勵之方針，以達郅治之效果，8.爲修德以柔遠人，9.爲示恩以懷諸侯。由此可知治國之道，身教重於言教，德化勝於刑威，鼓勵勝於處罰，修德優於恃力，示恩勝於立威，此乃王道之基本精神也。

復次，宜再說明者，中國典籍中，言治國者，如書經、易經、三禮、大戴禮、春秋三傳、荀子、老子、管子、韓非子……等頗多述及富國強國之道，大致皆以行仁、隆禮、愛民、開源節流、重農，兼重工商漁塩之利，今以荀子爲例，餘不具載：

「用國者，用事於國家的， 得百姓之力者富，得到百姓的勸力的可以富， 得百姓之死者强，得到百姓的死命的可以彊， 得百姓之譽者榮。得到百姓的稱譽的可以榮。 三得者具而天下歸之，三種都具備則天下歸服， 三得者亡而天下去之。三種都沒有則天下棄去。 天下歸之之謂王，天下歸服叫做王， 天下去之之謂亡。天下棄去叫做亡。 湯武者，循其道，行其義，湯武能修其道行其義， 興天下同利，興發天下共同的利益， 除天下同害，除去天下共同的患害， 天下歸之。天下都來歸服。

故厚德音以先之，所以厚德音來先導，明禮義以道之，明禮義來誘導，致忠信以愛之，極忠信來愛護，賞賢使能以次之，尚賢使能來次列，爵服賞慶以申重之，爵服慶賞來申重，時其事輕其任以調齊之，依時興事減輕負任來調劑，潢然兼覆之，潢然廣大的被覆他們，養長之，養長他們，如保赤子。像保護幼兒一般。生民則致寬，生養人民極其寬厚，使民則綦理，役使人民極其合理，辯政令制度，明辨政令制度，所以接天下之人百姓，所用接遇天下百姓的，有非理者如豪末，有不合理的就是毫末之微，則雖孤獨鰥寡必不加焉。則雖是孤獨鰥寡之人，也一定不加在他身上。是故百姓貴之如帝，所以百姓尊貴他如天帝，親之如父母，親敬他如父母，爲之出死斷亡而不渝者，爲他出身致死果決犧牲而感到高興（楊注云不字衍），無他故焉，道沒有別的緣故，道德誠明，因他的道德眞正明彰，利澤誠厚也。利澤誠然廣厚啊！」——王霸篇

(三)、王道與霸道

爲個人謀，尚須作久遠之計劃，爲國家謀，焉可不作長治久安之計！所謂「經綸天下之大經，立天下之大本。」必須出之治國者至誠之懷，遠大之見，擇其可大可久之道而行之。庶幾國基永固而民心歸仁，民德歸厚，四方來歸。吾國聖賢之教，以平

天下爲治國之最終目的者，良以發現「道」爲人類共生共存所必循之路，而仁又爲修道之先決條件。孰能行仁政，即能得道，得道則得民心，得民心則得國，進而得天下矣。是以治國尙德不尙力，得民心而非得其土地也。所謂德治，所謂禮治，其理論之基礎在此。

子曰：（孔子說：）「爲政以德，（爲政要用德化，）譬如北辰，（就好比北極星一般，）居其所，（高居在星座上，）而衆星共（音拱亦作拱）之。（那一切大小的衆星都在四面圍繞着它，拱衛它。）」——論語爲政篇

子曰：「道之以政，齊之以刑，民免而無恥。道之以德，齊之以禮，有恥且格。」——論語爲政篇（註釋見二九八頁）

子曰：（孔子說：）「能以禮讓爲國乎！（如果能夠用禮讓治理國家呢！）何有！（這有什麼困難呢！）不能以禮讓爲國，（假使不能以禮讓治理國家，）如禮何！（又如何來講禮呢！）」——論語里仁篇

何以德治禮治稱之曰王道？王字上畫爲天，下畫爲地，中畫爲人，直者貫連天地

人之道而爲一。說文王部：王，天下所歸往也。董仲舒曰：「古之造文者，三畫而連其中謂之王。三者，天地人也；而參通之者，王也。」孔子曰：「一貫三爲王。」簡言之，凡能體天地好生之德，行人道共存之宜底政治，謂之王道，亦稱王政或仁政。王道之異於霸道者，前者以德行仁，後者以力假仁耳。

孟子曰：孟子說：「以力假仁者霸，實際用武力壓迫，外面拿仁義做幌子，便能做諸侯的霸主，霸必有大國。所以要做諸侯霸主，一定要有實力充足的廣大土地。以德行仁者王，用道德施行仁政的，可以稱王於天下，王不待大，要想稱王天下，就不一定要有廣大的土地，湯以七十里，商湯只靠了七十里地方，文王以百里。周文王也只靠了一百里地方。以力服人者，用武力去服人，非心服也，不是心裏眞的歸服，力不贍也。是爲了力量不夠。以德服人者，用德行去使人歸服，中心悅而誠服也，是從心底裏喜悅，眞誠信服的，如七十子之服孔子也。就同七十弟子信服孔子一樣。詩云：詩大雅文王有聲篇有說：『自西自東，由西由東自南自北，由南由北無思不服。沒有一個人想不信服的。』此之謂也。就是這個說法啊。」

—孟子公孫丑上

以力假仁，使民畏懼，非心服也，力不贍也。以德行仁，使民中心悅而誠服。前者爲勉強而行之，有似物理作用，全憑乎力，人民服從政令，多半出於被動，惟力有消長之時，壓力大則反抗力亦大，民心一失，民怨沸騰，及至民不畏死，願與偕亡之時，一起義而傾覆之，蓋是時民力已勝於治者之力矣。考諸我國歷史，霸道虐政之行，從未有逾三十年者，是以不足取法。後者（以德行仁）爲安而行之，有似化學作用，至誠能化，大德敦化，人民遵從政令，幾全部出於自動，所謂「民心歸仁焉，猶水之就下，獸之走壙也。」（孟子離婁篇）「民日遷善，而不知爲之者。」（孟子盡心篇）上有道揆，下有法守，上有禮，下有義，相得益彰，共享郅治。王道霸道之孰能持久，從民心向背得之。二者治下之人民，其心理之不同，分析如下：

孟子曰孟子說：「霸者之民，霸主統治下的人民，驩虞如也；受一些小惠恩，就要有感激而高興的樣子；王者之民，聖王統治下的人民皞皞胡老反。如也。受著大德化，還是不知不覺而自在自得的樣子。殺之而不怨，所以聖王的人民，殺了他卻不會怨恨，利之而不庸，所以有道有好處待他也不稱頌功德，民日遷善而不知爲之者。人民天天向好的方面改進，也不知那一個在推動著。夫音扶君子所過者化，所以有道德的人，所到的地方，人民都在無形中感化，所存者神，他所存在心裏的，便神妙不測，自然有感應。上下與天地同流，一身的仁道善德，往上向下，和天地的化育同運並行，豈曰小補之哉！難道說像那霸主般只用一些小恩惠彌補就算了呢！」——孟子盡心上

霸道容或可以成功於一時。

孟子曰：孟子說：「堯舜，性之也。唐堯和虞舜是本著天性自然合於仁義的。湯武，身之也。商湯和周武是修養身心勉力施行仁義的。五霸，假之也。五霸就只是假借仁義的美名做幌子罷了。久假而不歸，假使長久假借著不歸還，惡平聲知其非有也？又怎會知道他不是眞有仁義呢？」——孟子盡心上

亦或可以局部之成功，但終非順天應人之道，得而復失，不能久也。

孟子曰：孟子說：「不仁而得國者，不仁的人能用智術得國的，有之矣；那是有的；不仁而得天下，不仁的人能得到民心稱王天下的，未之有也。那就從來不曾有過哩。」——孟子盡心下

行霸道者，其存心未必不思爲善，然而此種強而爲善之方法，爲以善服人，而非以善養人，其結果善名屬於治者所獨享，而非善與人同，與民爲善，不合乎政治之基本條件也。

孟子曰：孟子說：「以善服人者，以自己的善行去制服人的，未有能服人者也。不能使人心服的。以善養人，必須以自己的善行去養育人，然後能服天下。纔能服天下的人心。天下不心服而王去聲者，不能使天下人心服而能稱王天下的，未之有

也。那是從來不曾有過的事。」——孟子離婁下

王道可從小國開始實行，若能效法文王，則以七年之時間，可見績效，不若霸道之必須有大國。湯以七十里，文王以百里；蓋以德行仁，則「小德川流，大德敦化。」「德之流行，速於置郵而傳命。」「四海之內，皆舉首而望之欲以爲君。」卽隱者老者，亦將聞風興起，樂於來歸矣。

王者不得已而用兵時，亦必東面而征西夷怨，南面而征北狄怨，曰奚爲後我，民望之若大旱之望雲霓也，歸市者弗止，芸者不變。所謂「得道者多助，失道者寡助，寡助之至，親戚叛之，多助之至，天下順之。以天下之所順，攻親戚之所叛，故君子有不戰，戰必勝矣。」（孟子公孫丑篇）蓋其目的爲「救民於水火之中，取其殘而已矣。」（孟子滕文公篇）

「征者，上伐下也。」自天子出，稱之曰「有道」。又謂「國君好仁，天下無敵。」

萬章問曰：萬章問孟子說：「宋小國也。宋，是個小國啊。今將行王政，現在要施行王天下的政策，齊楚惡去聲而伐之，齊楚兩大國妒忌他，要來攻伐，則如之何？可怎麼辦呢？」孟子曰：孟子說：「湯居亳，從前商湯在亳邑，與葛爲鄰，和葛

國做鄰國，葛伯放而不祀。葛伯放肆無道，不舉行祭祀。湯使人問之曰：湯派人去問他說：『何為不祀？為什麼不舉行祭祀？』曰：葛伯說：『無以供犧牲也。因為沒有牲畜可以供給祭祀用的三牲啊。』湯使遺唯季反。之牛羊，湯就派人送牛羊去，葛伯食之，葛伯把牛羊吃了，又不以祀。又不舉行祭祀。湯又使人問之曰：湯再派人去問他說：『何為不祀？為什麼又不舉行祭祀？』曰：葛伯說：『無以供粢盛音成也。因為沒有米穀可以供給祭祀用的粢盛啊。』湯使亳眾，湯就叫亳邑的壯年民眾，往為去聲之耕，去替他耕種，老弱饋食。食，音嗣。老的小的送飯給耕種的人。葛伯率其民，葛伯帶了他自己的人民，要平聲其有酒食音嗣黍稻者奪之，在路上攔住送飯的人，搶那有酒飯和米穀的，劫奪了去，不授者殺之。那不肯給他的，就殺了。有童子以黍肉餉，有一個小孩子，拿了熟飯和熟肉，送給耕種的人吃，殺而奪之。葛伯竟殺了這小孩子，奪去飯和肉。書曰：書仲虺之誥篇有說：『葛伯仇餉。葛伯仇視送田飯的人。』此之謂也。就是說的這回事。為去聲其殺是童子而征之，湯因為葛伯殺了那小孩子，所以起兵去征伐他。四海之內，四海以內的人民，皆曰：都說：『非富天下也，湯這次攻伐的動機，並不是想富有天下；為去聲匹夫匹婦復讎也。是給天下的平民報讎啊。』湯始征，湯初次征伐，自葛載；就從這葛國開始；十一征而無敵於天下。前後共征伐了十一次，天下沒有人能抵敵。

東面而征西夷怨，（向東面征伐，西邊的夷人就抱怨，）南面而征北狄怨，（向南面征伐，北邊的狄人又抱怨，）曰：（都說：）『奚爲後我？（爲什麼要把我們放在後面不先來征伐呢？）』民之望之，（人民底仰望他，）若大旱之望雨也。（就像大旱時仰望天上落下雨來一樣。）歸市者弗止，（（看到大兵的到臨）到市場上做買賣的人不停止交易，）芸者不變。（在田裏除草的人也不改變原狀。）誅其君，（殺了有罪的國君，）弔其民，（慰問受痛苦的人民，）如時雨降，（眞像應時的雨落下來一樣，）民大悅。（人民大大地歡悅。）書曰：（書（古書殘缺，未知何篇。）說：）『徯我后，（等待我們的君王，）后來其無罰。（我們的君王來了，我們就不會受暴君的刑罰底痛苦了。）』『有攸不爲臣，（書武成篇上又記載周朝的事，說：所有那些幫助紂王不肯做周朝臣子的，）東征，（武王就起兵向東征伐，）綏厥士女，（安慰那些受痛苦的人民，）匪厥玄黃，（那些人民裝了玄色黃色的幣帛在竹箱裏去迎接，）紹我周王見休，（紹作事奉解。休，美。並且說：現在能繼續事奉我順天休命的周王，自然能將恩澤賜給我們，）惟臣附于大邑周。（於是大家都願意歸附大國的周。）』其君子（在那時候，商朝的官吏，）實玄黃於匪（都把幣帛裝滿在竹箱裏，）以迎其君子。（迎接武王方面的官吏。）其小人（那些人民，）簞食壺漿（音嗣。都用竹籃裝了飯，瓦壺盛了湯，）以迎其小人。（迎接武王的兵卒。）救民於水火之中，（就因爲武王能夠把他們從水深火熱般的痛苦中援救出來，）取其殘而已矣。（除去了殘害人民的暴君啊。）太誓曰：（書太誓篇上說：）『我武惟揚，（我武王的威武奮揚起來，）侵于之疆，之，同「其」。就征伐到紂王的疆土裏來，）則取于殘，（除去那殘害人民的暴君，）殺伐用張，（張大他殺伐暴君的功德，）于湯有光。（比了征伐夏桀的商湯更加有光輝。）』不行王政云爾。（照此看來，宋國不施行王政就罷了。）苟行王政，（如眞能施行王政，）四海之內，（四海以內的人民，）皆舉首而望之，（就都抬起頭來仰望他，）欲以爲君，（要奉他做君王，）齊楚雖大，（齊楚兩國雖然强大，）何畏焉。（又怕他怎的。）」

——孟子滕文公下

何以王道對內能得民心，對外無敵於天下？孟子於此闡述至詳，稱行之者爲天吏，以其體天行道也。

孟子曰：「尊賢使能，俊傑在位；則天下之士，皆悅而願立於其朝矣。市，廛而不征，法而不廛；則天下之商，皆悅而願藏於其市矣。關，譏而不征；則天下之旅，皆悅而願出於其路矣。耕者，助而不稅；則天下之農，皆悅而願耕於其野矣。廛，無夫里之布；則天下之民，皆悅而願爲之氓矣。信能行此五者，則鄰國之民，仰之若父母矣。率其子弟，攻其父母，自生民以來，未有能濟者也。如此，則無敵於天下，無敵於天下者，天吏也。然而不王者，未之有也。」

——孟子公孫丑上（註釋見四三二頁）

孔子歷敍堯、舜、禹、湯、文、武之治績，統論王道之治，歸納之爲寬、信、敏、公，四大要義。

堯曰：唐堯說：「咨！咳！爾舜。你舜啊。天之曆數在爾躬，上天所定帝王相繼的次第，實在在你身上，允執其中，誠實地守住這中正的道理，四海困窮，假如四海的人民都困頓窮苦，天祿永終。那上天給你的俸祿，也要永遠終止了。」舜亦以命禹。後來虞舜也同樣用這話屬命夏禹。

曰：商湯起兵伐夏，祭告天地說：「予小子履，我小子名叫履，敢用玄牡，敢用夏禮黑色的祭牛，敢昭告于皇皇后帝，敢明告高明而偉大的上帝，有罪不敢赦。夏桀有罪，我不敢赦免他。帝臣不蔽，上帝的臣子，我也不敢隱瞞掩蔽，簡在帝心。簡擇完全在上帝的心裏。朕躬有罪，我本身有罪，無以萬方；不把我的罪推卸給萬方的人；萬方有罪，萬方的人若有罪，罪在朕躬。一切的罪都在我身上。」周有大賚，賚，來代反。周武王滅了紂王，把紂王所搜括的財物普遍賜予天下善良的人，善人是富。因而善良的人都富有了。「雖有周親，武王說，紂王雖有這許多至親，不如仁人。不如我周家多仁人。百姓有過，百姓有了過失，在予一人。應該歸罪到我一個人身上。」「謹權量，於是定準秤錘斗斛，審法度，審訂禮樂制度，脩廢官，修整廢棄的官職，四方之政行焉。四方的政事就此行閉了。興滅國，又復興已滅亡的國家，繼絶世，封立已斷絕的世族，舉逸民，舉用隱居的賢民，天下之民歸心焉。天下的人民便都歸心向化了。所重民食、喪、祭，此外所最重的是民食、喪葬、祭祀三件大事，寬則得衆，凡事能寬厚，就能得到大衆擁護，信則民任焉，能信實，就能得到人民信任，敏則有功，能勤勞，自然容易成功，公則說。說，音悅。能公平自然能使人人歡悅。」——論語堯曰篇

孟子生逢戰國，所遇國君，幾無一不好戰，蓋戰爭已成爲日常之生活矣。是以孟子對於霸道，惡之特甚。指好戰爲不仁之行爲，爲擴展土地而犧牲人民之生命，稱之曰：「以其所不愛，及其所愛。」

孟子曰：孟子說：「不仁哉！不仁呀！梁惠王也。要算梁惠王這個人了。仁者以其所愛及其所不愛，仁的人以他的所愛推到他的所不愛，不仁者以其所不愛及其所愛。不仁的人以他的所不愛推到他的所愛。」公孫丑曰：公孫丑說：「何謂也？這是怎麼說法呢？」「梁惠王以土地之故，孟子說：梁惠王爲了爭奪土地的緣故，糜爛其民而戰之。不惜糜爛人民的血肉，叫他們打仗。大敗，不料大大的失敗，將復之，還要再打下去，恐不能勝，又恐怕不能取勝，故驅其所愛子弟以殉之。於是驅使他所愛的子弟去死戰；是之謂以其所不愛，這個就叫做以他的所不愛，及其所愛也。推到他的所愛。」

—孟子盡心下

因爲霸道不足取，所以孟子不願人以「以其君霸」之管仲，及「以其君顯」之晏子比諸自己，甚至連齊桓晉文之事亦不願提。唯盡力宣揚王道之能行，謂保民而王，莫之能禦。

孔子曰：（從前孔子曾說：）「德之流行，（德政流佈開來，）速於置郵（音尤）而傳命。（比之驛站傳信還要快。）」當今之時，（現在這個時勢，）萬乘之國，（擁有萬輛兵車的大國，）行仁政，（如果肯施行仁政，）民之悅之，（人民心裏的歡悅，）猶解倒懸也。（就同解救了他們顛倒懸吊的困苦一樣。）故事半古之人，（所以做起來只要有古人一半的工夫，）功必倍之，（所成的功績一定比古人加倍，）惟此時爲然。（也只有現在這個時勢能夠如此。）

—孟子公孫丑上

孟子曰：（孟子說：）「有人曰：（有個人說：）『我善爲陳，（陳，去聲。我最擅長擺列隊伍底陣勢，）我善爲戰。（我最擅長用兵交戰底兵法。）』大罪也。（這種人就是天下的大罪人。）國君好仁，（只要國君喜歡施行仁政，）天下無敵焉。（天下自然沒有人敢和他抵敵。）南面而征北狄怨，（當初商湯向南面征伐，北方的狄人就抱怨，）東面而征西夷怨，（向東面征伐，西邊的夷人又抱怨，）曰：（大家都這樣說：）『奚爲後我！（為什麼把我們放在後面！）』武王之伐殷也，（周武王征伐商紂時，）革車三百兩，（皮革包裹的兵車只有三百輛，）虎賁（音奔）三千人。（精壯的兵士不過三千人。）王曰：（武王向人民說：）『無畏，（你們不要怕，）寧爾也，（我是來安定你們的，）非敵百姓也。（不是來攻打百姓的啊。）』若崩厥角稽首。（人民聽了這話，就像走獸用角觸地一樣，拜伏在地。）征之為言正也，（因為這征字，就是正的說法，）各欲正己也，（各處人民受了暴君的虐政，都想有個好的國君來改正他們的國家，）焉用戰！（那裏還用得著戰爭呢！）」

—孟子盡心下

孔子對於「怪力」向不提倡，與「亂神」二事併列而不屑談。（子不語怪力、亂神。）對於好戰自更反對。惟對管仲之功罪，則批判極為公正，謂管仲為人不儉且不知禮，惟對於國家民族之功，則令人敬服。

子路曰：（子路說：）「桓公殺公子糾，（桓公殺了公子糾，）召忽死之，（召忽當下就自刎死了，）管仲不死。（管仲卻不肯死。）」曰：（子路說：）「未仁乎？（管仲這人該是不仁的罷？）」子曰：（孔子說：）「桓公九合諸侯，（桓公會合諸侯，（按：九春秋傳作糾，古字通用。））不以兵車，（完全不用兵車爭戰，）管仲之力也。（這是管仲的力量啊。）如其仁！（有誰像他這樣合於仁道的呢！）如其仁！（有誰像他這樣合於仁道的呢！）」

—論語憲問篇

子貢曰：（子貢說：）「管仲非仁者與？（管仲是個不仁的人罷？）桓公殺公子糾，（桓公殺了公子糾，）不能死，（他不能死，）又相之。（反又輔相桓公。）」子曰：（孔子說：）「管仲相桓公，（管仲輔相桓公，）霸諸侯，（稱霸諸侯，）一匡天下，（使天下一致歸正，）民到于今受其賜。（人民到現在還受他的恩賜。）微管仲，（如果沒有管仲，）吾其被（皮寄反。）髮左衽（而審反。）矣！（恐怕我們都已披了長髮，穿起左襟衣服，變成野蠻人了！）豈若匹夫匹婦之爲諒也，（他豈肯象那些沒見識的男女們，爲了小信小節，）自經於溝瀆而莫之知也。（自己縊死在水溝裏，還沒有人曉得他是誰呢。）」——論語憲問篇

且管仲當時輔佐桓公九合諸侯，一匡天下，不以兵車；制訂憲章，以資共守，爲國際組織之創始者，惜憑霸道方式以維持此一組織，故不能持久也。

孔子謂一國之政制，一經實施，欲加更變，常需相當時日，惟由霸道轉變爲王道，乃合乎政教進化的程序，順天應人，當非難事。

子曰：（孔子說：）「如有王者，（如有聖人受命爲帝王，）必世而後仁。（也必須經過三十年，然後敎化纔能大行，使人民歸向仁厚。）」——論語子路篇

子曰：（孔子說：）「齊一變，（齊國一改變，）至於魯；（便可到達魯國底地步；）魯一變，（魯國一改變，）至於道。（便可到達先王底爲政以道。）」

為使當時國君能信王道之不難施行，孟子以淺近道理說明王道之出發點，在「不忍人之心」。而此不忍人之心，即為惻隱之心，即為仁心；此乃仁之開端，為人人所固有，不必外求。如能發政施仁，便是仁政，便是王道，只須擴而充之而已。故曰：「以不忍人之心，行不忍人之政，治天下可運諸掌上。」

孟子曰：（孟子說：）「人皆有不忍人之心。（凡人都有不忍害人底心。）先王有不忍人之心，（先王有不忍害人底心，）斯有不忍人之政矣。（所以有不忍害人底政事施行出來。）以不忍人之心，（以不忍害人底心，）行不忍人之政，（施行不忍害人的政事。）治天下可運之掌上。（平治天下就可以像在手掌上運轉了。）所以謂人皆有不忍人之心者，（為什麼要說人都有不忍害人底心呢？）今人乍見孺子，（現在有人忽然看見一個小孩子，）將入於井，（快要跌到井裏去，）皆有怵（音黜）惕惻隱之心，（那是無論心腸怎樣硬，都有驚駭和憐憫傷痛底心情表現出來，）非所以內（讀為納）交於孺子之父母也，（這種心情完全出於自然，並不是想藉此結交那孩子的父母，）非所以要（平聲）譽於鄉黨朋友也，（也不是想博得鄉族朋友底稱贊，）非惡（去聲）其聲而然也。（也不是憎惡那求救底呼聲纔會如此的。）由是觀之，從這看來，無惻隱之心，可見沒有憐憫傷痛的心，非人也；是算不得人的；無羞惡去聲之心，沒有羞恥憎惡的心，非人也；是算不得人的；無辭讓之心，沒有辭謝退讓的心，非人也；是算不得人的；無是非之心，沒有是以爲是非以爲非底心，非人也。是算不得人的。惻隱之心，這憐憫傷痛的心，仁之端也。便是仁的發端。羞惡之心，這羞恥憎惡的心，義之端也。便是義理的發端。辭讓之心，這辭謝退讓的心，禮之端也。便是禮節的發端。是非之心，這是是非非的心，智之端也。便是智識的發端。人之有是四端也，一個人具備了這四種端緒，猶其有四體也；就同具備有四肢一樣；有是四端而自謂不能者，假使具備了這四種端緒，自己卻說是沒有能力，自賊者也。那便是甘心賊害自己啊。謂其君不能者，若是說他的國君沒有能力的，賊其君者也。那更是賊害他的國君了。凡有四端於我者，凡是具備有這四種端緒在我身上的，知皆擴音廓而充之矣，都知道給它們擴而充之，若火之始然，好象火在開始燃燒，泉之始達；泉水在開始湧出；苟能充之，所以如有能擴充這四種端緒的，足以保四海；就足以保有天下；苟不充之，如不能擴充，不足以事父母。便連父母也不能事奉了。」—孟子公孫丑上

孟子並鼓勵齊宣王，謂其不忍殺一牛，乃仁心之表現，若能進而以同樣之心理施之於百姓，則爲「以不忍人之心，行不忍人之政」，爲王道之始。此乃不爲，而非不能。齊國彼時土地佔天下九分之一，如欲行王道，當較湯與文王爲易。齊宣王頗爲感

動，曰：「夫子言之，於我心有戚戚焉。」曰：「我雖不敏，請嘗試之。」孟子於是將王政之富民教民，實施綱要，詳為陳述。

「老吾老先敬重我自己的父母，以及人之老，同樣敬重別人的父母。幼吾幼愛恤我自己的子弟，以及人之幼，同樣愛恤別人的子弟，天下可運於掌。能夠這樣用心，天下事就可以運轉在手掌上了。詩云：詩大雅思齊篇有說：『刑于寡妻，先做個榜樣在妻身上，至于兄弟，再及到兄弟身上，以御于家邦。御，是治的意思。更進而擴大這教化去治理一家以至一國。』言舉斯心，這幾句話的意思，就是說拿這個仁心，加諸彼而已，推到別人身上而已，故推恩足以保四海，所以能推恩的，便能保有天下，不推恩無以保妻子。不能推恩的，便無從保得住自己的妻子。古之人所以大過人者，古時候的帝王，所以能大大地勝過別人，無他焉，並沒有其他緣故，善推其所為而已矣。就是善於推廣他從仁心上所做底事罷了。今恩足以及禽獸，如今王的恩惠能夠施到禽獸身上，而功不至於百姓者，可是君王的功德卻不能施到百姓身上，獨何與？這究竟是什麼緣故呢？」

—孟子梁惠王上

齊宣王復對孟子坦白自認有好色好貨等病，深恐無力實行王道。孟子告以若能使人民人人享有應得之色，應得之貨，則為君者獲得稍優之享受，絕不致受人民之苛責。總之「民之所好好之，民之所惡惡之，此之謂民之父母。」對於王政，並無妨礙。

王道並非無政府主義，法律仍有其作用。但在仁政之下，人民豐衣足食，安居樂業，崇禮修德，無慮無爭，惟日遷善，不願犯法而已。故孔子曰：

「聽訟，聽斷訟案吾猶人也。我也和別人有沒兩樣。必也使無訟乎！但是一定要使人不願意涉訟才好啊！」——論語顏淵篇

蓋「衣食足而知禮義，倉廩實而知榮辱。」本治而末亦治矣。不若霸道之政，必以嚴刑峻法，強民服從。禮治法治之不同，僅在其重心點在禮抑在法而已。重點在禮，則政教合一，在上者以身作則，在下者從善如流，法雖備而無所用之。重點在法，則以法爲教，民畏而從之，非欲自動爲善也。故曰：

「徒善不足以爲政，徒有善心，是不夠治理國家的，徒法不能以自行。徒有法度，沒有實施的誠意，那法度也不會自己生效的。」——孟子離婁上

法原於禮，禮原於德，德原於道。法屬人爲，有時可以曲解，有時可以玩弄，有時可以逃避。惟禮與德不若法之具體，見於白紙黑字，然爲人人所了解者，固人同此心，心同此理，不易違避。故舍德而言法，是舍本而逐末。往聖之崇王道而貶霸道，蓋欲後人知其所本，從大經大本之建立，以進向至善至美之目標，爲中華民族奠萬世

之基耳。

有光榮歷史者，莫不好談其過去。個人如此，國家尤然。蓋鑒往可以知來，且足以增強其具備此種能力之自信心。過去數千年中，國家之存亡興衰者，不知凡幾，其如何興，如何衰，如何存，如何亡，均有原因可考。「前事不忘，後事之師。」今之在實驗室經千百次之試驗所得之結論，稱之爲科學原理、公式，與標準。則昔之經數千年以人民爲實驗所得之政治原理、制度，與設施何獨不能爲後人所取法？故曰：「爲高必因丘陵，爲下必因川澤，爲政不因先王之道，可謂智乎！」蓋能如是，乃可免蹈前車之覆轍，既省時間，又見速效，孟子並喻仁政之於平治天下，有如方圓之於規矩，五音之於六律，不可「愚而好自用，賤而好自專，生乎今之世，反古之道，如此者菑及其身者也。」

「天子不仁，不保四海；天子不仁，就不能保全四海以內的天下；諸侯不仁，不保社稷；諸侯不仁，就不能保全本國的疆土；卿大夫不仁，不保宗廟；卿大夫不仁，就不能保全宗廟；士庶人不仁，不保四體。士庶人不仁，就不能保全生命。」

—孟子離婁上

上述仁政固宜取法古制，而行之者猶存乎人，故曰「惟仁者宜在高位，不仁而在高位，是播其惡於衆也。」惡何以能播於衆？蓋「上有好者，下必有甚焉者矣。」古代王政之施行成功者，除堯舜外，有禹、湯、文、武、周公。因無一不勤勞國事，視民如傷，樂善不倦，立賢無方，其仁心仁聞，足為後世所矜式。

孟子曰：（孟子說：）「禹惡（上聲）旨酒，（夏禹憎惡美酒，）而好（去聲）善言。（愛聽好話。）湯執中，（商湯做事守中道，）立賢無方。（舉用賢才，不限定資格。）文王視民如傷，（周文王看老百姓，總是好像受了傷害底樣子，）望道而（讀為如，古字通用。）未之見。（看到道，好像沒有見過底樣子。）武王不泄邇，（武王不肯輕忽眼前的事，）不忘遠。（不會忘卻遠大的事。）周公思兼三王，（周公想兼有夏商周三代的美德，）以施四事。（實行上面所說的四件事。）其有不合者，（其，猶「若」。如果有不對底地方，）仰而思之，（仰著頭左思右想，）夜以繼日，（日間研究不出，夜裏繼續研究，）幸而得之，（湊巧得到了，）坐以待旦。（就坐候天亮。趕去實地施行。）」——孟子離婁下

總之，道德雖屬無形，而其力量之大無法衡量。其原因為道德既為人類共生共存共進化之原理與應用，則對任何人皆有重大之利害關係。人人心目中有一道德之標準而願予以維護。因此人人有評判之資格與能力。不論此人過去行為如何，最後必有「

蓋棺論定」之時，此言社會之公是公非，永恆存在也。人可能為百善而一旦忽為一大惡，則此一大惡，竟可將過去百善，一筆勾銷，其嚴重如此，此道德力量之所以大也。

(四)、治亂興亡之道

以上既已明古今治國之原理方針，以及王道霸道之分，自可進而述明治亂興亡之道。

夫國家之興亡，必有其因，其或治或亂，亦必有故。關係最重要者，其為人民乎。故書曰：

「民為邦本，（人民是國家的根本，）本固邦寧。（根本鞏固，國家必然安寧。）」——書經五子之歌

故民心之得失，不獨為治亂之關鍵，抑亦為興亡之所繫。

孟子曰：「桀紂之失天下也，失其民也。失其民者，失其心也。得天下有道，得其民，斯得天下矣。得其民有道，得其心，斯得民矣。得其心有道，所欲與之聚之，所惡勿施爾也。民之歸仁也，猶水之就下，獸之走壙也。」——孟子離婁上（註釋見一四一頁）

如何能得民心？治國九經，無一而非爲得民心而施者也。行之則謂禎祥，謂之得道，謂之順天，治而興；反之則謂之妖孽，謂之失道，謂之逆天，亂而亡。

「得道者多助，（凡是治理國家能得正道的，就有人幫助，）失道者寡助。（那失卻正道的，就沒有人幫助。）寡助之至，（沒有人幫助到了極點，）親戚畔之；（連親戚也要叛離；）多助之至，（有人幫助到了極點，）天下順之。（那就普天下的人都來歸順了。）」——孟子公孫丑上

「道得衆則得國，（這是說能得衆心的，就能保得住國家，）失衆則失國。（失掉衆心的，也就要失掉國家。）」——大學傳十章

「順天者存，（能夠順從天理的才能存在，）逆天者亡。（違反天理的就要滅亡。）」——孟子離婁上

九經之得民心，以其合乎道，依乎仁，順乎天，應乎人，修身者，崇禮主敬，一也；尊賢者，尊德樂道，二也；親親者，仁之本，三也；敬大臣，敬事而信，四也；體群臣者，主忠信，五也；子庶民者，仁愛之周施，六也；來百工者，富民而強國，七也；柔遠人者，好善而有禮，八也；懷諸侯者，仁之普及於天下，九也。經雖有九，其關鍵則在第一經之修身以爲人民表率。故曰：「修身則道立」，道立則王道之基礎立，而民心得矣。如此，則上有道揆，下有法守，朝能信道，工能信度，君子遵義，

小人遠刑，一言以蔽之曰：仁政而已矣。不治何待，不興何待。故曰：

「上無道揆也，在上的不以道度量事物，下無法守也，那在下的也不守一定的法度，朝不信道，朝廷上不信服先王治國的大道，工不信度，百官也不信服國家制定的法度。君子犯義，做官的人違犯了義，小人犯刑，人民也便不怕觸犯刑律了，國之所存者，幸也。國家到了這個地步，還能存在的，那不過是徼倖罷呀。故曰：所以說：『城郭不完，城廓不堅固，兵甲不多，軍備不充足，非國之災也。並不是國家的禍患。田野不辟，辟，與闢同。田地不開闢，貨財不聚，貨財不積聚，非國之害也。也不是國家的弊害。』上無禮，只怕在上的不講禮節，下無學，在下的不講學問，賊民興，亂民乘機興起，喪無日矣！滅亡就沒有時日了！」—孟子離婁上

得道與仁政之要義既已明矣，惟「爲政在人」，故仁政之行，猶有待於仁者，尤以在高位者爲最，故曰：「待其人而後行」（中庸第二十七章）

「是以惟仁者宜在高位，所以只有能行仁政的人，才應該據有高位，不仁而在高位，假使不仁的人卻竟被他據有高位，是播其惡

於衆也。這樣就要傳播他的禍害到衆人身上。」——孟子離婁上

不仁者之在高位，因易播惡於衆，仁者之在高位，其亦能播善於衆乎？答曰然。

「未有上好仁，而下不好義者也；未有好義，其事不終者也。」——大學傳第十章（註釋見四一五頁）

「上好禮，則民莫敢不敬；上好義，則民莫敢不服；上好信，則民莫敢不用情。」——論語子路篇（註釋見四〇七頁）

仁政之行也，「賢者在位，能者在職，國家閒暇，及是時，明其政刑，雖大國必畏之矣」。是以誰敢侮之。

孟子曰：孟子說：「仁則榮，國君能仁就會有光榮；不仁則辱。不仁就要有恥辱。今惡去聲下同。辱而居不仁，現在的國君只知道憎惡恥辱，而經常所作所爲又多不仁。是猶惡溼而居下也。這就和憎惡潮溼，偏又住在低下的地方一樣。如惡之，如果做國君的眞個憎惡恥辱，莫如貴德而尊士。就不如崇尚道德，同時尊敬士人。賢者在位，使有道德的人在位，能者在職。有才能的人守職助理，國家閒暇。這樣，國

家便太平無事。及是時，就趁這時候，明其政刑，修明那政事和刑法，雖大國必畏之矣。雖是大國也必畏懼他了。詩云：詩經豳風鴟鴞篇上說：『迨天之未陰雨，鳥兒趁著天尚未下雨的時候，徹彼桑土，取那帶泥的桑根皮，綢繆牖戶。補葺窠巢中通氣出入的洞，及時預備。今此下民，今後在下面的人，或敢侮予。那個敢來欺侮我呢。』孔子曰：孔子讀了這首詩後稱讚說：『為此詩者，做這首詩的人，其知道乎。是知道防患的道理吧。能治其國家，能夠拿防患的道理去治理國家，誰敢侮之？還有那一個敢欺侮他？』今國家閒暇，現在的國君，遇著閒暇無事，及是時，卻就趁這時候，般音盤樂音洛怠敖，敖，音傲。遊玩作樂，怠惰驕傲，是自求禍也。這正是自己去找禍患啊。禍福無不自己求之者！禍患和幸福沒有不是由己身找得來的！詩云：詩大雅文王篇有說：『永言配命，這言，作思念解。常常思念那合於天理的事，自求多福。自己去尋求幸福。』太甲曰：書經太甲篇也說：『天作孽，天造的災禍，猶可違；還可以逃避；自作孽，自己造下災禍，不可活。那便不能活命。』此之謂也。就是這個說法啊。』—孟子公孫丑上

不行仁政，而惟動干戈擴土地是務，是自取其禍。

齊人伐燕，齊國出兵攻伐燕國，取之。取了燕國的土地。諸侯將謀救燕。各國諸侯都想去救燕國。宣王曰：宣王向孟子說：

『諸侯多謀伐寡人者，現在各國諸侯都在準備攻伐我，何以待之？該怎樣對付呢？』孟子對曰：孟子答說：『臣聞七十里爲政於天下者，我聽說只有七十里的小地方，也能推行統治天下的王政的，湯是也。那便是商湯。未聞以千里畏人者也！却不曾聽說過有了一千里地方的大國會恐懼別人來攻伐啊！書曰：書仲虺之誥篇有說：「湯一征，商湯第一次征伐，自葛始，自葛國開始，天下信之。天下的人都信任商湯的救人民。東面而征，所以商湯向東面征伐，西夷怨，西方的夷人就抱怨，南面而征，向南面征伐，北狄怨，北方的狄人又抱怨，曰：大家都說：奚爲後我？爲什麼把我國放在後面不先來征伐呢？』民望之，人民盼望商湯到臨，若大旱之望雲霓也。就同大旱時盼望雨前的雲和雨後的虹一樣迫切。歸市者不止，到市上做買賣的人並不停止交易，耕者不變。在田裏耕種的人也不變更工作。誅其君而弔其民，殺了暴君救出痛苦的人民，若時雨降，好像應時的雨從天上降下來，民大悅。人民都大大地悅樂。書曰：書仲虺之誥篇又說：『徯胡禮反我后，等待我們的君王到臨，后來其蘇！君王來了，我們就可以復活了！』今燕虐其民，現在燕王虐待他的人民，王往而征之，王去征伐他，民以爲將拯己於水火之中也，人民以爲王將要把他們從水深火熱般的痛苦中救出來，簞食壺漿，所以拿竹器盛好了飯，拿壺子裝好了酒漿，以迎王師。來迎接君王的軍隊。若殺其父兄，如果殺戮他們的父兄，係累力追反其子弟，綑綁他們的子弟，毀其宗廟，拆毀他們的宗廟，遷其重器，搬出他們的寶器，如之何其可也！怎麼可以呢！天下固畏齊之彊也，（天下諸侯本來就畏齊國的强大，）今又倍地，（現在又取了燕國，加上一倍的土地，）而不行仁政，（卻還不施行仁政，）是動天下之兵也。（這明明是自己引動天下的兵來攻伐自己啊。）王速出令，（王趕快發出命令，）反其旄（與耄同）倪，（倪是小兒。放回所擄掠來的老小，）止其重器，（中止搬移寶器，）謀於燕衆，（和燕國人民商量，）置君而後去之，（給他們立一個君，然後撤去齊國軍隊，）則猶可及止也。（那還可以來得及停止諸侯未發的救兵哩。）』——孟子梁惠王下

上不好仁，則罔顧人民之疾苦，徵工不以時，聚斂無止境，民窮財盡，則加甚其殘虐，人民無以為生，祇能鋌而走險，犯上作亂。

子曰：（孔子說：）「好（去聲）勇疾貧，（好逞血氣之勇，又自恨貧窮，）亂也。（是要作亂的。）人而不仁，（人如不仁，）疾之已甚，（若是憎恨他太過，）亂也。（也要激動他作亂的。）」——論語泰伯篇

國家之興，繫於內部之團結，上下一心，謂之人和。人和，乃能對內增產，對外禦侮。其重要性遠勝於天時與地利，軍事與經濟。

孟子曰：（孟子說：）「天時不如地利，（能得到天時還不如得到地利，）地利不如人和。（能得到地利又不如得到人和。）三里之

城，（譬如只有三里寬廣的城牆，）七里之郭，（七里寬廣的外城，）環而攻之而不勝；（包圍起來攻打，卻不能取勝；）夫（音扶）環而攻之，（既經包圍攻打，）必有得天時者矣，（那一定曾經得到天時的了，）然而不勝者，（卻是仍舊不能取勝，）是天時不如地利也。（這就是天時不如地利底明證啊。）城非不高也，（城牆並不是不高，）池非不深也，（城河並不是不深，）兵革非不堅利也，（兵器和盔甲並不是不堅固鋒利，）米粟非不多也，（糧食也並不是不多，）委而去之，（結果依然守不住，委棄了城池軍需逃去，）是地利不如人和也。（這就是地利不如人和底明證啊。）故曰：（所以說：）域民不以封疆之界，（限止人民不要靠封國疆土的界限，）固國不以山谿之險，（鞏固國防不要靠高山深溪的險要，）威天下不以兵革之利。（威服天下不要靠兵器盔甲的堅利。）得道者多助，（凡是治理國家能得正道的，就有人幫助，）失道者寡助。（那失卻正道的，就沒有人幫助。）寡助之至，（沒有人幫助到了極點，）親戚畔之；（連親戚也要叛離；）多助之至，（有人幫助到了極點，）天下順之。（那就普天下的人都來歸順了。）以天下之所順，（以天下人所歸順的國家，）攻親戚之所畔，（去攻打那親戚也叛離底國家，）故君子有不戰，（所以君子祇是不戰，）戰必勝矣。（假使不得已而戰，那一定是勝利的了。）」——孟子公孫丑下

國家之亡，由於外在原因，雖僅佔絕對少數，前已言之，然亦不能須臾疏忽。蓋一國如久無敵國外患，則上下易於苟且偷安，在內無直諫之大臣，對外無國防之戒備，一旦外患來臨，措手不及，必致滅亡。故曰：

「入則無法家拂（與弼同。）士，（在裏面沒有守法度的世家和輔弼的賢士，）出則無敵國外患者，（在外面又沒有對敵的國家和外來的禍患，）國恆亡。（這樣的國家往往會滅亡。）然後知生於憂患，（然後知道生存是由憂患中奮鬬而得，）而死於安樂也。（死亡卻完全由於安樂哩。）」

——孟子告子下

至於小國介於大國之間，而大國之君又以擴疆拓土是圖，則小國除效法前人施行仁政力圖自強外，別無圖存之道。孟子答滕文公問，最爲扼要。

滕文公問曰：（滕文公問孟子說：）「滕小國也，（我滕國是個小國啊，）間於齊楚，（卻夾在齊楚兩大國的中間，）事齊乎？（還是服事齊國呢？）事楚乎？（還是服事楚國呢？）」孟子對曰：（孟子答說：）『是謀非吾所能及也；（這個謀算不是我能夠想得周到的啊；）無已，（眞個不得已，）則有一焉。（倒也有一個辦法在這裏。）鑿斯池也，（不妨掘深了這護城的池，）築斯城也，（築高了這城垣，）與民守之，（和人民合力堅守住城池，）效死而民弗去，（大家情願拼死保衛，使人民不肯棄了城池逃走，）則是可爲也。（那可以有些作爲的。）』」

——孟子梁惠王下

滕文公問曰：（滕文公問孟子說：）「齊人將築薛，（齊國人將要在靠近我國的薛邑築城，）吾甚恐。（使我國感受威脅，心裏很恐慌。）如之何則可？要怎麼樣纔可以應付呢？」孟子對曰：孟子答說：「昔者大王居邠，邠，與豳同。從前周太王立國在邠地，狄人侵之，狄人侵伐他，去之岐山之下居焉。太王就離去了，逃到岐山脚下居住。非擇而取之，並不是太王揀擇這地方，不得已也。實在是沒法呀。苟爲善，假如能施行善政，後世子孫，他後代的兒孫，必有王者矣。一定可有稱王於天下的。君子創業垂統，有道德的人創造基業，垂下統緒，爲可繼也。就是要後代的人可以繼續得下去。若夫扶音成功，講到成功的話，則天也。那就要聽天命了。君如彼何哉？現在君上對於齊國，又能有什麼辦法呢？彊上聲爲善而已矣！只有勉力施行善政，傳給後代兒孫罷了！」——孟子梁惠王下

所謂不仁之政，其始也，在上者好色、好貨、好遊、好勇；其漸也，君子遠去而小人親近，民意不伸，民心日去，民事怠忽，民窮財盡；其終也，使民不以時，聚斂無止境，民怨沸騰，於是強民以從，罔民殘民，無所不爲矣。自侮然後人侮，亡國敗家，咎由自取；而不仁乃其主因也。故太甲曰：「天作孽，猶可違；自作孽，不可活。」此之謂也。

孟子曰：孟子說：「不仁者，可與言哉！對於不仁的國君，怎能和他講仁呢！安其危而利其菑，菑，同災。私欲蔽塞了他的本心

反以危爲安，以災爲利，樂（音洛）其所以亡者。（喜歡幹那荒淫暴虐的亡國敗家亡身的行爲。）不仁而可與言，（而，猶「如」，不仁者如果可以言仁，）則何亡國敗家之有？（他又怎會弄到亡國敗家的地步呢？）」有孺子歌曰：（從前有個小孩子唱歌道：）『滄浪（音郎）之水淸兮！（滄浪的水這麼淸呀！）可以濯我纓。（可以洗我的帽纓。）滄浪之水濁兮！（滄浪的水這麼渾呀！）可以濯我足。（可以洗我的腳。）』孔子曰：（孔子聽得這歌，就對他的弟子們說：）『小子聽之！（你們這些小子聽着！）淸斯濯纓，（水淸便拿來洗帽纓，）濁斯濯足矣；（水渾便拿來洗腳了；）自取之也。（這種分別，都是由那水自取的啊。）』夫（音扶）人必自侮，（大凡一個人，必定先自己欺侮自己，）然後人侮之。（然後別人纔敢欺侮他。）家必自毀，（一個家庭，必定自己先毀壞，）而後人毀之。（然後別人纔敢毀壞他。）國必自伐，（一個國家，必定先自己攻伐自己，）而後人伐之。（然後別國纔敢攻伐他。）太甲曰：（書經太甲篇說：）『天作孽，（孽，魚列反。天造的災禍，）猶可違；（還可以逃避；）自作孽，（自己造下底災禍，）不可活。（那便不能活了。）』此之謂也。（就是這個說法啊。）」

——孟子離婁上

總之，「仁者，人也」以仁者行仁政，是以人對人之正道以治人，則治而興，反之以不仁者行不仁之政，則亂而亡；史例昭彰，固無古今中外之分也。孔子與孟子，作同樣之結論。

孟子曰：（孟子說：）「三代之得天下也以仁，（夏商周三代底得到天下是以仁，）其失天下也以不仁。（到後來失掉天下，是由於不仁。）國之所以廢興存亡者亦然。（諸侯國家的衰敗和興盛，存在和滅亡，也都是一樣的。）天子不仁，不保四海；（天子不仁，就不能保全四海以內的天下；）諸侯不仁，不保社稷；（諸侯不仁就不能保全本國的疆土；）卿大夫不仁，不保宗廟；（公卿大夫不仁，就不能保全祖宗的祠堂；）士庶人不仁，不保四體。（士和平民不仁，就不能保全個人的身家。）今惡（去聲）死亡而樂（音洛）不仁，（現在的人一面厭惡死亡，一面卻又喜歡做不仁的事，）是猶惡（去聲）醉而強（上聲）酒。（這就和一面厭惡酒醉，一面卻又勉強飲酒有同樣的矛盾了。）」——孟子離婁上

孔子曰：（孔子曾說：）「道二，（治理天下國家只有一個道理底兩面，）仁與不仁而已矣。（就是仁和不仁罷了。）」「暴其民甚，（那不仁的國君，暴虐他的人民到了極度底時候，）則身弒國亡。（那他的本身就要被人殺死，國家也要被人滅亡。）不甚，（即使還沒有到了極度，）則身危國削。（本身也要危殆，國家也要被人侵蝕。）名之曰『幽』『厲』，（身死以後。還要給他一個惡劣的謚號，叫他幽，表明這個國君是昏昧不明；或者叫他厲，表明這個國君是暴虐無道，）雖孝子慈孫，（雖然後代出了孝子慈孫，）百世不能改也。（這個惡名經過百代也改不掉。）詩云：（詩大雅蕩篇有說：）『殷鑒不遠，（商紂的鏡子並不很遠，）在夏后之世。（就在夏桀的時候。）』此之謂也。（便是這個意思了。）」——孟子離婁上

㈤、知人善任之重要

1. 知人之重要

國事至繁至鉅也，非一二人之力所能為也，故設官分職，組織政府，官有定守，職有專司；故上而一國之領袖，下而一機關之首長，其最重要之責任，在於選賢舉能，使賢者任官，能者在職。如此，則事統百官，官得其人，人皆賢俊，為領袖者，可以無為而治矣。荀子曰：「人主者，以官人為能者也。」（荀子王霸）領袖之責任，不在於事事躬親，而在於得人也。然欲得人，先須知人。知人者，辨識人之誠偽、善惡、智愚、賢不肖也。孔子曰：「視其所以，觀其所由，察其所安。人焉廋哉？人焉廋哉？」（論語為政篇）孟子曰：「存乎人者，莫良於眸子。眸子不能掩其惡。胸中正，則眸子瞭焉；胸中不正，則眸子眊焉。聽其言也，觀其眸子，人焉廋哉？」（孟子離婁篇）聖哲如孔、孟，以其善於識人，故能益使儒家學說發揚光大也。公冶長在縲絏之中，孔子「觀過知仁」，斷定非公冶長之罪，而以女妻之。孟子窺知齊宣王志在「辟土地，朝秦楚，莅中國而撫四夷」，立告以如此做法，有似「緣木求魚」，惟能行仁政始能王天下也。范蠡深知句踐爲人性忍志貪，可以同患難，不可以共安樂，乃及早告老，而免被戮。漢高祖立劉濞爲吳王，見其面有反相，因而叮叮告誡曰：「天下一家，愼無反。」諸葛武侯知魏延腦後有反骨，故對之特具戒心。曾國藩爲晚淸中興名臣，一代俊傑，其生平功業最得力處在於知人，其言曰：「邪正看眼鼻，眞假看嘴脣，壽夭看指甲，輕重看脚跟，功名看氣魄，事業看精神，若要問條理，盡在語言中。」睿知如文正，其於相人，有此豐富心得，知人之重要，於此可見。

2. 知人之不易

知人極爲重要，卻不容易。書云：「人心惟危。」（大禹謨）孔子曰：「凡人心險於山川，難於知天。」（莊子列禦寇篇）蓋天尚有四時早晚之分際，人卻往往在深重的外表之後深藏一顆危險之心，使人難以辨識其爲君子或爲小人，忠誠之士或奸詐之徒。以漢光武之英明，不識彭寵之將亂；曹孟德之機智，竟爲張邈所欺。知人之難，亦甚矣哉！

管仲有疾，管仲生病，桓公往問之曰：齊桓公去探望他，問說：「仲父之疾病矣，仲父您的病很嚴重了，何以教寡人？有什麼話要教誨我的嗎？」對曰：管仲回答說：「願君之遠易牙、豎刁、公子啓方也。希望國君你能遠離易牙、豎刁、公子啓方這三人。」公曰：桓公說：「易牙烹其子以慊寡人，易牙烹養他兒子的肉來滿足我的口味，猶尚可疑邪？這種人還有可以懷疑的嗎？」對曰：管仲說：「人之情非不愛其子也，按常情，人沒有不愛自己兒子的，其子之忍，他能狠心殺了自己的兒子，又將何有於君？對國君又能如何忠愛呢？」公又曰：桓公又說：「豎刁自宮以近寡人，豎刁自己施行宮刑，藉以親近我，猶尚可疑邪？還有可以懷疑的嗎？」對曰：管仲說：「人之情非不愛其身也，依人情，人沒有不愛惜自己身體的，其身之忍，他能狠心毀傷自己的身體，又將何有於君？對國君又能有什麼忠愛之心呢？」公又曰：桓公又問說：「衞公子啓方事寡人十五年矣，衞公子啓方臣事我已有十五年了，其父死而不敢歸哭，他父親死了也不敢向我請假回家奔喪哀哭，猶尚可疑邪？他還有可以懷疑的嗎？」對曰：管仲說：「人之情無不愛其父也，人的常情，沒有不愛自己的父親的，其父之忍，他能這樣狠心的對待他父親，又何有於君？又能如何的忠愛國君呢？」公曰：「諾。桓公說：好吧。」管仲死，盡逐之。管仲死後，桓公就把三人都趕走了。居三年，過了三年，食不甘，桓公覺得飲食沒味道，宮不治，居處不安適，朝不肅。朝政也開始散亂了。公曰：桓公說：「仲父不亦過乎！（管仲不也錯了嗎！）孰謂仲父盡之乎？（誰說管仲什麼都清楚？）」於是皆復召而反。（於是又把這三人召回來。）明年公病，（第二年桓公生病，）易牙等相與作亂。（易牙這幾個人互相勾結作亂。）公蒙衣袂而絕，（桓公蒙著衣被而悶死，）蟲出於戶，（一直到屍體生蟲都爬到門外了，）三月不葬。（死了三個月還不能埋葬。）」——呂氏春秋知接篇

當金陵初復時，有某人冒稱校官，往謁曾侯（國藩），高談雄辯，議論風生，有不可一世之概，侯固已奇之矣。中間論及用人須杜絕欺騙事，遂正色大言曰：「受欺不受欺，亦顧在己之如何耳！某盱衡當世，略有所見：若中堂之至誠盛德，人自不忍欺；左公宗棠之嚴氣正性，人亦不敢欺；至如某某諸公，則人雖不欺，而尚疑其欺，或已受欺而不悟其欺者比比也。」侯大喜稱善，乃待為上客。顧一時未有以處之，姑令督造礮船。未幾，忽挾千金而遁去。所司以聞，且請急發追捕。侯默然良久，曰：「止，勿追也。」所司惘然退。侯乃自捋其鬚曰：「人不忍欺？人不忍欺？」左右聞者皆匿笑不敢仰視。——清朝野史大觀卷七

由上述故事二則，可見知人之難也。古今聖哲論人之難知者，歸納言之，約有數端：

(1)人心不同，各如其面，形乎外者未必存乎內，有似是而非者，亦有似非而是者，虛虛實實，眞僞難明。

(2)人之智能才具，互有短長，觀察者所知有限，知長不知短，知短不知長，皆能造成不幸之錯誤。

(3)人之學行，時有變動，暮年可能與少壯不同，得意時可能與失意時不同，艱危時可能與平時不同，凡此不同，或爲邁進，或爲逆轉。如以一時一事之觀感而概其餘，亦常足以僨事。

(4)蘇軾詠廬山詩云：「橫看成嶺側成峯，遠近高低各不同。不識廬山眞面目，只緣身在此山中。」夫山，靜物也，只緣身處其間，故遠近高低，橫看側看，便難得其眞面。矧在人生，隱現多方，不可究詰，而察人者又從而自蔽或受蔽焉，所得幾何，尤難言之矣。

3. 昔賢知人之說擧要

由上之說，知人之難，有雙重癥結焉：一爲自知之難，一爲人之難知。自知與知人，二者孰急？自知爲急。蓋自知而不明，安能知人？二者孰難？知人爲難。

知人之事固為難矣，然亦非全無途徑可循，昔人有關如何知人之說甚多，茲舉數例於後，以供參考。

(1)「遠使之而觀其忠； 因此君子要遠離他，看他是否忠心； 近使之而觀其敬， 親近他，看他是否敬慎； 煩使之而觀其能； 叫他做繁雜的事，看他是否有才能； 卒然問焉而觀其知； 突然問他，看他是否多智； 急與之期而觀其信； 急促限期，看他是否守信； 委之以財而觀其仁； 委託錢財，看他是否有仁心； 告之以危而觀其節； 告訴他危險的事，看他是否變節； 醉之以酒而觀其側； 使他酒醉，看他是否有法則； 雜之以處而觀其色。 處於混雜的地方，看他是否淫亂。」

——莊子列禦寇篇

(2)「富貴觀其禮施， 富貴的人，看他是否知道禮敬人， 貧窮觀其德守， 貧窮的人，要看是否能堅守德操， 嬖寵觀其不驕， 得到寵幸的人，看他是否不驕傲， 隱約觀其不懾。 微賤的人要看他是否不怯懦， 其少，觀其恭敬； 年少時，看他對長上是否恭敬； 其壯，觀其廉潔； 壯年時要看他是否廉潔不貪； 其老，觀其意慮。 年老時則看他思慮是否縝密。 父子之間，觀其孝慈； 父子之間要看他們是否孝順、慈愛； 兄弟之間，觀其和友； 兄弟之間，看他們是否能和睦友愛； 君臣之間，觀其忠惠； 君臣之間要看他們是否忠誠、仁惠；鄉黨之間，觀其信憚。鄉里之間則看他們是否能誠信恭敬。省其居處，觀其義方；察看他的起居，以觀察他的作爲是否合於義理；省其喪哀，觀其貞良；看他居喪時的悲哀之情，以觀察他的爲人是否忠貞良正；省其出入，觀其交友；看他進出的行動，以觀察他交友的態度，省其交友，觀其任廉。看他所交的朋友，以觀察他否廉潔可信。考之，以觀其信；考驗他，來觀察他是否誠信；絜之，以觀其知；度量他，看他是否聰慧；示之難，以觀其勇；給他做艱難的事，看他是否有勇氣；煩之，以觀其治；煩擾他，看他如何處理事情；淹之以利，以觀其不貪；用利去引誘他，看他是否廉潔不貪；監之以嚴，以觀其不寧；嚴格的監視他，看他是否不安寧；喜之以物，以觀其不輕；用外物令他高興，看他是否不輕佻；怒之，以觀其重；激怒他，看他是否能持重；醉之，以觀其不失；灌醉他，看他是否不失態；縱之，以觀其常；放縱他，看他是否仍守常道；遠使之，以觀其不貳；派他到遠方，看他是否忠誠不變；邇之，以觀其不倦；派他在近的地方，看他做事是否不倦怠；探取其志，以觀其情；探求他的志趣，來觀察他情緒的變化；考其陰陽，以觀其誠；查究他在明處、暗處的作爲，看他是否誠一；覆其微言，以觀其信；複驗他不經意中說的話，看他是否守信；曲省其行，以觀其備成。委宛的省察他細小的行爲，看他的德行是否已完善，此之謂觀誠也。這就叫做觀誠

了。」——大戴禮文王觀人篇

(3)齊景公曰：「請問求賢？」（齊景公說：請問怎樣才可找到賢能的人呢？）對曰：（回答說：）「觀之以其遊，（觀察他所交遊的人，）說之以其行。（看他所說的話是否與行爲相符合。）君無以靡曼辯詞定其行；（一個人的華麗善辯的話就決定他的行爲，）無以毀譽非議定其身。（也不要以別人對他的毀謗、稱讚等的批評就決定他的成就。）如此，（能夠這樣，）則不爲行以揚身，（就不會有人做出虛僞的行爲以求顯揚，）不掩欲以榮君。（也不會有人掩飾自己的貪欲，假裝廉潔，以營惑國君。）故通則視其所舉；（所以一個人通達時，就看他舉用的是些什麼人；）窮則視其所不爲；（窮困時，就看他所不願做的是些什麼事；）富則視其所不取。（富貴時，就看他所不願取得的是些什麼。）夫上士難進而易退也；（那些賢能的士人，不容易爲朝廷所用，卻常輕易去職；）其次易進易退也；（次一等的，雖容易進用，也容易被罷斥；）其下易進難退也。（最下等的士人很容易被進用，卻很難被能退。）以此數者取人，（用這些原則去求賢，）其可乎。（大概可以罷。）」——晏子春秋內篇問上

(4)「凡論人：（凡是品評人物，）通，則觀其所禮；（通達時，就看他禮敬些什麼人；）貴，則觀其所進；（顯貴時，就看他擢拔進用些什麼人；）富，則觀其所養；（富貴時，就看他門下所養的是些什麼人；）聽，則觀其所行；（進冒受信任時，就看他行事如何；）止，則觀其

所好；安居閒處時，就看他的嗜好如何；習，則觀其所言；學習學業時，就看他的言論如何；窮，則觀其所不受；貧窮時，就看他是否不收受不義之財；賤，則觀其所不爲。卑賤時，就看他是否能保全人格，有所不爲。喜之，以驗其守；使他高興，來考驗他的操守；樂之，以驗其僻；娛樂他，以考驗他的癖好，怒之，其驗其節；令他發怒，來考驗他的氣節性情；懼之，以驗其特；恐懼令他，來考驗他是否定力超人；哀之，以驗其情；令他哀傷，來考驗他情感的深淺；苦之，以驗其志。勞苦他，來考驗他的心志是否堅定。八觀、六驗，此賢主所以論人也。這八觀、六驗，就是賢明的君主用以評論人物的方法。論人者又必以六戚四隱。評論人又必須利用六戚和四隱的關係。何謂六戚？什麼叫六戚呢？父、母、兄、弟、妻、子。就是父親、母親、兄長、弟弟、妻子、兒女等六種關係。何謂四隱？什麼又叫四隱呢？交友、交往的朋友、故舊、從前的舊識、邑里、鄉里的親族、門郭。遠戚疏鄰等。內則用六戚、四隱，從內，就用六戚、四隱來觀察，外則用八觀、六驗，從外，就用八觀、六驗來考驗，人之情僞、貪鄙、美惡無所失矣。那麼人的眞情詐僞、貪婪、卑鄙、美善邪惡等都能明白淸楚，沒有任何漏失了。譬之若逃雨汙，就好比躲避大雨的濕濡，無之而非是。跑到那裏都躲不了。

——呂氏春秋論人篇

(5)魏文侯且置相，（魏文侯準備置相，）召李克而問焉，曰：（召見李克問他說：）「寡人將置相，（我打算任命卿相，）置於季成子與翟觸，（任命季成子或者翟觸，）我孰置而可？（我到底任命誰好呢？）」李克曰：（李克說：）「臣聞之：（臣聽說過：）賤不謀貴，（地位低的人不能參與謀劃地位高的人的事，）外不謀內，（外臣不能參與計謀內臣的事，）疏不謀親。（疏遠的人不能參與計謀和臣王親近的人的事。）臣者疏賤，（臣是疏遠低賤的人，）不敢聞命。（不敢聽命。）」文侯曰：（文侯說：）「此國事也，（這是國事啊，）願與先生臨事而勿辭。（希望先生臨事不要推辭。）」李克曰：（李克說：）「君不察故也，（君上不明察的緣故，）可知矣。（明察就可以知道選擇了）。貴，視其所舉；（當他尊貴時，就觀察他提拔那些人；）富，視其所與；（當他富裕時，就觀察他幫助那些人；）貧，視其所不取；（當他貧乏之時，就觀察那些是他所不拿的東西；）窮，視其所不為。（當他窮困時，就觀察那些是他所不做的事。）由此觀之，（從這幾方面去觀察，）可知矣。（就可以觀察出一個人的人品了。）」文侯曰：（文侯說：）「先生出矣，（先生請去吧，）寡人之相定矣。（寡人的相已經選定了。）」——說苑臣術篇

(6)或問：（有人問說：）「何如斯謂之人？（怎樣做才算是真正的人呢？）」曰：（回答說：）「取四重，去四輕，則可謂

之人。採取四重，去除四輕，就可算是個人了。」曰：又問：「何謂四重？什麼叫四重？」曰：答：「重言、言語要慎重、重行、行爲要端重、重貌、形貌要厚重、重好。嗜好要慎重。言重則有法，言語慎重就有法度，行重則有德，行爲端重則表現德性，貌重則有威，形貌厚重就有威嚴，好重則有觀。選擇嗜好慎重就必有可觀。」「請問四輕？請問什麼是四輕？」曰：答：「言輕則招憂，言語輕浮就會招來憂患，行輕則招辜，行爲輕慢就會招來罪愆，貌輕則招辱，形貌輕浮就會招來侮辱，好輕則招淫。嗜好輕薄就會招來淫亂。」

——揚雄法言修身

(7)「觀其奪救，看他所奪取所救濟的，以明間雜；就可以明白他所夾雜的各種心理；觀其感變，看他喜怒感應的變化，以審常度；就可以知道他平常的度量；觀其志質，看他的志向氣質，以知其名；可知他將來名聲如何；觀其所由，看他所依循的，以辨依似；可以辨別他的眞僞曲直；觀其愛敬，看他親愛尊敬的態度誠心與否，以知通塞；可知他行事的通達或窒塞；觀其情機，看他的好欲情機，以辨恕惑；來辨別他心中是明恕或迷惑；觀其所短，看他的短處，以知所長；可知他的長處；觀其聰明，看他聰明與否，以知所達。可知他將來所達的成就。」

——劉劭人物志八觀

(8)「相人之術有三：觀人的方法有三種：迫之以利，用財利脅迫他，而審其邪正；而察看他是邪僻或正直；設之以事；設置一件事讓他去做，而觀其厚薄；而看他處事待人是厚道或澆薄；間之以謀，和他秘密謀畫，而觀其智與不才。看他是聰明或愚笨。」——唐李翺答王載言書

4.知人者所應具備之條件

人之難知，在於人物精微，能神而明，變化多方，難以捉摸。然知人者本身所具備之條件是否充分，亦足以使其產生不同之結果也。此左右知人之條件爲何？大略言之，可分爲三項：

一曰學問：學問爲辨別一切是非價值等之憑藉，亦爲了解人性、物性特徵之必具條件。學問愈高，所具「知人」之潛力必愈高，反之亦然。故學問實爲知人必具之基本要件之一。

二曰見識：有學問而無見識，易失之迂腐，而不切實際。欲使其所具之學問得以充分發揮其作用，見識一項必不可缺，故見識亦爲必備條件。

三曰經驗：兼具學問與見識二者，對於識人固已能發揮相當作用；然世物紛繁，

人心難測，似是而非之人與事，層出不窮，是以單憑學問與見識二者判斷，往往發生錯誤，必須加上經驗以為輔助，方易使判斷正確。且閱世愈深，其知人之明亦愈著，故經驗亦為必備之條件。

學問、見識、經驗三者既為識人必具之基本條件，然以一人之身而欲兼具此三方面長處，實非易易，此所以知人為難也。此三者各人所具既有深淺高下之不同，則其知人之能力，亦各有不同也。

5. 知人之道

知人固難，然卻不可不知，謀國之政治領袖，為國掄才，如不能知人，其能得眞才績學之士者鮮矣！余以為知人之道，要而言之，約有下列諸端：

(1) 觀其氣象

大學曰：「誠於中，形於外。」正其衣冠，尊其瞻視，望之儼然，即之也溫，威而不猛，恭而安，此乃賢哲君子之氣象。令色足恭，脅肩諂笑，小頭銳面，喜怒無常，此乃奸邪小人之嘴臉。昔魏管輅相何晏之後，曰：「何之視侯，魂不守宅，面無華色，精爽煙浮，容若枯木，謂之鬼幽。」（魏志本傳裴松之注引別傳）其氣象如此，終於難免被戮。故觀人之氣象可以知人也。

子曰：孔子說：「君子坦蕩蕩，坦，平底意思。蕩蕩，寬廣底意思。君子平常心地，總是平坦而寬廣，小人長戚戚。戚戚，憂慮的樣子。小人卻經常局促而憂愁。」——論語述而篇

孟子見梁襄王，孟子見過了梁惠王的兒子襄王，出語人曰：出來後告訴人說：「望之不似人君，遠望不像個國君的樣子，就之而不見所畏焉。到了他面前，也不足使人敬畏。」——孟子梁惠王上

郭林宗至汝南造袁奉高，郭林宗到汝南拜訪袁奉高，車不停軌，鸞不輟軛；車輪還不會停止，車軛的鈴聲也不曾間斷，就離去了；詣黃叔度，去拜訪黃叔度，乃彌日信宿。卻在那裏住了好幾天。人問其故，有人問他原因，林宗曰：郭林宗回答：「叔度汪汪，黃叔度德學深廣，如萬頃之陂；就像是萬頃的大池那樣；澄之不清，澄清它也不會變得較清澈，擾之不濁，擾亂它也不會顯得較混濁，其器深廣，他器度的深廣，難測量也。難以測量啊。」——世說新語德行

「黃庭堅稱其人品甚高，（黃庭堅稱贊他的人格品行非常高超，）胸懷灑落，（胸襟灑脫不受拘束，）如光風霽月。（如同雨止時的美景，及雨後的明月般的清朗。）」——宋史周敦頤傳

朱子嘗以黃太史之稱濂溪周夫子，胸中灑落，如光風霽月云者，爲善形容有道者氣象。（見朱子全書道統）

(2)觀其舉止

人者心之器，舉手投足，莫不受制於內心。孔子曰：「非禮勿動。」（論語顏淵篇）又曰：「行篤敬。」（論語衛靈公篇）左傳曰：「舉趾高則心不固。」（桓公十三年）以子路之粗獷好強，孔子知其「不得好死」，以霍光「出入宮殿，止進常處，不失尺寸。」漢武帝知其可以託孤寄命。管輅相鄧颺，曰：「鄧颺行步，節不束骨，脈不制肉，起止傾倚，若無手足，謂之鬼躁。」（魏志本傳裴松之注引別傳）此等舉止，自是賤輩。故觀人之舉止可以知人也。

曹公遣刺客見劉備，（曹操派了一個刺客去見劉備，）方得交接，（剛接觸交談，）開論伐魏形勢，（就泛論攻打魏國的利害形勢，）甚

合備計，（非常合劉備的胃口，）稍欲親近，（稍微的想跟他親近交談，）刺者尙未得便。（可是刺客還沒有下手的機會。）會既而亮入，（會議完畢後諸葛亮進來，）魏客神色失措，（魏國的訪客，神色慌張，）亮因而察之，（諸葛亮因而覺察出他的異樣，）亦知非常人。（這訪客也知道不是尋常的人。）須臾，（過了一會兒，）客如廁，（訪客上廁所，）備謂亮曰：（劉備對諸葛亮說：）「向得奇士，（剛剛我得到一位奇人異士，）足以助君補益。（可以給你很大的幫助。）」亮問所在。（諸葛亮問客人在那裏。）備曰：（劉備說：）「起者其人也。（就是剛剛站起來的那個人。）」亮徐歎曰：（諸葛亮緩緩的歎了一口氣說：）「觀客色動而神懼，（我發現這訪客神氣恐懼不安，）視低而忤數，（低著頭而好幾次偷偷的看人，）姦形外漏，（姦邪的形像已經外漏，）邪心內藏，（這是內藏邪惡念頭的象徵，）必曹氏刺客也。（一定是曹操派來的刺客。）」追之已越牆而走。（派人追捕他時，已經越牆逃走了。）蜀志諸葛亮傳裴松之注

諸葛武侯可謂善知人者矣。荀子曰：「君子之學也，入乎耳，箸乎心，布乎四體，形乎動靜，端而言，輭而動，一可以爲法則。小人之學也，入乎耳，出乎口，口耳之間則四寸耳，曷足以美七尺之軀哉！」（荀子勸學）故或爲君子，或爲小人，或學，或不學，其形乎舉止者，必有所不同也。

(3)觀其胸襟

胸襟恢宏者必豪傑之士，胸襟褊窄者乃細人之流。昔祖逖豁達有大志，中夜聞荒鷄而起舞，及石勒亂作，中流擊楫，發誓曰：「祖逖不能淸中原而濟者，有如大江。」（晉書祖逖傳）此謂之有胸襟。晉平公時，南陽令出缺，平公問大夫祁黃羊曰：「其誰可而使之？」祁黃羊對曰：「解狐可。」平公曰：「解狐非子之仇邪？」祁黃羊曰：「君問可，非問臣之仇也。」（呂氏春秋去私）此爲公益而忘私隙，亦謂之有胸襟。故觀人之胸襟可以知人也。

(4)觀其學養

學養愈豐富者，愈能忘我，愈能去私，籌策只爲公益，做事不計己功。宋韓琦與范仲淹、富弼同輔政，在朝廷爭辯事理時，各逞道理，互不謙讓，下朝之後，不失和氣，如未嘗爭，韓琦曰：「吾三人正如推車子，其心主於車可行而已。」非有深厚學養，絕無此等氣度。岳武穆忠節貞廉，好學不倦，治軍嚴而有恩。有問之者：「天下何時太平？」武穆曰：「文官不愛錢，武官不惜死，則天下太平矣。」又有詩句云：

「男兒欲到凌烟閣，第一功名不愛錢。」這又是何等學養！故觀人之學養可以知人也。

(5)觀其心性

孟子言性善，荀子言性惡，揚雄言性善惡混，人之性難察則一也。人之美惡既殊，情貌不一，有溫良而爲詐者，有外恭而內欺者，有外勇而內怯者，有盡力而不忠者。然人性亦非不可察，察人之道昔人言之甚夥，茲再舉兩說如下：

太公曰：太公說：「知之有八徵：知人有八種考驗之法：一曰問之以言，以觀其辭；一是問他話，看他如何應對；二曰窮之以辭，以觀其變；二是用言辭來難倒他，看他如何應變；三曰與之間謀，以觀其誠；三是和他秘密謀劃，看他是否忠誠；四曰明白顯問，以觀其德；四是明白的考問，看他的德性如何；五曰使之以財，以觀其廉；五是用錢財來使役他，看他是否廉潔不貪；六曰試之以色，以觀其貞；六是用女色來試驗他，看他是否貞節不動心；七曰告之以難，以觀其勇；七是告訴他艱難的事，看他是否有勇氣承擔；八曰醉之以酒，以觀其態。八是用酒灌醉他，看他是否不失常態。八徵皆備，八種考驗之法都具備了，

則賢不肖別矣。（那麼賢與不賢就分別出來了。）」——六韜龍韜選將

「知人之道有七焉：（知人的方法有七種：）一曰問之以是非，以觀其志；（一是問他是非觀念，來察看他的心志；）二曰窮之以辭辯，以觀其變；（二是和他辯論來難倒他，看他如何應付；）三曰咨之以計謀，而觀其識；（三是詢問他的計策謀畫，看他的見識如何；）四曰告之以禍難，而觀其勇；（四是告訴他災禍難事，看他是否有勇氣承擔；）五曰醉之以酒，而觀其性；（五是用酒灌醉他，來觀察他的本性如何；）六曰臨之以利，而觀其廉；（六是用利益去引誘他，看他是否廉潔不貪；）七曰期之以事，而觀其信。（七是派他限期完成一件事，看他是否守信不誤期。）」——諸葛亮將苑

以此觀人，人性灼然可見，人之肺腑，可知之矣。故觀人之心性，可以知人也。

(6)觀其所處

人之所處不同，則其言行或亦因之而異，故須從其所處，審慎觀察，方可得其眞面目也。此意昔賢亦多論述，茲再列二家之說：

「論人之道：品評人物的方法：貴，則觀其所舉；當他尊貴時，就觀察他提拔那些人；富，則觀其所施；當他富裕時，就觀察他幫助那些人；窮，則觀其所不受；當他窮乏之時，就觀察那些是他所不接受的東西；賤，則觀其所不爲；當他卑賤時，就觀察那些是他所不做的事；貧，則觀其所不取；當他貧困時，就觀察那些是他所不取的東西；視其更難，觀察他經歷困難，以知其勇；就可以知道他是否有勇氣；動以喜樂，拿喜悅快樂的事激動他，以觀其守；就可以看出他能否貞靜自守；委以財貨，託付他錢財，以論其仁；就可以評斷他是否有仁心；振以恐懼，用恐懼的事振撼他，以知其節。就可以知道他是否有節操。則人情備矣。那麼，所有的人情都完備無遺了。」

——淮南子氾論

太公曰：太公說：「富之，而觀其無犯；讓他富有，看他是否不侵犯別人；貴之，而觀其無驕；讓他顯貴，看他是否不驕傲；付之，而觀其無轉；託付他事情，看他是否不轉予別人；使之，而觀其無隱；派他出使，看他是否無所隱瞞；危之，而觀其無恐；故意危害他，看他是否鎮定不恐懼；事之，而觀其無窮。讓他做事，看他是否能應付不窮。富之而不犯者，仁也；富有而不侵犯別人，這是仁者；貴之而不驕者，義也；顯貴而不驕傲的，這是義者；付之而不轉者，忠也；託付他事情而不會畸託別人的，是忠者；使之而不隱者，信也；派他出使而無所隱瞞的，這是信者；危之而不恐者，勇也；遇到危險而不會恐懼的，這是勇者；事之而不窮者，謀也。做事而不會窮於應付的，這是謀者。」—六韜文韜六守

凡此，皆所以從居處以知人之道也。故觀人之所處，可以知人也。

(7)觀其言談

易經曰：「修辭立其誠。」孔子曰：「辭，達而已矣。」（論語衛靈公篇）是以木訥如顏淵，孔子許以近仁，巧言如宰予，而孔子斥其不仁。

子曰：孔子說：「巧言令色，拿巧妙的話欺騙人，並裝着和悅謙恭的態度，鮮矣仁。這種人很少有仁愛心。」—論語學而論

子曰：既而孔子又說：「始吾於人也，從前我對於人啊，聽其言而信其行；聽了他平日所說的話，相信他的行事；今吾於人也，如今我對於人啊，聽其言而觀其行。行，去聲。聽了他平日所說的話，就要看他的行事對不對了。」—論語公冶長篇

子曰：孔子說：「剛毅木訥，剛强、堅毅、質樸、遲鈍這四種資質，近仁。是和仁道相近的。」—論語子路篇

子曰：孔子說：「羣居終日，大家一天到晚聚在一起，言不及義，所說的沒一句正經話，好行小慧，祇喜歡做些小聰明的事，難矣哉！這種人要和他講做人的大道理，就很難了！」——論語衛靈公篇

子曰：「不知言，不知辨別人家的話，無以知人也。就不可能知道人家是邪還是正了。」——論語堯曰篇

何謂知言？公孫丑又說，什麼叫做知道人家言語？曰：孟子說：「詖彼寄反辭知其所蔽，詖，偏陂也，詖辭為偏於一隅，執其一端之辭。蔽，遮隔也，遮隔故偏於一隅。聽了這人的說話是偏於一邊的，我就知道他的心被私欲所遮隔了，淫辭知其所陷，淫，放蕩也。淫辭，猶放言。所謂汪洋自恣之議論也。聽了這人的說話，是放蕩無禮的，就知道他的心被私欲所陷溺了，邪辭知其所離，邪，僻也。邪辭，即邪說。離，叛去也。聽了這人的說話不依正道，我就知道他的心已離開理義了，遁辭知其所窮。遁，逃避也。遁辭，隱曲之言。窮，困屈也。聽了這人的說話處處逃避，我就知道他的心已重大地受着困屈了。」——孟子公孫丑上

「將叛者其辭慙，將要陰謀叛變的人，說話時神色定有慚愧的顏色，中心疑者其辭枝，心中有疑慮的人，所說的話，多枝離雜亂，吉人之辭寡，吉人的話少，躁人之辭多，浮躁的人話多，誣善之人其辭游，誣害善良的人，心中不安，言不由衷，所說的話便浮游不定，失其守者其

辭屈。喪失操守的人，所說的話便屈曲不正。」——易經繫辭下傳

「口能言之，口能說，身能行之，身體也能力行，國寶也。這種人是國家的寶。口不能言，口不能說，身能行之，卻能去做到，國器也。這種人是國家的大器。口能言之，口能說，身不能行，卻不能力行去做，國用也。這種人是國家可用的人。口言善，口中說好的，身行惡，所說卻是惡的，國妖也。這種人是國家的妖孽。治國者，治國的人，敬其寶，敬重國寶，愛其器，愛護大器，任其用，任命有用的人，除其妖。除去妖孽。」——荀子大略

「君子常行勝言，有德的君子，常是以行動表現，而不尚虛談，小人常言勝行；邪僻的小人，則常是虛言勝過行動；故世治則篤實之士多，所以天下治平時，篤厚忠實的人比較多，世亂則緣飾之士衆。天下混亂時則虛偽文飾的人反而多。篤實鮮不成事，篤厚忠實的人，做事很少有不成功的，緣飾鮮不敗事。而虛偽文飾的人，卻很少有不敗事的。」——邵雍語見宋元學案

東晉王羲之之三子同時晉謁謝安，子重、子猷多說俗事，子敬寒溫而已。客問三者誰最賢？謝安曰：「小者最賢。易云：『吉人之辭寡，躁人之辭多。』推此知之。」（見世說新語品藻）三國時，傅嘏評論何晏曰：「何平叔言遠而情近，好辯而無誠，所

謂利口覆邦家之人也。」（魏志傳嘏傳裴松之注）始終不與何結交。故觀人之言談可以知人也。

(8)觀其操守

操守者，擇善固執之謂，所謂窮不失義，達不離道。不求非分之名，不謀非分之利。懷精白之心，行忠正之道。直己事上，竭力從公。奉法推理，不避強梁，不阿所親。孟子所謂之「富貴不能淫，貧賤不能移，威武不能屈」之大丈夫，可謂有操守者矣。

「儒有委之以貨財，儒士雖用財貨來贈送他，淹之以樂好，用玩好來包圍他，見利不虧其義；他也不會因見利益而虧損了義理；刼之以衆，雖以衆人來威脅他，沮之以兵，以武器來恐嚇他，見死不更其守。他也不會因怕死而改變他的操守。……儒有可親而不可刼也，儒士，可和他親密相處，而不可以威脅他，可近而不可迫也，可以接近他而不能強迫他，可殺而不可辱也。寧可被殺，也不可受侮辱的。」——禮記儒行必如是，方可謂特立獨行之士，故觀人之操守，可以知人也。

總之，知人之道，經緯萬端。切忌膠着，尤戒偏執。能把握「時中」之原則，則可肆應無窮矣。

6. 知人之目的在於用人

知人之重要，知人之方法，既已言之詳矣，則孰爲優？孰爲劣？孰爲賢？孰爲愚？孰智孰不肖？孰能孰不能？皆可循以上種種方法，加以考察判定。然知人者，所以爲用人也，若知而不能用，則與不知者奚以異？又何貴其能知也？昔商湯任用伊尹，周武王任用呂尚，齊桓公任用管仲，秦穆公任用百里奚，或王或霸，有其人始致其功，故古今中外之謀國者，凡能任賢使能，未有不能建功立業者，昭昭史實，載在簡册，實無庸贅言也。

「是故昔者，（所以從前，）堯有舜，（堯有舜，）舜有禹，（舜有禹，）禹有皋陶，（禹有皋陶，）湯有小臣，（湯有伊尹，）武王有閎夭、泰顛、南宮适、散宜生，（武王有閎夭、泰顛、南宮适、散宜生，）而天下和，（而天下太平，）庶民阜。

百姓富足。）是以近者安之，（因此近處的人得到安定，）遠者歸之。（遠處的人都來歸服。）日月之所照，（凡是日月所照的，）舟車之所及，（車船所到的，）雨露之所漸，（雨露所滋潤的，）粒食之所養，（穀食所養的，）得此莫不勸譽。（得到這些賢人的教誨，沒有不互相勸勉而讚揚的。）」——墨子尚賢下

「春秋之時，（春秋時代，）天子微弱，（周天子力量微薄弱小，）諸侯力政，（諸侯專以武力互相征伐，）皆叛不朝。（都不聽命於天子。）衆暴寡，（兵員多的凌虐兵員少的，）强刼弱，（兵力强的刼持兵力弱的，）南夷與北狄交侵，（南夷和北狄交相侵犯中國，）中國之不絕若線。（中國的不滅亡就像細綫那麼的危險。）桓公於是用管仲、鮑叔、隰朋、賓胥無、甯戚，（齊桓公於是任用管仲、鮑叔、隰朋、賓胥無、甯戚，）三存亡國，（三次恢復已被滅的國家，）一繼絕世，（一次繼續世系已斷的諸侯，）救中國，（拯救中國，）攘夷狄，（擊退夷狄，）卒脅荆蠻，（最後平定了荆蠻，）以尊周室，（尊崇周天子，）霸諸侯。（於是稱霸於諸侯。）晉文公用咎犯、先軫、陽處父，（晉文公任用咎犯、先軫、陽處父，）强中國，（强大中國，）敗强楚，（打敗强楚，）合諸侯，（糾合諸侯，）朝天子，（朝奉天子，）以顯周室。（使周室尊顯。）楚莊王用孫叔敖、司馬子反、將軍子重，（楚莊王任用孫叔敖、司馬子反、將軍子重，）征陳，（征討陳國，）從鄭

，降服鄭國，敗強晉，打敗強晉，無敵於天下。在天下沒有敵手。秦穆公用百里子、蹇叔、王子廖及由余，秦穆公任用百里奚、蹇叔、王子廖及由余，據有雍州，佔據了雍州，攘敗西戎。擊敗西戎。吳用延州來季子，吳國任用了延州來季子，幷冀州，兼併了冀州，揚威於雞父。雞父一戰，大敗楚人。鄭僖公富有千乘之國，鄭僖公擁有千輛兵車的國家，非常富有，貴爲諸侯，專爲一方的諸侯，非常尊貴，治義不順人心，但是治理政事不能順應人心，而取弒於臣者，結果被臣下所殺，不先得賢也。是因爲沒有先得到賢者的相助啊。至簡公，到了簡公，用子產、裨諶、世叔、行人子羽，任用子產、裨諶、世叔、行人子羽，賊臣除，掃除姦臣，正臣進，進用賢臣，去強楚，擊退強楚，合中國，強固了中國，國家安寧，二十餘年無強楚之患。使國家安定和平，二十多年不再受到強楚的侵害。故虞有宮之奇，所以虞國有宮之奇，晉獻公爲之終夜不寐；晉獻公整晚睡不著覺；楚有子玉得臣，楚國有了子玉得臣（楚大夫，名得臣，字子玉），文公爲之側席而坐。晉文公憂慮而坐不安席。遠乎賢者之厭難折衝也。賢人能爲國家禦敵解憂的效果眞是遠大啊。夫宋襄公不用公子目夷之言，宋襄公不聽公子目夷的公告，大辱於楚。遭受了楚國莫大的恥辱。曹不用僖負羈之諫，曹共公不聽僖負羈的勸諫，敗死於戎。敗死在戎人之手。故共維五始之要，所以共同維繫五始的要領，治亂之端，把握治亂的根源，存乎審己而任賢也。完全在於能不能省察自己而任用賢者罷了。國家之任賢而吉，國家要是能任用賢人，就吉；任不肖而凶，若是任用不肖的人，就凶；案往事而視己事，考察歷史，觀察往事，其必然也如合符，像符節相合似的絲毫不爽，此爲人君者不可以不愼也。這是統治人民的國君不可以不謹愼的啊。國家惛亂而良臣見，國家在昏亂的時候，就會出現忠良的臣子，魯國大亂，魯國發生的季友。季友之賢見。出現賢能大亂，僖公即位而任季子，僖公即位而任用了季子，魯國安寧，魯國因而和平安寧，外內無憂，國內國外都沒有憂患，行政二十一年。順利的行政有二十一年之久。季子之卒後，可是季子死後，邾擊其南，邾國就攻擊魯國南方，齊伐其北，齊國也攻打他的北方，魯不勝其患，魯國受不了外力的壓迫，將乞師於楚以取全身。只好向楚國乞求軍隊相助，來保全本國的疆土。故傳曰：所以公羊傳上說：『患之起，必自此始也。魯國的災患必定從此開始。』公子買不可使戍衞，既不能派公子買戍守衞地，公子遂不聽君命而擅之晉，公子遂又沒有國君之命而擅自去晉，內侵於臣下，國內有臣子侵犯於下；外困於兵亂，外面又爲兵亂所困，弱之患也。這是國家衰弱的憂患啊。僖公之性非前二十一年常賢，而後乃漸變爲不肖也。僖公的本性並不是前二十一年常賢，後來才漸漸變成不肖的啊。此季子存之所益，這就是季子在時對魯國的好處，亡之所損也。和死了以後對魯國的損害啊。夫得賢失賢，得到賢者相助與得不到賢者相助，其損益之驗如此；它的好處與壞處的驗證就像這樣；而人主忽於所用，可是人主卻忽視了重用賢者，甚可疾痛也。眞太令人痛惜了。夫智不足以見賢，要是國君的智慧不能夠看出賢者，無可奈何矣，那也就算了，若智能見之，若是國君的智慧可以看出賢者，而強不能決，卻拿不出決心，猶豫不用，不能立時重用，而大者死亡，大的影響是造成死亡，小者亂傾，小的影響是造成敗亂，此甚可悲哀也。這可就太令人悲哀了。」——說苑尊賢

太公曰：太公說：「舉賢而不用，能擢拔賢能的人卻不去重用他，是有舉賢之名也，這只不過有舉賢的名義，無得賢之實也。並沒有得賢的實質。」——六韜文韜舉賢

「凡賢人奇士，凡是賢能的人或奇行之士，皆自有所負，都會自負過人，不苟合於世，不會與世俗苟且求合，是以難見之，所以很難得見到這種人，難得而知也。也很難知道有這些人。見而不能知其賢，如勿見；要是遇見了這種人卻不能知道他們是賢才，就如同不曾見到一樣；知其賢而不能用，如勿知；知道他們是賢才卻不能任用，就如同不知道一般；用而不能盡其材，如勿

用；（雖任用他們卻不能讓他們盡量發揮所長，就如同沒用他一樣；）能盡其材而容讒人之所間者，（能盡量的讓他們發揮才能了，卻又聽容小人的讒言離間，）如勿盡其材而已矣。（也就如同沒有讓他發揮才能一樣了。）」——李翺語見李文公集

故知人之後，以能用之爲貴也。選賢與能，使賢者在位，能者在職，乃謀國之政治領袖之當然職責，欲使民富國強，政平民順，此實爲首先之要務也。

7. 用人之難及應注意之原則

漢荀悅曰：「惟恤十難，以任賢能：一曰不知，二曰不進，三曰不任，四曰不終，五曰以小怨棄大德，六曰以小過黜大功，七曰以小失掩大美，八曰以訐奸傷忠正，九曰以邪說亂正度，十曰以讒嫉廢賢能，是謂十難。十難不除，則賢臣不用。用臣不賢，則國非其國也。」（申鑒政體第二）由此可知，知人不易，用人亦非易事。孟子曰：「徒善不足以爲政，徒法不能以自行。」（孟子離婁篇）人之因素，實不容忽視，故用人之當與不當，與政治之良窳，民生之否泰，有其重要之影響。是以忠誠謀國之政治領袖，首應明辨賢愚忠奸，選拔賢能才智；其次須使賢能各得其位；第三則應注意如何方能使在位在職之賢能之士，發揮其全部之能力，爲國家作最大之貢獻，爲人民

作最佳之服務。當然，用人之事，非三言兩語可以盡言，其受人、時、地、事等因素之影響，變化複雜，莫可一是；然余以為無論用人者與被用者，其基本之態度應該是：公正無私，相待以誠。雖萬變而不可更者也。除此而外，下列幾點有關用人之基本原則，為領袖者，為長官者，亦當虛心檢討，勉力以行也。

(1)量才而用，用人之長

人之聰明才智，有大小之不同。其聰明才智愈大者，其對於人羣之責任亦愈大，對於社會之服務、國家之貢獻，亦應愈多。所謂「能者多勞，智者多慮。」此乃彼等天賦之義務也。政治領袖之用人，應該量才而用，因任授官，根據其人才能之大小，授予適當之職位，大才固不可小用，小能亦不可大任也。

「然後聖人聽其言，然後聖人聽他的言語，迹其行，查考他的行為，察其所能而愼予官，審察他的能力，謹愼的給他官職，此謂事能。這叫做事能。故可使治國者使治國，所以可以讓他治國的，就讓他治國，可使長官者使長官，可以使他為一官之長的就給他一官之長；可使治邑者使治邑。可以使他治理一邑的，就叫他治理一邑。凡所使治國家官府邑里，凡是可以派他治國家、居官府、

長邑里的，此皆國之賢者也。（這些都是國家的賢人。）」——墨子尚賢中

文王曰：（文王問說：）「舉賢奈何？（如何舉用賢者呢？）」太公曰：（太公說：）「將相分職，（武將文相各有職掌，）而各以官舉人，（而各以官職舉用合適的人，）案名察實，（按他們的名位而去考察他們所做是否符實，）選才考能，（選用人才考驗能力，）令能當其名，（使他們的能力足以擔當這些職務，）名得其實，（而名位得與實際相符合，）則得賢人之道。（這就是得到賢者的方法。）」文王曰：（文王說：）「善哉！（好極了！）」——六韜文韜舉賢

湯問伊尹曰：（湯問伊尹說：）「三公九卿大夫列士其相去何如？（三公九卿大夫列士他們的分別是怎樣的？）」伊尹對曰：（伊尹回答說：）「三公者，（太師、太傅、太保三公，）知通於大道，（是智慧通達大道，）應變而不窮，（應付變化而不窮盡，）辯於萬物之情，（明白萬物的情態，）通於天道者也。（通曉天道的人啊。）其言足以調陰陽，（他的話能夠調和陰陽，）正四時，（匡正四時，）節風雨，（節度風雨，）如是者舉以爲三公。（像這樣的人就舉用爲三公，）故三公之事，（所以三公所要做的事，）常在於道也。（通常是在於天道方面的。）九卿者，（冢宰、司徒、宗伯、司馬、司寇、司空、少師、少傅、少保等九卿，）不失四時，（教導人民掌握四時而耕作，）通於溝渠，（疏濬溝渠，）

修堤防，築堤防，樹五穀，種植五穀，通於地里者也。是能通曉地理的人啊。能通不能通，能夠使不通的變成通，能利不能利，能使無利的變成有利，如此者舉以爲九卿。像這樣的人就舉用爲九卿。故九卿之事，所以九卿所要做的事，常在於德也。常在於恩德方面的。大夫者，做大夫的，出入與民同衆，進出和民衆同在一起，取去與民同利，取捨符合大衆的利益，通於人事，通曉人事，行猶舉繩，行爲正直，如同矩繩，不傷於言，不會傷害到根本（言字當從大戴禮作本），言之於世，話講出口，不害於身，不會損害到自己，通於關梁，暢通關卡橋梁，實於府庫，充實府庫，如是者，舉以爲大夫。像這樣的人就舉用作大夫。故大夫之事，所以大夫所要做的事，常在於仁也。通常在於仁啊。列士者，做列士的，知義而不失其心，知道應該做的事，而不失他的本心，事功而不獨專其賞，做事有功，但不獨自享受獎賞，忠正彊諫而無有姦詐，忠心廉正的極力強諫，而不姦邪欺詐，去私立公而言有法度，摒除私心、建立公道、同時說話有法度，如是者舉以爲列士。像這樣的人便舉用作列士。故列士之事，所以列士所要做的事，常在於義也。通常在於義理啊。」——說苑臣術

上述伊尹答湯問，以道、德、仁、義四類，以別三公、九卿、大夫、列士之才德

，蓋德本平道，仁為德之體，義為德之用。道為本而至大，次為德，再次為仁，最後為義，一一較前者為具體化，實至而較小也。

人之才智，除有大小之不同外，倘各有所偏，或所學不同，各有所長，長於彼者或短於此，巧於此者或拙於彼，故用人當擇其所長，棄其所短。李廷機曰：「凡人材性不同，用其所長，事無不舉；強其所短，勢必不逮。」（見五種遺規）誠為至言。

「子產之從政也，子產掌管政務的時候，擇能而使之。能夠選擇有才能的人任用他。馮簡子善斷事，馮簡子擅長判斷事情。子太叔善決而文，子太叔能作決定而有文章。公孫揮知四國之為，公孫揮能夠知道四方諸侯所要做的事，而辨於其大夫之族姓，而且能分辨那些各國大夫們的族姓，變而立至，所以四國一有了變化，就立即傳到他那裏，又善為辭令。又擅長酬接的話。裨諶善謀，裨諶擅長計謀，於野則獲，在田野中計謀就能夠得到，於邑則否。要是在城市中就得不到。有事乃載裨諶與之適野，鄭國將有諸侯之事，子產就載著裨諶一同到野外，使謀可否，要他計謀可行不可行，而告馮簡子斷之，而後告訴馮簡子要他決斷，使公孫揮為之辭令，叫公孫揮作成辭令，成乃受子太叔行之，等到事情成了以後，就交給子太叔去做，以應對賓客，以應付答對賓客，是以鮮有敗事也

。所以很少有失敗的事。」——說苑政理

「臣聞料才覈能，我聽說量度考覈有才能的人，治世之要，是使國家平治的要素，自非聖人，若不是聖人，誰能兼茲百行，誰能兼具這麼多的德行，備貫衆理乎？貫通這麼多的事理呢？故舜合群司，所以舜召集全體官吏，隨才授位；隨他們的才能授予合適的官位；漢述功臣，漢帝稱述功臣時，三傑異稱；對於三傑有不同的讚美；況非此儔，何況又比不上這類的人的，而可備責耶！如何能苛求他們呢！昔伊尹之興土工也，以前商朝的伊尹大興土木工程時，强脊者使之負土，肩背強壯的人派去擔土，眇者使之推，個子小的派去推土，傴者使之塗，駝背的人派去粉飾牆壁，各有所宜而人性齊矣。使所有的人各有適合他做的事，那麼人性就齊一了。管仲曰：管仲曾說：升降揖讓，升堂下堂、拱手禮讓，進退閑習，進退行動的禮節熟練，臣不如隰朋，我比不上隰朋，請立以為大行。請立他做大行之官。闢土聚粟，開闢土地，聚集米穀，盡地之利，盡量利用土地的資源，臣不如甯戚，我比不上甯戚，請立以為司田。請立他做司田之官。平原廣牧，在平原廣野上，車不結轍，使兵車雖衆而車轍卻不會相交，士不旋踵，士兵雖多卻無人退卻，鼓之而三軍之士視死如歸，軍鼓一打，三軍將士就視死如歸，拼命殺敵，臣不如王子城父，我比不上王子城父，請立以為大司馬。（請立他做大司馬之官。）決獄折中，（斷案合乎中道，）不殺不辜，（不殺無辜的人，）不誣不罪，（不誣陷沒罪的人，）臣不如賓胥無，（我比不上賓胥無，）請立以為大理。（請立他做大理之官。）犯臣顏色，（敢不顧國君發怒的臉色去進諫，）進諫必忠，（而勸諫必定忠誠，）不避死亡，（不怕死亡，）不撓富貴，（不因富貴而屈撓，）臣不如東郭牙，（我比不上東郭牙，）請立以為大諫。（請立他做大諫之官。）君若欲治國強兵，（國君若想使國家政治清明兵力強盛，）則五子者存焉，（那麼有那五位先生在呢，）若欲霸王，（假使想做天下的霸主，）則夷吾在此。（那麼有我管仲在這兒。）」

—長短經任長第二

管仲所謂之大行、司田、大司馬、大理、大諫，猶如今日政府中之外交、農業、國防、司法、監察等部院首長也。職掌不同，性質殊異，宜乎選擇專才主持，以發揮其功效也。尤其今日社會，事物日繁，知識日富，一人之力，絕不能兼賅並蓄，故宜擇性之所近，專習一科，造成專家。政府用人，亦當分類，專門職務，遴選專門人才擔任。才職相當，自能收良好之效果也。

(2)專信不疑，俾展其才

既已擇賢取能而用之矣，即當予以充分之信任，孟子曰：「居下位而不獲於上，民不可得而治也。」（孟子離婁篇）故能獲得其上之信任，方能獲得其下之信仰，則可竭盡一己之才智，發展一己之抱負，放心大膽，努力實踐，使成為事實。又在上者，絕不可在部屬身邊安置私人，作為耳目，做伺察窺探之勾當，而使其事事受牽制，不能放手施為也。故為領袖長上者，既已擇人而用矣，即當專信不疑，俾展長才，不負委任託付之初意也。

晏子對曰：（晏子回答說：）「國有三不祥，（國家有三件不吉祥的事，）……夫有賢而不知，一不祥。（有賢能的人卻竟然不知道，是第一個不吉祥。）知而不用，二不祥。（知道了而不任用他，是第二個不吉祥。）用而不任，三不祥也。（雖任用他，而不委之以大權，使其方便行事，得以施展才華，是第三個不吉祥。）」——晏子春秋內篇諫下

「宓子賤治亶父，（宓子賤奉命治理亶父，）恐魯君之聽讒人，（恐怕魯君聽信小人的讒言，）而令己不得行其術也。（而使自己的政事無法推行。）將辭而行，（在將要告辭上任的時候，）請近吏二人於魯君，（請求魯君將身邊兩個親近的小吏調派給他，）與之俱至亶父。（和他一起到亶父去。）邑吏皆朝，（到任辦公時，地方官吏都到了，）宓子賤令吏二人書。（宓子賤命令那二個小吏書寫公文。）吏方將書，（小吏

剛要下筆，宓子賤從旁時掣搖其肘。宓子賤就從旁不時的觸碰他們的手肘。吏書不善，小吏的公文因而寫得不好，則宓子賤爲之怒。而宓子賤就爲此發怒。吏甚患之，兩個小吏非常煩惱，辭而請歸。就請求辭職回去。宓子賤曰：宓子賤說：「子之書甚不善，你們的書法實在太差，子勉歸矣。回去好好努力一下吧。」二吏歸報於君曰：二人回去報告魯君說：「宓子不可爲書。宓子賤這人不能幫他書寫文書。」君曰：魯君說：「何故？爲什麼呢？」吏對曰：小吏回答說：「宓子使臣書，宓子賤令我們書寫公文，而時掣搖臣之肘，卻時常來搖動我們的手肘，書惡而有甚怒，寫得不好卻又大發脾氣，吏皆笑宓子，底下的官吏都因此譏笑宓子賤，此臣所以辭而去也。這就是我們辭官而去的原因。」魯君太息而嘆曰：魯君長長的嘆了口氣說：「宓子以此諫寡人之不肖也。宓子賤是拿這事來勸諫我們的過失啊。寡人之亂子，我擾亂宓子賤的行政，而令宓子不得行其術，而使宓子賤不能順利的施展治術，必數有之矣。一定有好幾次了。微二人，寡人幾過。若不是你們兩人的教訓，我恐怕又要犯大錯了。」遂發所愛，而令之亶父；於是派了個親信寵愛的人到亶父去，告宓子曰：告訴宓子賤說：「自今以來，從今以後，亶父非寡人之有也，亶父我不再過問了，子之有也。由你去治理。有便於亶父者，只要對亶父地方有利的事，子決爲之矣。你自己決定了就去做吧。

五歲而言甚要。（五年後來對我做一次簡報就可以了。」）

——呂氏春秋具備

(3)尊賢敬能，切戒驕慢

在職位上，長官與部屬，有高下之不同；然其人格，則絕對平等，全無二致。是以在上之長官，絕不可以其權勢驕慢其部屬也。並且，凡屬才智傑出之士，必有特立獨出之行。所輕者，名利權勢；所重者，人格尊嚴。故為其上者，必須虛心下意，遇之以禮，待之以敬，重視其專長，尊重其人格，方可獲得其尊敬，獲得其信任，如此，未有不殫精竭慮以報之者也。若居上者，恃勢驕人，自大自狂，漠視部屬之專長，不敬部屬之人格，必不能羅致眞正之人才為其所用也。其招之卽來，揮之卽去，仰承顏色，隨聲附和者，必不學無術，蠹國害民之小人也。

「有道之士，固驕人主；（有才識道德的士人，固然瞧不起國君；）人主之不肖，亦驕有道之士。（而昏聵的君主，也瞧不起有才德的士人。）日以相驕，奚時相得？（如此天天相互輕視，到什麼時候才能携手合作呢？）若儒墨之議與齊荊之服矣。（就好像儒家墨家的學說，又像齊國楚國的服飾，永遠不能齊一相容。）賢主則不然，（賢明的君主就不同了，）士雖驕之，（士人雖驕狂而輕視他，）而己愈禮之，（而自己卻更禮敬他）

們，士安得不歸之？」有才德的士人怎會不歸順他呢？

——呂氏春秋下賢

燕昭王問於郭隗曰：燕昭王問郭隗說：「寡人地狹人寡，我的土地狹小，人口稀少，齊人削取八城，齊國奪取了我的八個城，匈奴驅馳樓煩之下，匈奴又在樓煩（燕國之北）一帶侵擾，以孤之不肖，以我的無能，得承宗廟，能夠繼承宗廟的祭祀，恐危社稷，恐怕要危害到國家，存之有道乎？有使燕國得以生存的方法嗎？」郭隗曰：郭隗說：「有，有的然恐王之不能用也。可是恐怕君王不能採用呢。」昭王避席，願請聞之。昭王於是離開座席，願意誠心受教。郭隗曰：郭隗就說：「帝者之臣，做爲帝者的臣下，其名臣也，他的名義是臣，其實師也。其實是帝者的老師呢。王者之臣，做爲王者的臣下，其名臣也，他的名義是臣，其實友也。其實是王者的朋友。覇者之臣，做爲覇者的臣下，其名臣也，他的名義是臣，其實賓也。其實是覇者的賓客。危國之臣，做爲危國的臣下，其名臣也，他的名義是臣。其實虜也。其實是奴隸。今王將東面目指氣使以求臣，如今大王要是居東面，目指氣使倨傲地求臣，則厮役之材至矣。那麼厮賤的人就來了。南面聽朝不失揖讓之禮以求臣，要是居南面聽政用恭敬謙讓的禮節去求臣，則人臣之材至矣。那麼材能足以擔任人臣的人就來了。西面等禮相亢，要是居西面用平等的禮節，下之以色，（謙下的顏色，）不乘勢以求臣，（不仗恃君主的威勢去求臣，）則朋友之材至矣。（那麼能做王者之友的人材就會來了。）北面拘指逡巡而退以求臣，（要是居北面卑恭不敢地去求臣，）則師傅之材至矣。（那麼能夠做帝者之師的人材就會來了。）如此則上可以王，（像這樣的話，那麼上可以稱王天下，）下可以霸，（下也可以稱霸諸侯，）唯王擇焉。（希望君王慎重考慮。」）——說苑君道

若今日之民主政治，亦所謂議會政治，若干議員，自恃出於民選，其在議會中之言論可以不負法律責任，對於官員之責詢，動輒出以不遜之教訓，甚至詈罵，儼然若主子之對待奴隸，離往昔君仁臣敬之道遠矣。如此，則有骨氣有自尊者之不樂於擔任公職，亦不足怪矣。

(4)高其位，厚其祿

敬其人格，重其專長，此精神方面之尊敬也。高其位，厚其祿，此物質方面之尊敬也。前者固不可忽，後者亦不可少。若身居公職，其所得之酬報，不足以仰事俯畜，官事之餘，尚須奔忙衣食，其不能全心全意於本位工作，亦必然矣。此不但怠忽公事，亦為莫大之人才浪費。民國立國以來，迭經軍閥割據，日本侵略，共匪叛亂，民

生凋敝，財政困難，軍公人員之待遇，不得不低至幾乎不能養廉之地步，此則絕非正常現象，其於國家社會之壞影響，實非淺鮮。今日留學生滯留國外不歸，國內才俊之士，紛紛放棄公職轉入工商界服務，莫不由於此種原因。政府雖在竭力設法補救，尤賴大家刻苦合作，以渡此難關也。謀國者自當注意才智特異之士，予以破格錄用，高其官階，豐其酬報，庶其感動奮發，一展雄才。

「何謂三本？（什麼叫做三本？）曰：（回答說：）爵位不高，則民不敬也。（爵位不高，那麼人民就不尊敬他。）蓄祿不厚，則民不信也。（蓄祿不厚，那麼人民就不相信他。）政令不斷，則民不畏也。（政令不賦予全權，那麼人民就不懼怕他。）故古聖王高予之爵，重予之祿。（所以古代聖王給他們高的地位、重的俸祿。）任之以事，斷予之令。（給他處理事務的責任，決定一切的權力。）夫豈為其臣賜哉？（這樣做，難道是專給他們好處嗎？）欲其事之成也。（只不過希望事情能夠成功而已。）」——墨子尚賢中

「故明君在上，（所以英明的君主居在上位，）慎於擇士，（對於所要用的人該謹慎選擇，）務於求賢。（致力於訪求賢能的人。）設四佐以自輔，（設置四佐來輔助自己，）有英俊以治官，（用英俊的人擔任官吏，）尊其爵，（尊崇他們的爵位，）重其祿，（優厚他們的俸祿，）賢者進以

顯榮，（進用賢者，使他得到顯榮，）愚者退而勞力，（罷退愚者，叫他做勞力的事，）是以主無遺憂，（所以君主沒有後顧之憂，）下無邪慝，（在下位的沒有邪惡的念頭，）百官能治，（百官都有能力治理政務，）臣下樂職，（臣下樂於擔任公職，）恩流羣生，（恩惠廣被於羣生，）潤澤草木。（連草木也受到溫潤。）」——說苑君道

齊桓公使管仲治國。（齊桓公命令管仲治理國事。）管仲對曰：（管仲回答說：）「賤不能臨貴。（卑賤的不能統治尊貴的。）」桓公以爲上卿，（於是桓公封他爲上卿，）而國不治。（但是國家還是治不好。）桓公曰：（桓公說：）「何故？（這是什麼原因呢？）」管仲對曰：（管仲回答說：）「貧不能使富。（貧窮的不能使令富有的。）」桓公賜之齊國市租一年，（於是桓公賜給他齊國一年的買賣租稅，）而國不治。（可是國家還是治不好。）桓公曰：（桓公說：）「何故？（這是什麼原因？）」對曰：（管仲回答說：）「疏不能制親。（疏遠的不能管理親近的。）」桓公立以爲仲父，（桓公便立他做仲父，）齊國大安，（於是齊國大爲安寧，）而遂霸天下。（最後稱霸天下。）孔子曰：（孔子說：）「管仲之賢，（以管仲的賢能，）不得此三權者，（要是不能得到這三種權勢，）亦不能使其君南面而霸矣。（也不能使他的國君南面稱霸啊。）」——說苑尊賢

以上所舉四端，略示用人之數項重要原則，言其根本，則一「誠」字而已。爲上者不誠，不足以任人；爲下者不誠，不足以任事。上下不誠，鮮有能成其事者也。

以上各節吾人已將古今治國之九經，及崇王抑霸之理由，國家治亂興亡之故，乃至知人善任之重要，一一闡述之矣。今則將治國之方法，簡分管、教、養、衞四者，分別闡發之。

㈥、民事四要——管、教、養、衞

管、教、養、衞之技能，已在齊家時，肇始其基矣。今則可引而伸之，觸類而長之，而以之治國。

1. 管民

「政治是管理衆人之事」，而「人爲萬物之靈」，人人各有其靈智，往往自視過高，不樂於受人管理，惟衆人集合，不能不有共同之事待理，故管理衆人之事之政治，爲不可或缺也。惟治理衆人，殊爲不易。不若機器之管理，有其一定之法度。人之管理，其複雜性程度，則遠勝之，故雖有法度可循，而其運用之妙，全存乎爲政者之因應得宜。茲據所知，將管之要件，陳述於此。

⑴正名分、訂權量

衆人之事與個人之事不同。無論一名一位，必須有一明確之職權範圍，一器一物，必須有一共守之權量標準，然後名正而言順，言順而事成矣。否則各是其是，無範圍、無標準，徒滋紛爭，非爲政之道也。「政者正也。」正指公正、正當、正確而言，故名正，則上下有法，各守其分，不相踰越，事乃易成。權量定，則人與人交往之器物，無輕重長短多少之爭端，卽或有之，亦有善惡是非之標準，而不致引起爭吵，而擾亂社會，危害國家之治安。故昔之爲政者，首在正名分，名分旣定，則朝廷與社會之秩序安而政事易施矣。次則宜統一度、量、衡，使民與民間之交往，有一定規格可循，而不致爭擾，故「度、量、衡」之釐定，亦爲施政之所先也。名分正，則上下安，權量定，則社會治。前者爲正名，後者爲正物。「名」、「物」各得其正，則爭端自去，而國事易治矣。故孔子之論政，必以正名爲先。

> 子路曰：「衞君待子而爲政，子將奚先？」子曰：「必也正名乎！」子路曰：「有是哉！子之迂也。奚其正？」子曰：「野哉！由也。君子於其所不知蓋闕如也。名不正，則言不順；言不順，則事不成；事不成，則禮樂不興；禮樂不

興，則刑罰不中，刑罰不中，則民無所措手足。故君子名之必可言也，言之必可行也。君子於其言，無所苟而已矣。」（論語子路篇）

名之正及權量之立，可影響禮樂之興衰與刑罰之中肯與否，亦即影響國民道德與守法精神，至爲顯著也。兩者既正，自然事成於前，民安於後，而國家可得而治矣。孔子作春秋亦以正名爲主旨也。

莊子曰：（莊子說：）「春秋以定名分。（春秋的大用，是用來定名分的。）」—莊子天下篇

「孔子成春秋，（孔子著成了春秋這部書，）而亂臣賊子懼。（亂臣賊子纔知道戒懼。）」—孟子滕文公上

度量衡之重要性在物，正名分之重要性在人。在今日，社會之關係日愈繁複，物品之種類日見衆多，標準之要求更感迫切。昔者言名分，重在君臣上下之分，今者無論何種職位，必須合乎資格與標準，經考試或銓叙而決定之，例如：工程師、律師、醫師、會計師以及其他技術人員，均須先符其實再享其名，不得僭竊或逾越。以言乎物，今者除度量衡外，一切與日用有關之物或能，均須合乎規定之標準，如光聲電熱等，均各有其單位之標準，工商業品及工業原料，亦無不有其特定之規格，俾共遵守而

促進步，其重要更屬顯著。此皆治國者所宜知者也。

(2)正人倫、修法度

名分既正，量度既定，則禮樂興而刑罰中，刑罰中則民德厚。蓋治國之道，德行為先。德行之立，在正人倫。人倫正，則人人尚德而敬事。次宜修法度，法度修，則社會秩序定，而國家舉安矣。

子曰：「道之以政，齊之以刑，民免而無恥。道之以德，齊之以禮，有恥且格。」——論語為政篇（註釋見二九八頁）

子曰：「為政以德，譬如北辰，居其所，而衆星共之。」同上（註釋見四三六頁）

故知為政之要務，在正人倫，人倫正則上有道揆以作表率，法度修則下有法守而重自治，如此則德法相應，自然政理而事治矣。孔子答齊景公之問政，亦以正人倫為先：

齊景公問政於孔子。齊景公問孔子為政治國的道理。孔子對曰：孔子答說：「君君，做國君的要盡國君的道理，臣臣，做臣子的要盡臣子的道理，父父，做父的要盡父的道理，子子。做兒子的要盡兒子的道理。」公曰：景公說：「善哉！這話好極了！信如君不君，倘個如果做國君的不像國君，臣不臣，做臣子的不像臣子，父不父，做父的不像父，子不子，做兒子的不像兒子，雖有粟，那時雖有俸祿可得，吾得而食諸？我還能安然享受麼？」——論語顏淵篇

君（長官）、臣（部屬）、父、子，皆各守其本分，正其行為，則全國公私上下，秩序井然，治道自見矣。易經家人卦孔子之彖辭亦云：

「家人，女正位乎內，男正位乎外。家人卦，女守着正道，居於家內，處理家務，男守着正道，處理外務。男女正，天地之大義也。男女各守着正道，皆各得其正，這是天地間的大道理。家人有嚴君焉，父母之謂也。家人之中有全家之主，如同一國的嚴君，就是父母呀。父父子子，兄兄弟弟，夫夫婦婦，而家道正。父母子女，兄弟夫婦，各盡其本分，各守着正道，則家道就正了。正家而天下定矣。所有的家都正，則天下也就安定了。」——易經家人卦彖辭

政者，正也。故知人倫之正，乃政事之先務也。法度修，則行為有共同之標準，而無逾越。蓋道德能管衆人於無形，使之自治自尊，法度能管衆人於有形，使之畏懼

敬服，二者皆管理人民之不可或少之方法也。吾祖先雖主德治禮治，然同時必修法度，蓋君子與小人均須同時被管也。故易曰：

「雷電，噬嗑。
雷電的相合，象徵噬嗑的卦象。
先王以明罰勑法。
先王體察這種現象，引而申之，用以申明刑罰，端正法律，而達到政治的亨通。
」——易經噬嗑卦象辭

「雷電皆至，豐。
雷電交相而至，這是豐卦的象徵。
君子以折獄致刑。
君子體察這種現象，以判斷獄情，決定刑罰。
」——易經豐卦象辭

「澤上有水，節。
澤上有水，水量有一定的限度，這是節卦的象徵。
君子以制數度，議德行。
君子體察此一現象，來制作器用、宮室、衣服、出納、征役多寡之數、豐減之節，論議德行，使合乎節度，不踰矩。
」——易經節卦象辭

以上皆主修法度，以輔德治之實。書經舜典亦云：

「象以典刑，
指示民衆們以正常的刑法，
流宥五刑，
用流放的刑法，來寬恕犯了五刑的罪犯，
鞭作官刑，
鞭打是官府的刑罰，
扑作教刑，
用夏木楚木的刑具責打，是學校的刑罰，
金作贖刑，
罰以金錢，是贖罪的刑罰，
眚災肆赦，
因無心的過失而不幸犯罪的，那就赦免他，
怙終賊刑，
永遠怙惡不悛的那

就加以刑罰。欽哉欽哉！謹愼呀！謹愼呀！惟刑之恤哉！對於刑法，你們要顧慮呀！流共工于幽州，於是把共工流放到幽州，放驩兜于崇山，把驩兜流放到崇山，竄三苗于三危，壓迫三苗逃避到三危山，殛鯀于羽山。把鯀流放到羽山。四罪而天下咸服。對這四個罪犯的處理，天下的人都很佩服。」——書經舜典

此則舜修法度之實也，其餘如禹、湯、文、武、周公，無不以修法度，輔德制，此見於詩、書者不可勝載也。至於德教衰，王教微，則法度偏行矣。周自穆王時王道既衰，呂刑始作。而有「五刑之屬三千」，「惟察惟法，其審克之」（見書經呂刑篇）矣。降及春秋，管仲之相桓公，子產之佐鄭伯，皆立法度，至於戰國，則嚴刑峻法作矣。然法度，以輔德治耳，非管理人民之本也。故商鞅以法興秦，而李斯、趙高、胡亥以法亡秦。斯皆專用法之過也。務必以德爲本，法爲輔，然後國可治。先儒示修法度宜注意者如下：

「凡與人情不近者，凡是法制作爲不近人情的，皆道之賊也，都是正道的害賊，故立法不可太激，所以創立法律不可太過偏激，制禮不可太嚴，制定禮儀制度不可太嚴苛，責人不可太盡，責備別人也不可太過分，然後可以同歸於道，如此以後才可

以一同歸向正道，不然是驅之使叛也。不然的話，那是驅使他們反叛啊。」——呂坤仕學正則

「法之及人也淺，法律感化人的程度是淺薄的，德之及人也深；用德行來感化人卻是深遠的，法之禁人也難，用法律來禁止人民不暴亂是困難的，教之禁人也易。而以教化來限止人民不作亂卻是容易的。今日之治，今天的政治，苟非崇德教以正人心，假如不崇尚道德和教育來端正人心，雖日議法無益。就是天天的議定法律也是毫無益處的。」——陸隴其語見清朝先賢事略

「立法遠於人情，制定法律要是遠離人的常情，則必有所不行，那必定是行不通的，不行而法故在，行不通而法律依然存在，則必巧為相遁，那麼人民必定取巧迴避，掩護之術愈工，要是取巧掩護的技術愈工巧，交通之迹愈密。來往勾結的痕跡就愈細密。」——潘耒語見清朝經世文編

「立法非難，制定法律並不難，用法為難，推行法律才困難，行之稍不斷，實行要是稍微不決斷，則或張或弛，那麼有時嚴格有時鬆弛，而人得逃於法之外，人民也就可以乘機逍遙法外，守之或不堅，守法的態度要是不堅定，則一出一入，那麼用法有所出入差別，而人得遁於法之中。人民就容易陷進法網之中。」——同右

「刑所以弼教，（刑罰是用來輔助教化的，）非竟以刑為教也。（並不能就把刑罰當作教化。）」——陳宏謀語見五種遺規

「為治雖有德禮，（治理政事雖然已經有德教禮教，）不廢政刑，（仍然不廢除行政禁令和刑法，）告諭者，所以章德理之化，（政府告諭，是用來彰明德理的教化，）與民相告語，（讓人民互相傳告，）惟恐民之不知而有犯，（惟恐人民因不知情而觸犯了法律，）乃以政防刑，（這是用行政禁令來防止犯刑，）非以刑為政也。（並不是把刑罰當作政令。）」——同右

「立制必本於人情，（創定法制必以人情作根本，）人情所不樂從，（人的常情所不高興依從的，）雖勉強而難久。（雖勉強推行，也是難以維持得久的。）」——郭起元語見清朝經世文編

此吾國先儒對修法度之教示也。今日為民主時代。一切皆秉法而行，尤宜講求守法，而法度之修，尤宜注意切用。為政者於此不可不慎。法儒孟德斯鳩於法嘗再三致意。嘗云：

「民主之道德非他，（民主政體的國民所必要的道德並非別的，）守法而已，愛國而已。（只是守法律，愛國家罷了。）守法而愛國者，（守法愛國的人，）不以己之私利先其國之公益。（絕不會把個人的私利，放在國家公益之前的。）」——法意

「明刑之意，（要明白刑罰的本意，）非以罰已然也，（並非為了處罰已經發生的罪行，）乃以禁未然，（乃是為了防範未發生的罪行，）將以弼政也，（是要用它來輔助教化的，）而非以行誅。（而不是用來作誅殺的工具的。）」—同右

「法網日密，（法網一天天的細密，）赭衣塞路者，（罪犯充塞道路的，）國祚將絕之先驅也。（那是國家福祉將要絕止的先兆。）蓋必民德先離，（因為必定是人民先離心離德，）而後犯刑者日以衆。（而後犯法的人才會一天比一天多。）」—同右

由是知治國（管理衆人）之要，在於崇道德、正人倫，然後法度之修始有本又有末也。故曰德為本，而法次之。

(3)重視民意、訓練民權

孟子曰：「諸侯之寶三：土地、人民、政事。」（盡心篇）於此可見人民之重要。故先王發政施仁，必以民為本位，所謂「民為邦本，本固邦寧。」（書經五子之歌）所謂「民之所欲，天必從之。」「天視自我民視，天聽自我民聽。」（皆見書經泰誓）所謂「民之所好好之，民之所惡惡之。」（大學傳十章）皆重視民意之謂也。如今民主時代，一切以民意為主，管理人民最重要者在重視民意，順導民心，做到「所欲與之聚之，所

惡勿施爾也。」此皆謂管理人民之施政者，務必重視民意也。茲再據先賢之言闡述之：

「聖人無常心，（聖人沒有成見，）以百姓心爲心。（而以百姓的意見爲意見。）」——老子四十九章

「政之所興，（政事能夠興盛，）在順民心；（在於能夠順從民心；）政之所廢，（政事所以廢敗，）在逆民心。（在於違背民心。）」——管子

「以天下之目視，（爲政者應設身處地，用天下人的眼睛來看，）以天下之耳聽，（用天下人的耳朵來聽，）以天下之心慮，（用天下人的心來思考，）以天下之力爭，（用天下人的力量來爭取，）故號令能下究，（所以政府號令能夠下達貫徹，）而臣情得上聞。（而臣下的作爲上位者也能明瞭。）」——文子纘義

「民爲貴，（人民最重要，）社稷次之，（社是土神，稷是食神，合起來說，就是國土和民食是次要的，）君爲輕。（國君最不重要。）」——孟子盡心下

「能用天下之目爲己之目，（能夠利用天下人的眼睛作爲自己的眼睛，）其目無所不觀矣；（他就沒有看不到的事了；）用天下之

耳爲己耳，能用天下人的耳朵作爲自己的耳朵，其耳無所不聽矣；他就沒有聽不到的事了；用天下人之口爲己之口，利用天下人的嘴作爲自己的嘴，其口無所不言矣；他所說的話就沒有不完備的了；用天下之心爲己之心，利用天下人的心作爲自己的心，其心無所不謀矣。那麼他的心對任何事沒有不妥爲謀劃的了。」——邵康節觀物篇

「古今立國規模，古今各朝立國的規模雖然各有不同，雖各不同，然其大要在得天下心；但是最重要的還是在能得到天下人的心；得天下心無他，要得天下人的心並無別的法子，愛與公而已，只有愛護人民和公平罷了，愛則民心順，能愛護人民，民心就歸順，公則民心服，能公平，民心就服從，既順且服，天下民心都歸順又服從了，於爲治也何有？對於爲政治國還有什麼難的呢？」——許衡語見元文類

「天下以人心爲本，治理天下以得人心爲根本，苟得人心，假如得到民心的支持，帑藏雖竭，無傷也，國庫帑藏雖然用光了，也是沒有害的，人心不固，假如得不到民心堅定的支持，雖有金帛，雖然有黃金絲帛，何補於國耶？對國家又有什麼幫助呢？」——宋濂語見明文衡

「公議所在，天下公議的所趨，繫國家元氣，維繫著國家元氣的盛衰，繫天下治亂。也關係著天下的平治與混亂。」——霍韜語見

明儒學案

由是管理人民，宜重視民意，民意之所向，順而導之，則其管理易於成功。尤於今日民主時代，一切以民意爲歸，施政者，尤宜注意於重視民意。惟民意之能否得伸，全視民權之如何應用，故民權之訓練，不可不注意。

國父說：「三民主義的意思，就是民有、民治、民享；這個民有民治民享的意思，就是國家是人民所共有，政治是人民所共管，利益是人民所共享。」（民生主義第二講）

國家既爲人民所共有、共管，則人民之行使政權，宜有訓練，斯不至造成法國革命時代的暴民政治。故民權之訓練，乃施政者刻不容緩之務。民權者，人民以「選舉、罷免、創制、複決」四權以管理政府者也。施政者除行使自身之五權外，尤宜使人民注重四權行使之訓練，斯不致造成政府無能與人民無權之失，而能奠定民主制度之確實基礎也。

吾國祖先對于管理頗有研究，認爲「無爲」是管理的極致，孔子說「無爲而治者，其舜也歟！躬己正南面而已矣。」（論語衞靈公篇）老子更闡揚「無爲」之眞義，必須先能做到「無所不爲」，換言之：「知人善任，而人盡其才」，則在上者自無所事事矣，正如孟子所稱「賢者在位，能者在職，國家閑暇，及是時，明其正刑，雖大國必畏之矣。」在今日吾人可由機器全部自動管制（Automatic）之配備中，更可瞭解「無爲」之眞義所在矣。

2. 教民

爲政者宜以身作則，尊師重道，求眞求實，遵循治國之原則，以達到教民之目標。周禮太宰之職，掌建邦之大典，以佐王治邦國。其二曰：教典，以安邦國，以教官府，以擾（安也）萬民。又地官司徒云：「惟王建國，辨方正位，體國經野，設官分職，以爲民極，乃立地官司徒（卽今之教育部長），使帥其屬而掌邦教，以佐王安擾邦國。」由是知重教之由來久矣。茲錄典籍中有關教者數則於此，以供參研：

「施十有二教焉：（向人民施行十二種教法：）一曰以祀禮教敬，則民不苟；（一是用祭祀的禮節來教民恭敬，那麼百姓就不隨便；）二曰以陽禮教讓，則民不爭；（二是用鄉射飲酒的禮節來教民謙讓，百姓就不會爭長競短；）三曰以陰禮教親，則民不怨；三是用男女婚配的禮節敎民親愛，百姓就不會有曠怨；四曰以樂禮敎和，則民不乖；四是用音樂舞蹈之禮敎民和順中節，百姓就不會乖僻橫戾；五曰以儀辨等，則民不越；五是以上下尊卑的禮節使民明辨身分，百姓就不會僭越無禮；六曰以俗敎安，則民不偷；六是用良好的風習敎民安分守己，百姓就不會澆薄無恥；七曰以刑敎中，則民不暴；七是用刑法敎民處中，百姓就不會凶殘暴亂；八曰以誓敎恤，則民不怠；八是用誓約敎民在災厄時互相憂恤，百姓就不會怠惰鬆懈；九曰以度敎節，則民知足；九是用宮室車服的制度，敎民要節儉，百姓就知所滿足；十曰以世事敎能，則民不失職；十是用士農工商之事敎民技能，百姓就不會沒有職業；十有一曰以賢制爵，則民愼德；十一是用賢能與否來制定爵位，百姓就會蘊愼修德；十有二曰以庸制祿，則民興功。十二是以功績高低來訂定俸祿，百姓就樂意出力效勞。」

——周禮地官大司徒

「以鄉三物敎萬民而賓興之，用鄉學中的三件事來敎化鄉內的萬民，並且舉出賢者能者，而以飲酒的禮節來款待他們，一曰六德：一是六種德性：知、仁、聖、義、忠、和；明於事理、愛人及物、睿智先識、行爲合宜、忠國盡職、性情和順；二曰六行：二是六種善行：孝、友、睦、婣、任、恤；孝順父母、友愛兄弟、和睦親族、姻親相善、誠信待友、憂恤貧困；三曰六藝：三是六種藝事：禮、樂、射、御、書、數。禮儀、音樂、射術、駕御術、書法、數學。」

——同右

帝曰：（天子說：）「契，百姓不親，（契，百姓們不和睦，）五品不遜，（父子兄弟等都不融洽，）汝作司徒，（你作司徒，）敬敷五敎在寬。（謹愼的施行五常的敎化，寬容而不加以迫脅。）」——書經舜典

是先王之治國也，敎有專司，而敎育目標、敎育原則，有如是詳明之規定，可謂詳且備矣。今依先王之道，考之以現今敎育之原則，分述如下：

(1)訂學制、制禮樂

敎育之首要，在有一定之目標，有一定之制度，目標旣定，學制卽可從而訂之。今日敎育目標之定，除依今民主時代之時宜外，依如上所述。至於學制則小學六年、初中三年，此九年爲國民敎育。此上有高中、專科、大學，皆有一定之課程及年限，其各階段敎育之目標皆有詳明之規定，至於古代之學制，有如下述：

「設爲庠序學校以敎之。（人民有了常產，然後再設立庠序學校去敎育他們。）庠者，養也。（庠，就是養老的意思。）校者，敎也。（校，就是敎訓的意思。）序者，射也。（序，就是習射講武的意思。）夏曰校，（夏朝的鄉學叫做校，）殷曰序，（殷朝的鄉學叫做序，）周曰庠，

周朝的鄉學叫做庠。學則三代共之，至於「學」，三代都是一樣的，沒有其他的名稱。皆所以明人倫也。設立了這些庠序學校，用意都在於要闡明人與人之間怎樣相處底道理。人倫明於上，在上的對於人和人之間相處的大道都明白了，庶民親於下。在下的民衆自然就能相親相愛了。」—孟子滕文公上

「正月之吉始和，正月初一，開始調和教典，布教於邦國都鄙，然後向邦國諸侯及都鄙公卿大夫官布五教，乃縣教象之法于象魏，於是在宮門外懸掛教象等的施政方法，使萬民觀教象，使百姓前往觀看，挾日而斂之，過了十日再把教法收起來，乃施教法於邦國都鄙，於是施行教法於天下，使之各以教其所治民。使各個官吏用來教化統治下的百姓。」—周禮地官大司徒

「正月之吉，受教法于司徒，正月初一，地方官從司徒處接受教法，退而頒之于其鄉吏，回來便頒布給治下的鄉吏，使各以教其所治，使他們去教化治下的百姓，以考其德行，察其道藝。用以考覈百姓的德行，考察他們的各種技藝。……三年則大比，每三年舉行鄉試，考其德行道藝，來考察參加者的德行道藝，而興賢者能者，而舉出賢能的人，鄉老及鄉大夫帥其吏，與其衆寡，鄉老及鄉大夫率領治下的官吏和鄉內的百姓，以禮禮賓之。用禮節恭敬的款待他們。」—周禮地官鄉大夫

「古之教者，古時候的教育，家有塾，黨有庠，術有序，國有學。家中有私塾，鄉黨中有庠，術中有序，國中有學。比年

入學，中年考校，每歲都有新生入學，間隔一年則舉行一次考試，一年視離經辨志，入學一年則查考學生經文的句讀，辨別他的志向興趣，三年視敬業樂群，三年則觀察學生專心學業、合羣樂衆的精神，五年視博習親師，五年則考察學生廣博學習和親愛師長的態度，七年視論學取友，謂之小成，七年則省察學生在學術上的論見和選擇朋友的心得，這時叫小成，九年知類通達，强立而不反，謂之大成。到了九年而能觸類旁通，學識暢達，堅守正道，不違師訓，這就叫做大成。夫然後足以化民易俗，如此才能夠化育人民，改善風俗，近者說服而遠者懷之，使附近的人心悅誠服，遠方的人也都來歸附，此大學之道也。這就是大學教育的步驟，……大學始教，大學開學的時候，皮弁祭菜，示敬道也；學生穿著皮弁的朝服，並以芹藻來祭先聖先師，以表示尊敬道學；宵（小）雅肄三，官其始也；然後學習小雅的三章詩歌，乃以要以涖官之道來期望學生；入學鼓篋，孫其業也；入學時，先擊鼓召集學生，然後打開書篋，是要他們恭順學業；夏楚二物，收其威也；夏楚二物用以鞭策學生是要收得嚴肅的威儀；未卜禘，不視學，游其志也；未禘祭之前，天子諸侯不視察學校，是要讓學生有悠閒自由的發展志向；時觀而弗語，存其心也；教師時時觀察學生，必要時才加以指導，是要學生存著自動自發的心；幼者聽而弗問，學不躐等也。年幼學生只聽講不發問，則是爲了不越級。此七者教之大倫也。這七項乃是教學的大原則。……大學之教也，大學的教法，時教必有正業，依時序而教，都有正常

科目，退息必有居學。（放學休假也都有課外的作業。）」——禮記學記

「大學之道，在明明德，在新民，在止於至善。」——大學（註釋見二四六頁）

由上而知古時學制之訂定，實至為詳明也，此足供吾人參研而有餘。

「禮以節衆，樂以和衆。」管理衆人所不可缺之二事也。故不可不教。吾國古稱為「禮樂之邦」、「文明之國」，則其禮樂之規模，自必極為宏偉，周公成大一統之業，朝逾七百年而不衰，其得力于制禮作樂，至為明顯。六藝之教育首以禮樂，尤具遠見。今吾國禮壞樂崩，亟待復興，惟有於古籍中，尚可見其一般。

帝曰：（天子說：）「咨四岳，（喂，四位諸侯長，）有能典朕三禮？（有能主持我三仲祭祀典禮的人嗎？）僉曰：（都說：）「伯夷。」（伯夷可以。）帝曰：（天子說：）「俞，咨伯，（是啊，伯夷，）汝作秩宗，（你作秩宗，）夙夜惟寅，（無論早晚都要恭敬，）直哉惟清。（要正直而肅靜。）」……帝曰：（天子說：）「夔，命汝典樂，（命你主持樂律，）教冑子。（來教導長子。）直而溫，（使他們正直而能溫和，）寬而栗，（寬大而能謹慎，）剛而無虐，（剛強而不苛虐，）簡而無傲。（簡易而不傲慢。）詩言志，（詩是表達意志的，）歌永言，（歌是將語言聲調拖長的，）聲依永，（樂聲要依照著曼長的歌聲，）律和聲，（用律呂的標準來調和樂聲，）八音克諧，（這樣，各種音樂都能和諧，）無相

奪倫，不會失去次序，神人以和。那麼神和人就都安和了。」——書經舜典

「以五禮防萬民之僞，用五禮來防止百姓的侈僞，而教之中；教化他們使合乎中正之道；以六樂防萬民之情，用六樂來防範的百姓的情思，而致之和。使他們達到和順之境。」——周禮地官大司徒

「養國子以道，用師氏的德行來培養公卿大夫的子弟們，乃教之六藝，而後再教他們六種藝事，一曰五禮，一是五種禮，二曰六樂二是六種樂。。（注：五禮：吉、凶、軍、賓、嘉也。六樂：雲門、大咸、大韶、大夏、大濩、大武也。）」——周禮地官保氏鄭玄註

「雷出地奮，豫。迅奮的雷，出自地上，這是豫卦的象徵。先王以作樂崇德，先王效法他喜動悠揚的精神，制作典雅的音樂，以尊崇德業，殷薦之上帝，以配祖考。盛的祭禮，進獻於上帝，同時配享歷代的祖考。」——易經豫卦象辭

「雷在天上，大壯。雷在天上，這是大壯卦的象徵。君子以非禮弗履。君子體察大壯卦的象徵，非禮不行。」——易經大壯卦象辭

其他見於載籍，而言及禮樂者蓋不可勝述也，如書經、詩經、周禮、儀禮、禮記

、春秋……皆是，玆舉一隅於前，學者可類推而知。蓋「禮樂不興則刑罰不中，刑罰不中，則民無所措手足」矣。可不懼哉。

(2) 崇道德、明人倫

中庸開宗明義就說「修道之謂教」，所以教育就是修道，蓋道德為一切之本，道德立，然後其智慧，其學識，乃能造福萬民。如無道德，而徒有智慧學識，其結果，智慧學識可能成為濟惡之工具，危害社會國家，故學貴有本。此吾國之教育所以首重道德者也。大學稱「誠則明矣，明則誠矣。」蓋言智不能離德，且必相因相成。論語一書言學則必以德為先。

子曰：「弟子入則孝，出則弟，謹而信，汎愛衆，而親仁，行有餘力，則以學文。」——論語學而篇（註釋見二三二頁）

而孔門四科，亦以德為首，其餘弟子之相問答，大學中庸之所闡發，群經之所啓示，莫不以德為兢兢。舉此一隅可知其餘矣。至於吾國人所言之道德，除以上所言六德（知、仁、聖、義、中、和），六行（孝、友、睦、婣、任、恤）外，尚有四維（禮、義、廉、恥），八德（忠、孝、仁、愛、信、義、和、平）。除此之外，尚有：

皐陶曰：（皐陶說：）「都！亦行有九德。（啊！人的行爲有九種美德。）……寬而栗，（寬大而能敬慎，）柔而立，（溫柔而能夠立，）愿而恭，（謹厚而能辨事，）亂而敬，（有治事才幹而能謹慎，）擾而毅，（和順而能剛毅，）直而溫，（正直而能溫和，）簡而廉，（簡易而能辨別是非，）剛而塞，（堅強而能誠實，）強而義。（勇敢而合乎正義。）」——書經皐陶謨

「夫子溫、良、恭、儉、讓以得之。（夫子（孔子）是因爲有溫和、善良、恭敬、儉約、謙讓五種美德而得到國君的欽佩，所以自動向他（孔子）請教的。）」——論語學而篇

「以三德教國子：（用三德來教育公卿大夫的子弟：）一曰至德，（一是中和之德，）以爲道本；（作爲道術的根本；）二曰敏德，（二是仁義順時之得，）以爲行本；（作爲行爲的根本；）三曰孝德，（三是尊祖愛親之德，）以知逆惡。（以明曉乖逆不善之不可行。）教三行：（又教導他們三行：）一曰孝行，以親父母；（一是孝順之行來親愛父母；）二曰友行，以尊賢良；（二是恭敬之行以尊敬賢良；）三曰順行，以事師長。（三是和順之行，來事奉師長。）」——周禮地官師氏

「智、仁、勇三者，天下之達德也。」——中庸二十章（註釋見六六頁）

是知教育以教民如何做人爲本，如何做人，卽屬道德之範疇也。道德之實踐，在人倫之各得其位。夫正人倫爲管民之先務，故明人倫爲教育之先務，其義易明。吾國有書籍之早者爲書經，而書經中舜典，舜使契爲司徒，欲其使五品各得其正，五品，卽五倫也。易經家人卦云：「女正位乎內，男正位乎外，男女正，天地之大義也。……父父子子，兄兄弟弟，夫夫婦婦，而家道正，正家而天下定矣之義。」可見明倫之教，由來已久。孔子告齊景公之問政，亦以君君臣臣，父父子子爲言，前已言之，茲不具述。孟子曰：

「使契爲司徒，教以人倫：父子有親，君臣有義，夫婦有別，長幼有序，朋友有信。放勳（堯）曰：勞之來之，匡之直立，輔之翼之，使自得之，又從而振德之。」—孟子滕文公篇（註釋見三六五、四二七頁）

「人倫明於上，庶民親於下。」—同上（註釋見五二六頁）

蓋治國之極重要者，其惟使全國國民皆各有自治之能力，守其本分，明德明倫，各歸於正耳。而欲達到此目的，則惟有從教育入手，教民者不可以不愼，否則本末倒置，挽救乏術矣。

(3)重科學、教技藝

吾國祖先，有高度之智慧，在伏羲氏時已能「仰觀象於天，俯觀法於地」，畫八卦，以肇文明之初基，其後神農黃帝堯舜禹湯繼起，遂創造了最文明之古國，於今日所挖掘出土之古物，吾人可見其科學之進步，如毛公鼎，於今日科學極盛之時，猶不易照樣造出之，而遠在四千年前　吾人之祖先竟已能造出，吾人不得不敬佩吾祖先之智慧，及當時其科學技術之進步。又如戰國時墨子以木造飛鳶，飛於天空三十三天猶不會掉於地上。公輸般造雲梯，張衡著渾天儀、地動儀，以測知天象與地震之變化。諸葛亮做木牛流馬以運糧餉，皆有高度之科學技術。至于人文科學之發展，更為世界各國所不及，惟後代子孫，誤解聖學，過偏人文，而忽略物理，故今自然科學落於人後。吾人今日自宜秉　國父之指示「迎頭趕上」歐美之科學，建造富強康樂之中國，是故科學教育，自宜加速發展，俾能與歐美各國並駕齊驅。

中庸曰：「來百工則財用足」是吾祖先在四千年前早已知富國之道，在興工藝。蓋書經舜典舜使垂作百工之長，周禮冬官述百工之詳情，世雖已遠，然考工記足以追記其大要，蓋吾國古代百工：如陶、冶、金、皮、木……各工匠皆有一技之長，以造福社會，今日科學時代，尤宜振興實業，教人民使知農、工、商，各種專門之技藝，內以富吾國家，外以興吾民族，此實目前教育之要也。

3. 養民

今日吾人之養民，則依　國父民生主義之提示，平均地權，節制私人資本，發達國家資本，以工業建國，以農業立國，以商業富國，以達到均富之理想，使人民豐衣足食，安居樂業，豐衣足食，則物質生活之完備也；安居樂業，則精神生活之愉悅也。斯二者皆養民之目標也。至於養民之方法，則有下列數則：

(1) 制民產、阜民財

欲使人民能豐衣足食，則首宜制民產，阜民財。以使人民物質生活豐美，此在古代已有完美之制度：

「以土宜之法，（用土地各盡其宜的方法，）辨十有二土之名物，（辨別十二種土地所產的名物，）以相民宅，（用來相定人民的居處，）而知其利害，（而且知道地質的好壞，）以阜人民，（使人民收成豐盛，）以蕃鳥獸，（使鳥獸得以蕃息，）以毓草木，（使草木茂盛，）以任土事；（以使人民從事耕作；）辨十有二壤之物而知其種，（辨別十二種土壤所產的名物而知道它種植的方法，）以教稼穡樹藝。（來教導人民耕種五穀及栽植樹木。）以土均之法，（用分別地質高下的方法，）辨五物九等，（辨別五地之物，九等之屬，）制天下之地征，（來制定天下的地稅，）以作民職，（以興盛人民的職業。）以令地貢，（以命令地方上貢九穀，）以斂財富，（以收集國家的賦稅，）以均齊天下之政。（以便劃一天下的政教。）……凡造都鄙，（凡封建采邑，）制其地域而封溝之，（規劃他們的地域，而以溝渠封樹爲界，）以其室數制之，（又根據邑內人家的多少以決定封土，）不易之地家百畮，（每年都可耕種的沃地每家百畝，）一易之地家二百畮，（隔年才可耕種的土地每家二百畝，）再易之地家三百畮。（若需隔兩年才可種植的薄地則每家三百畝。）乃分地職，（於是分配九職，）奠地守，（奠定地方的守官，）制地貢，（制定各地的稅貢，）而頒職事焉，（而後頒布各人的職事，）以爲地法，（作爲地方的法制，）以待政令。（以等待上級的政令。）……以保息六，（以六種安撫百姓使其生息的方法，）養萬民，（來養育人民，）一曰慈幼，（一是慈愛幼小者，）二曰養老，（二是安養年老者，）三曰振窮，（三是賑救窮困者，）四曰恤貧，（四是接濟貧而無業者，）五曰寬疾，（五是寬免疾病者的勞役，）六曰安富。（六是平分繇役，不專取富人，使他們也得安心。）……頒職事十有二于邦國都鄙，（頒布十二種職事給邦國都鄙，）使以登萬民，（使百姓生活安康，）一曰稼穡，（一是種植五穀，）二曰樹藝，二是栽種園圃，三曰作材，三是栽植山澤材木，四曰阜蕃，四是養牧鳥獸，五曰飭材，五是百工飭化八材，做成器物，六曰通財，六是商賈互通財貨，七曰化材，七是婦女化治絲麻，八曰斂材，八是收搜草木根實，九曰生材，九是培植竹木等建材，十曰學藝，十是使百姓學習道藝，十有一曰世事，十一是用世事敎民有謀生能力，十有二曰服事。十二是爲公家服務。……大荒大札，在大荒年大凶疫的時候，則令邦國移民、就命邦國人民遷移到他處避災、通財、通輸五穀給留守不能走的人，舍禁、取消山澤的禁令任民去取蔬食、弛力、鬆弛力役的事、薄征、減輕賦稅、緩刑。緩延刑罰。」—周禮地官大司徒

「天地交，泰。天地互相交合，這是泰卦的象徵。后以財成天地之道，象徵君后以資財來裁成天地的功用，輔相天地之宜，以左右民。適宜輔助天地的安排，中和左右的民情。」—易經泰卦象辭

由是知古代對於養民，如何制民產？如何阜民財？實有一套完整之計畫，與完善之宏規，足供吾人取法。孟子對此亦有一周密詳細之說明。玆據孟子之意，及其他典籍歸納如下。

①「治人者食於人，治於人者食人。」—管理衆人之事者須職有專司，故官吏之俸祿，

則由國家稅收供養之。國家之稅收，來自人民，等於人民付與政府之管理費與事業費，（如教育、保衛、水利、交通等），人民之經濟事業愈發展，則國家財政收入愈增多。故曰：「百姓足，君孰與不足？百姓不足，君孰與足？」（論語顏淵篇）

②治國者在經濟財政方面之先務，為富民：

子適衛，（孔子到衛國去，）冉有僕。（冉有替孔子駕車。）子曰：（孔子說：）「庶矣哉！（衛國百姓很衆多咧！）」冉有曰：（冉有說：）「既庶矣，（百姓既已這樣衆多，）又何加焉？（又該怎樣辦呢？）」曰：（孔子說：）「富之。（使他們富足。）」曰：（冉有又說：）「既富矣！（假如已經富足了！）又何加焉？（該怎樣辦呢？）」曰：（孔子說：）「教之。（要教育他們。）」——論語子路篇

③須使民有恆產：務使「仰足以事父母，俯足以畜妻子，樂歲終身飽，凶年免於死亡。」（孟子梁惠王篇）

「民之為道也，（人民的一般情形，）有恆產者有恆心；（有常產的纔有常心，）無恆產者無恆心。（沒有常產的就沒有常心。）苟無恆心，（假如沒有常心，）放僻邪侈，（那就放蕩乖僻，不依正道，膽大妄為，）無不為已。（一切犯法的事，沒有一樣不做的了。）」——孟子

滕文公上

故必使民有恒產，有恒產，然後可以安居樂業，然後可以施教。使民有恒產之制度，最佳者莫如井田制度。其人民則依井田之法，其官吏則有圭田之產。上下皆有恒產，則王業之始也。

「卿以下，至於世祿制度，自宰相一直到大夫士人，必有圭田。一定要有供給祭祀用的田。這名稱就叫圭田。圭田五十畝。圭田每人分給五十畝。餘夫二十五畝。如果一家裏面還有未成家卻已成年底子弟，再另給他二十五畝。死徙無出鄉。這樣，人民的死葬和遷移，都要被固定不動的產業所限，就不會越出本鄉的地方了。鄉田同井，鄉田既同在一個井字形裏面，出入相友，出去工作和回家休息，大家都是同伴，守望相助，對於看守地方和防禦盜賊，也都互相幫助，疾病相扶持，有了疾病，也彼此照料看顧，則百姓親睦。那末，人民自然就大家親近和睦了，方里而井，再講到那井田的辦法，乃是將方圍一里的地方劃成井字形，井九百畝，在這井字形裏底田，共計九百畝，其中爲公田；中央的一百畝，作爲國家的公田；八家皆私百畝，此外八分人家都有私田一百畝，同養去聲公田。八家的人共同耕種公田，就算納了私田的租稅。公事畢，必須要把公田裏的事做完畢了，然後敢治私事，然後纔敢做自己私田裏的事。」

——孟子滕文公上

「五畝之宅， 只要使每一夫所受五畝地的宅子牆邊， 樹之以桑， 種些桑樹養蠶， 五十者可以衣帛矣； 五十歲的人。就可以穿綢緞衣裳了； 雞豚狗彘之畜， 雞狗和小豬母豬的飼養， 無失其時， 不要誤失了生殖的時期， 七十者可以食肉矣； 七十歲的人，就可以吃肉類了； 百畝之田， 每家給他百畝田， 勿奪其時， 不要因別的差役奪去他耕種的時令， 八口之家， 有八個人的人家， 可以無飢矣； 就可以不愁饑餓了； 謹庠序之敎， 然後愼重地實施學校的敎化， 申之以孝悌之義， 反覆開導那孝順父母恭敬兄長的道理， 頒白者不負戴於道路矣； 頭髮已經半黑半白的老人，就不致自家肩挑背負地在道路上辛苦了； 老者衣帛食肉， 年老的人可以穿綢吃肉， 黎民不飢不寒， 少壯的人不饑餓不寒冷， 然而不王者， 象這樣還不能稱王天下的， 未之有也。 那是從來沒有的事哩。」

—孟子梁惠王上

④助民增加生產，在農事方面，「春省耕而補不足，秋省斂而助不給」。在工業方面，「日省月試，既稟稱事。」蓋農業輔導、農貸問題，皆由政府輔導。至於雞豚狗彘之無失其時，魚鼈之捕捉方法之有規定，衣服原料之推廣種植，居住、燃料、棺槨等問題之預籌，皆由政府鼓勵，或以法律規定，作長期有計畫之發展，務使各方面之生產，足供民用。

「天子適諸侯曰巡狩，（天子十二年周臨諸侯一次，叫做巡狩，）巡狩者，（巡狩的意思，）巡所守也；（就是巡查諸侯所守底地方；）諸侯朝於天子曰述職，（諸侯每六年朝見天子一次，叫做述職，）述職者，（述職的意思，）述所職也。（就是陳述自己的職事。）無非事者。（這一往一來，沒有不爲了事。）春省（悉井反。）耕而補不足，（還有春天出去視察人民的耕種情形，補助那播種不夠的，）秋省斂而助不給。（秋天出去視察人民的收穫情形，發出存儲的倉米，資助那食糧不敷的。）夏諺曰：（夏朝時候有句俗話：）『吾王不遊，（我們的君王如果不出來巡遊，）吾何以休？（我們怎麼會得著恩惠呢？）吾王不豫，（我們的君王如果不快樂，）吾何以助！（我們怎麼會得著補助呢！）』一遊一豫，（天子的一遊一樂，）爲諸侯度。（都可以做諸侯的模範。）」——孟子梁惠王下

「不違農時，（只要不躭誤農人耕種的時令，）穀不可勝（音升）食也。（五穀就不會吃得完了。）數（音促）罟（音古）不入洿（音烏）池，（細密的網子不放到低深的池裏，）魚鼈不可勝食也。（魚鼈就不會吃得完了。）斧斤以時入山林，（斧頭和砍刀依著一定的時令到山上去砍伐，）材木不可勝用也。（材木就不會用得完了。）穀與魚鼈不可勝食，（五穀和魚鼈不會吃得完，）材木不可勝用，（材木不會用得完，）是使民養生喪死無憾也。（這就使人民養生送死的需要都沒有缺憾了。）養生喪死無憾，（能使人民養生送死沒有缺憾，）王道之

始也。（便是用王道治國底初步啊。）」——孟子梁惠王上

工業方面則採取鼓勵政策，注重研究實驗，技術人員之待遇，須優厚而與其技術相稱，此即「日省月試，既稟稱事，所以勸百工也。」「來百工則財用足」之增加生產方法也。務使：「生之者衆，食之者寡，爲之者疾，用之者舒」。則生產必蒸蒸日上矣。

⑤薄其稅斂，使之以時，俾人民負擔輕，而不妨礙其生產時間。蓋減稅可以助長經濟之繁榮，而民可富足，而用民出征、調訓，或義務勞動、服兵役時，不可妨害農業生產之時間，務必在空閒時，始可使民。則「不奪民時，穀不可勝食也」。糧多，稅少，而人民富矣。

「夏后氏五十而貢，（夏朝的制度，每一夫給他五十畝田，只收他五畝的田租，這稅法叫做貢，）殷人七十而助，（殷朝的制度。每一夫給他一百畝田，集合八家的人共同耕種七十畝公田，這稅法叫做助，）周人百畝而徹，（周朝的制度，八家都有一百畝田，通力合作，計畝分收，集合八家的人共同耕種公田一百畝，這稅法叫做徹，）其實皆什一也（實在都是從十分裏收取一分的辦法啊。）。徹者，徹也。（徹，就是通共均勻底意思。）助者，藉（子液反）也。（助，就是靠大家幫助底意思。）龍子曰：（古時的賢人龍子說：）『治地莫善於助（辦理地租的制度，沒有比助法再好的，）莫不善於貢。（沒有比貢法再壞的。）』」——孟子滕文公上

「請野，（現在可以把鄉村土地，）九一而助；（依照井田助法，在九區裏劃出一區公田；）國中，（城市中不能適用，）什一使自賦。（就另用十分裏徵取一分的辦法，使人民自行繳納租稅。）」——孟子滕文公上

古者稅收多爲十分之一，而市則「廛而不征，法而不廛，關市則譏而不征。」，一切皆以「便民」「富民」爲原則。

⑥注重水利、交通，使地盡其利，而貨暢其流。蓋水利爲農業之先決條件，交通爲工商業之先決條件。水利除可以灌溉外，尚有航行、防洪、發電、畜魚、肥料……諸多用處，而交通則有航空、航海、內河航行、鐵路、公路……等類。凡此皆在 國父實業計畫中有詳確之說明，吾等但遵行不忒，即可矣。

⑦注重土地經界之正確，地權之均平，俾稅收公平而防官吏之貪汙。

「夫（音扶）仁政，必自經界始。（那仁政，必須從劃分田畝的界限著手。）經界不正，（假使田畝的界限不正確，）井地不均，（井田就不能均勻，）穀祿不平。（徵收穀米也就不能公平了。）是故暴君汙吏，（所以暴虐的國君和貪汙的官吏，）必慢其經界。（一定要混亂田畝的界限，纔好從中作弊。）經界既正，（如果田畝界限已經劃得正確，）分田制祿，（然後均派田畝，分配俸祿，）可坐而定也。（就可以毫不費事地辦理妥當了。）」——孟子

而今日平均地權，規定地價，尤宜行之確實。

⑧調整生產量與人口數，可以採取移民方法，以調節經濟，使生產與分配合宜，如移吾國東部各省之人口衆多者，至新疆、蒙古、東北、青海、西藏等，非特可以殖邊，亦可以強國。

(2)除痛苦、同民樂

治民者，宜消除人民之痛苦，使同登富樂之境，然後可以與民同樂，而鰥（矜）寡孤獨廢疾者，皆宜有養，而使能同享生民之樂，故養老院、孤兒院，乃至其他福利皆宜施於人民。

「老而無妻曰鰥（凡是年老沒有妻室的叫做鰥夫，）老而無夫曰寡，（年老沒有丈夫的叫做寡婦，）老而無子曰獨，（年老沒有兒子的叫做獨老，）幼而無父曰孤，（年幼沒有父親的叫做孤兒。）此四者，（這四種人，）天下之窮民而無告者，（都是天下最窮困沒處去訴說痛苦底人。）文王發政施仁，（文王行善政。施仁德，）必先斯四者。（一定先保護這四種人。）詩云：（詩：小雅正月篇有說：）『哿（工可反）矣富人

，可以過活的是富人，哀此煢（音瓊）獨。最可憐的就是這種沒有依靠的孤獨者。』」——孟子梁惠王下

「矜寡孤獨廢疾者皆有所養，使鰥夫、寡婦、孤兒老獨、殘廢疾病的人，都能夠得到供養，男有分，男人都有職務，女有歸。女子也都有歸宿。」——禮記禮運

務使天下無痛苦之民，而人間有至樂之境，則王道庶幾近矣。又宜解決男女之婚配問題，務使「男有分，女有歸」，男女婚姻以時，內無性情乖張之怨女，外無性喜游蕩之曠夫。務使男女皆各得其正，以造成和諧之社會。

為政者又宜廣開言路，樂於受諫，勤求民隱，解除民苦。至於國家多餘之糧餉，則用之於亟需要之處，俾與人民共享之。

「遺人掌邦之委積，遺人掌邦國餘財的積聚，以待施惠。是必要時施惠國人用的。鄉里之委積，鄉里餘財的積聚，以恤民之囏阨；是用來救濟百姓的困乏；門關之委積，關卡稅餘的積聚，以養老孤；是用來養育老人及孤兒；郊里之委積，村里餘財的積聚，以待賓客；是用來招待賓客；野鄙之委積，郊野餘財的積聚，以待羈旅；是用來招待過路的行人；縣都之委積，

（都縣餘財的積聚，）以待凶荒。（是待他日發生凶疫災荒急需之用。）凡賓客會同師役，（凡是賓客、會同、師役等行道所需，）掌其道路之委積，（則設置道路積聚供應處，命人管理，）凡國野之道，（凡是城外的道路，）十里有廬，（十里遠就有庇馬的草廬，）廬有飲食，（廬中供應飲食，）三十里有宿，（三十里遠有宿站，）宿有路室，（宿站中設有客舍，）路室有委，（客舍中有儲積物品，供應過客，）五十里有市，（五十里遠就有一市，）市有候館，（一市中有候館，）候館有積。（候館中也有儲積物供應過客。）凡委積之事，（凡是分儲各處的委積，）巡而比之，（遣人就巡行比較，）以時頒之。（因時而頒布補足。）」——周禮地官遺人

是故除民苦、同民樂二者，乃在精神方面養民，以促王道之實現也。

4. 衛民

衛民之工作，在預防方面，爲提倡衛生，預防疾病，去除病害，以使人民得到健康爲原則；在成效方面在保家衛國，增強軍力，發展國防工業，訓練人民，保衛國家，以使國家得到安全保障爲目的。昔日衛民之工作，在周禮夏官一篇中有詳細之記載，學者可參攷之，當能知古代衛民工作之實況及詳情，茲不具述。唯略述數點以明衛民之重要耳。

(1)注重衛生設備，以防治疾病，如疾病之預防，日常衛生之提倡，衛生設備之完善，專人之管理，街道之整治，廢物之處理，水溝水道之暢通，藥品之完善，細菌之消滅，衛生機構如醫院，衛生所之設置，衛生教育之實施，流行病之檢查防疫，特殊病例之研究治療，貧民之免費施醫……皆衛生之工作，而所宜注意者也。

(2)傳授衛生方法，使民健壯，除傳授中、西醫之醫學常識外，中國古代精神之衛生法，不可不講求，茲錄數則於此，願人人皆能由衛其生，而衛其國。

「起居時，（起居有定時，）飲食節，（飲食有節度，）寒暑適，（能夠順適寒冷與炎熱的變化，）則身利而壽命益；（就能身體健康、增長壽命；）起居不時，（起居沒有定時，）飲食不節，（飲食沒有節度，）寒暑不適，（不能適應寒冷與炎熱的變化，）則形體累而壽命損。（就會損傷身體、減低壽命。）」——管子

「食（音嗣）不厭精。（孔子飲食，飯米不嫌舂得精美。）膾不厭細。（切魚肉爲膾，魚肉不嫌切得細。）食（音嗣）饐（於冀反）而餲，（烏邁反。飯煮得太爛變了氣味。饐，是飯煮得太爛。餲，是飯煮得爛變了氣味。）魚餒而肉敗，（魚爛了，肉腐敗了，）不食。（就都不吃。）色惡，不食。（食物顏色不好的不吃。）臭惡不食。（氣味不好的不吃。）失飪，（而甚反）不食。（烹調失宜的不吃。）不時，不食。（五穀和果實不等到成熟的時候不吃。）割不正，不食。（割肉不方正的不吃。）

不得其醬，不食。應該用醬調味沒有用醬的不吃。肉雖多，肉雖然很多，不使勝食音嗣氣。不要使它超過飯食。惟酒無量，只有酒沒有一定的量，不及亂。不過不能飲到大醉。沽酒，市脯，不食。市街上零賣的酒和零賣的乾肉，都不吃。不撤薑食。薑能通神明除穢惡，每食不撤。不多食。吃不能吃得太多。祭於公，助祭在公廟裏，不宿肉。分得胙肉不留過隔宿，當夜就吃。祭肉，自己家中祭祀的肉，不出三日；不留過三天；出三日，過了三天，不食之矣。就不吃了。食不語，吃飯時不說話，寢不言。睡時不說話。雖疏食，音嗣菜羹，瓜魯論瓜作必。祭，雖是粗米飯、菜蔬湯，一定另外取一點來祭祀先人，必齊如也。一定要很敬的樣子。」——論語鄉黨篇

「平易恬澹，憂患不能入，平易澹泊，則憂愁禍患不能侵入，邪氣不能襲，邪惡之氣不能襲擊，故其德全而神不虧。所以他的德行保全而精神不會虧損。」——莊子

「君子知神恃形而立，君子知道神氣是依靠形體建立起來的，神須形以存，精神必須要有形體才能存在，悟生理之易失，領悟到人的生理容易喪失，知一過之害身，知道只要犯一次過錯就可能傷害到自身，故修性以保神，所以修心養性以保護精神，安心以全身。安定心情以保全自身。」——嵇康嵇中散集

「宴安逸豫，喜好宴飲逸樂，清醪芳醴，又貪圖飲酒，亂性；這會亂性的；冶容媚姿，愛好美女妖媚的容姿，鉛華素質，美麗的打扮，伐命。這會戕害生命的。」——葛洪抱朴子

「息妄念以養心氣，停止不當有的念頭，以調護心氣，絕躁怒以養肝氣，絕止煩躁忿怒的心情，以調護肝氣，寡言語以養肺氣，少講話，以調養肺氣，節飲食以養胃氣，節制飲食，以調養胃氣，淡色欲以養腎氣。淡薄色欲，以調護腎氣。」——明儒學案

「養生家之妙法，養生家養生的妙法，莫大於懲忿、沒有比懲止忿怒、窒慾、塞止慾念、少食、減少飲食、多動八字。多作運動八個字更好的了。」——曾國藩日記

(3)重武備，衛國之智能為人人所應具備，故六藝之教有射與御。古時戰爭使用弓矢車馬，射為射擊，為弓矢之用；御為駕駛，為車馬之用。今日用以保衛之工具，雖進步甚大，然仍不脫射與御。射擊槍砲、飛彈、發射火箭、人造衛星……無一而非射。駕駛汽車、戰車、飛機、輪船、戰艦、太空船……無一而非御。射御在平時作個人體育之鍛鍊、交通之助益，在戰時可以之捍衛國家、戰勝敵人。

「養國子以道，（用師氏的德術來培養公卿大夫的子弟，）乃教之六藝：（而後再教他們六種藝事，）一曰五禮，（一是五種禮節（吉凶軍賓嘉），）……三曰五射，（三是五種射術（白矢、參連、剡注、襄尺、井儀），）四曰五馭。（四是五種駕御術（鳴和鸞、逐水曲、過君表、舞交衢、逐禽左）。）……乃教之六儀：（又教他們六種儀態：）……五曰軍旅之容，（五是帶領軍隊要表現嚴肅雄壯的軍容，）六曰車馬之容。（六是駕御車馬要表現行止壯健威武的容態。）」——周禮地官保氏

鄭司農注：五射：白矢、參連、剡注、襄尺、井儀也。五御：鳴和鸞、逐水曲、過君表、舞交衢、逐禽左。軍旅之容，闞闞仰仰。車馬之容，顛顛堂堂，此為古代衛國智能，惟有衛國智能，尚須教民以軍事常識，古代則十八般武藝之精通，各種戰陣之演習，（如龍門陣，長蛇陣、八卦陣……皆是。）各種戰法之講授，兵法之智識，糧食之運用，皆宜教民，如不教民，是猶棄之也。故孔子曰：

「以不教民戰，（把沒有受過教化的人民去作戰，一定敗亡，）是謂棄之。（這叫做棄絕人民。）」——論語子路篇

今日則陸、海、空三軍，各有其專門之知識，皆宜視人民個性之所向，予以訓練，上可保衛國家，下可健壯己身，故武備之用極宏。

(4)國防工業，如兵器工廠、槍砲工廠、飛彈製造、火箭研究、原子彈之製造，皆宜注意發展，以保衛國家。

(5)時常舉辦軍事演習，以熟練各種戰法。

(6)敦睦鄰邦：吾國古訓：「與國人交止於信。」，為「朋友有信之擴展」，「強勿暴寡，而能扶助弱小。」「富不凌貧，而能救濟貧寒。」國與國間能如此，則世界乃有永久和平，不致有帝國主義與共產主義之產生矣。強大能事弱小，弱小能事強大，相與愛護，則國際戰爭息矣。

「齊宣王問曰：（齊宣王問孟子說：）「交鄰國有道乎？（和鄰近的國家交往有道理麼？）」孟子對曰：（孟子答說：）「有。（有的。）惟仁者為能以大事小，（只有仁慈的國君能夠以大國去事奉小國，）是故湯事葛，（所以商湯肯事奉葛國，）文王事昆夷。（文王肯事奉昆夷。）惟智者為能以小事大，（只有明智的國君能夠以小國去事奉大國，）故大王事獯鬻，（音熏育，所以周太王事奉獯鬻，）句（音鉤）踐事吳。（越王句踐事奉吳國。）以大事小者，（以大國事奉小國，）樂（音洛）天者也。（這是樂於奉承天命的。）以小事大者，（以小國去事奉大國，）畏天者也。（這是敬畏天命的。）樂天者保天下，（樂天者可以保有天下，）畏天者保其國。（畏天者可以保有一國。）詩云：（詩周

頌我將篇有說：『畏天之威能夠敬畏天的威嚴，于時保之。時，同是。於是保有國家。』——孟子梁惠王下

⑺條約、國際會議、宣言、外交文書，皆宜愼重處理，一字一句，皆須考慮周詳。愼之於始，以免種下未來爭執之因，能如鄭國君臣之審愼，則佳矣。

子曰：孔子說：「爲命，鄭國每撰一件對外的公文，裨婢之反諶時林反草創之，裨諶擬稿，世叔討論之，再由大夫世叔名游吉的加以研究行人子羽修飾之，復經使官子羽修改，東里子產潤色之。最後由居住東里地方的子產潤色辭藻。」——論語憲問篇

尤其近代，對國際法尤宜再三研求，以免國家吃虧，此治國者尤宜注意者也。

總之：治國者能遵守治國之九經，循王道之成法，明治亂興亡之原因，以及知人善任之重要，上下各守禮義；於齊家中所學得「管、敎、養、衛」之智能，充分擴展，以實現於治國，則治國之易，其如視諸掌乎？

5. 管、敎、養、衛，與禮、義、廉、恥

全國今日之各級學校中，有一共通之校訓：「禮義廉恥」。其意義何在？玆說明之如次

「禮以節衆」，是使人人有一行爲之規範，而能合乎羣體之要求，此則有利於「管」。

「行而宜之之謂義」，義是仁之行，爲道之本，而修道之謂教，是則義乃「教」之正道。

「儉則不奪人」，而儉可養廉，廉則使養之問題，易得解決，吾國人以「勤儉」二德著稱，故廉有助於生產而利於經濟，故有益於「養」。

「明恥教戰」，「知恥近乎勇」，故恥可促成自身之進步，培養自衞自強之力量，故恥爲「衞」的原動力。

由於上述之說明，吾人可得下列之結論：

崇禮以盡管之效；
尚義以成教之道；
守廉以致養之功；
明恥以儲衞之能。

總之，治國者能遵守治國之九經，循王道之成法，明治亂興亡之原因，以及知人善任之重要，上下各守禮義廉恥之明訓，充分發揮在齊家中所學得之管教養衞之智能，用之於治國，則治國之易，其如視諸掌乎！

三、平天下

㈠、中國人崇高之理想——平天下

二千五百餘年前，中國人對於世界早有一崇高之理想，即「平天下」是也。平者，平等也，公平也，和平也。蓋一切爭奪，莫不源於不平，不平則鳴，鳴而無效則爭，爭而強者勝，其不平之因素依然存在，非心服也，力不贍也。故欲求眞正平等，必須以道德爲基礎，而非以力量爲憑藉。以力假仁謂之霸道，以德行仁謂之王道，此已述於前矣，今不復贅，惟王道乃順乎天，應乎人，其行也乃以達致天下之平治而後已。故平天下亦即王天下也。

「王」字上畫爲天，下畫爲地，中畫爲人，人能貫通並實行天地之道，稱之曰王者。是故王道之基礎在道德，蓋惟有道德始有力量，使強扶弱、富濟貧、智益愚，使不平能趨于平耳。

(二)、平天下之過程

大學以明明德爲先務，以止於至善爲終的，就天下言，明明德者，使明德明於天下，俾王道能見諸於行也，止於至善者「平天下也」。其文如下：

「古之欲明明德於天下者，先治其國。欲治其國者，先齊其家。欲齊其家者，先修其身。欲修其身者，先正其心。欲正其心者，先誠其意。欲誠其意者，先致其知。致知在格物。物格而後知至，知至而後意誠，意誠而后心正，心正而后身修，身修而后家齊，家齊而后國治，國治而后天下平。」—大學經一章（詳見第九、十兩章各節）（註釋見三六〇頁）

(三)、平天下之要務

禮記禮運述平天下之綱要曰：

「大道之行也，天下爲公。大道施行的時候，天下爲天下人所有。選賢與能，講信修睦。選舉賢能的人來治理政事，人人都能守信用，和睦相處。故人不獨親其親，所以人們不只親愛自己的親長，不獨子其子，不只是愛護自己的子女，使老有所終，壯有所用，幼有所長，更能推己及人，使年老的人都能有所終養，安享天年，年壯的都能有職業，貢獻才力，年幼的人都能夠受到養育，長大成人，矜寡孤獨廢疾者皆有所養。鰥寡孤獨殘廢疾病的人，都能夠得到供養。男有分，女有歸。男人都能安於職務，女子也都有歸宿。貨惡其棄於地也，不必藏於己；財貨不願見它被丟棄在地上，但並非想自己收藏；力惡其不出於身也，不必爲己。厭惡那些有能力而不肯出力的，但並非要人爲自己效勞。是故謀閉而不興，能這樣所以那些陰謀鬼計就不會發生，盜竊亂賊而不作，而盜匪偷竊，亂臣賊子也不會產生了，故外戶而不閉，所以門戶都可以洞開不關，是謂大同。這就叫做大同世界。」——禮記禮運

此篇開宗明義曰：「大道之行也，天下爲公」。所謂大道者，即王道也。其基本精神爲一「公」字。必須每一國家去私心，存公道，本著大公無私之精神，然後大道能行。治國之九經，其最終目的爲平天下，故無一經不爲平天下之準備功夫，故曰：「凡爲天下國家有九經……」，行之於國則國治，推之於天下則天下平。

對國內而言，長國家者不引用私人，惟賢能是選是任，賢者能者亦以「服千萬人之務，造千萬人之福」（國父語）爲己任，天下爲公，治道乃顯。故曰「選賢與能」。

對國外而言，國與國交往，應憑一「信」字，國與國相處，應憑一「睦」字，彼

此以誠相見，以禮相待，視人如己，公而無私，則和睦萬邦，乃克實現。故曰「講信修睦」，此二者屬「管」之範圍。

對於教育，應以修道爲本，明人倫爲先，始於孝慈，己立立人，「老吾老以及人之老，幼吾幼以及人之幼」（孟子語）。故曰：「人不獨親其親，不獨子其子」，如是則「老有所終，壯有所用，幼有所長」。爲必然之結果，此係屬「教」之範圍。

對於政治，應使男女老幼人人各得其所，人人各遂其生，人人各有家室，其無力自助者，政府應爲照顧，故曰：「使老有所終，壯有所用，幼有所長，矜寡孤獨廢疾者皆有所養。男有分，女有歸。」事事公平，無「一夫不得其所」之憾。收「人盡其材」之功。此屬於「養」，而亦盡管之能事。

對於經濟，應使「地盡其利，物盡其用，貨暢其流。」一切人力資源，應供給全人類使用；不必私藏於己，不必徒爲己用，大公無私，善與人同。故曰：「貨惡其棄於地也，不必藏於己；力惡其不出於身也，不必爲己」。公之至也，其精神出之於「教」，其結果均得其「養」。

對於保衞，於上述之教、管、養，三事之實施成功，則人人能親親仁民，相敬相愛，上有道揆，下有法守，豐衣足食，安居樂業。加以國與國之間，講信修睦，內既安而外無患。「是故謀閉而不作，盜竊亂賊而不作，故外戶而不閉」。人人知自愛，人人知守分，保「衞」可以備而不用。夜間可以不必閉戶，做到人民安居之效，而達成內內外外保「衞」人民之最高理想。如每一國家皆如此，則天下和平，災害不生，而天下平矣。

綜上所述，無論管教養衞，無一非具有天下爲公之精神，以作大道實行之基礎。惟各國有各國之文化歷史，各民族有各民族之傳統特性，不能期其全同，宜以大公無私之心，相互「愛其所同，敬其所異」，則雖有小異，無礙大同。故曰：「是謂大同」。蓋天下無兩個完全相同之人，亦無兩個相同之國家，小而家庭，中而國家，大而至於天下；小而至於個性，大而至於民族性，皆無兩者完全相同者，人人能本著「視人如己」、「推己及人」、「愛其所同，敬其所異」之精神，而根據仁義道德之原理而行，愛自己國家及文化，敬他人國家及其文化，則人與人間，國與國間，雖有小異，然無傷大同。如此則世界大同，天下和平矣。此係中國先民最理想之天下，亦係今日吾人所最理想之世界。聯合國之目標，苟能本此而行，則必能使世界獲得永久之和平，使人類享受無窮之福祉。此崇高之目標亦即爲吾人研究人理學之終極理想也。

(四)、制禮作樂

昔日王者既達平天下之階段，則制禮作樂，以樂太平，以使天下常治久安，蓋禮以制度，樂以發和，乃治國平天下之要務也。故昔王者功成，莫不制禮作樂，以齊其政，以治天下。故禮記樂記云：「禮以道其志，樂以和其聲，政以一其行，刑以防其姦，禮樂刑政，其極一也。所以同民心而出治道也。凡音者生人心者也，情動於中，故形於聲，聲成文，謂之音，是故治世之音，安以樂，其政和。亂世之音怨以怒，其政乖；亡國之音，哀以思，其民困；聲音之道，與政通矣。宮為君，商為臣，角為民，徵為事，羽為物，五者不亂，則無怗懘之音矣。宮亂則荒，其君驕；商亂則陂，其官壞；角亂則憂，其民怨；徵亂則哀，其事勤；羽亂則危，其財匱。五者皆亂，迭相陵，謂之慢，如此則國之滅亡無日矣。」蓋禮樂者治國平天下之大本，經國治世之先務。故古之王天下者莫不重焉。

「樂者，通倫理者也。音樂，是通於人倫物理的。」－禮記樂記

「審聲以知音，從分辨聲音而懂得聲音符號的作用，審音以知樂，從分辨聲音符號的作用而懂得音樂教育的道理，審樂以知政，從分辨音樂教

育的道理而懂得政治設施的道理，而治道備矣。這纔能有一整套治國的辦法。是故不知聲者不可與言音，所以，不知聲的不可和他討論「音」，不知音者不可與言樂。不知「音」的不可和他討論「樂」。知樂，則幾於知禮矣。如果懂得「樂」的作用，差不多也就懂得禮治的意義了。禮樂皆得，如果深懂得禮和樂的意義，謂之有德。就可稱爲有德之君。」—同前

「夫物之感人無窮，外界的物不斷地刺激著人，而人之好惡無節，如果人們隨著刺激產生好惡的反應而不加以理性的制裁，則是物至而人化物也。這就等於接觸了外物而人亦隨而遷化。人化物也者，這裏所謂人隨外物而遷化，滅天理而窮人欲者也。也就是滅絕天生的理性而一直追隨著人欲。於是有悖逆詐僞之心，於是就萌生了詐僞的心計，有淫泆作亂之事。產生了要求無厭的爲非作歹的事情。是故，强者脅弱，因而强者挾持弱者，衆者暴寡，多數欺壓少數，知者詐愚，智者詐騙愚者，勇者苦怯，大膽的人欺侮儒怯的人，疾病不養，疾病得不到照顧，老幼孤獨不得其所，老幼孤獨的人流離失所，此大亂之道也。這實際已到大亂的地步了。是故先王之制禮樂，所以先王就用禮樂，人爲之節。替人們制定了行爲的法度。」—同前

「禮節民心，用禮調節人的性情，樂和民聲，用樂調和人的聲音，政以行之，用行政的力量使人實踐，刑以防之。用刑罰的

力量防止越軌。禮樂刑政四達而不悖，禮樂刑政四者皆能發揮作用而不相衝突，則王道備矣。這便完成王道政治了。……禮義立，則貴賤等矣；有了一定的禮儀，則貴者賤者就形成了不同的等級；樂文同，則上下和矣。有了相同的樂音，則上位者和下位者的情感就可以交流。……樂由中出，樂是內心的表現，禮自外作。禮是外貌的表現。樂由中出故靜，內心的表現故可知其眞情，禮自外作故文。外貌的表現故可見其風度。大樂必易，盛大的音樂必然是平易的，大禮必簡。最大的典禮必然是簡單的。樂至則無怨，樂教流通，人就沒有鬱積於心的怨恨，禮至則不爭。禮教流行，人就不會爭執衝突。揖讓而治天下者，所謂的揖讓而治天下，禮樂之謂也。就是指這種禮樂的政治而說的。」—同前

「暴民不作，沒有暴民作亂，諸侯賓服，諸侯都來朝拜，兵革不試，不用戰爭，五刑不用，也不必動用各種刑罰，百姓無患，百姓沒有憂患，天子不怒，天子也沒有不滿，如此則樂達矣。這樣就是樂的通行了。合父子之親，團結父子之親，明長幼之序，明辨長幼之序，以敬四海之內天子，大家敬愛天子，（「四海之內」四字，應子和云，當在「合父子之親」句上。）如此則禮行矣。這樣就是禮的收效了。大樂與天地同和，盛大的音樂具有自然的諧和，大禮與天地同節。隆重的禮也具有自然的秩序。和故百物

不失，（因爲諧和，故能兼有萬物而又不失其本性，）節故祀天祭地，（有秩序，故雖包羅萬彙而又有其區別。（「節故」下疑有脫文。）例如祀天祭地之事，）明則有禮樂，（明處則用不同的禮樂，）幽則有鬼神。（暗處則有各別的鬼神。）如此，（這樣既和同又有秩序，）則四海之內，（那麼天下的人民，）合敬同愛矣。（皆能相敬又能相愛了。）……王者功成作樂，（王者有功於世，然後作樂，）治定制禮，（安定社會然後制禮。）其功大者其樂備，其治辯者其禮具。（所以功績愈大，政治愈安定者，其禮樂就愈見其完備。）」—同前

是故古之王者，作樂以應天，制禮以配地，禮樂明備，然後可以治天下而一海內。樂也者，情之不可變者也，禮也者，理之不可易者也。禮樂著天地之情，裁萬物之變，關羣品之化，和萬民之行。達神明之德。是故欲平治天下者，莫不注重焉。禮記云：「大人舉禮樂則天地將爲昭焉。」又曰：「致禮樂之道舉而錯之天下無難矣。」良有以也。

總統　蔣公對制禮作樂，亦極爲重視，故曰：「如果我們有一時一刻不守禮，家庭、學校、軍隊，乃至社會、國家就要亂起來。」又云：「好的音樂可以陶冶性情，振作精神，慰藉勞苦，和樂心志，使人生活調暢，情趣優美，無形養成個人高尚的人格與社會純正的風俗，其重要不特關係個人德性的修養，且可影響於國家社會之興替。

——（救國必須實施文武合一術德兼修的教育）

㈤、世界人類之和平前途

吾人試觀民國三年（一九一四）至民國廿八年（一九三九年）廿六年間，而世界大戰發生兩次，正義幾被推翻，文明險遭毀滅，雖禍亂終至底平，然蘇俄共產主義乘機暴起，將歐亞二大洲大部分人民關進鐵幕，至今戰爭靡已，冷戰不停，夫韓戰也、越戰也、中東以阿之戰也，無一不是死傷盈野，瘡痍遍地，若任此種情況再予擴大，則第三次世界大戰勢所難免，而國際之和平組織——聯合國，亦將蹈第一次大戰後之國際聯盟之覆轍，形同虛設矣。今日科學日精，戰器日漸厲害，原子彈、氫彈、火箭，足以毀滅世界，人類將有滅亡之禍！可不恫哉！是以當前世界之政治家，莫不提倡「和平」、「裁軍」、「減少軍備」、「核子禁爆」，或發為言論，或成為行動，然皆未足以消弭世界之戰亂也，人類之危機，依然存在，天下和平，世界大同，幾無跡象可尋，更難期其達致。惟以往世界若干政治家，其言論亦有可取者，其理想，雖未能實現於今日，然其趨向于天下和平、世界大同之願望則一，茲錄數則於此：

國父說：「中國如果強盛起來，我們不但要恢復民族的地位，還要對於世界負一個大責任。……要濟弱扶傾，才是盡我們的天職。……那才算是治國平天下，我們要將來能夠治國平天下，便先要恢復民族主義，用固有的道德和平做基礎，去統一世界，成一個大同之治，這便是我們四萬萬人的責任。」（民族主義第六講）

總統說：「『選賢與能，講信修睦。』——這就是民主國家主權平等的世界。在這世界裏，『謀閉而不興，盜竊亂賊而不作。』這是『天下爲公』的永久和平世界。」（民生主義育樂兩篇補述第三章）

林肯說：「對任何人都不要存有惡意，對所有的人都要表示仁恕，堅決的守着上帝所啓示的正義，完成工作，醫治瘡傷，竭力實現永久和平。」

威爾遜說：「這個世界必須成爲一個民主政治能安全生存的世界。世界的和平亦必須建立在政治自由的穩固基礎上面。」（一九一七年四月二日要求美國國會對德宣戰演詞）

「我們要爲着我們一向所最珍愛的事物而奮鬥——爲民主，爲人民參政的權利，爲弱小民族的權利和自由，爲爭取公理的普徧實現，俾所有自由民族在共同組織之下，都能獲得和平與安全，最後建立一自由的世界。」（同上）

羅斯福說：「世界和平之機構，不能爲一人或一黨或一國之工作，亦不能爲美國、英國、蘇聯、法國或中國之一國之和平，而必須爲基於全世界合作努力之和平。」

（在美國國會演講詞）

威爾基說：「幫助創造一個新社會，使世界到處的男女，一面能獲取獨立與自由，一面又能改善生活，向着美滿的境界而進步。」（天下一家）

范登堡說：「在此原子時代，戰爭決定於幾分鐘時間，世界如不欲走入滅亡之途，則聯合國組織必須使其成功。」（在倫敦聯合國會議向美國參議院報告詞）

赫爾說：「負起國際之責任，乃和平之代價與保持國際間正義與自由之途也。」（一九四二年五月在泛美協會演說詞）

「他日國際間必須有強迫性之行動，以建立確保和平之各種機構，此各種機構，必須有力對國家之軍備加以最終之調整，不致再遇有力之挑釁，並使軍備之負擔，能減至最低限度。」（同上）

杜魯門說：「一個和平世界的最佳希望，繫於每個人類心靈深處對和平與友誼的企求。」（致蘇聯最高蘇維埃主席書）

艾森豪威爾說：「人類相互間的更佳瞭解，將可導致眞正的和平。」（在美國退伍軍人協會演說詞）

由此可見，地不分東西南北，人不分紅黃白黑，其要求世界和平則無二致。惟所以未能實現者，咸以多數世人之智慧爲物欲所蔽，崇武力而輕公理，重物質而輕精神，重私利而輕正義之心，從中作梗耳。於今欲達天下和平，則惟有實現中國文化之一貫精神及其大同理想，本天下爲公之原理，求其實施，此乃「人理學」之理想所在，亦即成物之最大目的也。

第十一章　結　論

人類求生存，是社會進化的原因，人類求共生共存，纔是社會進化的保障。有了這個保障，人類的文明纔能累積而光大，我們祖先憑其高度的智慧和豐富的經驗，稱此一保障的原理曰「道」，及其應用曰「德」，認爲一切可變，而此與生存攸關之「道德」不可變；政統可中斷，而道統不可中斷。此爲對中國文化應有之基本認識也。故曰：

「道也者，不可須臾離也；道是不能有一刻離開身心的；可離，非道也。如果可以離開，那就不是道了。」——中庸第一章

「有德此有人。有了好的德行才有人擁戴他。」——大學傳十章

道之用在德，其表現於人之日常生活者曰禮。德之體爲仁，德之用爲義。故　國父稱人類之進化，不同於物種進化之以競爭爲原則，而以互助爲原則，並以社會國家爲體，道德仁義爲用，確爲眞理之發現。(見本書「第一章」以下同此)

在過去十章中，余曾首先根據中國文化之觀點闡述人在宇宙間之地位，爲參贊

天地之化育，其既爲宇宙中之一員，宜如何適應及配合宇宙之一般法則，以遂其生（亦稱天人合一），（見第二章）。又對于不可知之神，宜採取何種合理之態度，始可有助於生存進化（見第二章）。其次爲分析人與禽獸之分，從天賦予一般生物之本能（天命之謂性）中，認淸人除了求食以維持生命和求色（偶）以延續生命兩種本能無異於一般生物外，其特別發達者爲光大生命之求仁本能，而獲得了X＝（A＋B）＋C之一簡單公式，以解釋人之所以爲人之道理，以及人之所不同于禽獸之「幾希」（孟子之言）者何在。（見第三章）再從　國父對於人類進化之列爲宇宙進化之第三時期，以及上述公式之所示，解答了爭訟數千年之人性善惡問題，於是知性之不可縱，亦不可抑，而貴乎「率」。縱，則妨礙他人生存之所需；抑，則壓制本人生存之應得，均不合乎中庸之道，惟有各人率其生存之本能（性），走向人類共生共存（道）之途徑，纔是惟一之正路。故曰：「率性之謂道」。（見第三章）雙方均能率性，則人與人間之道路可通，人與人相處之正確態度，及其責任與義務，在種種不同的關係下，可一一爲之規定，這就是人倫。大而分之，可得五類：長官與部屬（君臣），父母與子女（父子），兄姊與弟妹（昆弟），夫與婦（夫婦），朋友與朋友（朋友之交），至於君臣有義，父子有親，長幼（昆弟）有序，夫婦有別，朋友有信，是謂倫理。每種關係雖名稱不同，要亦不外乎敬與愛之配合而已。換言之，道德之實踐與仁義之實施，乃能顯示人倫之維繫，與人獸之區別也。精細研究之結果，對于道德更增下列之認識：

去私心，存公道，爲道德之基本精神；

孝父母，敬長上，爲道德之實踐始基；

不忘本，不忘恩，爲道德之衡量標準；

言忠信，行篤敬，爲道德之事實表徵。（見第四章）

爲使人倫與道德維繫不墜，仍有賴於率性之工夫。而欲明率性之實際工夫，必先研究人欲與人情，如何使之發而皆中節，無過亦無不及，乃能有成。（見第五章）此則不得不從人心來研究。蓋心之於人，猶舵之於舟，如何使心能控制自己，使之能操之在我，縱之在我，然後人與人間之道路，能時時得修，保持通達無阻。所得之結論爲：「非學無以明德，非德無以成學。」二者相因相成，故曰：「誠則明矣，明則誠矣。」亦即脩道之謂教之說明也。中國以往學者對於心、性、情、欲上所化的研究工夫爲最多，不亞於今日之自然科學學者對物質所化之工夫；其研究、分析、實驗，莫不十分詳盡，與今日所謂科學方法，完全吻合；其發現之定律公式亦不比物理化學爲少，均爲研究人理學者之好材料也。因此更得進一步之認識如下：

學問之第一目的在管制自己；

道德之第一目的在顧及他人。（見第三章）

一切事物，莫不有其標準或規格，人何能例外，因此「人格」尙焉。大而別之，人有君子與小人之分，合乎一般標準者，稱爲君子；不合者，稱爲小人，其能達最高標準者，稱爲聖人，要皆視其道德與學問之造福人羣之範圍大小而別，吾祖先對此有極詳盡之研究與提示，以供後世子孫作知人識人之參考，幾無一不應驗者，蓋以其結論得之於科學之統計方法，非出於臆度故也。人之成敗，家之興衰，國之存亡，有繫於人之有德與無德，亦卽以合乎人格與否爲斷耳。（見第七章）

人能一面管制自己，一面又能顧及他人，則人與人善於共處，自不成問題。惟共處未必能共進，必須㈠每人眞能明白道德之眞義而實踐之。㈡幫助所有的人趕上時代而不落伍。㈢共同向至善之理想努力前進。纔能得到進化，此卽大學之㈠明明德，㈡新民，㈢止於至善，三大綱領之眞義也。

因此，「修己安人」成爲人生之責任與意義。誠如斯賓格勒（Oswald Spengler）所說：「中國文化有一種特殊空氣，卽側重於人與人間之責任與義務是也。中國人至今猶縕浸於此空氣之中。此種理想，原爲一切文化之基礎，惟在中國，此種理想，有變型之強力……」(見張蔭麟著西方文化論衡)。修己所以成己，是爲體；安人所以成物，是爲用。前者之最高理想爲自己修成聖人，後者之最高理想爲以王道平天下，此即「內聖外王」之眞義，亦即人生之責任與意義也。(見第八章)

吾國一向認爲人生不是爲一己之享受或奪取而生，而是爲人類盡責或服務而生，國父明白指出「人人當以服務爲目的」，又認定人之聰明才力之大小與服務人羣之範圍應成正比。總統 蔣公亦有名言：「生活之目的，在增進人類全體之生活；生命之意義，在創造宇宙繼起之生命」，都是本乎吾國文化之特質而言的。此一特質爲何？曰「求仁」而已，故曰：「士不可以不弘毅，任重而道遠。仁以爲己任，不亦重乎！死而後已，不亦遠乎！」以愛全人類之責任，加諸己身，其重可以想見！此一責任，自生至死，至最後一分鐘，仍不能放棄，其遠可知。故一言修身，則曰「修身以道，修道以仁」；一言齊家，必重孝弟，則曰「孝弟也者，其爲仁之本歟」；一言治國則曰「爲人君止于仁」；一言平天下則以「不以仁政，不能平治天下」，由是而知「求仁而得仁」爲人生理想之實現，其「又何怨」宜也。萬一不能實現此一理想，必要時亦可以身殉之，是之謂「成仁」，蓋言其達成求仁之目的也，「仁者人也」其義乃愈明矣。

爲達成成物之目的，非得先做成己之功夫不可，成己必須先奠定學問與道德二者之基礎，而此二者，又復相因相成。所以大學以格物致知誠意正心四步驟爲修身之先務，然後以修成之身，進而齊家治國平天下，步步擴展，以達成物之最高理想。取之於天下，用之於天下，服務人羣，福利人羣，人生意義，更易明矣。

成己之功夫，以博學、審問、愼思、明辨、篤行五步驟去格物（見第九章），以知天、知命、知性、明道、明德、知人、知物之本末先後爲致知之先務（見第九章），以立誠培養生命、動力，俾意志集中，力量集中，能克服一切困難，以達意誠之目的（見第九章），以使心隨時能保持中和狀態，而不爲外物所淫、所移、所屈，操之在己，時守以正，以達正心之目的（見第九章）；如是，則學以致用，德以善羣，而身修之始基奠矣。但修身工作，乃日常工作，不可中止，不宜疏忽，故宜以好學、力行、知恥三者爲綱，益之以立志、好善、克己、復禮、忠恕五者爲緯，則成己之修身功夫，可見其績效矣。（見第九章）

家爲人之集體生活之開始，爲成物工作之初步實驗，自屬十分重要。家之組成份子爲夫婦，爲人倫之始，其意義之重要，已見前若干章，玆不贅。家掌握五倫之三，——父子、昆弟、夫婦，故倫理與道德之敎，實奠基於家庭，至于治國四事——管、教、養、衞之訓練，亦必由家庭開其端，蓋齊家所以治國也。至于夫婦之如何分工合作？父母之如何孝養？兄弟姊妹之如何友愛？皆屬於做人之道之基本，亦卽家之能否齊之關鍵，故不憚煩以述之耳。（見第十章）

政治爲管理衆人之事，故治國者治人而已矣。吾祖先所昭示之治國九經，全爲人與人相處之道，其要雖爲君（長官）臣（部屬）之義，仍以修身啓其端也。所謂「經」者，常也，不易之道也。政制雖由君主進入民主，而人理依然不變，是以取之耳。（見第十章）至於王道霸道之分，治亂興亡之道，均說明道德與治國之不可分，亦足以證明「爲政在人」之眞義，「人存政舉，人亡政息」，固不因政制之變而變也。崇王道而貶霸道，爲吾祖先從經驗中所得之敎訓，殊可貴也。（見第十章）知人善任則治，反之則不治，蓋政治原爲以人治人之事，不識其人，不善任之，猶似機器裝置不妥，鬆懈緊壓，均使機器效能減低。人與人不能善處，治人者身不守法，將何以服衆，其重要可知，故在治國一節中專論之。政治之大要，可歸納爲管教養衞四事，每一事之重點不明，將如治絲愈紊，勞而無功，故舉其要而剖析之。修身之目的，原爲造福人羣，治國正所以爲人羣造福，自爲人理學研究之所重，故不憚煩以述之耳。（見第十章）

平天下爲成物之終極目的，亦爲成己之最大成就也。天下之本在國，國與國相處，其原理原則，豈有異於人與人之相處乎？亦惟一「公」字而已矣。愛其所同，敬其所異，捐小異而全大同，兩者乃能和諧相處，共遂共生，大同篇所云自始至終，爲實現道德至高之理想，而此理想，仍須由人實現之。「生于其心，發于其政」，乃爲當然之結果也。然則人理學者，研究人類幸福與世界和平之實學也。（見第十章）

人人能本此學以修身，施之於家則齊，施之於國則治，施之於天下則平。此爲吾國祖先對於人理之偉大發明，亦即吾人研究此學之所期其實現者也。

今日之世界，正似吾國二千三四百年前之戰國時代，仁道毀棄，信義不存，惟力是視，惟利是圖，好戰好殺，竟成風氣，爾虞我詐，不以爲恥，諸侯放恣，處士橫議，楊朱墨翟之言盈天下，楊朱爲極端底個人自由主義者，拔一毛而利天下不爲；墨翟爲極端底功利主義者，侈言摩頂放踵利天下爲之，二者之思想路綫，有似今日之資本主義與共產主義者，二者之主張雖正相反，而其重利輕義，敗德毀倫，初無二致，惟二者均擁有極強大之武力與財力，其一言一行，影響殊大，傳染亦速，故其播惡之範圍亦廣。其結果造成今日恐怖悲慘之世界，和平之前途，極爲渺茫，人類之末日，隨時可至。考其原因，爲人們對物理之瞭解日深，對人理之重要漸忘，物慾催眠了人心，戕賊了人性，而不自知矣。

所幸吾國祖先，深知盡物之性，不如盡人之性之急，盡人之性，尤宜先盡己之性（見中庸）。盡己之性與盡人之性，人理也。因此歷代學者，集中智力於人理之闡發，而忽視物理之深究，顧此失彼，遂致吾國自然科學之發展，落後於人，造成今日之貧弱，殊可惜也！吾人今日之文化復興運動，正爲取人之長，補己之短，作迎頭趕上之努力；同時期以己之所長，貢獻人羣，以挽救世界之狂瀾耳。

吾中華民族之所以能集合八億人民爲一家，持續五千餘年光榮歷史而不墜，並具有大剛中正之民族德性者，以吾祖先發明人類共生共存共進化之眞理，垂裕後人遵守弗渝。此一眞理，稱之曰道；於己而言，稱之曰誠；於人而言，稱之曰仁；於事而言，稱之曰中；於功而言，稱之曰行；綜合其應用而言，稱之曰德；其見之於日常生活者，稱之曰禮。孔子承吾祖先所遺下對於人理之偉大發明，而予以全部整理，使之成爲有系統之學術思想，其原理見諸中庸，其應用見諸大學，其詳釋見諸論語，孟子復從而闡揚之。至於詩則所以道志，書所以道事，禮所以道行，樂所以道和，易所以道陰陽，春秋所以道名分，孝經所以道人類生命延續之大本，爲聖賢顯天心之作，皆所以弘道與明德，爲人理學奠其基礎也。其他諸子百家，莫不以人理爲主要研究對象，性近於專，理多深奧，不若孔孟之道合乎中庸，通俗而切合日用，無怪乎其成爲中國思想之主流，歷萬古而常新也。人理學之材料較廣，蓋欲顯示中國文化之重心在此耳。

中華哲學叢書
人理學
（國立師範大學研究所叢書）

作　　者／陳立夫　著、吳寄萍　校
主　　編／劉郁君
美術編輯／中華書局編輯部

出 版 者／中華書局
發 行 人／張敏君
行銷經理／王新君
地　　址／11494 台北市內湖區舊宗路二段181巷8號5樓
客服專線／02-8797-8396　　傳　真／02-8797-8909
網　　址／www.chunghwabook.com.tw
匯款帳號／兆豐國際商業銀行　東內湖分行
　　　　　067-09-036932　中華書局股份有限公司

法律顧問／安侯法律事務所
印刷公司／維中科技有限公司　海瑞印刷品有限公司
出版日期／2015年7月修訂三版
版本備註／據1984年11月修訂二版復刻重製
定　　價／NTD 690

國家圖書館出版品預行編目（CIP）資料

人理學 / 陳立夫著;吳寄萍校.--修訂三版.--台
北市 : 中華書局, 2015.07
面 ; 公分.-- (中華哲學叢書)
(國立師範大學研究所叢書)
ISBN 978-957-43-2542-9(平裝)
1.修身 2.孔孟思想

192　　104010317

NO.B0023
ISBN 978-957-43-2542-9（平裝）